INTER BOOK

2. Auflage 1988 (11.—18. Tausend)

Deutsche Fassung von Dr. Günter Dix.

Umschlaggestaltung Prof. Martin Andersch, Hamburg.

Gesetzt in der Plantin von Scangraphic, Wedel,
bei Typoservice Strothoff, Rietberg.

ISBN 3-926537-01-9

Stuart
DOLLIN

Das neue Handbuch für VIDEO FILMER

Hamburg

1987

INHALTSVERZEICHNIS

DIE AUSRÜSTUNG

DIE TECHNIKEN

DER VIDEOFILM

DIE NACHBEARBEITUNG

EINLEITUNG

DER BEGINN DES FERNSEHZEITALTERS

Als Erfinder des Fernsehens kann nicht eine bestimmte Person genannt werden, da erst viele verschiedene Entdeckungen zusammenkommen mußten, um es zu ermöglichen. Die Geschichte beginnt wahrscheinlich im Jahr 1873, als zwei amerikanische Wissenschaftler, Louis May und Willoughby Smith, den **photoelektrischen Effekt** entdeckten — nämlich die Eigenschaft bestimmter Materialien, Lichtenergie in elektrische Energie umzuwandeln. Elektrische Signale konnten aber mit Hilfe von Kabeln über größere Entfernungen gesendet werden: die Idee, Bilder über lange Strecken zu schicken, war geboren — **das Fernsehen.**

1880 erdachten zwei Engländer, Ayrton und Perry, ein System, bei dem ein Bild auf eine Fläche von Photozellen projiziert wurde. Jede sollte ein elektrisches Signal erzeugen, dessen Größe von der Stärke des auf die Photozelle einfallenden Lichtes abhängt. Jede Photozelle sollte dann mit einer Lampe verbunden werden, die sich in einer entsprechend angeordneten Fläche befindet. Die Helligkeit jeder einzelnen Lampe würde dann proportional zu dem Strom der entsprechenden Photozelle sein. Das System funktionierte jedoch nicht, weil die Photozellen nicht genug Leistung zum Betreiben der Lampen zur Verfügung stellten.

1884 erdachte der deutsche Ingenieur Paul Nipkow das Prinzip des **Abtastens.** Damit war es möglich, alle Informationen, die zum Aufbau eines Bildes benötigt werden, über lediglich zwei Drähte zu schicken. In Nipkows System wurde das Bild auf eine sich drehende perforierte Scheibe fokussiert. Die Löcher wurden so angeordnet, daß jedes von ihnen das Bild etwas tiefer kreuzte als das vorhergehende. Damit konnte das Licht vom Objekt zur Photozelle in einer Reihe von aufeinanderfolgenden Streifen gelangen. Auf diese Weise lieferte die Photozelle ein Signal, das nicht sehr verschieden war von einem heutigen Fernsehsignal. Am anderen Ende der Übertragungsstrecke wurde eine Lampe mit dem Ausgang der Photozelle verbunden, und dieses wurde durch eine zweite Lochscheibe betrachtet. Beide Scheiben waren identisch und drehten sich mit gleicher Geschwindigkeit, so daß ein Bild des ursprünglichen Objekts rekonstruiert werden konnte. Da sich beide Scheiben sehr schnell drehten, nahm das Auge ein vollständiges Bild und nicht nur eine Reihe von Linien wahr. In der Tat, wenn das menschliche Auge und das Gehirn nicht so reagieren würden, dann wären das Fernsehen und der Film auch heute nicht möglich. Nipkows System war ein Fehlschlag — aus dem gleichen Grund wie das System von Ayrton und Perry: die Photozelle erzeugte nicht genug Strom zur Versorgung der Lampe.

Die Erfindung der Verstärkerröhren zu Beginn des 20. Jahrhunderts und die Genialität des Schotten John L. Baird führten dazu, daß die Idee von Nipkow jetzt auch in der Praxis funktionierte. Die Weiterentwicklung dieses mechanischen Systems war jedoch nur begrenzt möglich; ein neues Verfahren, das auf Elektronenstrahlen basierte, schien vielversprechender zu sein. Elektronen sind elektrisch geladene Teilchen, die in einer **Kathodenstrahlröhre** von der Kathode (eine negativ geladene Platte) ausgesandt werden. Kathodenstrahlen waren bereits im Jahre 1878 entdeckt worden, aber der entscheidende Durchbruch kam erst im Jahre 1923, als der russische Wissenschaftler Vladimir Zworykin eine spezielle Kathodenstrahlröhre für den Gebrauch in einer Kamera erfand. Dabei wurde das Bild auf eine

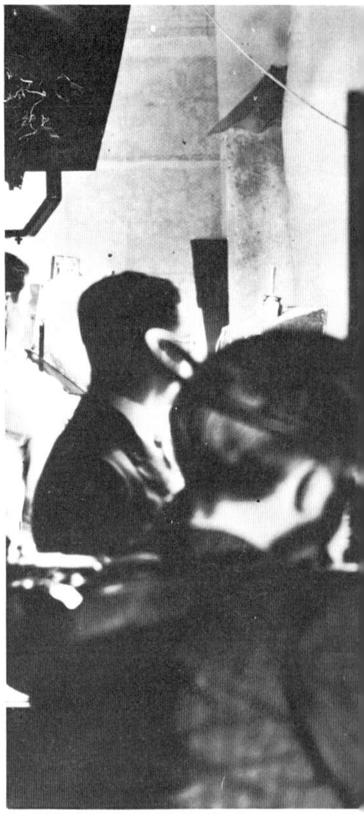

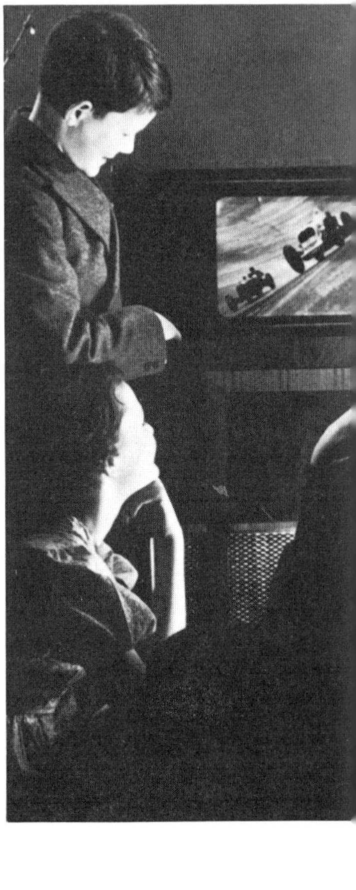

Oben: Professor W. E. Ayrton
Mitte: Professor J. Perry
Unten: John Logie Baird
Mitte oben: Fernsehübertragung aus dem Crystal Palace — die ersten Fernsehbilder in London, 1935
Mitte unten: Fernsehpublikum, 1938

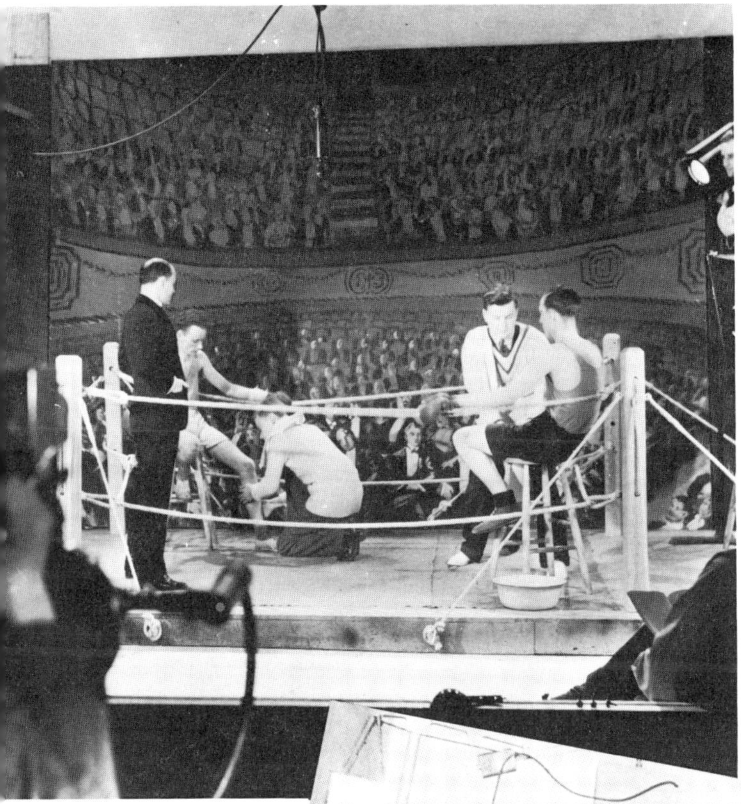

Oben: Eine Fernsehshow-Produktion der BBC im Jahre 1936

Unten: Ein tragbarer Empfänger von Sony, 1956

Oben rechts: Der erste britische Videorecorder, entwickelt von der BBC, 1958

sogenannte Speicherplatte fokussiert, die von einem Elektronenstrahl abgetastet wurde. Damit wurde ein sich änderndes elektrisches Signal gewonnen. Es gab keine beweglichen Teile, die sich abnutzen konnten. Zworykins zweite Entwicklung war die Kathodenstrahl-Bildröhre, mit deren Hilfe das Ausgangssignal der Kameraröhre wieder in ein Bild zurückverwandelt wurde.

Obgleich die britische Rundfunkgesellschaft BBC zunächst mit dem mechanischen System von Baird experimentierte, wählte sie bald ein elektronisches System für regelmäßige Sendungen. Diese begannen 1936, gerade rechtzeitig, um die Krönung von König Georg VI. übertragen zu können. In Deutschland gab es im gleichen Jahr die ersten größeren Sendungen anläßlich der Olympischen Spiele.

In dieser Zeit, aber besonders nach dem Krieg, wurden die Arbeiten auf die Entwicklung eines Farbfernseh-Systems konzentriert. Die Amerikaner begannen mit regelmäßigen Farbübertragungen im Jahre 1951. Bei dem amerikanischen NTSC-System gab es jedoch einige technische Probleme. Die Weiterentwicklung führte zu dem von dem Deutschen Bruch konzipierten PAL-System, das 1967 in Deutschland und anderen europäischen Ländern eingeführt wurde.

Andere Entwicklungen der Nachkriegszeit führten z. B. zur ausgedehnten Nutzung von Satelliten für die Übertragung über große Entfernungen. Die erste transatlantische Satellitenübertragung war noch ein Ereignis. Heute ist es für uns selbstverständlich, daß wir Fernsehbilder aus der ganzen Welt empfangen können.

Videorecorder zählen ebenfalls zu den Entwicklungen der jüngsten Zeit. Bis zu Beginn der 60er Jahre waren alle Fernsehprogramme Livesendungen oder vor der Sendung auf Filmmaterial produziert worden. Aktuelles Fernsehmaterial konnte nur mit einer Filmkamera aufgenommen werden. Das war teuer und auch in der Bildqualität bei der Wiederausstrahlung nicht zufriedenstellend. In den 50er Jahren entwickelten die amerikanische Firma Ampex (ein Hersteller von Audiorecordern) und die BBC einen funktionstüchtigen Videorecorder.

Die Erfindung des Helical-Scan-Prinzips (dabei werden die Videoköpfe auf eine sich drehende Kopfscheibe montiert, um die relative Band-/Kopfgeschwindigkeit drastisch zu erhöhen, siehe Seite 28) ermöglichte Studio- und später auch Heimvideorecorder. Der erste ausgereifte professionelle Videorecorder wurde 1956 von Ampex auf den Markt gebracht; bald wurden Geräte dieses Typs zum Studiostandard. Die holländische Firma Philips stellte 1971 den ersten Heimvideorecorder vor. Die Japaner eroberten jedoch den Markt mit dem Beta- bzw. VHS-Format (vorgestellt 1974 bzw. 1976); das zuletztgenannte System hat heute weltweit die Führung übernommen.

Die zu Beginn der 80er Jahre eingeführte Bildplatte, die nur die Wiedergabe ermöglicht, war bisher ohne Erfolg; ob das 8-mm-System, das vor kurzem in den Handel kam, ein Weltstandard wird, ist zu bezweifeln.

Rechts: Der erste Heimvideorecorder, 1971 von Philips eingeführt

Unten: Die neuesten Fernseh- und Video-Produkte von Sony

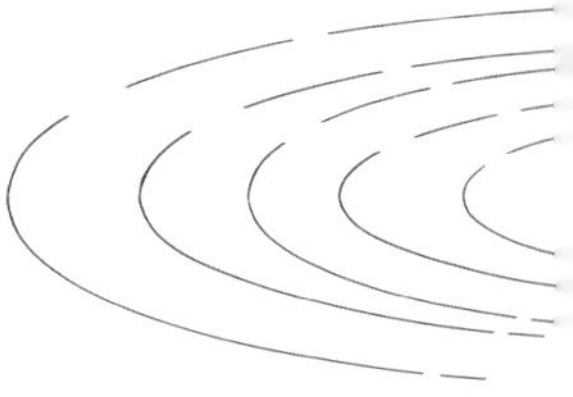

Sendemast

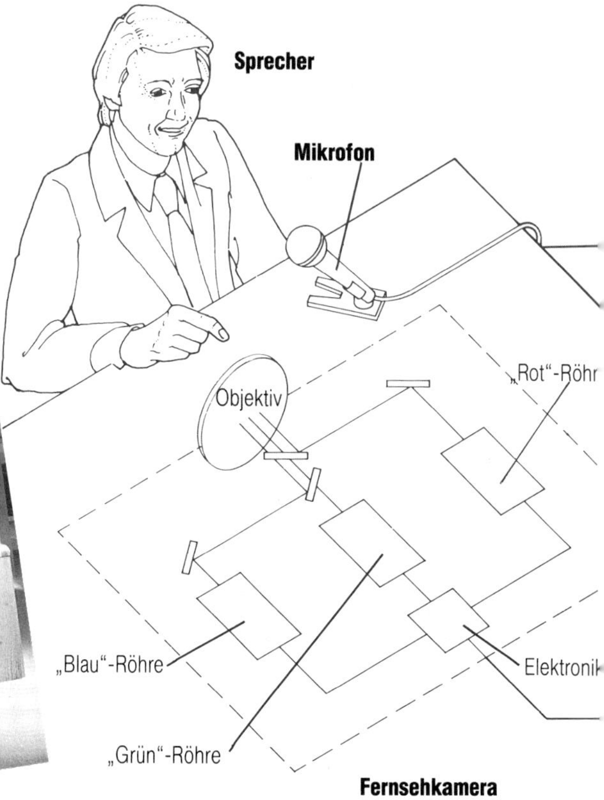

Fernsehkamera

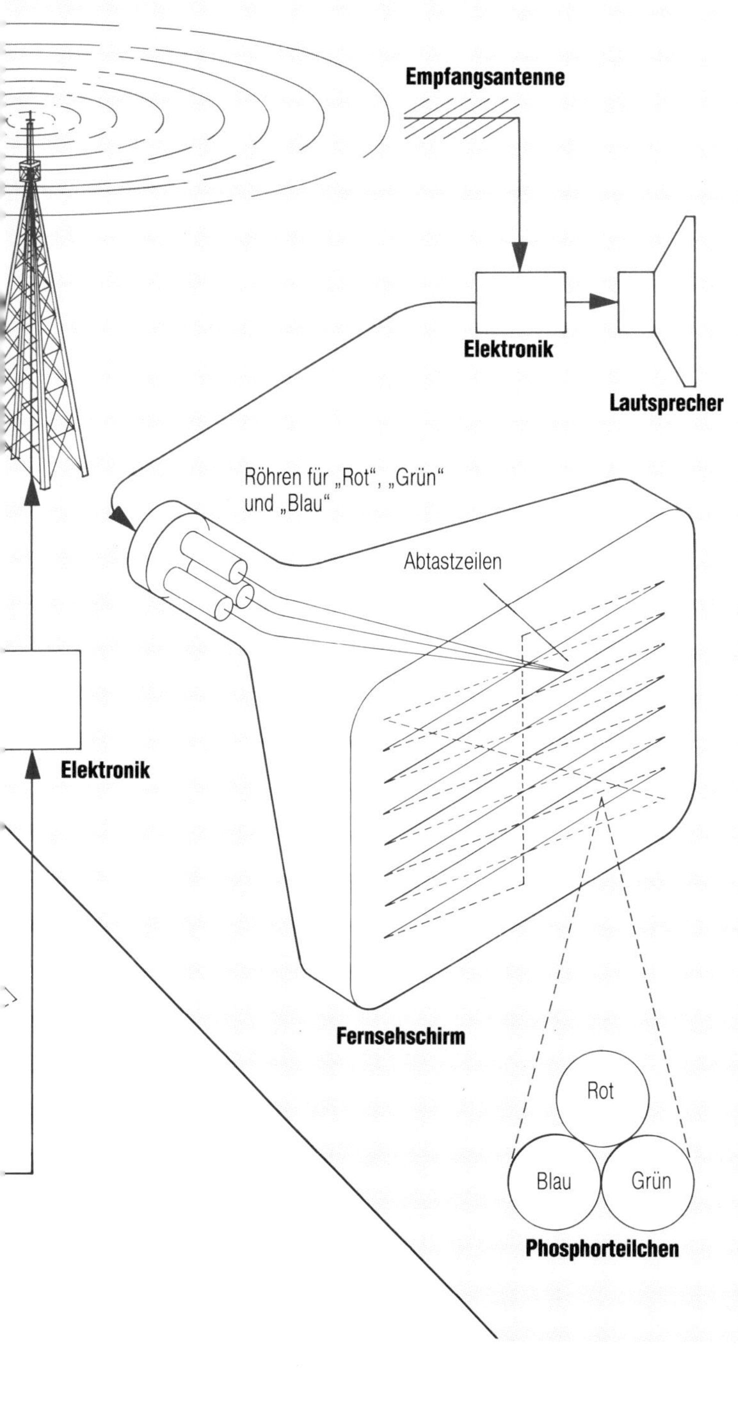

So funktioniert das Fernsehen

Beim Fernsehen werden Bilder in elektrische Signale umgewandelt, die nach Weiterverarbeitung als Hochfrequenzsignale vom Sender abgestrahlt werden. Diese Signale werden vom Fernsehgerät empfangen, in die ursprünglichen Signale zurückgewandelt und schließlich als Bilder durch die Bildröhre wiedergegeben. Der zugehörige Ton wird entsprechend verarbeitet.

Wie aber funktioniert das alles in der Praxis? Wir sollten an dieser Stelle nicht zu tief in alle technischen Einzelheiten der Fernsehübertragung einsteigen, aber eine einfache Erklärung wird uns helfen, die Grundlagen von Fernsehen und Video besser zu verstehen.

Wir nehmen an, daß ein Fernsehprogramm „live" übertragen wird. Das erste Glied in der Übertragungskette ist dann die Kamera im Studio.

Das Bild, das die Kamera „sieht", wird auf der lichtempfindlichen Oberfläche der Aufnahmeröhre abgebildet. Diese lichtempfindliche Schicht wird von einem Elektronenstrahl in 1/25 Sekunde abgetastet, wodurch ein vom Bildinhalt abhängiges elektrisches Signal erhalten wird. Diese Abtastung wird so durchgeführt, daß zwei ineinandergeschachtelte „Halbbilder", die in jeweils 1/50 Sekunde abgetastet werden, ein „Vollbild" ergeben. Durch diese relativ hohe Bildwechselfrequenz erhält man ein weitgehend flimmerfreies Bild. Bei den in Europa verwendeten Fernsehsystemen besteht jedes Vollbild aus 625 Zeilen.

Die Bestandteile des Bildes

Beim Farbfernsehen wird das Bild, auf das die Kamera gerichtet ist, in seine Primärfarben zerlegt – Rot, Grün und Blau. Für ein vollständiges Farbbild muß die Kamera ein Signal liefern, das Informationen über die **Helligkeit** (Luminanz), **Farbton** (Chrominanz) und **Synchronisation** enthält.

Das Luminanzsignal gibt an, wie hell die Szene wäre, wenn sie lediglich als Schwarzweißbild betrachtet würde. Das Chrominanzsignal enthält den **Farbton,** der sich wiederum aus den drei Primärfarben zusammensetzt, und die **Farbsättigung,** die ein Maß für die Stärke des Farbtons ist. Das Synchronsignal gibt an, wann eine neue Abtastzeile bzw. ein neues Halbbild beginnt. Alle drei Informationen bilden das **Videosignal,** das zusammen mit dem Tonsignal einem hochfrequenten Trägersignal aufmoduliert und vom Sender abgestrahlt wird.

Das Fernsehgerät

Am anderen Ende der Übertragungsstrecke sitzt die Antenne, die das Signal empfängt und zum Fernsehgerät weiterleitet. Dort werden das Video- und das Tonsignal von dem hochfrequenten Träger getrennt. Das Tonsignal wird nach entsprechender Verarbeitung zum Lautsprecher, das Videosignal zur Bildröhre geführt. In der Bildröhre befinden sich drei Elektronenkanonen für die drei Farbsignale Rot, Grün und Blau. Die Intensität des jeweiligen Elektronenstrahles ist abhängig von der Chrominanz- und Luminanzinformation, die Ablenkung der Elektronenstrahlen wird durch das Synchronsignal gesteuert. Der Kathodenstrahl jeder Primärfarbe trifft auf ein spezielles Phosphorteilchen, das dadurch zum Leuchten in der zugehörigen Farbe angeregt wird. Drei Teilchen für die Farben Rot, Grün und Blau bilden jeweils eine Einheit, die bei entsprechender Anregung durch die Elektronenstrahlen im Auge bzw. im Sehzentrum des Gehirns den gewünschten Farbton entstehen lassen.

Videoaufzeichnung

Häufig werden die Kamerasignale nicht gesendet, sondern zunächst von einem Videorecorder aufgezeichnet. Zur Sendezeit wird der Recorder dann abgespielt, das erhaltene Signal dem Sendesignal aufmoduliert und vom Fernsehempfänger in Bilder zurückgewandelt. Ein Heimvideorecorder macht genau dasselbe.

DIE AUSRÜSTUNG

DIE KAMERA

Trotz des „High-Tech"-Aussehens mancher raffinierter Modelle ist die Videokamera im Prinzip ein sehr einfach zu bedienendes Gerät. Das gilt besonders für moderne Kameras, da die meisten Einstellvorgänge wie Scharfeinstellung, Blendeneinstellung usw. bei ihnen automatisch durchgeführt werden. Die Videokamera besteht aus zwei Teilen: der **Optik** und der **Elektronik**.

Die **Optik** (das **Objektiv**) sammelt das Licht von der aufzunehmenden Szene und bildet es in ein scharfes Bild ab — so wie es bei jeder anderen Kamera auch gemacht wird. Die **Elektronik** verwandelt dieses Bild in ein elektrisches Signal, das auf ein Magnetband aufgezeichnet werden kann.

Fast alle Videokameras verfügen über ein **Zoomobjektiv.** Damit können Sie Aufnahmen machen, ohne das Objektiv zu wechseln — vom Panoramablick bis zu Nahaufnahmen. Das Licht gelangt dann durch die **Blende** — eine Öffnung, deren Größe sich automatisch in Abhängigkeit von der Menge des einfallenden Lichtes verändert. Sie sorgt also dafür, daß das Bild weder über- noch unterbelichtet ist. Einige Kameras ermöglichen zusätzlich eine manuelle Einstellung der Blende für besondere Effekte. Die Einstellung der Bildschärfe kann entweder per Hand oder — wie bei neueren Kameras üblich — ebenfalls automatisch erfolgen. Das fertige Bild wird auf die Aufnahmeröhre projiziert. Hier beginnt die **Elektronik.**

Die Aufnahmeröhre ist die Schnittstelle zwischen der Optik und der Elektronik. Sie entspricht dem Film im Fotoapparat bzw. in der Filmkamera. Statt verschiedene Filmmaterialien für unterschiedliche Lichtverhältnisse zu verwenden — Tageslicht oder Kunstlicht — paßt die Elektronik die Videokamera entsprechend an, um eine richtige Aufzeichnung der Farben zu gewährleisten.

Wie jede Kamera verfügt die Videokamera auch über einen **Sucher.** Normalerweise handelt es sich dabei um einen kleinen Schwarzweißmonitor mit farbigen Anzeigelampen an der Seite für zusätzliche Informationen. Gelegentlich werden auch optische Sucher verwendet. Zwar sehen Sie damit den richtigen Bildausschnitt, aber häufig haben Sie keine Kontrolle, ob die Blende und die Schärfe richtig eingestellt sind. Außerdem haben Sie nicht die Möglichkeit der Wiedergabe, um die Aufnahme zu betrachten, wie beim elektronischen Sucher. Videokameras werden außerdem mit einem **Mikrofon** zur Tonaufnahme versehen. Dieses ist entweder fest eingebaut, oder es wird in der Hand gehalten bzw. an einer Mikrofonangel befestigt.

Die Videokamera ist mit dem Recorder über ein mehradriges Kabel verbunden, über das alle elektrischen Signale laufen. Das sind: Video (Bild) und Audio (Ton) von der Kamera; Video und Audio zurück vom Recorder zur Kamera (falls die Kamera über einen elektronischen Sucher verfügt); Start-/Stopp-Signal (damit können Sie den Recorder von der Kamera starten bzw. stoppen) und die Versorgungsspannung.

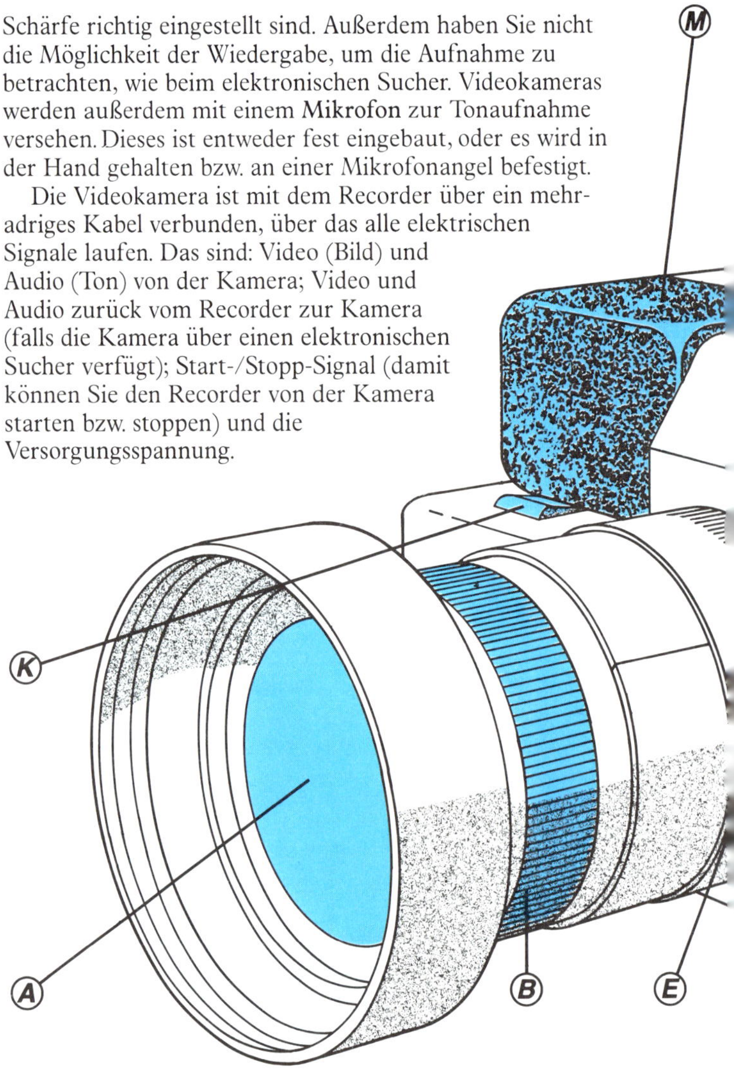

(A) Das Objektiv: Eine komplexe Anordnung von speziell geformten Linsen; es bildet die aufzunehmende Szene auf die Oberfläche der Aufnahmeröhre ab. Normalerweise handelt es sich um ein Zoomobjektiv, mit dem Einstellungen vom Weitwinkel bis zur Nahaufnahme möglich sind.

(B) Fokussierring: Der Fokussierring ist der geriffelte Teil des Objektivgehäuses, der zur Scharfeinstellung gedreht werden muß. Bei vielen Kameras wird diese Einstellung automatisch vorgenommen.

(C) Autofokus-Aufnahmeelement: Die Scharfeinstellung eines Objektivs ist abhängig von der Entfernung zwischen dem Objektiv und dem aufzunehmenden Objekt. Bei dem Infrarot-Autofokussystem wird ein Infrarotlichtstrahl durch das Objektiv gesendet, der von dem Objekt reflektiert und von dem Aufnahmeelement empfangen wird. Aus diesem Signal wird die Regelgröße zur Einstellung des motorisch betriebenen Fokusringes gewonnen.

(D) Fokus-Schnelleinstellung und Ein-/Ausschalter: Unter bestimmten Bedingungen arbeitet das Autofokussystem nicht einwandfrei; dann können Sie es abschalten. Wenn Sie auf die Taste zur Fokus-Schnelleinstellung drücken, so erfolgt eine einmalige automatische Scharfeinstellung.

(F) Blendeneinstellung: Die Blende kontrolliert die Lichtmenge, die vom Objektiv auf die Aufnahmeröhre gelangt. In allen Videokameras wird sie automatisch gesteuert. Bei einigen Kameras kann diese Automatik abgeschaltet werden, z. B. unter schwierigen Lichtverhältnissen oder wenn besondere Effekte erzielt werden sollen.

(E) Zoomhebel: Hiermit kann die Brennweite des Objektivs verstellt werden, um von dem Weitwinkel- in den Telebereich zu kommen oder umgekehrt. Der Vorgang, den Brennweitenbereich zu verändern, wird als **Zoomen** bezeichnet.

(G) Gegenlicht- und Empfindlichkeitsschalter: Ein Objekt vor einem hellen Hintergrund stellt eine schwierige Aufnahmesituation dar. Die Blendenautomatik stellt die Bildhelligkeit immer auf einen Mittelwert ein; das Objekt erscheint zu dunkel und ist nur in Umrissen zu erkennen. Durch die Gegenlichtkompensation wird die Blende weiter geöffnet und das Objekt dadurch heller wiedergegeben. Der Empfindlichkeitsschalter wird bei geringer Beleuchtung benötigt.

(H) Automatischer Weißabgleich: Abhängig von der verwendeten Lichtquelle können weiße Objekte auf dem Farbmonitor bläulich oder rötlich erscheinen. Bei modernen Videokameras wird die erforderliche Weißkorrektur automatisch oder nach Betätigung der Automatiktaste durchgeführt.

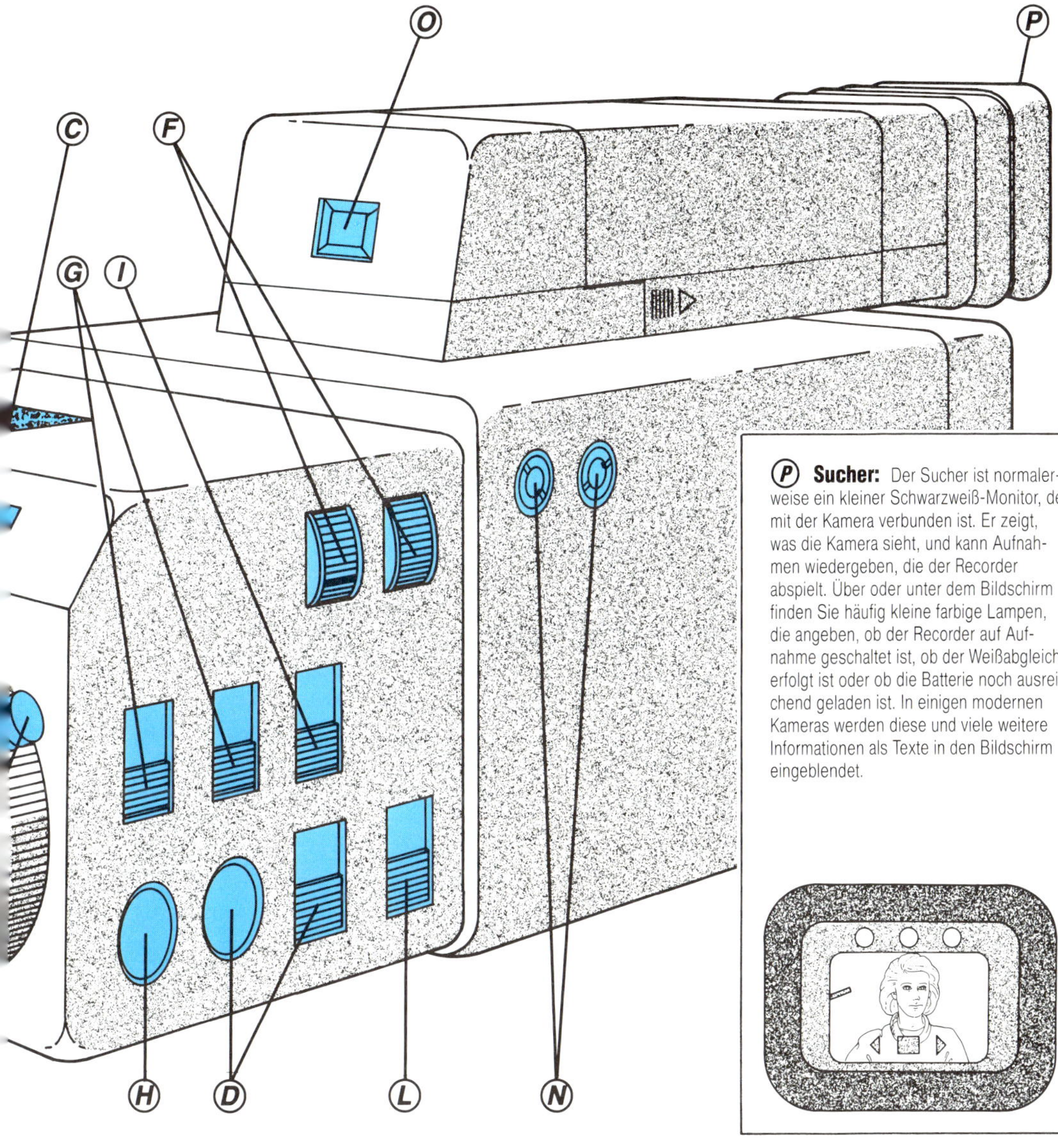

Ⓟ Sucher: Der Sucher ist normalerweise ein kleiner Schwarzweiß-Monitor, der mit der Kamera verbunden ist. Er zeigt, was die Kamera sieht, und kann Aufnahmen wiedergeben, die der Recorder abspielt. Über oder unter dem Bildschirm finden Sie häufig kleine farbige Lampen, die angeben, ob der Recorder auf Aufnahme geschaltet ist, ob der Weißabgleich erfolgt ist oder ob die Batterie noch ausreichend geladen ist. In einigen modernen Kameras werden diese und viele weitere Informationen als Texte in den Bildschirm eingeblendet.

Eine typische Amateur-Videokamera mit den wichtigsten Bedienungselementen.

Ⓘ Innen-/Außenschalter: Der Weißabgleich kann bei definierten Lichtquellen — Kunstlicht oder Tageslicht — auch mit diesem Schalter durchgeführt werden.

Ⓙ Start-/Stopptaste: Diese Taste startet oder stoppt die Aufnahme des Recorders.

Ⓚ Motorzoom-Taste: Praktisch alle Videokameras besitzen ein Motorzoom-Objektiv. Wenn Sie vom Weitwinkel- in den Telebereich gehen wollen oder umgekehrt, so drücken Sie diese Taste, und ein Motor verändert die Brennweite sanft und gleichmäßig. Einige Kameras bieten auch die Möglichkeit, die Zoomgeschwindigkeit zu verändern.

Ⓛ Hauptschalter/Stand-by-Schalter: Während mit dem Hauptschalter die gesamte Kamera ein- bzw. ausgeschaltet wird, bleibt nach Betätigen des Stand-by-Schalters die Stromversorgung der Aufnahmeröhre weiterhin gewährleistet. Dadurch wird Strom gespart, dennoch ist die Kamera sofort aufnahmebereit, da die Aufheizzeit für die Röhre entfällt. Das Videoband bleibt „eingefädelt", um einen exakten Schnitt zu ermöglichen.

Ⓜ Mikrofon: Das Mikrofon registriert den Ton von der Szene, die aufgenommen werden soll. Es kann sich dabei um eine sehr einfache Ausführung handeln, die den gesamten Ton um die Kamera herum aufnimmt; es kann aber auch ein Richtmikrofon sein, das den Ton aus einem schmalen Bereich registriert. Je nach Anwendungsfall können die Mikrofone bei einigen Kameratypen ausgewechselt werden.

Ⓝ Buchsen für Mikrofon und Kopfhörer: Hier wird ein Spezialmikrofon angeschlossen. Das eingebaute Mikrofon wird dann automatisch abgeschaltet. Mit dem Kopfhörer, der an der Kopfhörerbuchse angeschlossen wird, kann der Benutzer den Ton hören, der aufgezeichnet werden soll.

Ⓞ Tallylampe: Eine Lampe vorn an der Kamera, die den Akteuren zeigt, daß sich die Kamera im Aufnahmebetrieb befindet.

Stecker und Kabel

Kamerakabel: Dieses Kabel verbindet die Kamera mit dem Recorder. Es transportiert die Audio- und Videosignale in beiden Richtungen, das Start-/Stopp-Signal zum Recorder sowie die Versorgungsspannung für die Kamera. Nicht alle Kameras mit diesen Kabeln passen zu allen Recordern.

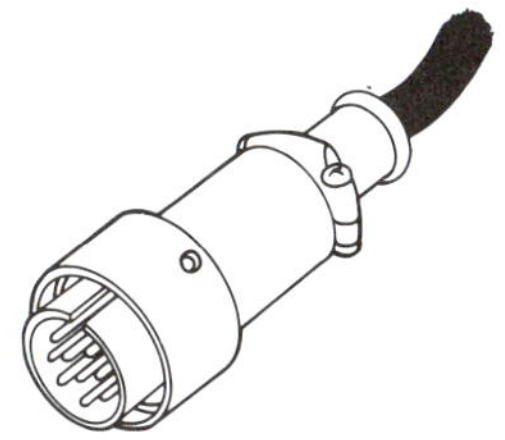

Kopfhörer-Anschluß: Zum Anschluß eines Kopfhörers wird meistens eine 3,5-mm-Klinkenbuchse verwendet. Mit dem Kopfhörer können Sie direkt den aufzuzeichnenden Ton verfolgen oder sich den Ton bei der Wiedergabe anhören.

Mikrofon-Anschluß: Auch für Mikrofone werden im allgemeinen 3,5-mm-Klinkenstecker verwendet. Mit einem separaten Mikrofon haben Sie z. B. die Möglichkeit, wirklich den Ton aufzunehmen, den Sie aufnehmen wollen, und nicht die Umgebungsgeräusche in der Nähe Ihrer Kamera.

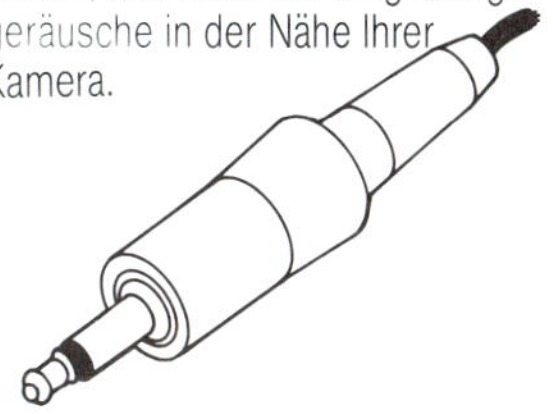

Versorgungsspannung: Die Stromversorgung der Kamera erfolgt ausschließlich über den Recorder. Für diesen — oder den später noch zu besprechenden Kamerarecorder — stehen jedoch verschiedene Versorgungsmöglichkeiten zur Verfügung: eine Batterie, ein Netzteil, die Autobatterie usw.

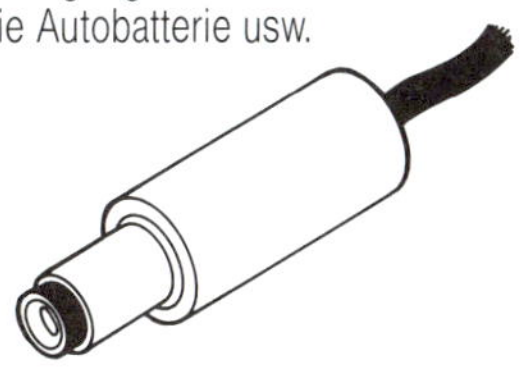

DIE OPTIK

Die Brennweite

Parallele Lichtstrahlen werden beim Durchgang durch eine Linse gebrochen; sie treffen in einem Punkt hinter der Linse zusammen, dem **Brennpunkt.**

dünne Linse

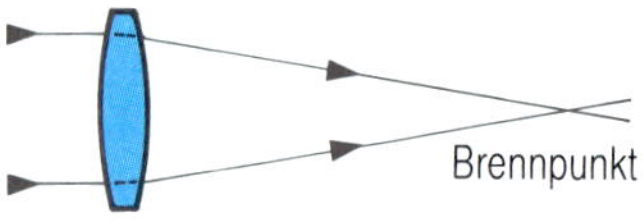

dicke Linse

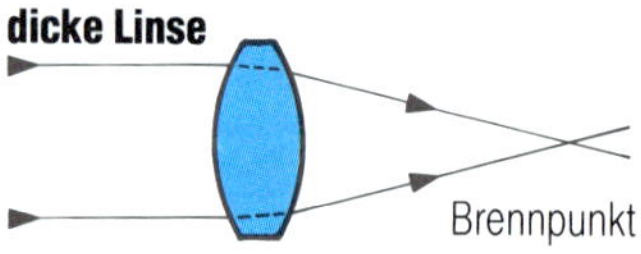

Der Abstand zwischen diesem Punkt und der Linse wird **Brennweite** genannt. Ist das Objektiv der Videokamera auf „Unendlich" gestellt, so liegt der Brennpunkt genau auf der Oberfläche der Aufnahmeröhre. Eine dicke Linse hat eine kurze, eine dünne Linse eine lange Brennweite. Befindet sich das Objekt nicht in „unendlicher" Entfernung, so muß durch Drehen am Schärfering das Linsensystem weiter von der Röhrenoberfläche entfernt werden, damit wieder eine scharfe Abbildung erfolgt. Der Mindestabstand zwischen Objekt und Objektiv beträgt bei den meisten Videokameras etwa einen Meter; bei einem kürzeren Abstand ist eine Abbildung nicht mehr möglich.

Die Brennweite ist direkt mit einem weiteren Begriff verbunden – dem **Bildwinkel**. Er gibt an, welcher Teil der Szene auf der Röhrenoberfläche abgebildet werden kann. Je kürzer die Brennweite, desto größer ist der Bildwinkel. Da man bei Videokameras durch Zoomen die Brennweite verstellen kann, kann man damit auch den Bildwinkel verändern. Objektive tragen Brennweitenbezeichnungen. Die Oberfläche der Aufnahmeröhre der Videokamera ist wesentlich kleiner als das Kleinbildformat eines Fotoapparates. Ein 50-mm-Objektiv einer Kleinbildkamera wird als ein Normalobjektiv bezeichnet, bei einer Videokamera befindet man sich mit dieser Brennweite bereits eindeutig im Telebereich.

DAS OBJEKTIV – WOZU?

Bevor der Videorecorder ein Signal aufzeichnen kann, muß die Kamera die aufzunehmende Szene auf der Oberfläche der Aufnahmeröhre abbilden. Das geschieht mit Hilfe des Objektivs.

Licht kann man sich als eine unendliche Menge von Strahlen vorstellen, die von jedem einzelnen Punkt eines Objekts ausgehen. Da sie sich in alle Richtungen ausbreiten, können sie kein Bild liefern, ohne daß sie „koordiniert" werden. Das aber macht das Objektiv. Wenn Lichtstrahlen in Glas (oder ein anderes durchsichtiges Material) eindringen, werden sie gebrochen. Das gleiche gilt, wenn sie das Glas wieder verlassen. Das Maß der Brechung hängt von den verwendeten Materialien und dem Winkel ab, unter dem die Strahlen die Glasoberfläche treffen. Da eine Linse gewölbt ist, werden die Strahlen unterschiedlich stark gebrochen; es wird damit eine Bündelung der Strahlen, die von einem Punkt des Objekts kommen, in einem Punkt des Bildes erreicht.

In der Praxis gibt es bei einer einfachen Linse jedoch viele Einschränkungen. So ist z. B. weißes Licht aus einem Farbspektrum aufgebaut, und jede Farbkomponente wird daher unterschiedlich stark gebrochen, was zu roten und blauen Rändern in der Abbildung führt. Das Problem beseitigt man, indem man verschiedene Einzellinsen so miteinander kombiniert, daß die Fehler sich gegenseitig aufheben. Diese Linsenkombination ist das **Objektiv.**

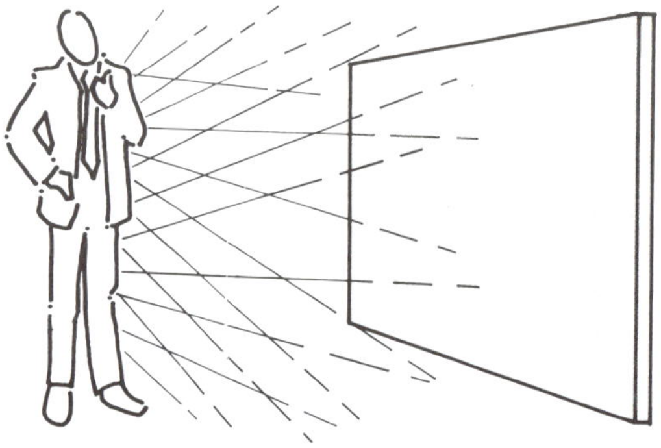

Ohne Linse: Lichtstrahlen werden von jedem Punkt des Objektes in alle Richtungen reflektiert. Auf dem Schirm entsteht kein Bild, da alle Strahlen divergieren.

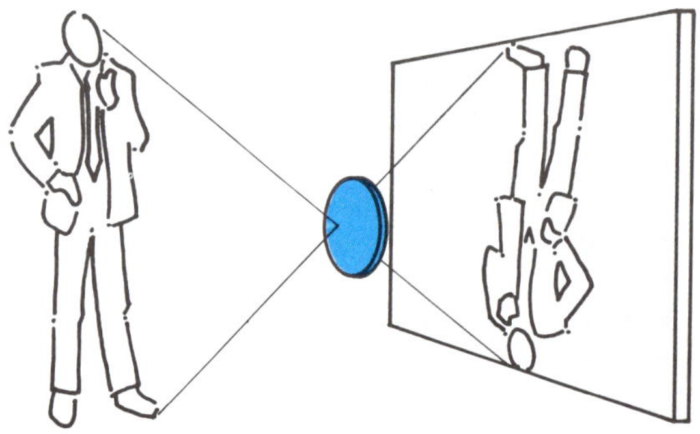

Mit Linse: Lichtstrahlen, die von einem Punkt des Objekts kommen, werden durch die Linse gebündelt und in einem Punkt auf dem Schirm abgebildet.

Die Scharfeinstellung

Damit man ein scharfes Bild erhält, müssen die Lichtstrahlen, die von einem Punkt des Objektes kommen, in einem Punkt auf der Röhrenoberfläche konvergieren. Scharfstellen heißt, daß das Linsensystem relativ zur Bildröhrenoberfläche verschoben wird, bis Konvergenz eingetreten ist. Gewöhnlich ist es sehr leicht zu sehen, wenn ein Gegenstand scharf eingestellt ist, und die Einstellung selbst erfolgt durch einfaches Drehen am Fokussierring. Viele Kameras haben eine automatische Scharfeinstellung, die Ihnen diese Arbeit abnimmt.

Sie müssen damit rechnen, daß Sie die Einstellung wiederholen müssen, wenn Sie die Szene wechseln, ebenso wenn Sie die Brennweite verlängern, also einzoomen. Wenn Sie jedoch die Scharfeinstellung zunächst bei der größten Brennweite vornehmen und dann auszoomen, bleibt die Scharfeinstellung erhalten. Sie müssen weiterhin die Schärfe erneut einstellen, wenn Sie die Kameraposition wechseln, und in diesem Fall ist eine Autofokus-Einrichtung besonders hilfreich.

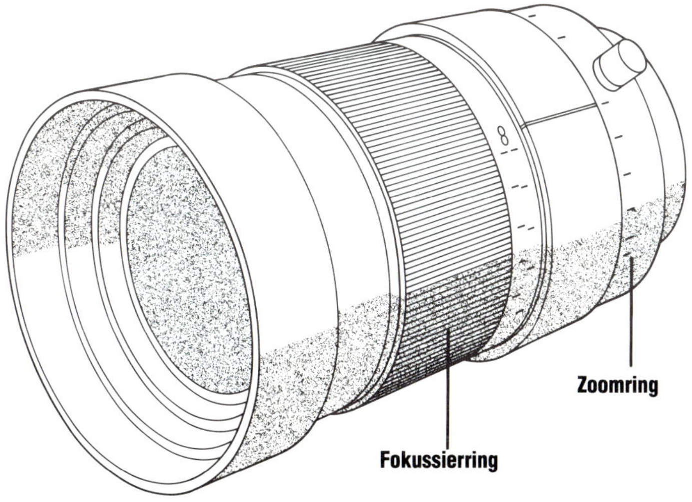

DAS ZOOMOBJEKTIV

Praktisch alle Videokameras sind mit einem Zoomobjektiv versehen, das Ihnen die Möglichkeit gibt, eine Vielzahl von Einstellungen ohne Wechsel des Objektivs aufnehmen zu können. Das Objektiv wird durch Angabe der minimalen und maximalen Brennweite bezeichnet, häufig auch durch das Verhältnis zwischen diesen beiden Zahlen. Gängige Bezeichnungen sind 12—72mm-Objektiv oder 6fach-Zoomobjektiv.

Die Brennweite kann mit der Hand durch Drehen des Zoomrings verstellt werden. Zur Ablesung der gewählten Einstellung sind auf oder neben dem Zoomring verschiedene Brennweiten angegeben. Die meisten Videokameras verfügen außerdem über ein Motorzoomsystem. Es handelt sich dabei um einen Motor, der den Ring mit gleichmäßiger Geschwindigkeit dreht.

Ein weiterer Ring dient zur Fokussierung. Er ist mit Entfernungsangaben versehen; hier kann abgelesen werden, auf welchen Abstand das Objektiv scharf eingestellt ist.

Scharfeinstellung des Zoomobjektivs

1 Diese Szene wollen Sie aufnehmen. Überlegen Sie, wie weit Sie einzoomen und auszoomen wollen.

2 Zoomen Sie das Motiv so weit wie möglich ein — es wird sicherlich unscharf werden.

3 Stellen Sie Ihr Motiv jetzt scharf ein. An senkrechten Linien sehen Sie am einfachsten, wann Sie die beste Einstellung erreicht haben. Wenn Sie genügend Zeit für die Fokussierung haben, sollten Sie auf die automatische Scharfeinstellung verzichten, da sie nicht immer exakt arbeitet.

4 Zoomen Sie jetzt zu Ihrem ursprünglichen Bildausschnitt zurück und kontrollieren Sie die Scharfeinstellung. Sie muß jetzt einwandfrei sein — wie auch alle Zoompositionen, die zwischen Ihren Weitwinkel- und Teleeinstellungen liegen.

BLENDE UND BELICHTUNG

In der Mitte des Objektivs sitzt die Irisblende, die den Lichteinfall reguliert. Je heller das Licht, desto kleiner wird die Blende. Diese Anpassung der einfallenden Lichtmenge an den Empfindlichkeitsbereich der Aufnahmeröhre, die im allgemeinen automatisch erfolgt, ist notwendig, weil sich das einfallende Licht in der Helligkeit beliebig verändern kann, die Aufnahmeröhre jedoch nur in einem kleinen Empfindlichkeitsbereich gute Resultate liefert. Manchmal ist zusätzlich eine manuelle Blendeneinstellung möglich.

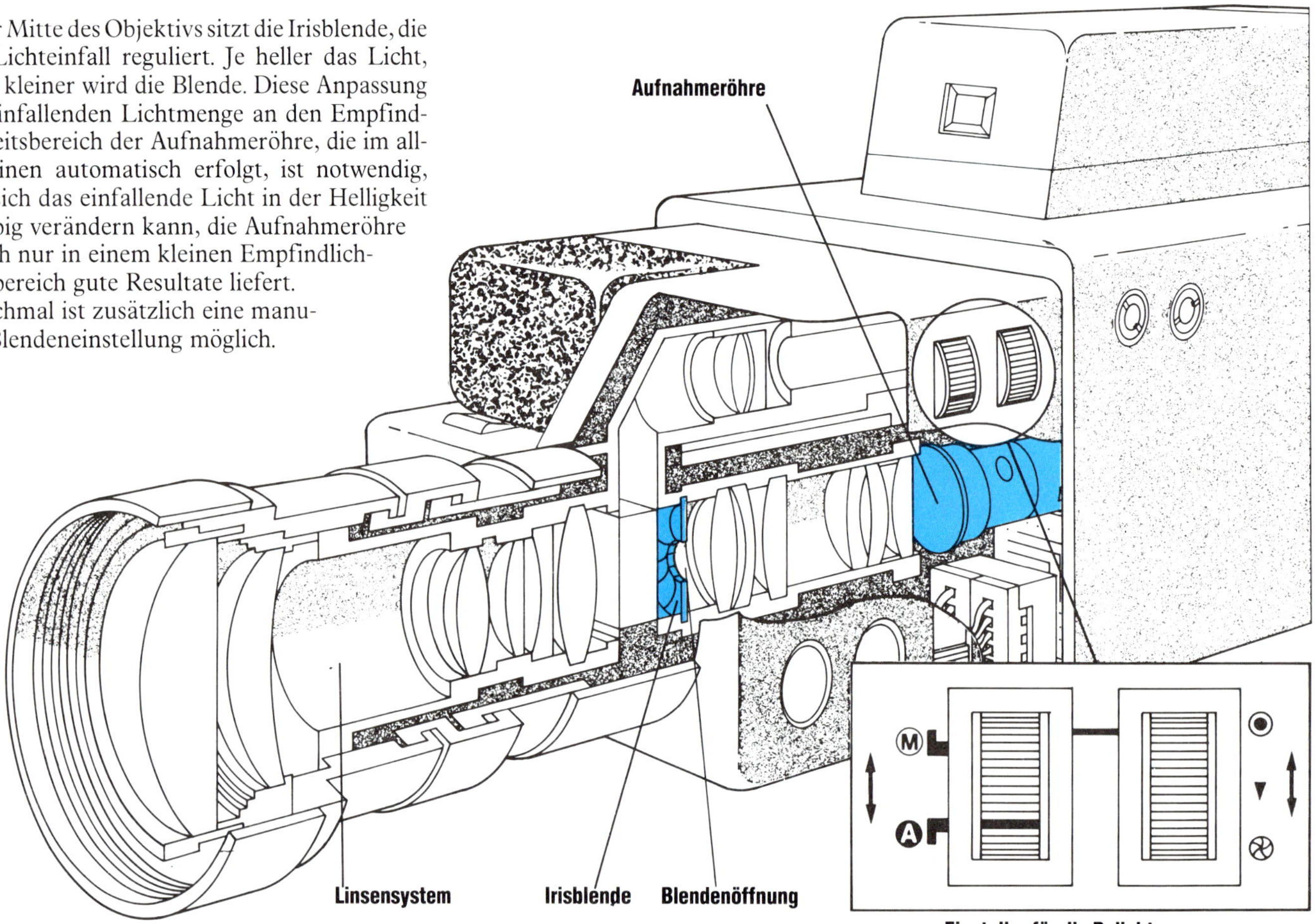

Einsteller für die Belichtung

Eingefügte Zeichnung oben: Sie zeigt ausführlicher die Einsteller für die Belichtung. Mit dem linken Schalter kann zwischen automatischer und manueller Belichtungseinstellung gewählt werden. Wenn man sich im manuellen Betrieb befindet, kann mit dem Regler rechts die Blendenöffnung eingestellt werden.

Richtig eingestellt:

Unterbelichtet: Die Szene ist zu dunkel. Helle Teile sind fast ebenso dunkel wie die dunklen, und es gibt insgesamt zu wenig Kontrast. Die Farben sind trübe mit einer Tendenz zu verschwommenen Grün- und Brauntönen. Leuchtende Rot- und Blautöne gehen vollständig verloren.

Richtig belichtet: Die ausgewogene Einstellung zwischen hell und dunkel. Die Farben sind so natürlich wie die Technik es erlaubt. Die Kontraste sind klar und verschwimmen nicht.

Überbelichtet: Diese Szene wirkt ausgebleicht. Helle Stellen sind vollständig weiß und mit Farbrändern versehen. Zwischentöne sind fast völlig verschwunden, der Kontrast wird verstärkt.

BLENDE UND SCHÄRFENTIEFE

Neben der Aufgabe, die Menge des auf die Röhrenoberfläche fallenden Lichtes zu regulieren, bestimmt die Blendenöffnung auch den Bereich der Szene, der scharf abgebildet wird. Stellen Sie sich vor, daß Sie die Kamera auf ein Objekt in fünf Meter Entfernung scharf eingestellt haben. Es wird dann einen Bereich vor und hinter dem Objekt geben, der ebenfalls scharf dargestellt wird. Bei einer bestimmten Blendeneinstellung können Gegenstände 1 Meter vor und hinter diesem Objekt noch scharf abgebildet werden, bei einer anderen Einstellung reduzieren sich diese Abstände auf vielleicht nur 30 Zentimeter. Dieser Bereich wird mit **Schärfentiefe** bezeichnet. Allgemein gilt: je kleiner die Blendenöffnung, desto größer die Schärfentiefe.

Sofern Sie nicht bewußt eine begrenzte Schärfentiefe für einen bestimmten Effekt erreichen wollen, sollten Sie Ihr Objekt so hell wie möglich ausleuchten, damit die Blende weit geschlossen wird, so daß Sie die größte Schärfentiefe erreichen. Dieses ist besonders wichtig bei langen Brennweiten (Telebereich), bei denen die Scharfeinstellung sehr kritisch ist.

Aufnahme mit großer Blendenöffnung. Nur die Mitte ist scharf abgebildet. Die Schärfentiefe ist nur sehr gering.

Aufnahme mit kleiner Blendenöffnung, die eine größere Schärfentiefe liefert. Die Gitter im Vorder- und im Hintergrund sind jetzt wesentlich schärfer abgebildet.

Makro

Makro ist die Eigenschaft eines Objektivs, Gegenstände, die sich in sehr kurzer Entfernung vor dem Objektiv befinden (bis zu 5 mm) noch abzubilden. Ohne Makrofunktion beginnt der Bereich, der scharf abgebildet werden kann, bei den üblichen Zoomobjektiven der Videokameras erst bei etwa 1 Meter. Bei geeigneter Beleuchtung können Objekte mit Hilfe der Makroeinstellung noch als extreme Nahaufnahmen aufgenommen werden; das kann bei der Aufnahme von Illustrationen, Insekten und anderen kleinen Dingen sehr hilfreich sein.

Gewöhnlich erreicht man die Makroeinstellung, indem man einen kleinen Knopf am Zoomhebel eindrückt und den Zoomring in den gekennzeichneten Makrobereich bringt. Die Scharfeinstellung erfolgt dann durch Drehen des Zoomrings.

Bei Kameras ohne eingebaute Makrofunktion muß man sich mit Nahlinsen behelfen, die vor das Objektiv geschraubt werden.

DAS INNERE DER KAMERA

Die Hauptfunktion der Videokamera besteht in der Umwandlung eines Lichtmusters — des Bildes — in ein elektrisches Signal, das auf ein Magnetband aufgezeichnet werden kann. Das optische System ermöglicht die richtige Bildauswahl, aber die Elektronik sorgt dafür, daß der Aufzeichnungsprozeß erfolgen kann.

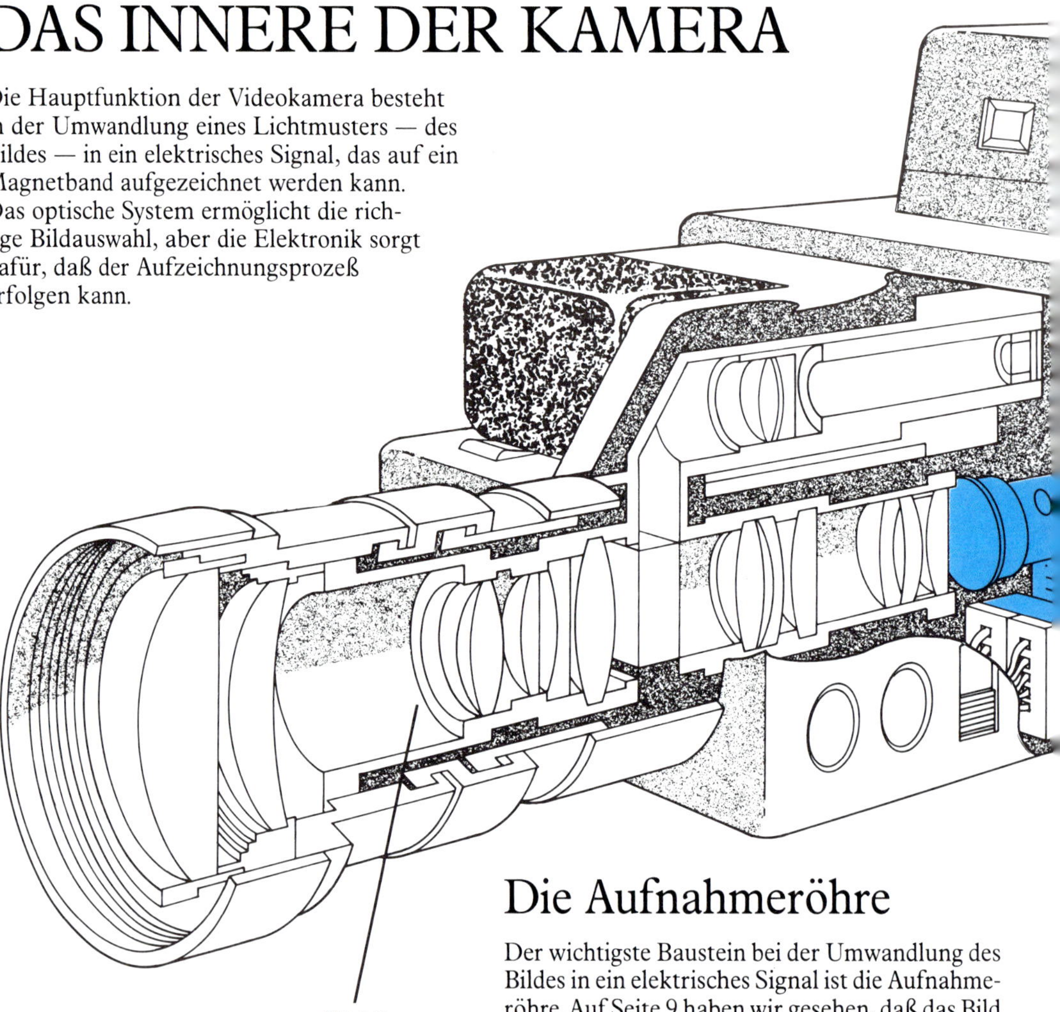

Der Bildsensor

Die wesentlichen Probleme einer Kameraröhre sind ihr Volumen, ihr Gewicht, die Zerbrechlichkeit, der Stromverbrauch sowie die Aufheizzeit. Neue Entwicklungen haben zu dem CCD-Sensor geführt (CCD = Charge Coupled Device), der bereits in den meisten modernen Heimkameras verwendet wird. Diese hochintegrierte Schaltung besteht aus photoelektrischen Elementen, die in Spalten angeordnet sind. Die Größe der elektrischen Ladung, die in jedem Element bei Lichteinfall erzeugt wird, ist abhängig von der Intensität des Lichtes und damit ein Maß für die Helligkeit des zugehörigen Bildpunktes. Wie die rechts beschriebene Bildröhre für Einröhrenkameras ist der Sensor mit einem Farbfilter versehen, um die erforderlichen Farbinformationen zu erhalten. Neben diesen CCD-Sensoren kommen auch sogenannte MOS-Sensoren (Metal Oxid Semiconductor) zum Einsatz.

Im Gegensatz zu den Röhren können Sensoren durch direkten Lichteinfall nicht beschädigt werden (das gefürchtete „Einbrennen" bei den Röhrenkameras), außerdem tritt das störende „Fahnenziehen" der Röhren (leicht zu erkennen bei einem Schwenk durch eine Lichtquelle) praktisch nicht auf.

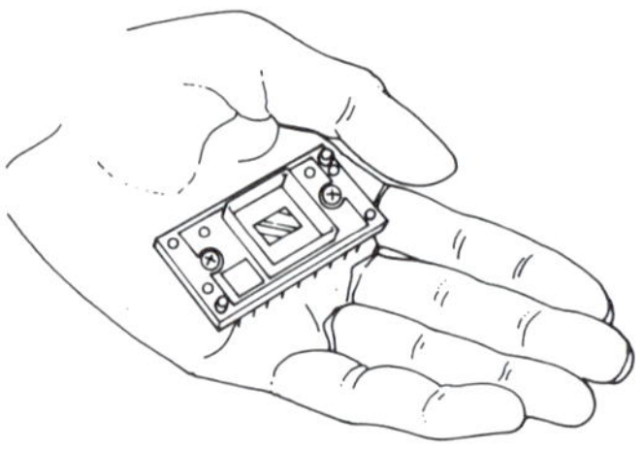

Die Aufnahmeröhre

Der wichtigste Baustein bei der Umwandlung des Bildes in ein elektrisches Signal ist die Aufnahmeröhre. Auf Seite 9 haben wir gesehen, daß das Bild auf dem Fernsehschirm von einem Elektronen-

Licht und Elektronik

Man sollte immer daran denken, daß die Kamera ein Gerät ist, das Licht in elektrische Signale umwandelt — genau wie ein Mikrofon den Schall in elektrische Signale umwandelt. Ein Begriff wie **Rauschen** ist daher in analoger Weise anzuwenden und bezeichnet ein unerwünschtes Signal, eine Störung. Eine helle Bildvorlage liefert ein großes (gutes) Signal, eine dunkle ein kleines (schlechtes) Signal.

Je heller das aufzunehmende Objekt ausgeleuchtet wird, desto besser wird das Ergebnis sein. Das „erwünschte" Signal ist um ein Vielfaches größer als das „unerwünschte", das **Rauschen** (Rauschen ist bei Kamerabildern an dem „Schnee" zu erkennen, wie er auch von schlechtem Fernsehempfang bekannt ist). Wenn die Beleuchtung dunkler wird, erhöht die Elektronik der Kamera die Empfindlichkeit, um das verringerte Bildsignal zu verbessern. Leider erhält man dadurch ein stärker verrauschtes Bild; auch die Qualität der Farben leidet. Die Bildfolge zeigt, wie sich das Kamerabild bei abnehmender Beleuchtung verschlechtert.

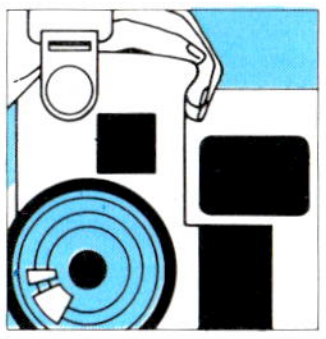

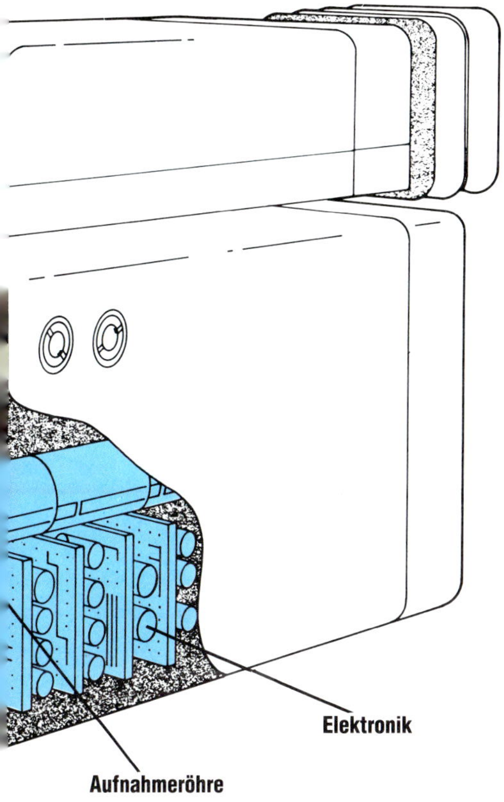

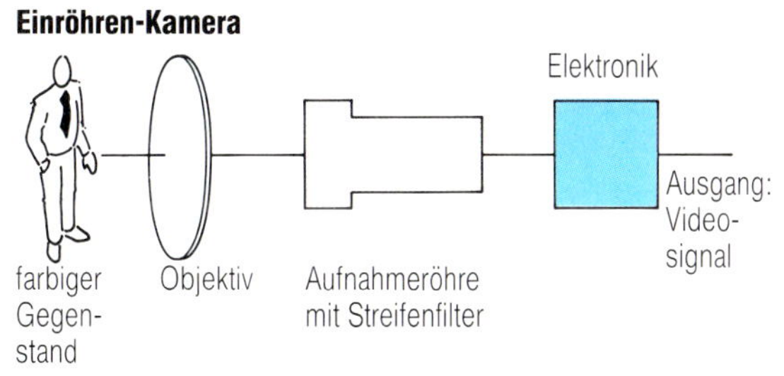

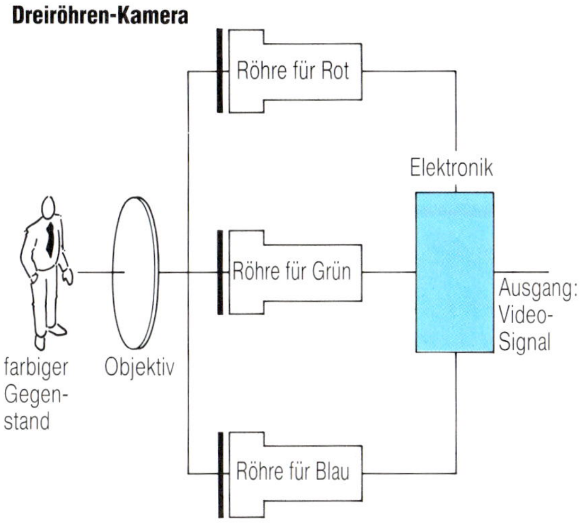

Technische Daten— Videokameras

Horizontale Auflösung: Sie wird in Linien angegeben, die die Kamera noch getrennt wiedergeben kann und ist daher ein Maß für die Schärfe der Kamera. Eine gute Kamera für den Heimgebrauch erreicht 350, eine durchschnittliche etwa 300 Linien. Bei einer Studiokamera können bis zu 600 Linien aufgelöst werden. Häufig wird auch eine Frequenz (in MHz) anstelle einer Angabe in Linien verwendet. Als Faustformel für die Umrechnung gilt: Anzahl der Linien dividiert durch 80 gleich Frequenz in MHz, also 300 Linien entsprechen etwa 3,75 MHz.

Signal-/Rauschverhältnis (Video): Das Verhältnis vom gewünschten Signal zum störenden Rauschen. Es wird in Dezibel (dB) angegeben; je größer diese Zahl ist, desto besser ist die Kamera. Eine gute Heimkamera erreicht etwa 45 dB, eine Studiokamera 55 dB.

Minimale Beleuchtung. Sie gibt die für ein akzeptables Bild erforderliche Beleuchtungsstärke an und wird in Lux gemessen. Eine Kerze liefert in einem Abstand von 20 cm eine Beleuchtungsstärke von ungefähr 10 Lux, eine 100-W-Glühlampe in einem Meter Abstand 150 Lux, während das Tageslicht Werte zwischen 1 000 und 100 000 Lux erreicht.

Signal-/Rauschverhältnis (Audio): Störend sind beim Kameraton häufig die Brumm- und Zischlaute. Je größer das Signal-/Rauschverhältnis, desto besser ist die Kamera. Schlechte Werte bei diesem Parameter sind häufig auf das einfache Mikrofon der Kamera zurückzuführen.

Leistungsaufnahme: Die elektrische Leistung, die die Kamera verbraucht, wird in Watt (W) gemessen. Sie sollte möglichst gering sein, damit die Batterien nicht zu häufig nachgeladen werden müssen.

strahl erzeugt wird, der die Rückseite des mit Phosphorpartikeln beschichteten Glasschirmes abtastet, die beim Auftreffen des Elektronenstrahles aufleuchten. Das Hell-/Dunkelmuster, das das Bild darstellt, wird auf dem Schirm durch Verändern der Strahlstärke erzeugt. Farben werden aus den drei Primärfarben Rot, Grün und Blau gewonnen, indem drei Elektronenkanonen verwendet werden, die Phosphorpartikel treffen, die diese drei Farben aussenden.

Das aufzunehmende Bild, das sich aus unterschiedlich hellen Bildpunkten zusammensetzt, wird auf den Schirm der Aufnahmeröhre projiziert. Dieser Glasschirm ist mit einer lichtempfindlichen Substanz versehen, deren elektrische Leitfähigkeit sich in Abhängigkeit von der Intensität des einfallenden Lichtes verändert. Das projizierte Bild erzeugt somit auf dem Schirm eine Fläche mit örtlich unterschiedlicher Leitfähigkeit — je nach Helligkeit (Intensität) des entsprechenden Bildpunktes.

Der elektrische Widerstand (bzw. die elektrische Leitfähigkeit) eines jeden Bildpunktes muß gemessen werden, damit das Bild reproduziert werden kann. Ein Elektronenstrahl tastet diese leitfähige Schicht ab. Diese Abtastung ist analog zur Abtastung des Bildschirmes beim Fernsehgerät. Wenn die Elektronen auf den leitfähigen Schirm auftreffen, wird ein elektrischer Stromkreis gebildet; die Stärke des Stroms ist abhängig von dem elektrischen Widerstand des getroffenen Bildpunktes und damit abhängig von der Helligkeit in diesem Punkt. Aus diesem Strom wird das Videosignal gebildet, dem noch ein Synchronsignal hinzugefügt wird, damit die Abtastung des Fernsehbildschirmes in analoger Weise zu der Abtastung der Aufnahmeröhre erfolgt. Das sind — ganz einfach — die Grundlagen des Fernsehens.

Die Farbe kompliziert unsere Erklärungen. Die einfachste, aber auch teuerste Methode ist, für jede Primärfarbe eine separate Aufnahmeröhre, also insgesamt drei Aufnahmeröhren zu verwenden. Das aufzunehmende Objekt wird auf drei Röhren gleichzeitig abgebildet, wobei jede Röhrenoberfläche mit einem speziellen Farbfilter versehen ist.

Einröhrenkameras verwenden Beschichtungen der Röhrenoberfläche aus zwei oder drei verschiedenen Filtermaterialien, die in dünnen Streifen aufgebracht werden. Nebeneinanderliegende Bildpunkte zeigen so unterschiedliche Farbempfindlichkeiten, z. B. in der Reihenfolge: Rot, Grün, Blau, Rot, Grün, Blau usw. Das Ausgangssignal der Röhre enthält damit zusätzlich die Farbinformation.

KAMERA-EXTRAS

Recorder-Fernsteuerung

Viele Bandlauffunktionen des Videorecorders können bei modernen Videoanlagen auch von der Kamera aus gesteuert werden; Kamera und Recorder müssen jedoch zueinander passen, d. h. die von der Kamera ausgehenden Befehle müssen von dem Recorder verstanden werden. Neben der Aufnahme-Start-/Stoppfunktion werden Befehle wie Vorlauf, Rücklauf, Bildsuchlauf und Standbild ausgeführt.

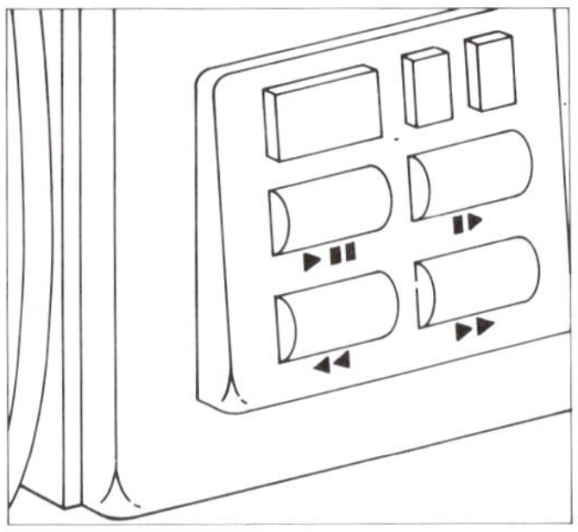

DER TITELGENERATOR

Titelgeneratoren finden sich jetzt immer häufiger in Verbindung mit Videokameras — sei es als Zubehörteil, wie hier gezeigt, oder als integrierter Bestandteil der Kamera. Es sind kleine Computer, die Zahlen, Buchstaben und einige Symbole generieren und speichern. Diese können dann auf dem Bildschirm — je nach Modell — in verschiedenen Größen, Variationen und Farben wiedergegeben werden. Sie können sogar der Szene während der Aufnahme überlagert werden.

Viele Titelgeneratoren enthalten auch einen Kalender (der Tag, Monat und Jahr anzeigt) sowie eine Stoppuhr, die in die Liveaufnahmen eingeblendet werden kann.

Einige separate Titelgeneratoren erlauben darüber hinaus eine nachträgliche Überlagerung (z. B. beim Zusammenschneiden des Filmes).

Automatisches Ein- und Ausblenden

Früher konnten Videoaufnahmen nur recht umständlich (z. B. durch Drehen am Blendenring) nach Schwarz oder Weiß ein- bzw. ausgeblendet werden. Heute kann dieser Vorgang auf Knopfdruck automatisch ablaufen. Sie drücken auf die entsprechende Taste, und Ihre neue Aufnahme wird langsam bei Schwarz beginnen — und nicht schlagartig nach Auslösen des Startknopfes. Ebenso können Sie eine Szene ausklingen lassen. Der Ton wird ebenfalls nicht abrupt beginnen oder enden, sondern allmählich lauter bzw. leiser werden.

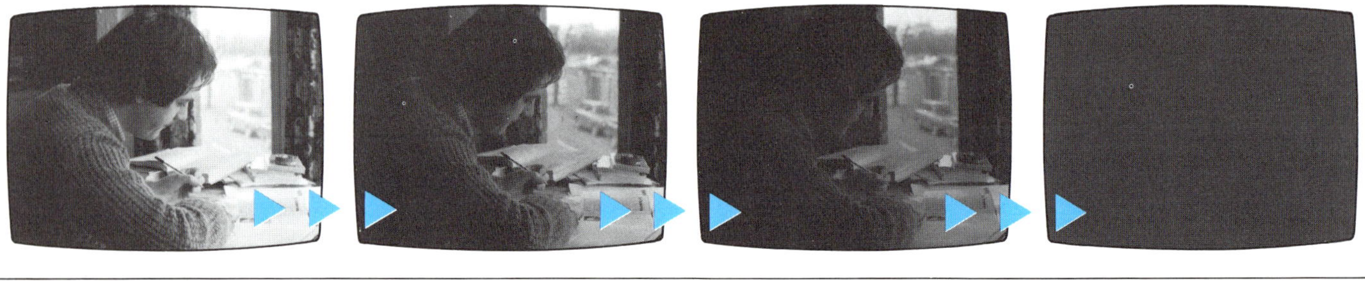

Dieses ist ein Beispiel für einen typischen Titel, der an den Anfang der Videoproduktion gesetzt wird. Er ist groß, meistens farbig und kann an jede beliebige Stelle des Bildschirms verschoben werden.

Ein anderer Titel, deutlich kleiner. Er ist für Untertitel oder kleine Anmerkungen besonders geeignet. Diese Titelart könnte auch für die Rollenbesetzung verwendet werden, indem man den Titel z. B. über ein Bild des Mitwirkenden legt.

In dieses Bild wurde das Datum eingeblendet. Einige Kameras sind sogar mit einer Uhr (mit separater Batterie) versehen. In diesem Fall muß das Datum nicht ständig neu gestellt werden.

Einblendung der Stoppuhr. Diese zeigt auf eine hundertstel Sekunde genau an. So bringen Sie zusätzliche Informationen oder auch Spannung in Ihre Sportaufzeichnungen.

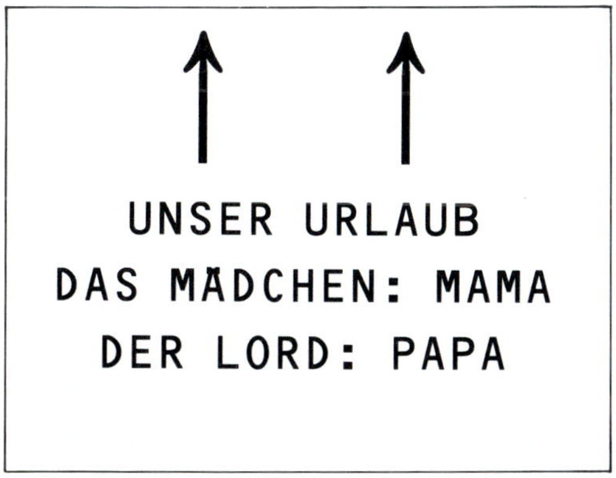

Rolltitel, die von unten nach oben oder umgekehrt laufen, bringen Bewegung in Ihren Film.

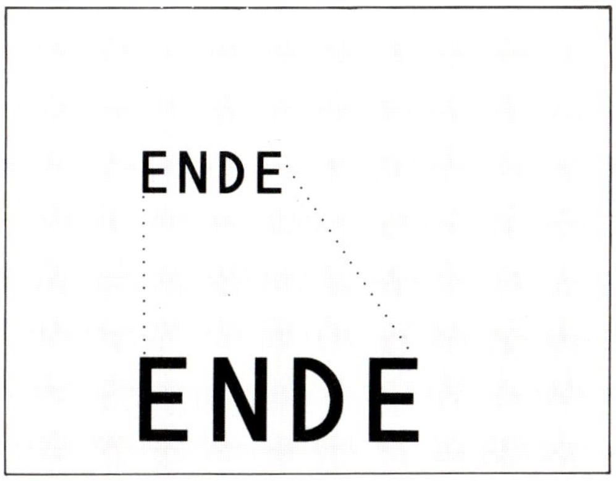

Zoomtitel – sie können in der Ecke oder in der Mitte des Bildschirms beginnen – sind eine weitere Möglichkeit, um Dynamik zu erreichen. Wenn Sie sich das nächste Mal einen Film ansehen, sollten Sie einmal darauf achten, wie dort die Titel gemacht werden.

Bildumkehr

Dieses (in Wirklichkeit farbige) Bild wurde mit einer Videokamera aufgenommen.

Es enthält eine komplette Skala an Farbtönen. Manche Videokameras besitzen einen Farbumkehrschalter. Wenn Sie diesen betätigen, so erhalten Sie das zweite Bild – ein Negativbild, wie Sie es auch aus der

Photographie kennen. Diese Eigenschaft ist besonders hilfreich, wenn Sie prüfen wollen, wie Farbabzüge von Negativen aussehen bzw. wenn Sie Negative auf Videoband überspielen wollen. Außerdem kann man damit interessante gestalterische Effekte erzielen.

Die Qualität des Bildes hängt jedoch wieder entscheidend von der Beleuchtung ab. Seien Sie vorsichtig, wenn Sie ein Schwarzweißbild in ein Weißschwarzbild verwandeln wollen. Wenn das Weiß nicht wirklich weiß ist, so wird es nicht in Schwarz, sondern nur in Grau umgewandelt. Die Umwandlung von Farbbildern kann bei ungünstiger Beleuchtung ebenfalls stark beeinträchtigt werden.

DER RECORDER

AUSSTATTUNG

Obgleich es bei den verschiedenen Modellen viele Unterschiede gibt, haben alle Videorecorder jedoch wesentliche Dinge gemeinsam. Ein tragbarer Videorecorder nimmt Videosignale entweder von der Kamera über die Kamerabuchse oder einer anderen Videosignalquelle (z. B. einem zweiten Videorecorder) über seinen Videoeingang auf. Normalerweise wird er von einer wiederaufladbaren Batterie, die auch die Kamera versorgt, betrieben. Er kann aber auch über ein separates Netzteil oder einen Tuner/Timer mit Netzspannung gespeist werden. Während bei den auf Seite 24 noch zu besprechenden Camcordern drei verschiedene Systeme angeboten werden, hat sich bei tragbaren separaten Recordern das VHS-Normalformat durchgesetzt. Allerdings soll hier nicht verschwiegen werden, daß tragbare Recorder gegenüber den kompakten Kamerarecordern an Bedeutung verlieren. Nicht alle Recorder verfügen über Sonderausstattungen: Insert-Schnittmöglichkeit (das störungsfreie Einfügen einer Aufzeichnung in ein vorhandenes Programm), eine völlig störungsfreie Standbild- und Zeitlupenwiedergabe, die Möglichkeit zur Nachvertonung usw.

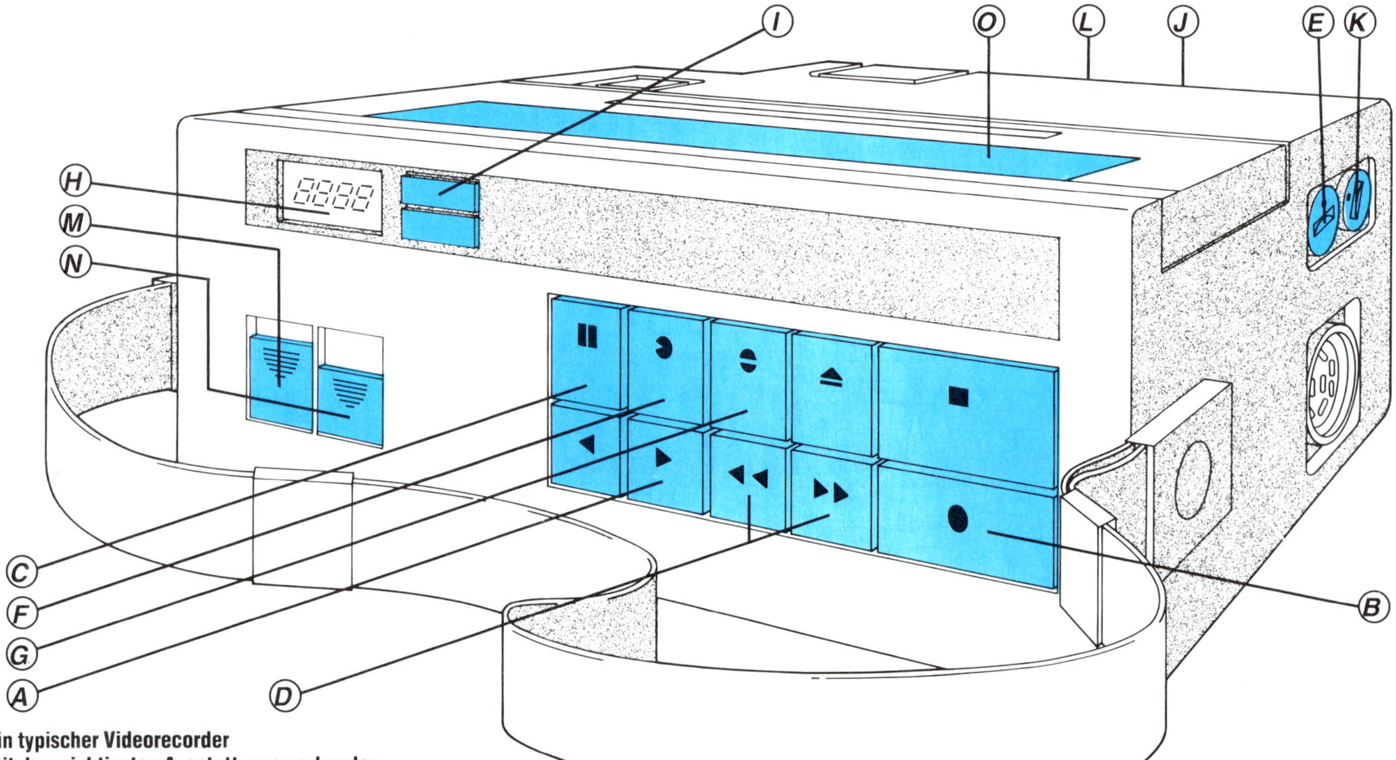

Ein typischer Videorecorder mit den wichtigsten Ausstattungsmerkmalen

Batterie: Alle tragbaren Videorecorder werden durch eine Batterie versorgt. Es werden wiederaufladbare Nickel-Cadmium- oder Bleiakkus verwendet, die eine an den Recorder angepaßte Formgebung erhalten haben. Sie werden entweder an den Recorder angeklemmt oder in ein Batteriefach eingeschoben. Z. T. werden auch kompakte Netzteile angeboten, die ebenfalls von dem Batteriefach aufgenommen werden können.

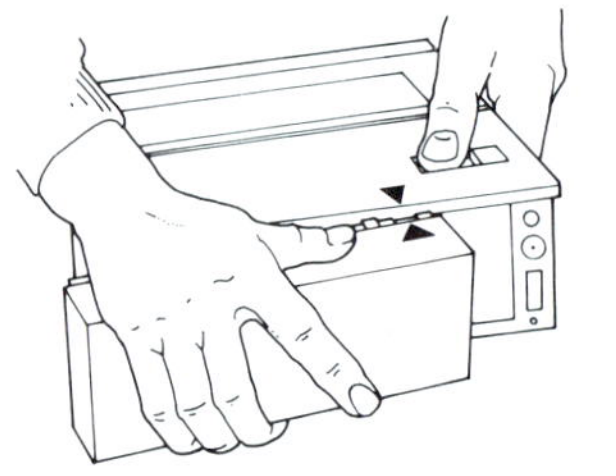

(A) Wiedergabe: Damit wird der Recorder in den Wiedergabebetrieb geschaltet. Es vergehen einige Sekunden nach Betätigung dieser Taste, bevor ein Bild auf dem Bildschirm erscheint, da der Recorder zunächst das Band **einfädeln** muß (das Band wird dabei um die Kopfscheibe gelegt, s. Seite 23).

(B) Aufnahme: Bei den meisten Geräten muß diese Taste zusammen mit der Wiedergabetaste gedrückt werden, damit der Recorder in Aufnahmebetrieb geht.

(C) Pause: Nach Betätigung der Pausentaste wird der Bandtransport gestoppt: das Band bleibt jedoch weiterhin mit der Kopfscheibe in Kontakt. War das Gerät vor Betätigung dieser Taste im Wiedergabebetrieb, so erhalten Sie ein Standbild. Bei erneuter Betätigung dieser Taste schaltet das Gerät sofort auf Wiedergabe bzw. Aufnahme (wenn Sie vorher im Aufnahmebetrieb waren). Die Einfädelzeit entfällt.

(D) Vorlauf, Rücklauf, Bildsuchlauf: Bei Vorlauf und Rücklauf wird das Band mit hoher Geschwindigkeit vor- oder zurückgespult. Sie erhalten dabei kein Bild, und beim Umschalten auf Aufnahme bzw. Wiedergabe vergehen jeweils einige Sekunden, da das Band wieder eingefädelt werden muß. Anders verhält es sich beim Bildsuchlauf; hierbei wird das Band mit sichtbarem Bild mit bis zu 10facher Geschwindigkeit (geräteabhängig) transportiert. Da Vorlauf/Bildsuchlauf-vorwärts bzw. Rücklauf/Bildsuchlauf-rückwärts im allgemeinen jeweils mit der gleichen Taste ausgelöst werden, gilt folgende Regelung: Vorlauf und Rücklauf erreicht man aus der Stopposition (nach Drücken der großen Taste rechts oben), Bildsuchlauf aus der Wiedergabeposition.

(E) Zeitlupe: Der Bandtransport und damit die Bildfolge werden verlangsamt. Je nach Gerätetyp ist die Geschwindigkeit fest oder auch variabel.

(F) Nachvertonung: Damit können Sie zu den vorhandenen Videoaufnahmen einen neuen Ton mischen. Der alte Ton wird dabei normalerweise gelöscht. Bei einigen Stereo-Geräten ist es jedoch möglich, ihn zu erhalten und durch eine Aufnahme auf der zweiten Tonspur zu ergänzen.

(G) Insert-Schnitt: Sehr wichtig bei der Nachbearbeitung, wie Sie in Kapitel 4 sehen werden. Damit haben Sie die Möglichkeit, Videomaterial ohne Bildstörung mitten in eine andere Aufzeichnung zu setzen.

(H) Zählwerk: Ein vierstelliges Anzeigeinstrument, das Ihnen sagt, an welcher Stelle des Bandes Sie sich befinden.

Anschluß an das Fernsehgerät

Einer der größten Vorteile von Video ist die Möglichkeit, die Bilder während der Aufzeichnung am Fernsehschirm zu kontrollieren. Am besten werden Videorecorder und Fernsehgerät über die direkten Audio- und Videoanschlüsse verbunden. Allerdings verfügen nicht alle Fernsehgeräte über diese Eingänge. Die Verbindung erfolgt dann über die Antennenanbuchsen.

Dazu muß das Fernsehgerät auf den Videorecorder eingestellt werden. Schalten Sie dafür den Testbildgenerator des Recorders ein, oder geben Sie eine bereits bespielte Cassette wieder, und wählen Sie die AV-Taste am Fernsehgerät. Suchen Sie jetzt das Signal des Videorecorders wie ein normales Fernsehprogramm mit Hilfe der entsprechenden Tasten Ihres Fernsehgerätes.

Das Antennenkabel, das die Signale der Fernsehprogramme führt und das früher direkt mit Ihrem Fernsehgerät verbunden war, wird jetzt in die Antenneneingangsbuchse Ihres Heimvideorecorders bzw. des Tuner/Timers gesteckt. Sie können jetzt Fernsehprogramme aufzeichnen und z. B. gleichzeitig ein anderes Fernsehprogramm im Fernsehgerät betrachten.

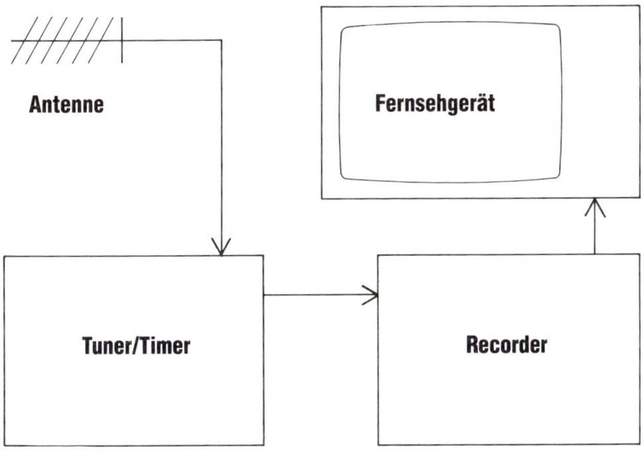

Ⓘ Memory: Wenn Sie diese Taste gedrückt haben, wird das Band beim Vor- oder Rückspulen an der Zählwerksposition „0000" stoppen. Wenn Sie diese Funktion in Verbindung mit der Zählwerk-Rückstellung (Taste darunter) koppeln, können Sie schnell jede Stelle auf dem Band wiederfinden.

Ⓙ Fernbedienungsanschluß: Neben einer drahtlosen Fernsteuerung (z. B. für die Nutzung als Heimvideorecorder) verfügen viele Recorder über einen Anschluß für eine drahtgebundene Fernsteuerung.

Ⓚ Tracking: Mit dieser Taste wird Ihr Recorder an Cassetten, die auf einem anderen Gerät aufgezeichnet wurden, angepaßt. Darunter ist die rechts beschriebene Kamerabuchse abgebildet.

Ⓛ Geschwindigkeitsumschalter: Einige Heimvideorecorder erlauben eine Umschaltung auf die halbe Bandtransportgeschwindigkeit und damit eine Verdoppelung der Spielzeit; allerdings verschlechtern sich dadurch Bild- und Tonqualität.

Ⓜ Cassette: Mit dieser Taste wird das Cassettenfach geöffnet.

Ⓝ Dolby-Rauschunterdrückung: Verbessert die Tonqualität wie bei Audio-Cassettenrecordern.

Ⓞ Cassettenfach: Enthält die Cassette, die gerade benutzt wird.

Anschlüsse

Antennenanschluß: Dieser Anschluß führt die von der Antenne (oder der Kabelanschlußdose) kommenden hochfrequenten Fernsehsignale. Sie finden ihn an der Rückseite vom Fernseh- und Videogerät.

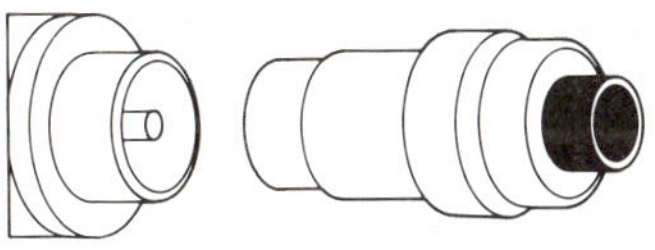

6poliger DIN-Stecker: Dieser Kombistecker überträgt gleichzeitig Audio- und Videosignale sowie eine Schaltspannung für die automatische Umschaltung des Fernsehgerätes auf Videorecorder-Betrieb. Bei neuen Geräten ist er durch den **Euro-AV-Stecker**, einen 21poligen Spezialstecker, ersetzt worden.

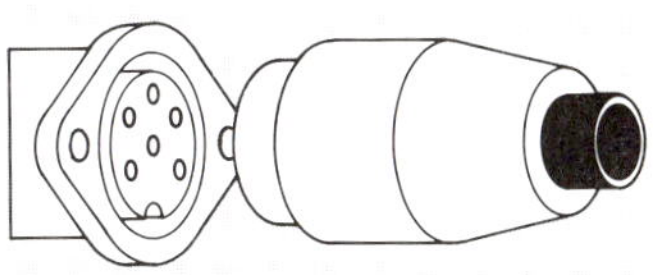

Kamerastecker: Er verbindet Kamera und Recorder und überträgt alle erforderlichen Signale wie Audio, Video, Versorgungsspannung, Start-/Stopp-Information.

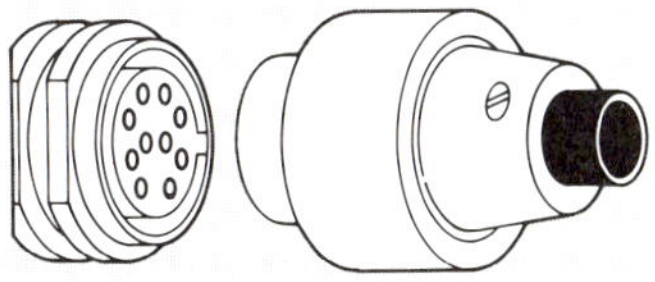

BNC-Anschluß: Der Standardanschluß für Videosignale, besonders bei tragbaren Geräten und im professionellen Bereich.

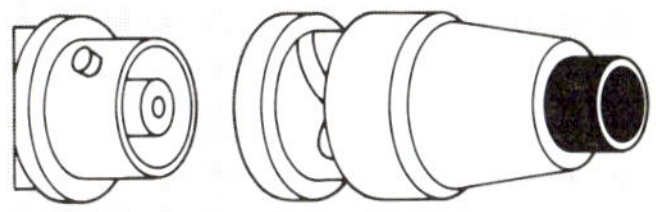

Cinch-Anschluß: Der Standardanschluß für Audiosignale, besonders häufig wiederum bei tragbaren Geräten und bei reinen Audioanlagen. Gelegentlich wird er auch für Videosignale benutzt.

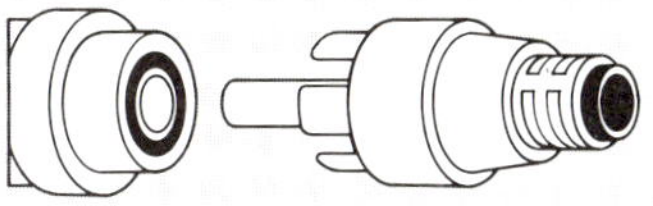

3,5-mm-Klinkenstecker: Ein Miniaturstecker für verschiedene Anwendungen, wie z. B. den Anschluß von Mikrofon und Kopfhörer oder ein Start-/Stopp-Kabel.

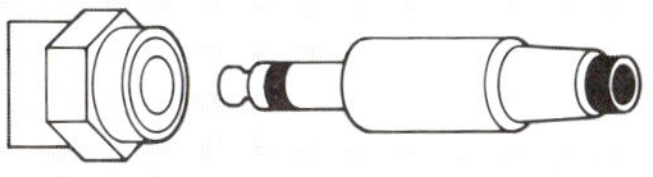

Versorgungsspannungs-Anschluß: Hier gibt es die verschiedensten Ausführungen, um den tragbaren Recorder mit Strom zu versorgen — sei es von einem separaten Netzteil oder der Autobatterie.

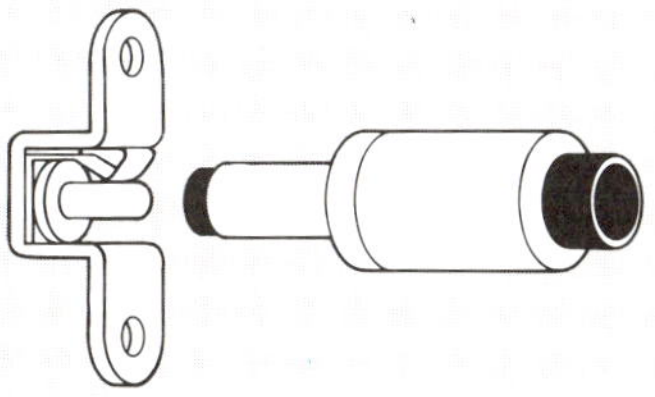

5poliger DIN-Anschluß: Ein Anschluß für Stereoton; die Ein- und Ausgänge sind getrennt; er wird häufig bei Stereo-Videorecordern (allerdings nicht bei HiFi-Geräten) zum Anschluß der Audioanlage verwendet.

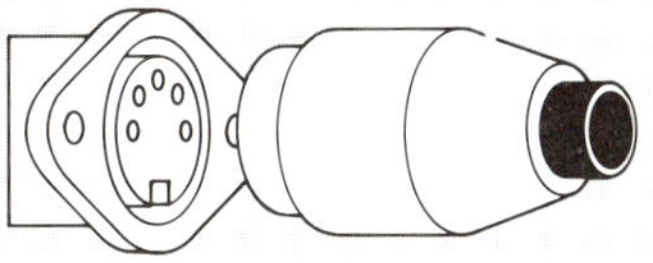

Technische Daten — Videorecorder

Signal-/Rauschverhältnis (Video): Das Verhältnis zwischen dem Bildsignal und dem störenden Rauschen, angegeben in dB (Dezibel). Je größer das Verhältnis, desto besser ist das Gerät.

Horizontale Auflösung: Sie gibt an, wie gut Details wiedergegeben werden. Im Gegensatz zu den Kameras (siehe Seite 17) gibt man bei Recordern die Auflösung üblicherweise als Frequenz (in MHz) und nicht in Linien an.

Signal-/Rauschverhältnis (Audio): Das ist das Verhältnis zwischen dem gewünschten Tonsignal und dem störenden Rauschen; es wird ebenfalls in dB angegeben. Üblich sind Werte um 40 dB, die durch das Dolby-System noch verbessert werden können. HiFi-Recorder (vgl. Seite 27) erreichen sogar Werte über 80 dB.

Audiofrequenzgang: Das ist der Tonfrequenzbereich, den der Videorecorder wiedergeben kann. Konventionelle Recorder decken den Bereich von 50 Hz bis 10 kHz, Recorder mit HiFi-Tonaufzeichnung hingegen den Bereich von 20 Hz bis 20 kHz ab.

Leistungsaufnahme: Sie wird in Watt angegeben. Je geringer die Leistungsaufnahme, desto länger reicht eine Batterieladung.

Gewicht: Ein möglichst geringes Gewicht ist eine wichtige Forderung an eine Videoanlage, wenn sie häufig zum Einsatz kommt. Ein moderner tragbarer VHS-Recorder (Normalformat) wiegt einschließlich Akku und Cassette etwa 2,5 kg, die Kamera zusätzlich 1 kg. Ein relativ einfacher Kamerarecorder wiegt jedoch betriebsbereit nur um 1,2 kg! Bei der Anschaffung einer Videoanlage sind die Vorteile der getrennten Anlage wie Flexibilität und reichhaltige Ausstattung mit den Pluspunkten des Kamerarecorders wie einfache Handhabung und geringes Gewicht gut abzuwägen.

DAS INNENLEBEN DES RECORDERS

Die Kopftrommeleinheit ist ein gleichermaßen wichtiger und komplizierter Teil des Videorecorders. Der obere Teil dieser Einheit, die Kopfscheibe, auf den die beiden Videoköpfe montiert sind, dreht sich genau 1 500mal in der Minute. Das Band, das die Kopftrommel zur Hälfte umschlingt, wird mit einer Geschwindigkeit von 2,34 cm/s (VHS) transportiert. Drehgeschwindigkeit der Kopfscheibe und Transportgeschwindigkeit des Bandes müssen exakt geregelt werden, um eine einwandfreie Aufzeichnung bzw. Wiedergabe sicherzustellen. Zur Regelung werden u.a. während der Aufnahme Impulse auf eine **Synchronspur** geschrieben. Bei der Wiedergabe werden diese Signale vom Gerät gelesen und mit einem intern erzeugten Referenzsignal verglichen. Wird eine Abweichung festgestellt, so wird der Bandtransportmotor nachgestellt, bis Synchronisation erreicht ist (sog. Bandservo-Regelung). Wird das Band gestoppt (ausgefädelt) und eine neue Aufnahme gestartet, so wird die Synchronspur gestört, was u. U. auch an Bildstörungen zu erkennen ist. Wird jedoch nur die Pausentaste betätigt, so erfolgt keine Störung. Bei einem Insert-Schnitt ergibt sich ebenfalls keine Störung, da die alte Synchronspur erhalten bleibt.

Die Einfädelung des Bandes und die Umschlingung der Kopftrommel ist bei den einzelnen Geräten unterschiedlich: man spricht z. B. von einer M-Umschlingung (das Band wird in Form eines „M" um die Kopftrommel gelegt) oder auch von einer „U"- oder „C"-Umschlingung.

Die Videoköpfe (sie sind z. T. nur 50 µm breit; 1 µm = 1/1000 mm!) können leicht beschädigt werden. Berühren Sie daher nie diese empfindlichen (und teuren!) Bauteile, indem Sie z. B. versuchen, sie zu reinigen. Überlassen Sie diese Arbeit unter allen Umständen dem Fachmann.

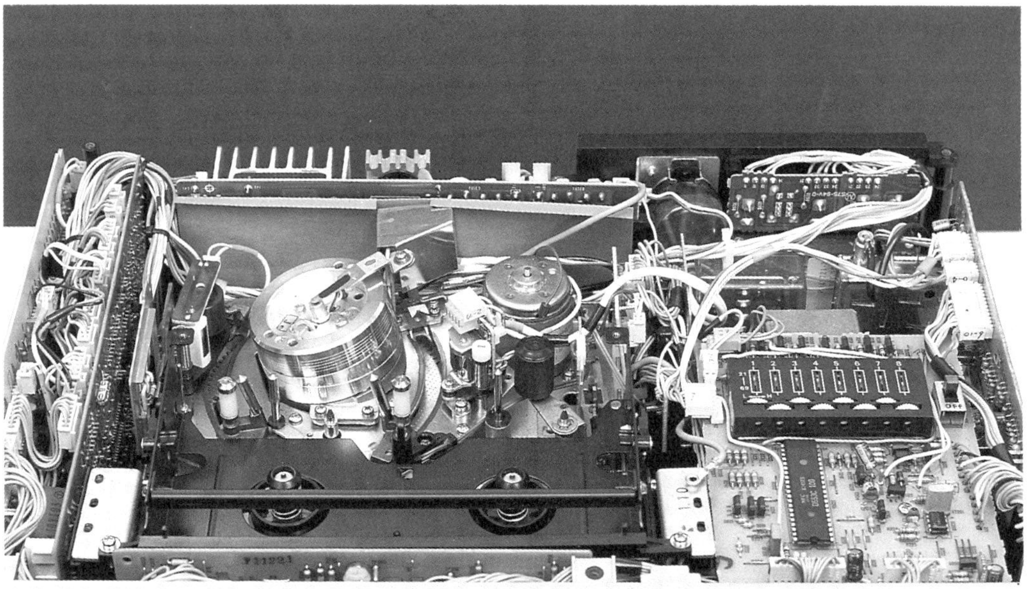

Aufnahme eines Videosignals

① Prinzip der magnetischen Aufzeichnung. Der Kopf magnetisiert das Band in Abhängigkeit vom zugeführten elektrischen Signal.

② In einem Videorecorder muß das Magnetband schräg um die rotierende Kopfscheibe, auf die die Videoköpfe montiert sind, geschlungen werden.

③ Das beschriebene Videoband enthält drei Informationen – Synchronisation, Video und Audio.

④ Vergrößerte Darstellung eines Videokopfes; in Wirklichkeit betragen die Abmessungen jeweils nur einige Millimeter.

① Magnetische Tonaufzeichnung

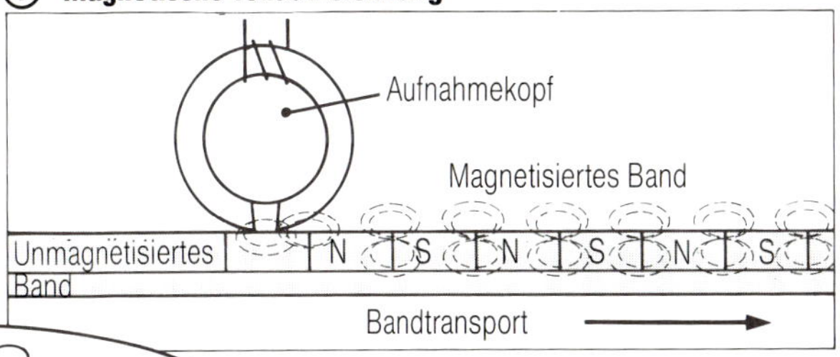

② Videoband-Einfädelung

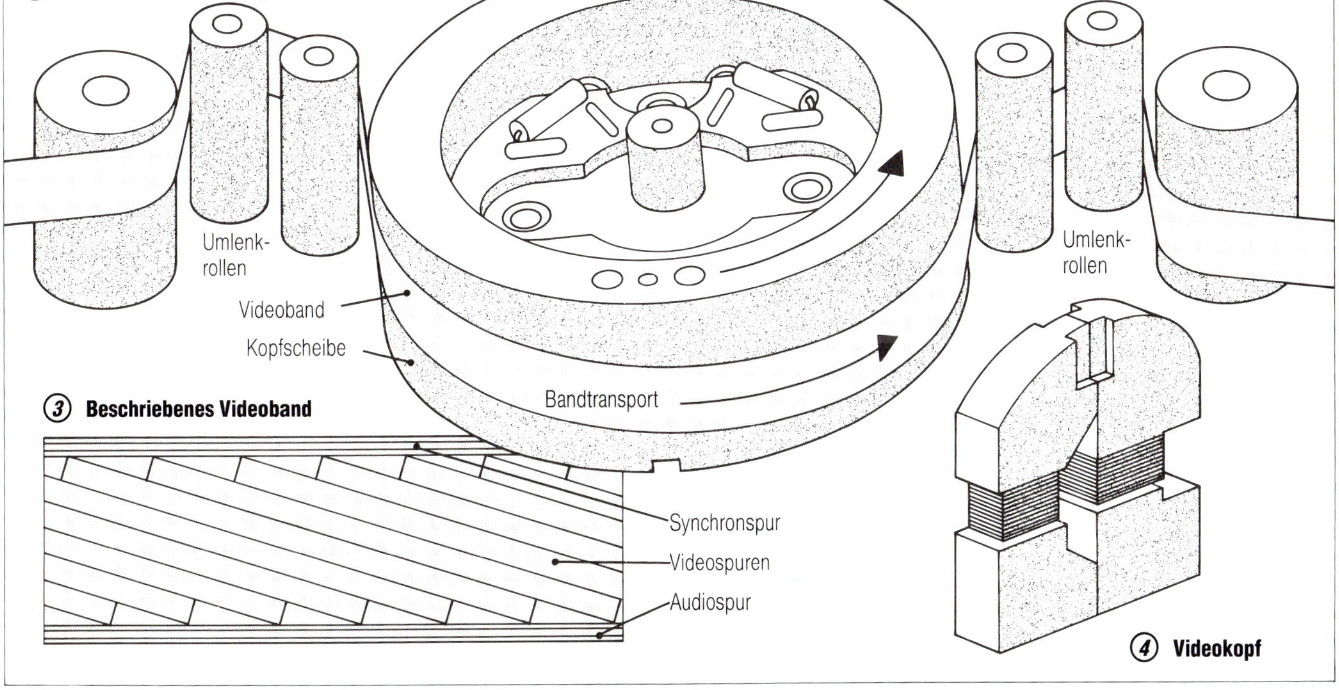

Die Aufzeichnung eines elektrischen Signals auf ein Magnetband ist im Prinzip keine schwierige Sache. Bei einem Audiorecorder werden die elektrischen Signale, die aus den Tonsignalen hervorgegangen sind, durch den Magnetkopf in magnetische Signale umgewandelt, die auf dem Band durch die Orientierung magnetischer Dipole gespeichert werden können. Das Band wird an dem Kopf mit konstanter Geschwindigkeit vorbeigeführt, wobei das in Abhängigkeit von der Frequenz und Stärke des elektrischen Signals sich verändernde Magnetfeld das Magnetband entsprechend magnetisiert.

Bei der Wiedergabe induzieren die am Kopf vorbeigeführten magnetisierten Teile des Bandes in den Drahtwicklungen des Kopfes ein Signal, das nach Verstärkung von dem Lautsprecher als Schall wiedergegeben wird.

Aufnahme und Wiedergabe von Videosignalen arbeiten nach dem gleichen Prinzip, allerdings muß die Relativgeschwindigkeit zwischen Band und Kopf wegen der höheren Frequenzen, die bei Video aufgezeichnet werden müssen, deutlich höher sein; sie beträgt bei Audiocassettenrecordern 4,76 cm/s, bei Heimvideorecordern (VHS) jedoch 4,85 m/s, also das Hundertfache! Um das Band nicht mit einer solchen hohen Geschwindigkeit transportieren zu müssen, werden die Köpfe auf eine rotierende Scheibe montiert, und die Bildinformation wird in diagonalen Streifen auf das Band geschrieben. Das Band wird mit der relativ geringen Geschwindigkeit von 2,34 cm/s (VHS) an der Kopfscheibe vorbeigeführt.

Mit Ausnahme der HiFi-Videorecorder erfolgt die Tonaufzeichnung bei den Videorecordern nach dem herkömmlichen Verfahren, d. h. Aufzeichnung in einer Längsspur an einer Kante des Bandes mit feststehenden Köpfen. Die Bandgeschwindigkeit, mit der der Ton aufgezeichnet wird, ist daher ziemlich niedrig; deshalb ist die Tonqualität im allgemeinen nur recht mäßig.

DER CAMCORDER

ZWEI IN EINEM

Der Camcorder (Kamerarecorder) ist eine Kombination aus einer Kamera und einem tragbaren Recorder — die Antwort auf den bisher größten Nachteil des Videofilmens, zwei voluminöse Geräte mitschleppen zu müssen. Dafür gibt es einige Einschränkungen: die Ausstattung ist, da Platz und Gewicht gespart werden sollten, häufig nicht so reichhaltig wie bei den getrennten Geräten, und viele Camcorder verfügen nur über eine reduzierte Spielzeit.

Sony brachte als erste Firma ein Gerät mit einer Normalcassette nach dem Betamaxformat auf den Markt. Dieser Camcorder ist aber heute nicht mehr auf dem Markt, was im wesentlichen auf den starken Rückgang des Betamaxsystems zurückzuführen ist. Erfolgreicher waren einige Anbieter des VHS-Systems, die ebenfalls Camcorder im Normalformat herausbrachten; solche Geräte werden auch heute noch angeboten, denn sie haben für den Käufer den großen Vorteil, daß die Aufzeichnung direkt ohne Umkopieren in jedem VHS-Heimrecorder abgespielt werden kann.

Die Firma JVC erdachte eine Lösung, die es ermöglichte, kleiner und leichter zu werden, aber trotzdem bei dem am weitesten verbreiteten System VHS zu bleiben: die VHS-C-Cassette. Diese Cassette mit einer Spieldauer von 30 Minuten kann mit Hilfe eines Adapters in jedem VHS-Gerät abgespielt werden.

Das 8-mm-System ist eine neuere Entwicklung, die besonders für die Videographie interessant ist, da sie eine kleine Cassette mit einer Spieldauer von 1,5 Stunden verwendet. Ein weiterer Vorteil ist, daß der Ton generell in HiFi-Qualität aufgezeichnet wird.

Unabhängig vom System haben alle Camcorder Gemeinsamkeiten: vereinfacht gesagt haben Sie eine Kamera und einen Recorder in einem Gehäuse; der Camcorder hat daher die meisten der Eigenschaften, die bereits für Kameras und Recorder aufgezeigt wurden. Die Bedienungselemente für den Kamerateil befinden sich immer im vorderen Bereich, dort, wo sie auch am besten während der Aufnahme zu erreichen sind. Die Bedienungselemente des Recorderteils sind — je nach Typ — an verschiedenen Stellen zu finden. Wenn Sie technische Daten von Camcordern vergleichen, so sind die Aussagen, die wir auf den Seiten 17 und 22 über Kameras bzw. Recorder gemacht haben, nach wie vor gültig.

Die meisten Camcorder haben auch einen Stand-by-Schalter, um Strom zu sparen (vergleichen Sie dazu Seite 11).

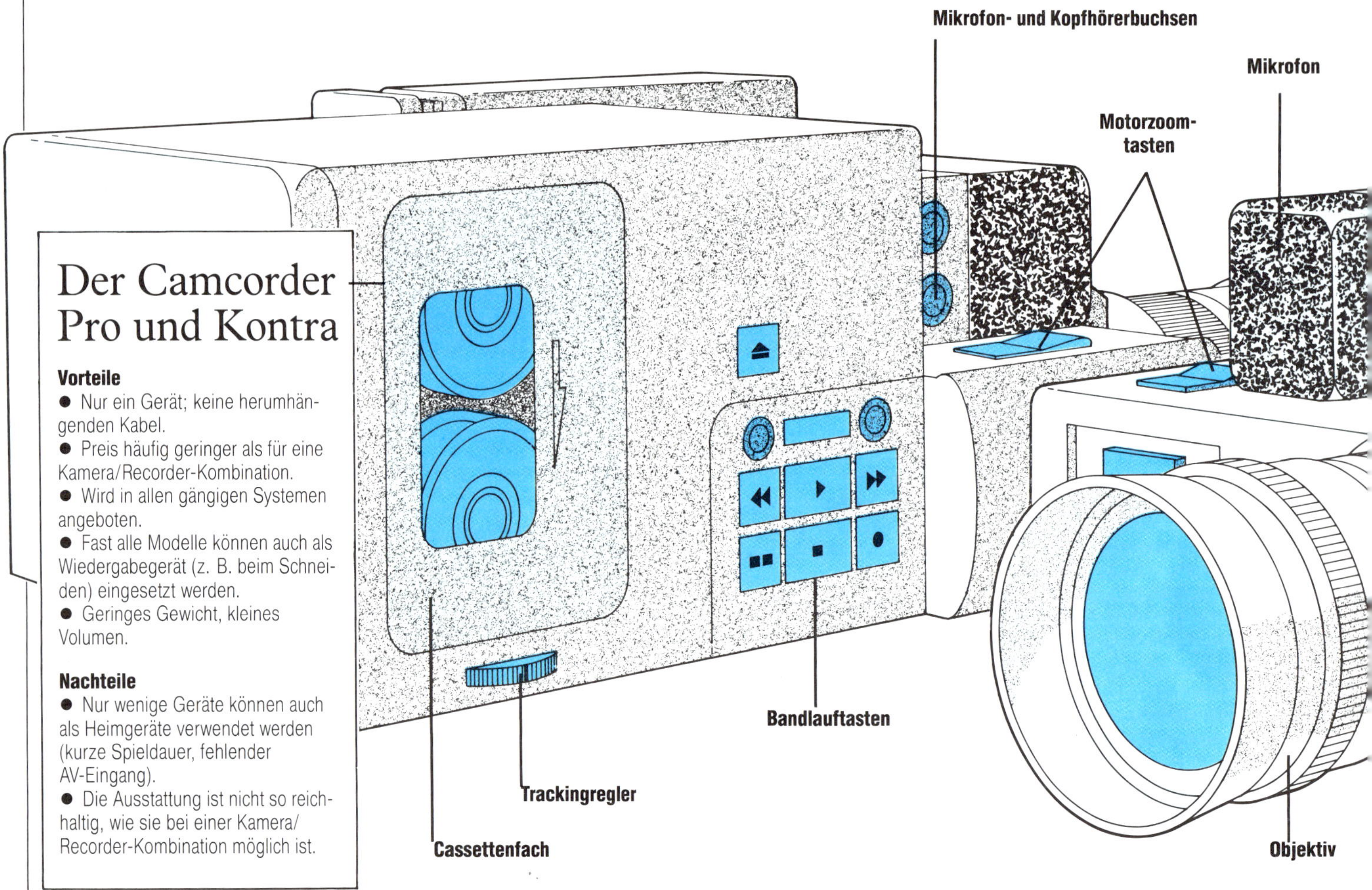

Der Camcorder Pro und Kontra

Vorteile

- Nur ein Gerät; keine herumhängenden Kabel.
- Preis häufig geringer als für eine Kamera/Recorder-Kombination.
- Wird in allen gängigen Systemen angeboten.
- Fast alle Modelle können auch als Wiedergabegerät (z. B. beim Schneiden) eingesetzt werden.
- Geringes Gewicht, kleines Volumen.

Nachteile

- Nur wenige Geräte können auch als Heimgeräte verwendet werden (kurze Spieldauer, fehlender AV-Eingang).
- Die Ausstattung ist nicht so reichhaltig, wie sie bei einer Kamera/Recorder-Kombination möglich ist.

Die Heimanlage

Ein Nachteil der Camcorder besteht darin, daß es schwierig ist, den Recorderteil allein zu verwenden. Die Aufnahme von Fernsehprogrammen ist z. B. problematisch, wenn nicht sogar unmöglich, hingegen kann das separate tragbare Gerät leicht durch einen Tuner/Timer zu einer kompletten Heimanlage ergänzt werden.

Einige Hersteller des 8-mm-Systems haben dieses Problem erkannt und liefern daher ein Gerät, in das der Camcorder integriert wird und ihn so zu einer vollständigen Heimanlage ergänzt. Dieses Zusatzgerät enthält u.a. einen Tuner/Timer sowie Lademöglichkeiten für die Batterien. Die Bedienungselemente des Recorders sind hierbei auf die übliche Art und Weise angeordnet, Verbindungskabel sind vollständig entfallen. Eine Infrarot-Fernsteuerung ist Bestandteil des Systems.

Übrigens läßt sich bei den meisten 8-mm-Camcordern die maximale Spieldauer pro Cassette auf drei Stunden erhöhen; das ist bei Heimanwendungen bei der Aufnahme von langen Spielfilmen besonders wichtig. Die etwas schlechtere Bildqualität in dieser Betriebsart ist bei einer solchen Anwendung unbedeutend.

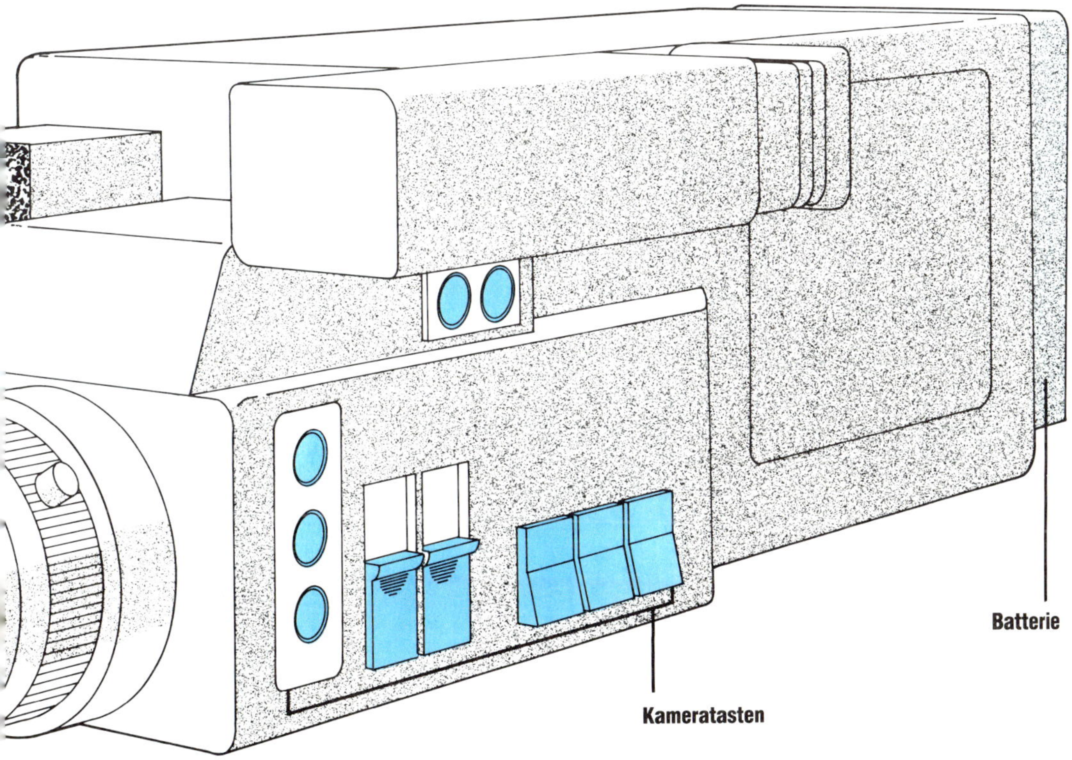

Ein typischer Camcorder mit den wichtigsten Bedienungselementen

System für System

VHS: Dieser Camcorder verwendet die normale VHS-Cassette; er ist sehr komfortabel ausgestattet: Autofocus, Automatischer Weißabgleich, Hochgeschwindigkeitsverschluß für schnelle Bewegungsabläufe usw.

VHS-C: Dieser handliche Camcorder wiegt betriebsbereit nur noch 1,7 kg und hat doch alle wesentlichen Eigenschaften wie 6fach-Zoom, Autofocus, Wiedergabemöglichkeit usw.

VHS-C: Ein besonders handlicher, einfach zu bedienender Camcorder. Er wiegt betriebsbereit lediglich 1,2 kg, verfügt aber trotzdem über 3fach Zoom, automatischen Weißabgleich und Autofocus. Die Wiedergabe erfolgt über den VHS-Heimrecorder.

8mm: Ein schicker Camcorder für Aufnahme und Wiedergabe mit Autofocus und automatischem Weißabgleich, 2,5fach Zoom. Gewicht betriebsbereit: nur 1,4 kg.

VIDEOSYSTEME

Obgleich die Probleme bei der Entwicklung von Videorecordern genereller Art sind, entschieden sich verschiedene Firmen für unterschiedliche Lösungen. Philips war in Europa die erste Firma, die einen Videocassettenrecorder vorstellte. Er arbeitete nach dem VCR-Standard. In Japan arbeiteten Sony und JVC an eigenen Systemen. Sony erfand das U-Matic-System (mit einem $^3/_4$ Zoll breiten Band), das heute noch im semiprofessionellen Bereich Verwendung findet. Hieraus wurde das Betamaxsystem abgeleitet. JVC entwikkelte das VHS-System, das heute den Weltmarkt beherrscht, und weiter das VHS-C-Format („C" steht für „compact") für den Einsatz in der Videographie. Die VHS-C-Cassette verwendet normales VHS-Band, und die Aufzeichnung erfolgt wie bei den Normalcassetten. Daher können die Compactcassetten — mit Hilfe eines Adapters — in jedem VHS-Gerät abgespielt werden.

Mit Blick auf den Videographiemarkt wurde das 8mm-System ersonnen — mit einem nur 8 mm breiten Band in einer kleinen Cassette. Die Hoffnung der Erfinder war jedoch, daß dieses System eines Tages auch den wesentlich größeren Markt der Heimgeräte beherrschen würde. Die Aussichten, einen wesentlichen Teil des Videographiemarktes zu erobern, stehen nicht schlecht; weniger gut sieht es jedoch im Heimgerätebereich für ein neues System aus: hier ist das VHS-System schon so stark etabliert, daß es kaum noch gefährdet werden kann.

Die Cassette

Eine Videocassette ist ein kompliziertes, technisches Ding; viele bewegliche Teile sind in seinem Plastikgehäuse verborgen. Das Band ist das Ergebnis langjähriger Forschungsarbeit. Es ist nur 20 μ dick (1 μ = $^1/_{1000}$ mm) und muß die Kräfte aushalten können, die beim Umspulen mit hoher Geschwindigkeit oder beim Herausziehen aus dem Gehäuse und Umschlingung der Kopfscheibe auftreten — und das viele tausend Male. Wegen der hohen Aufzeichnungsdichte (auf kleinstem Raum müssen hohe Frequenzen gespeichert werden) muß die magnetische Beschichtung aus feinen, homogen verteilten Partikeln bestehen.

Das Band ist in der Cassette auf Plastikspulen aufgewickelt, die mit Zahnrädern versehen sind; dadurch wird verhindert, daß die Spulen sich drehen, wenn sich die Cassette außerhalb des Recorders befindet.

Cassetten

VHS: Das VHS-System, das 1976 eingeführt wurde, ist nunmehr marktbeherrschend. Die Cassettenabmessungen betragen 18,6 x 2,5 x 10,4 cm, und die Spieldauer der längsten Cassette beträgt vier Stunden im Normalbetrieb. Die Bandgeschwindigkeit beträgt 2,34 cm/s, die Abtastgeschwindigkeit 4,85 m/s (siehe Seite 23). Es werden verschiedene Bandqualitäten von „Standard Grade" über „Extra High Grade" und „HiFi Grade" bis hin zu sogenannten „Pro" (= professionell) — Cassetten angeboten, die sich z. B. im Signal-/Rauschverhältnis oder der Anzahl der Drop-Outs (das sind kleine Störungen der Bandbeschichtung, die man an Blitzen auf dem Bildschirm erkennt) unterscheiden. Bei Kameraaufzeichnungen

sollten Sie wegen der später eintretenden Qualitätsverluste beim Schneiden immer auf eine gute Cassettenqualität achten.

Betamax: Der Marktanteil dieses Systems geht stark zurück. Die Cassette ist etwas kleiner als die des VHS-Systems, die Bildqualität wegen der höheren Abtastgeschwindigkeit von 5,83 m/s etwas besser, die Tonqualität wegen der geringeren Bandtransportgeschwindigkeit etwas schlechter als beim VHS-System.

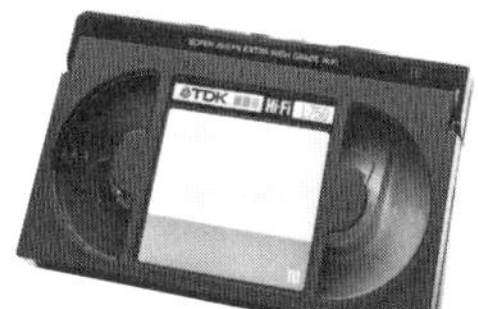

VHS-C: Die Cassette hat etwa die Größe einer Zigarettenschachtel. Die Aufzeichnungsdauer beträgt im Normalbetrieb 30 Minuten, der technische Standard ist identisch mit dem des VHS-Systems. Mit Hilfe einer Adaptercassette kann diese Cassette in jedem VHS-Gerät abgespielt werden.

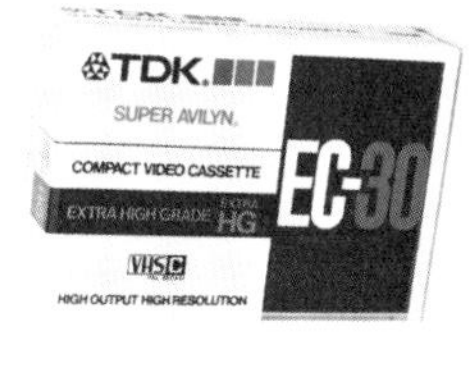

8mm: Wegen des schmaleren Bandes ist diese Cassette noch flacher als die VHS-C-Cassette. Die Nachteile der geringeren Abtastgeschwindigkeit von 3,1 m/s konnten durch die Wahl besserer Systemparameter und vor allem durch die Entwicklung eines speziellen Eisenbandes kompensiert werden. Im Gegensatz zu dem noch zu besprechenden HiFi-System der VHS-Geräte wird der HiFi-Ton standardmäßig von den Videoköpfen (als frequenzmoduliertes Signal) mitgeschrieben. In diesem System gibt es keine Synchronspur, da die erforderlichen Signale zur Regelung des Videorecorders zusammen mit dem Videosignal aufgezeichnet werden.

Andere Systeme: Hier ist das Video 2000-System zu nennen, das sich besonders durch seine störzonenfreie Wiedergabe der Sonderfunktionen, wie Bildsuchlauf, auszeichnet. Es erlangte nur in Europa Bedeutung, konnte sich aber nicht gegen das VHS-System durchsetzen.

DIE TONSPUREN

Als die Entwicklungsingenieure vor dem Problem standen, Videosysteme zu konzipieren, dachten sie am allerwenigsten an eine hochwertige Tonwiedergabe. Die Probleme der Bildaufzeichnung waren gewaltig; außerdem war noch vor fünf Jahren die Tonwiedergabe eines mittleren Fernsehgerätes ausgesprochen schlecht. Die Anforderungen an einen guten Videorecorderton bestanden also auch noch nicht.

Lassen wir die HiFi-Recorder im Moment noch außer acht; die Tonaufzeichnung des Videorecorders erfolgt dann wie beim Audiorecorder: das Band wird an dem feststehenden Kopf vorbeigeführt; allerdings beträgt die Geschwindigkeit nur etwa 2 cm/s, und die geschriebene Spur ist recht schmal, nämlich nur 1 mm für Monoaufzeichnung und weniger als die Hälfte bei einer Stereoaufzeichnung. Zum Vergleich die Daten eines Audiocassettenrecorders: Bandgeschwindigkeit = 4,76 cm/s, Spurbreite = 1,5 mm (Mono). Das erklärt den eingeschränkten Frequenzgang und das niedrige Signal-/Rauschverhältnis des Videorecordertons.

Die geniale Lösung dieses Problems erfolgt durch das **Tiefen-Multiplex-Aufnahmesystem** und wird unten beschrieben.

Um Kompatibilität mit den Recordern zu erreichen, die nicht über diese Möglichkeit verfügen, wird der Linearton weiterhin aufgezeichnet. Bei der Nachvertonung ist das Vorhandensein mehrerer Tonspuren von besonderem Interesse (Seite 130).

Die Vorteile des HiFi-Tons

Erweiterter Frequenzbereich: 20 Hz bis 20 kHz linear über den gesamten Bereich; zum Vergleich die Linearspur: 50 Hz bis 10 kHz.

Verbesserter Signal-/Rauschabstand: Über 80 dB; die Linearspur liefert lediglich 40 dB.

Verbesserte Dynamik: Die Dynamik ist das Verhältnis der größten zur kleinsten noch aufzeichenbaren Lautstärke, ohne daß diese verzerrt bzw. durch Bandrauschen überdeckt wird; HiFi-Recorder erreichen Werte über 80 dB.

So arbeitet das HiFi-System

Der einzige erfolgreiche Weg, die Tonqualität zu verbessern, besteht in einer Erhöhung der Abtastgeschwindigkeit des Audiokopfes. Die Bandtransportgeschwindigkeit kann jedoch nicht erhöht werden, ohne dabei das gesamte Videosystem zu ändern. Die Breite der Audiospur kann ebenfalls nicht erhöht werden, da das Band bereits vollständig ausgenutzt wird.

Beim HiFi-System geht man daher wie folgt vor: Auf der Kopfscheibe werden zusätzlich zwei Audioköpfe untergebracht, die zunächst die Toninformation frequenzmoduliert in schrägen Spuren auf das Band schreiben. Die Trägerfrequenzen des Tones liegen bei 1,4 bzw. 1,8 MHz, also deutlich niedriger als die Trägerfrequenzen des Bild-(Luminanz-)Signales und dringen daher wesentlich tiefer in das Band ein. Nach der Toninformation wird die Bildinformation in der oberen Bandschicht gespeichert. Die Toninformation bleibt dabei erhalten. Um sicherzustellen, daß sich die Ton- und Bildsignale bei der Wiedergabe nicht gegenseitig stören, werden die beiden Signale mit unterschiedlichem Kopfwinkel (Drehung des Kopfspaltes zur Abtastrichtung) versehen: +/− 30 Grad beim Audio- und −/+ 6 Grad beim Videokopf. Die Trennung von Audio und Video wird noch durch den dreimal größeren Spalt der Audioköpfe gegenüber den Videoköpfen gesteigert, wodurch die Audioköpfe nicht in der Lage sind, die hochfrequenten Videosignale zu empfangen.

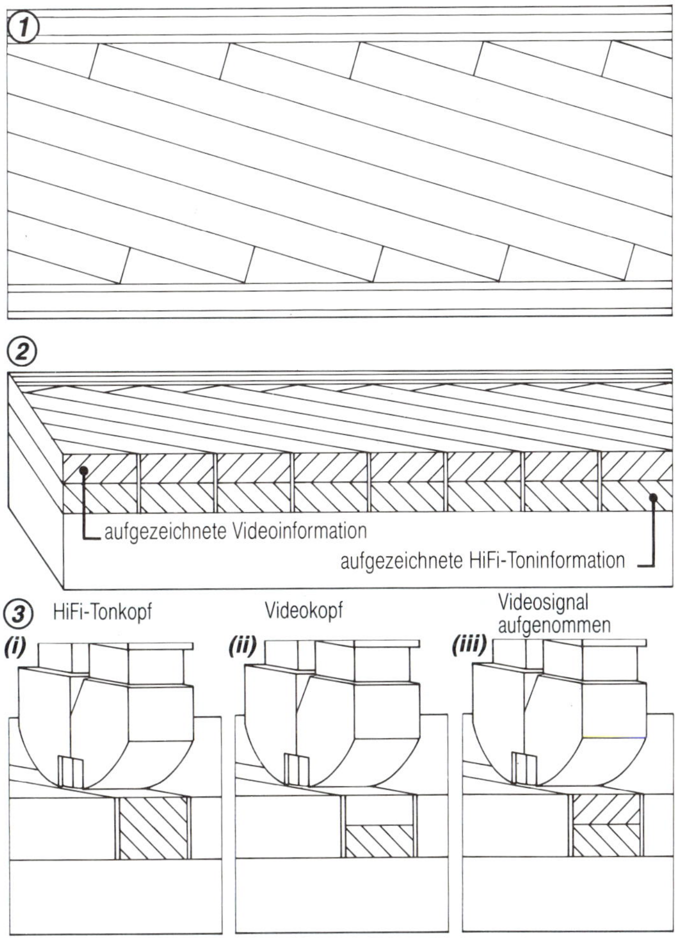

① Das Spurbild der Signale auf Band. Der HiFi-Ton wird unter den Videospuren aufgezeichnet.

② Ein Querschnitt des bespielten Bandes zeigt das Tonsignal unter dem Videosignal.

③ **(i)** Der HiFi-Ton wird zuerst aufgezeichnet.
(ii) Dann zeichnet der Videokopf das Videosignal auf das Band auf.
(iii) Das Videosignal wird auf der oberen Schicht des Magnetbandes unter einem anderen Kopfwinkel als die Toninformationen aufgezeichnet.

DIE HILFSMITTEL

DER TUNER/TIMER

Der Tuner/Timer ergänzt das Portable zu einem Heimvideorecorder, der sich in seinen Funktionen nicht von den üblichen stationären Geräten unterscheidet. Darüber hinaus ermöglicht der Tuner/Timer das Wiederaufladen der Portablebatterie — eine sehr wichtige Eigenschaft.

Der Tuner

Der Tunerteil dieses Ergänzungsbausteines empfängt die Signale der Fernsehstationen über seine Antennenbuchse und wandelt sie in Audio- und Videosignale um, die von dem Recorder aufgezeichnet werden können.

Heute verfügen alle modernen Tuner über eine elektronische Senderabstimmung. Eine **Suchlauf**-Taste erleichtert das Auffinden der Sender bei der ersten Inbetriebnahme des Gerätes. Nach Betätigung dieser Taste wird der Bereich der Fernsehfrequenzen automatisch durchlaufen; wird ein Fernsehsender gefunden, so wird der Vorgang gestoppt; das Senderbild kann auf dem angeschlossenen Fernsehgerät betrachtet werden. Danach wird dieser Sender einer bestimmten Programmtaste zugeordnet (z. B. ARD = 1. Programm = Taste 1 usw.). Die Betätigung der **Speicher**taste sorgt dafür, daß die Zuordnung Sender — Programmtaste erhalten bleibt.

Der Timer

Mit diesem Teil wird eine automatische Aufzeichnung von Fernsehprogrammen ermöglicht. Hierzu müssen Sie — wie bei einem Heimvideorecorder — Anfangs- und Endzeit, den Tag sowie das Programm der gewünschten Aufzeichnung in den Timer eingeben.

Die Fernbedienung

Selbstverständlich läßt sich die moderne, aus Tuner/Timer und Portable bestehende Heimanlage auch über eine Infrarot-Fernbedienung drahtlos steuern.

Die Verbindungen

Video- und Audiosignale sowie Steuerbefehle müssen zwischen Tuner/Timer und Portable hin und her geschickt werden. Das geschieht üblicherweise über ein dickes Kabel, das auf einer Seite mit dem Tuner/Timer fest verbunden ist, auf der anderen jedoch mit einem Stecker versehen ist, der bei Bedarf in das Portable gesteckt wird. Es werden jedoch auch Kombinationen angeboten, bei denen automatisch eine elektrische Verbindung zwischen Tuner/Timer und Portable hergestellt wird, wenn man das Portable in die entsprechende Aufnahmevorrichtung des Tuner/Timers schiebt.

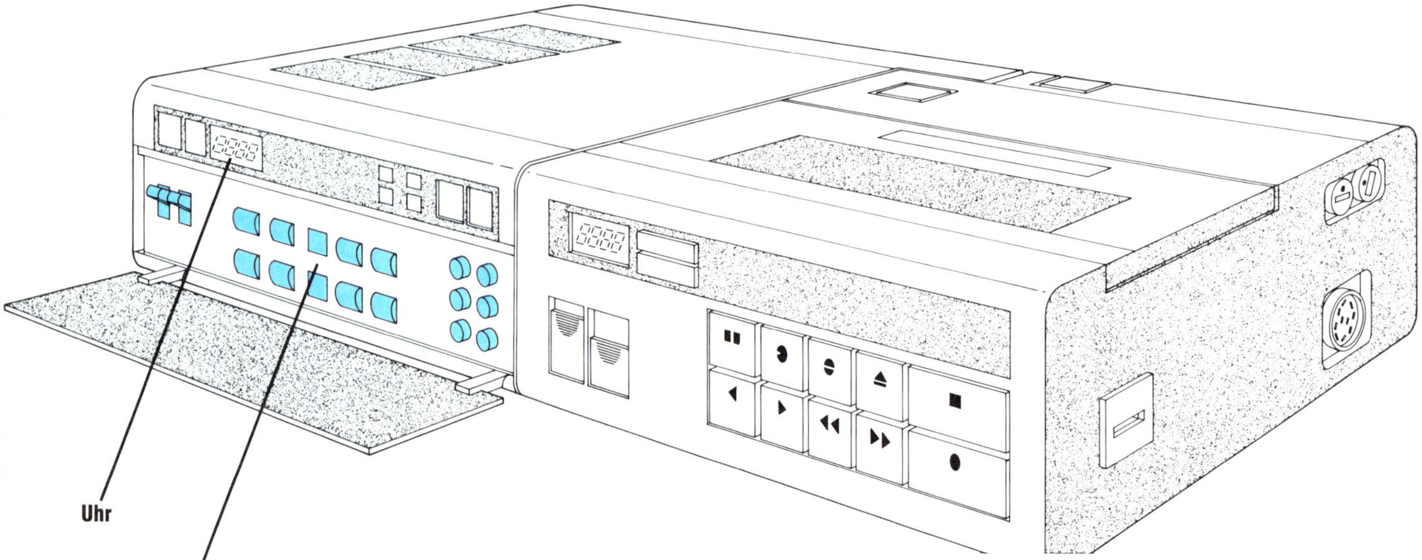

Anschlüsse

Neben dem bereits oben beschriebenen Verbindungskabel zum Portable finden Sie auf der Rückseite des Tuner/Timers — je nach Gerätetyp — unterschiedliche Anschlüsse. Selbstverständlich den Antenneneingang; der Antennenausgang zum Fernsehgerät befindet sich häufig auch im Portable, damit man beim Anschluß an ein fremdes Fernsehgerät (z. B. auf Reisen) nicht einen separaten Modulator oder sogar den Tuner/Timer mitnehmen muß.

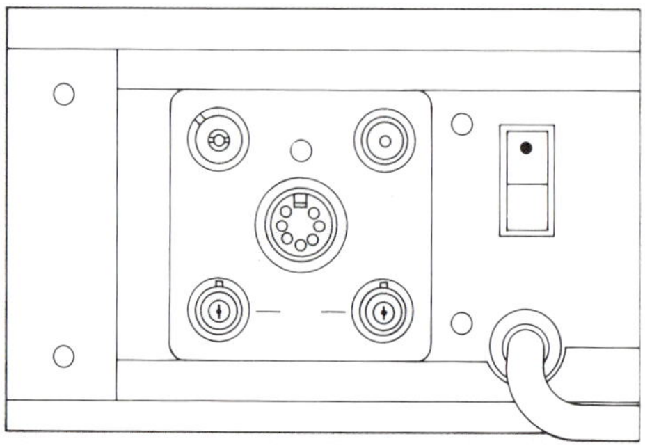

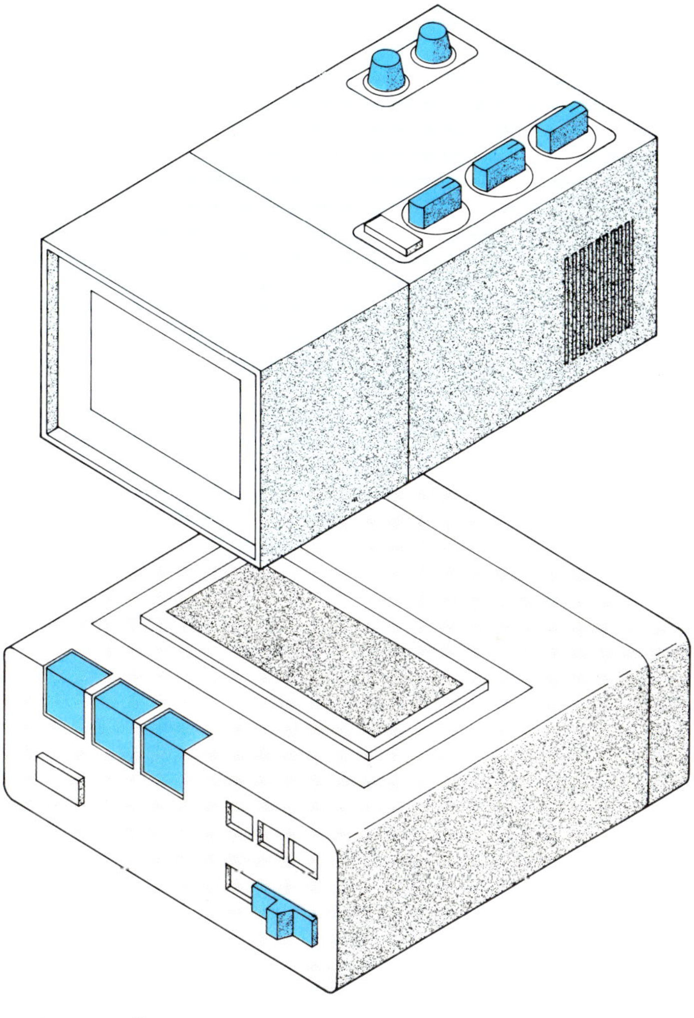

Der tragbare Monitor: Ein tragbarer, möglichst batteriebetriebener Farbmonitor ist bei der Aufnahme von unschätzbarem Wert. Mit ihm können Sie den Farbabgleich wirklich exakt beurteilen, und er gibt die Aufzeichnung natürlich besser wieder als der kleine Schwarzweißmonitor der Kamera.

Das Umspulgerät: Dieses Gerät ist wirklich nur für Leute, die unbedingt alles haben müssen. Es kann die Cassetten mit hoher Geschwindigkeit umspulen.

Batterien und Ladegeräte

Die wichtigste Stromversorgung für das Portable ist natürlich die wiederaufladbare (Nickel-Cadmium- oder Blei-)Batterie. Obgleich sie in den letzten Jahren genauso verbessert und verkleinert wurde wie das Portable oder der Kamerarecorder, trägt sie nach wie vor entscheidend zum Gesamtgewicht der Anlage bei. Zwar konnte der Strombedarf der Videoanlagen ebenfalls reduziert werden, doch es kamen neue Funktionen wie Autofokus oder Motorzoom, die ebenfalls Strom benötigen, hinzu, so daß immer noch Batterien mit einer großen Kapazität benötigt werden. Außerdem stiegen die Anforderungen an die ununterbrochene Aufnahmezeit der Videoanlage. Konnte man mit den klobigen Anlagen der frühen achtziger Jahre maximal 20 bis 30 Minuten ununterbrochen aufzeichnen, so werden heute handliche Anlagen mit einer Kapazität für zwei Stunden Aufnahme angeboten.

Der Tuner/Timer lädt die Batterie eines angeschlossenen Portables normalerweise automatisch auf. Außerdem gibt es kompakte Netzteile, die alternativ zu der Stromversorgung der Videoanlage (Kamera einschließlich Portable oder Kamerarecorder) auch die Aufladung von ein oder zwei Batterien durchführen können.

Es ist wichtig, daß zur Nachladung immer nur die Ladegeräte des Recorderherstellers verwendet werden, da durch eine nicht sachgemäße Nachladung die Batterie ihre Fähigkeit, elektrische Ladung zu speichern, verlieren kann.

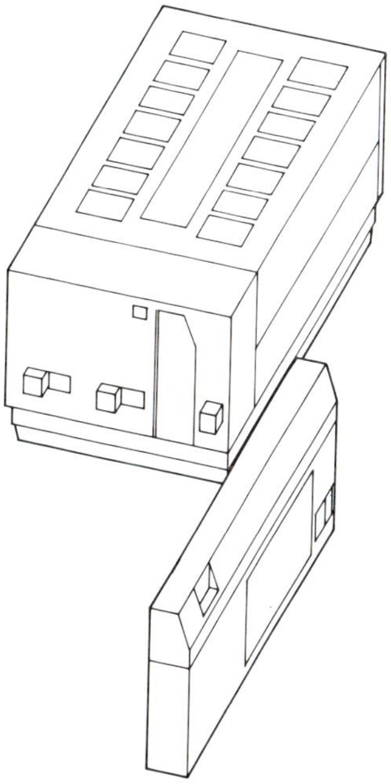

Das Kamera-Netzteil

Es kann vorkommen, daß Sie Ihre Kamera mit einem Heimvideorecorder verbinden wollen, der keine Kameraanschlußbuchse aufweist und der auch nicht ausreichend Strom zur Versorgung der Kamera liefern kann. In diesem Fall benötigen Sie ein Kameranetzteil, an das die Kamera direkt angeschlossen werden kann.

An der Vorderseite dieses Gerätes finden Sie die (im allgemeinen 10polige) Buchse zum Anschluß der Kamera sowie den Netzschalter. Auf der Rückseite sind die Buchsen für Audio- und Videoeingang und -ausgang sowie der Start/Stopp-Anschluß. Sollte der Recorder keinen Start/Stopp-Anschluß aufweisen, so muß er immer von Hand gestartet bzw. gestoppt werden. Zusätzlich benötigen Sie noch die richtigen Verbindungskabel zwischen Kameranetzteil und Recorder, die Sie entsprechend den Buchsen, die Sie an Netzteil und Recorder vorfinden, bei Ihrem Händler beschaffen müssen.

Sollte der Heimvideorecorder bereits ein ausreichend dimensioniertes Netzteil aufweisen, das die Stromversorgung der Kamera übernehmen kann, so benötigen Sie unter Umständen nur ein spezielles Adapterkabel zwischen dem Recorder und dem Stecker der Kamera.

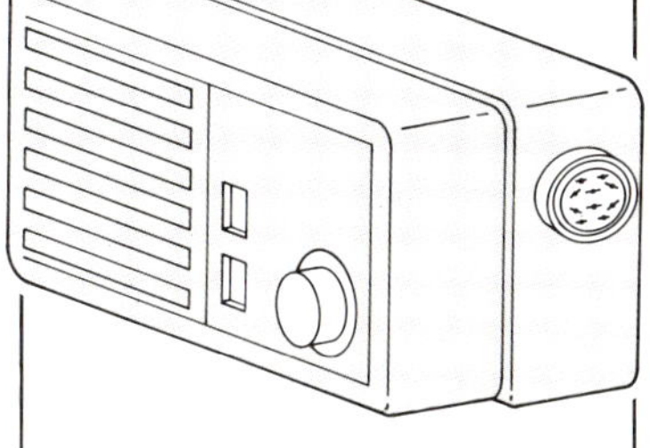

KAMERASTATIVE

STATIVE UND ROLLWAGEN

Ein wichtiger Gesichtspunkt der Videoproduktion —, gleichgültig ob vom Amateur oder vom Profi gedreht — der jedoch leicht beim Kamerakauf vergessen wird, ist die Abstützung der Kamera mit einem Stativ. Es gibt nichts Schlimmeres als eine mit verwackelter Kamera aufgenommene Videoaufzeichnung; das ist so störend, daß eine längere Betrachtung mehr oder weniger unmöglich wird. Zwar verwenden professionelle Nachrichtenteams kaum Stative, jedoch sind ihre Kameras relativ groß und schwer und gut ausbalanciert, wodurch eine sichere Kameraführung gewährleistet ist.

Aufgaben eines Stativs

Das ideale Videostativ zeichnet sich durch absolut glatte Führungsmöglichkeit der Kamera in horizontaler und vertikaler Richtung aus. Zusätzlich können Sie damit die Kamera höhersetzen oder absenken. Sie müssen ferner die Möglichkeit haben, das Stativ ohne Erschütterungen über den Boden zu bewegen. Jede Bewegung muß ruckfrei gestartet und genau an der richtigen Stelle — wieder vollkommen ruckfrei — gestoppt werden können.

Am schwierigsten ist es, ein Stativ für einen ruckfreien Start und Stopp der Kamerabewegung zu entwickeln. Die besten horizontalen und vertikalen **Schwenks** werden mit einem Stativ mit einem flüssigkeitsgedämpften Kopf (sog. „Fluidkopf") erreicht. Leider ist ein solcher Stativkopf ein sehr teurer Ausrüstungsgegenstand und kommt daher für die meisten Amateure nicht in Betracht. Es gibt jedoch auch recht gute Stativköpfe, die mit einer Reibungsbremse (Friktionsbremse) arbeiten. Dabei werden zwei Metallplatten, zwischen denen sich ein Lager befindet, durch Schrauben mehr oder weniger stark gegeneinandergepreßt, was dann zu einer entsprechend gebremsten Bewegungsmöglichkeit der Kamera führt.

Das nächste — im allgemeinen größere — Problem stellt die erschütterungsfreie Bewegung des gesamten Stativs dar. Bei ebenem Untergrund kann unter dem Stativ ein Stativwagen — auch **Dolly** genannt — eingesetzt werden.

Im Außenbereich setzen professionelle Teams Rollstühle ein oder verlegen gar Eisenbahnschienen, auf denen der Kameramann in einem Wagen gezogen wird, wenn die Kamera während einer Aufnahme bewegt werden soll. Hier müssen Amateure improvisieren, jedoch finden sie sicher immer eine Lösung, angefangen vom ausrangierten Kinderwagen bis zum Auto, das vielleicht geschoben wird.

Die Auswahl eines Stativs

Als erstes wird meist ein Dreibeinstativ angeschafft, wobei sich jeder Käufer zunächst fragen muß, ob das Stativ, das er kaufen will, für seine Kamera stabil und standfest genug ist. Ein Stativ, das für einen Fotoapparat ausreicht, ist nicht unbedingt auch für eine Videokamera geeignet.

Schauen Sie sich als nächstes den Schwenk-/Neigekopf an. Können Sie einen horizontalen oder vertikalen Schwenk völlig ruckfrei durchführen? Bleibt die Kamera exakt in der eingestellten Position, wenn Sie den Schwenk beenden und Ihre Hand von dem Führungsgriff nehmen?

Ist der Absenkungsmechanismus der Kamera ebenfalls mit einer Dämpfung versehen, so daß die Kamera nicht versehentlich „durchrutschen" kann?

Soll das Stativ gefahren werden können, so sollten Sie sich einen stabilen, zusammenklappbaren Stativwagen beschaffen. Achten Sie besonders auf eine gute Lagerung der Rollen und der Rollenhalterung.

Einbeinstativ: Ein Einbeinstativ ist sehr nützlich, wenn Sie unterwegs sind und nicht viel mitschleppen wollen. Obgleich es nicht allein steht, ist es doch fast so sicher wie ein normales Stativ und stützt die Kamera gut ab.

Transportkarren: Für den Transport einer größeren Anlage ist ein Transportkarren empfehlenswert. Neben der Kamera und dem Recorder können Sie z. B. zusätzliche Batterien, Cassetten, Filter und das Stativ unterbringen.

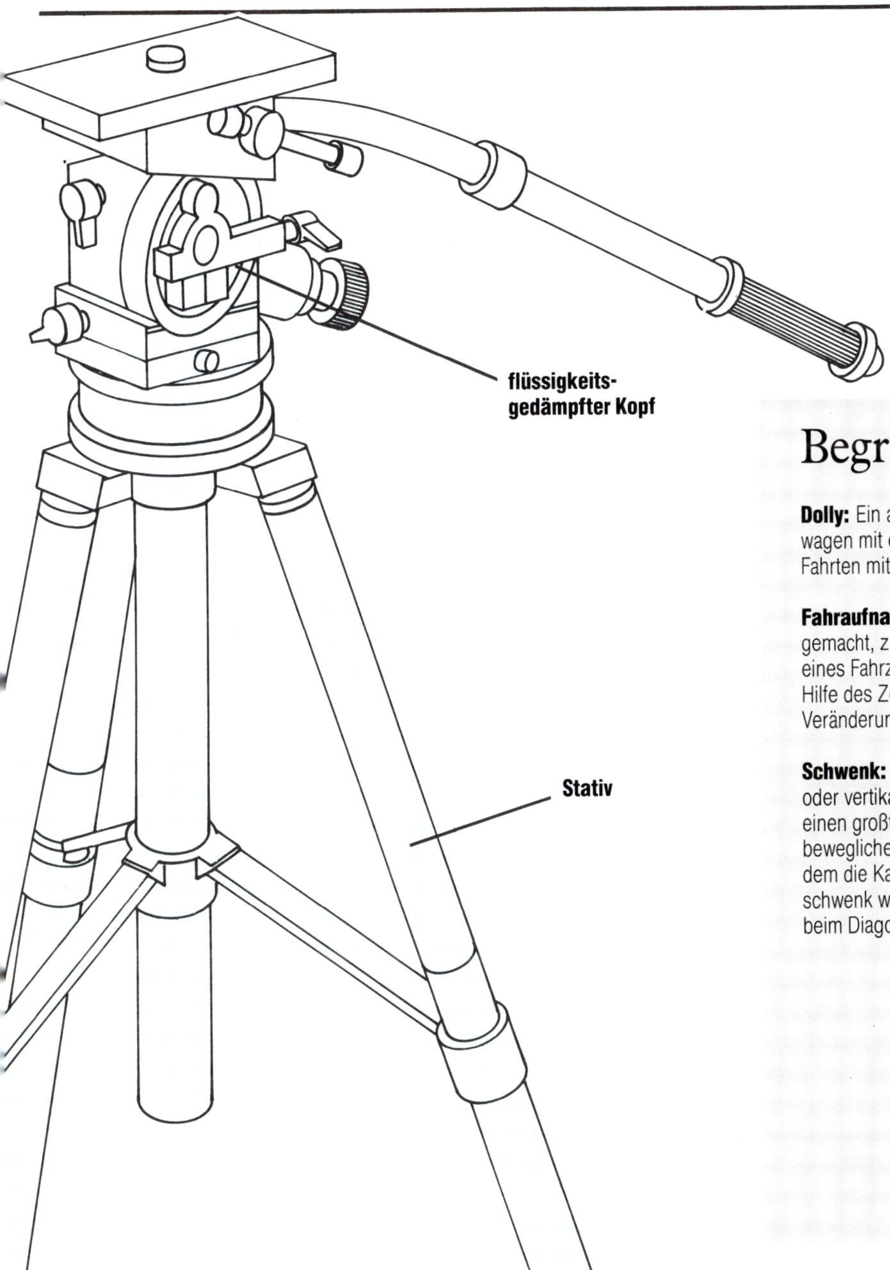

Begriffe

Dolly: Ein auf Gummirädern und Schienen laufender fahrbarer Kamerawagen mit einer elektronischen Kamera; erlaubt erschütterungsfreie Fahrten mit der Kamera.

Fahraufnahme: Diese Aufnahme wird mit der gefahrenen Kamera gemacht, z. B. mit Hilfe eines fahrbaren Stativs, eines Rollstuhles oder eines Fahrzeugs. Im Gegensatz zu einer Veränderung der Entfernung mit Hilfe des Zooms wirkt eine Fahraufnahme natürlicher, da man auch die Veränderung der Perspektive erkennen kann.

Schwenk: Eine Kamerabewegung, bei der die Kamera in horizontaler oder vertikaler Richtung gedreht wird, so daß sie bei festem Standpunkt einen großflächigen Gegenstand oder ein Panorama abtasten oder einem beweglichen Objekt folgen kann. Am häufigsten ist der Mitschwenk, bei dem die Kamera dem Objekt in horizontaler Richtung folgt. Beim Vertikalschwenk wird die Kamera in senkrechter Richtung auf- und abbewegt, beim Diagonalschwenk folgt sie einer Schrägachse.

Tischstativ: Ein kleines Stativ, mit dem Sie z. B. in Tischhöhe aufnehmen können, wenn kein Platz zur Aufstellung eines normalen Stativs vorhanden ist. Oder wollen Sie nicht vielleicht einmal eine Aufnahme vom Boden aus machen?

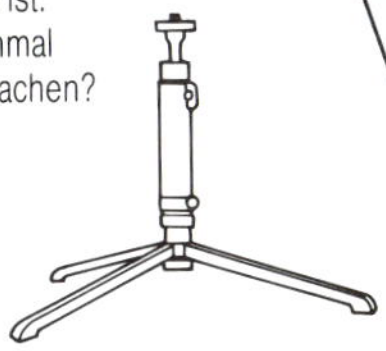

Mikrofonangel: Hiermit kann das Mikrofon ganz dicht an die aufzunehmende Person herangeführt werden, auch wenn sie gerade nicht im Bild ist. Bestimmt haben Sie den Einsatz dieses einfachen Hilfsmittels schon im Fernsehen beobachten können.

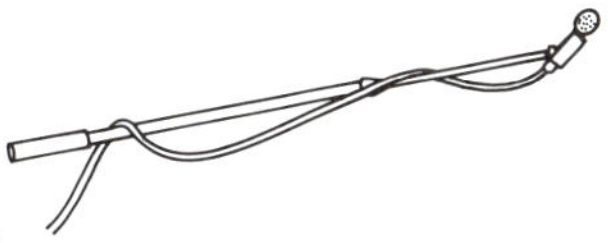

Mikrofonstativ: Auch die Mikrofone Ihrer Ausrüstung sollten fest montiert sein. Wackelige Halterungen können Störungen im Signalweg verursachen. Wählen Sie daher eine robuste Ausführung mit stabilen Verschlüssen.

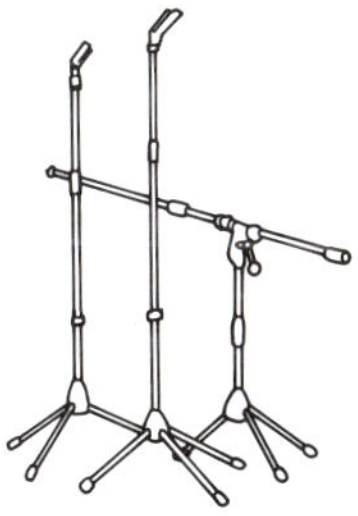

Schulterstütze: Sie ermöglicht es Ihnen, die Kamera fest mit Ihrem Körper zu verbinden. Nicht alle Kameras können jedoch so eingesetzt werden. Als Alternative bietet sich dann ein Bruststativ an.

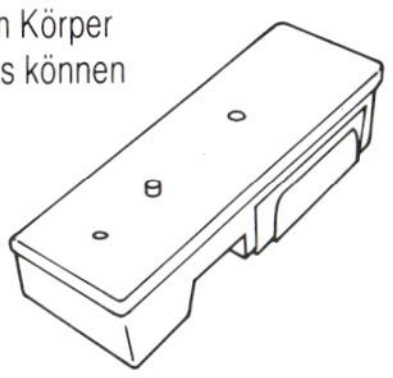

VIDEO – INTERNATIONAL

DIE FERNSEH-NORMEN

Wie schon gesagt, Fernsehen ist eigentlich eine ganz einfache Sache — ein Elektronenstrahl fährt in vielen parallelen Zeilen über den Bildschirm und regt dabei einzelne Bildpunkte zum Leuchten an. Aus wie vielen Zeilen soll jedoch ein Bild bestehen? Wie viele komplette Bilder sollen in einer Sekunde abgetastet werden? Diese Fragen wurden in verschiedenen Ländern unterschiedlich beantwortet. Es gab unterschiedliche Anforderungen an die Qualität des Bildes, aber auch unterschiedliche Frequenzen des Lichtnetzes, die berücksichtigt werden mußten. Die meisten Länder verwenden heute 625 Zeilen mit 50 Hertz Netzfrequenz bzw. 525 Zeilen mit 60 Hertz Netzfrequenz. Daraus ergibt sich, daß Fernsehgeräte, die in den USA verwendet werden (525 Zeilen, 60 Hertz) in Deutschland (625 Zeilen, 50 Hertz) nicht arbeiten und umgekehrt.

Bei der Fortentwicklung des Schwarzweißfernsehens zum Farbfernsehen bestand ein wesentliches Problem in der Kompatibilität, d. h. Schwarzweißempfänger sollten auch Farbsendungen in Schwarzweiß ohne Störungen empfangen können, und die neuen Farbgeräte sollten auch für Schwarzweißübertragungen geeignet sein. Die Amerikaner lösten dieses Problem durch ihr NTSC-System, das jedoch nicht immer die natürlichen Farben wiedergeben konnte.

In Europa wurden daher zwei verbesserte Systeme entwickelt, das deutsche PAL- und das französische SECAM-System.

Länder, die starke Verbindungen zu den USA hatten, übernahmen das NTSC-System, so z. B. Japan und viele Länder des amerikanischen Kontinents. Der größte Teil Europas und viele afrikanische und asiatische Länder entschieden sich für das PAL-System. SECAM wählten neben Frankreich einige Länder Afrikas, des Nahen Ostens sowie der gesamte Ostblock.

Die Kompatibilität

Leider gibt es noch weitere Unterschiede innerhalb der einzelnen Standards, die durch einen zusätzlichen Buchstaben gekennzeichnet werden. Der wesentliche Unterschied zwischen dem PAL G-Standard (BRD) und dem PAL I-Standard (England) besteht z. B. in einer unterschiedlichen Position des Tonsignals im gesendeten Frequenzband. Das Ergebnis ist, daß Sie bei Verwendung eines englischen Fernsehgerätes in Deutschland keine Toninformationen erhalten.

Auch die Videorecorder zeichnen immer in den empfangenen Fernsehstandards auf. Ein Videoband, das Sie z. B. aus den USA erhalten haben, können Sie somit nicht auf Ihrem PAL-Recorder abspielen.

An dieses Problem sollten Sie auch denken, wenn Sie im Ausland unterwegs sind und z. B. Ihr Akkuladegerät ans Netz anschließen wollen oder Ihr Portable an das Fernsehgerät im Hotelzimmer.

Fernsehnormen und Stromversorgungen — weltweit

Land	Fernsehnorm	Spannung (V)	Frequenz (Hz)
Abu Dhabi	PAL B/G	240	50
Ägypten	SECAM B	220	50
Australien	PAL B	240	50
Bahamas	NTSC M	120/240	60
Bahrain	PAL B	110/220	50/60
Barbardos	NTSC N	110/220	50
Belgien	PAL B,H	127/220	50
Bermuda	NTSC M	120/240	60
Brasilien	PAL M	110/220	50/60
Chile	NTSC M	220	50
China	PAL D	220	50
CSSR	SECAM D	220	50
Dänemark	PAL B	220	50
Deutschland-Ost	SECAM B,G	127/220	50
Deutschland-West	PAL B,G	220	50
Dubai	PAL B,G	220	50
Finnland	PAL B,G	220	50
Frankreich	SECAM L	127/220	50
Griechenland	SECAM B,H	220	50
Grönland	NTSC M	220	50
Großbritannien	PAL I	240	50
Hongkong	PAL B,I	200	50
Indien	PAL B	230/250	50/z. T. Gleichstrom
Indonesien	PAL B	127/220	50
Iran	SECAM B	220	50
Irak	SECAM B	220	50
Irland	PAL I	220	50
Island	PAL B	220	50
Israel	PAL B,H	230	50
Italien	PAL B,G	220	50
Japan	NTSC M	100/200	50/60
Jugoslawien	PAL B,H	220	50
Kanada	NTSC M	120/240	60
Katar	PAL B	240	50
Kolumbien	NTSC M	110/240	60
Korea (Süd)	NTSC M	100	60
Kuweit	PAL B	240	50

Strom-versorgung — weltweit

Wenn Sie im Ausland sind, wollen Sie natürlich wissen, ob die örtliche Stromversorgung für Ihre Ausrüstung verwendet werden kann. Sie müssen daher die Spannung und die Frequenz kennen. Sie können davon ausgehen, daß Sie praktisch immer eine Wechselspannung vorfinden werden, obgleich es in einigen entlegenen Winkeln der Welt auch noch Gleichstromnetze gibt.

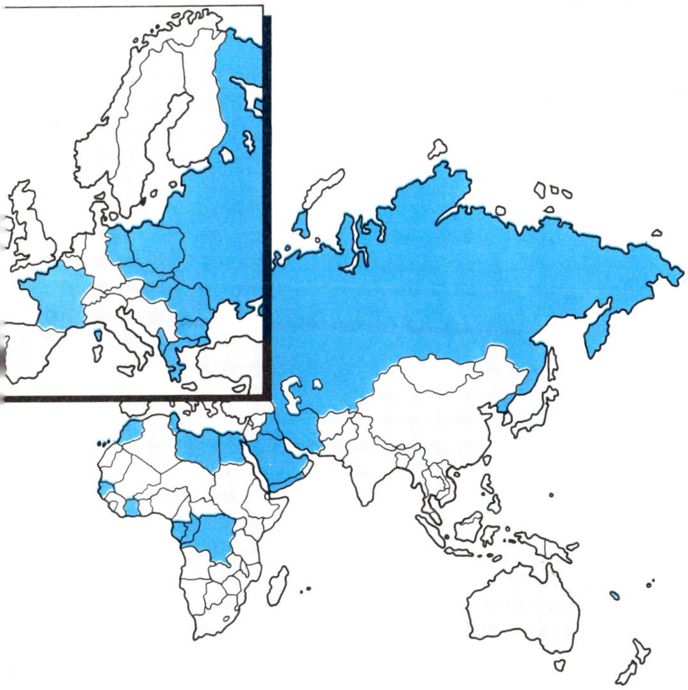

Land	Fernseh-norm	Spannung (V)	Frequenz (Hz)
Luxemburg	PAL G, SECAM C,L	220	50
Libyen	SECAM B	127/230	50
Malaysia	PAL B	240	50
Malta	PAL B,H	240	50
Marokko	SECAM B	110/190	50
Mexico	NTSC M	127/220	60
Neuseeland	PAL B	230	50
Niederlande	PAL B,G	220	50
Nigeria	PAL B,G	220	50
Norwegen	PAL B,G	230	50
Österreich	PAL B,G	220	50
Pakistan	PAL B	230	50
Philippinen	NTSC M	110/240	60
Polen	SECAM D,K	220	50
Portugal	PAL B,G	220	50
Rumänien	SECAM D,K	220	50
Sambia	PAL B	220	50
Saudi Arabien	SECAM B,G	127/220	50/60
Schweden	PAL B,G	220	50
Schweiz	PAL B,G	220	50
Simbabwe	PAL B	240	50
Singapur	PAL B	230	50
Spanien	PAL B,G	127/220	50
Sri Lanka	PAL B	230	50
Sudan	PAL B	240	50
Südafrika	PAL I	220/250	50
Tahiti	SECAM K	220	60
Taiwan	NTSC M	110/220	60
Thailand	PAL B	220	50
Trinidad/Tobago	NTSC M	115/230	60
Tunesien	SECAM B	110/220	50
Türkei	PAL B	220	50
UdSSR	SECAM D,K	127/220	50
Ungarn	SECAM D,K	220	50
USA	NTSC M	120/240	60
Venezuela	NTSC M	120/240	60
Vereinigte Arab. Emirate	PAL B,G	220/240	50
Zaire	SECAM K	220	50

Multistandard-Recorder und Fernsehgeräte

Wenn Sie viel in der Welt herumreisen und von den verschiedensten Ländern mit unterschiedlichen Fernsehsystemen Videocassetten mitbringen, so sollten Sie einen Videorecorder erwerben, der verschiedene Fernsehstandards wiedergeben kann. Überlegen Sie aber auch, ob Sie eventuell sogar Aufzeichnungen in anderen Standards durchführen wollen, z. B. wenn Sie das französische Fernsehen in Deutschland empfangen können oder wenn Sie in der Nähe eines amerikanischen Armeesenders (der die NTSC-Norm verwendet) wohnen. Nicht alle Multistandard-Recorder können nämlich auch die verschiedenen Standards empfangen und aufzeichnen. Zusätzlich benötigen Sie für die Wiedergabe aber immer auch ein Multistandard-Fernsehgerät. Wollen Sie jedoch lediglich das in vielen Teilen der Bundesrepublik zu empfangende Programm des DDR-Fernsehens aufzeichnen, so können Sie fast jeden Recorder kaufen, der bei uns angeboten wird, da praktisch alle Geräte über diese Möglichkeit verfügen.

Spannungswahlschalter der Videoausrüstung

Netzadapter

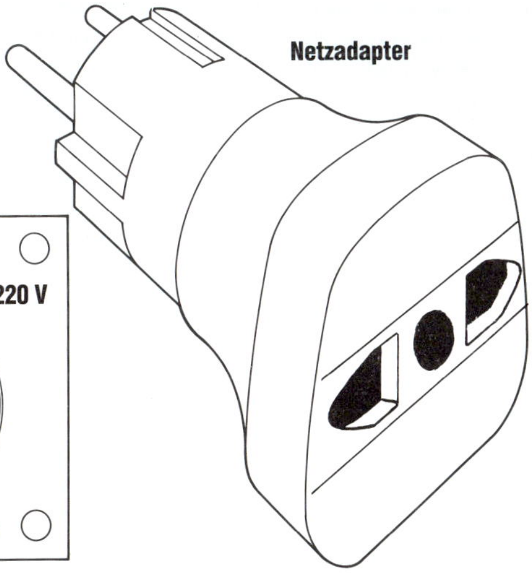

Die Einstellung der richtigen Spannung ist wichtig! Der Anschluß eines Gerätes, das auf 110 Volt eingestellt ist, an ein 220-Volt-Netz kann verhängnisvoll sein. Die richtige Frequenz ist ebenfalls wichtig, wenn auch moderne Geräte im allgemeinen für einen Frequenzbereich von z. B. 48 bis 62 Hertz ausgelegt sind. Eine Netzspannung um 220 Volt ist meistens mit einer Frequenz von 50 Hertz verbunden und Spannungen um 110 Volt weisen eine 60-Hertz-Frequenz auf.

Auf der Rückseite Ihres Gerätes finden Sie im allgemeinen den Spannungswahlschalter. Sollte die Spannung, die Sie vorgefunden haben, nicht als Wahlstellung vorgesehen sein, so wählen Sie eine Position, die diesem Wert möglichst nahekommt. Die Abweichung sollte jedoch nicht mehr als 10 % betragen.

DER TON

SCHALL UND TON

Jedermann hat schon einmal den Begriff „Schallwellen" gehört; aber was versteht man darunter? Das sind Schwankungen des Luftdrucks (Verdichtungen und Verdünnungen der Luft), die sich räumlich und zeitlich verändern. Ähnlich der Ausbreitung einer Welle, wenn man einen Stein ins Wasser wirft, breitet sich eine Schallwelle vom Anregungszentrum aus, jedoch nicht nur in einer Ebene, sondern in alle Richtungen.

Die Anzahl der Druckänderungen pro Sekunde ist die **Frequenz** der Schallwelle bzw. des Tones, der vom menschlichen Gehör wahrnehmbaren Schallschwingung. Je stärker die Druckschwankungen sind — man nennt sie auch einfach **Schalldruck** — desto lauter wird der Schall empfunden. Wichtig ist daher — z. B. bei einem Lautsprecher — die Angabe des Schalldrucks und nicht nur die Angabe der Belastbarkeit (in Watt), da diese noch nichts über den Wirkungsgrad dieses Schallwandlers aussagt, dem Verhältnis der abgegebenen Schalleistung zur aufgenommenen elektrischen Leistung.

Wenn die Schallwellen auf ein Hindernis treffen, so werden sie zum Teil absorbiert und zum Teil reflektiert. Wie stark die Schallwelle absorbiert bzw. reflektiert wird, hängt von dem Material und der Form des Hindernisses ab. Weiche Dinge wie Sessel, Vorhänge und Teppiche sind sehr gute Schallabsorber. Trifft der Schall jedoch auf eine glatte, harte Oberfläche, so wird praktisch die gesamte Energie reflektiert.

Sie können diese beiden Fälle leicht zu Hause studieren: Versuchen Sie einmal im Badezimmer — das nur mit glänzenden Fliesen ausgelegt ist — und im Wohnzimmer — ausgestattet mit Vorhängen, Teppichen und einer weichen Polstergarnitur — zu singen!

Der Mensch kann Tonfrequenzen etwa zwischen 15 Hz und 15 kHz wahrnehmen. Die obere Grenze nimmt mit dem Alter ab und kann bei einem Vierzigjährigen unter Umständen bereits bei 12 kHz liegen. Trotz dieser Begrenzung reicht der Frequenzbereich der CD-Platte oder des HiFi-Videorecorders bis 20 kHz, da auch Frequenzen, die oberhalb der Hörgrenze liegen, noch zum Klangbild eines Musikstückes beitragen. Übrigens schreibt die betagte HiFi-Norm DIN 45 500 z. B. für Magnetbandgeräte lediglich einen Übertragungsbereich von 40 Hz bis 12,5 kHz vor.

Nachhall und Echo

Die besonderen akustischen Eigenschaften einer Kirche sind allen geläufig. Die Kirche hat ein sehr großes Volumen, alle Wände sind aus Stein und reflektieren den Schall sehr stark. Eine Schallwelle, die in der Kirche erzeugt wird, ist lange „lebendig", da sie viele Male zwischen den Wänden hin und her läuft, bevor ihre Energie auf einen nicht mehr wahrnehmbaren Teil abgesunken ist. Die „Nachhallzeit", in der die Energie auf den millionsten Teil abgesunken ist, beträgt bei Kirchen etwa 2,5 Sekunden.

Statten Sie Ihren Raum mit schweren Vorhängen, Teppichen auf dem Boden und an den Wänden und dikken Plüschsofas aus, so erreichen Sie das Gegenteil. Sie haben das Gefühl, daß jeder Ton, den Sie von sich geben, nicht weiter als bis zu Ihren Lippen kommt. Der Ton wirkt „tot".

Die Nachhallzeit eines Raumes sollte immer an den Verwendungszweck angepaßt werden. Gute Konzerträume benötigen Nachhallzeiten von etwa 1,8 Sekunden, Opernsäle 1,5 Sekunden und Vortragssäle um 0,8 Sekunden.

In Film- und Fernsehproduktionen kann die richtige Nachhallcharakteristik dem Ton elektronisch aufgeprägt werden. Die Originalaufnahme erfolgt daher zunächst mit möglichst kurzen Nachhallzeiten, um später Korrekturen einfließen lassen zu können. Als Amateur sollten Sie versuchen, die Originalaufnahme mit der richtigen Charakteristik zu versehen. Wichtig ist natürlich zunächst die Auswahl eines geeigneten Mikrofons; die Nachhallcharakteristik des Aufnahmeraumes können Sie in gewissen Grenzen, z. B. durch Verwendung von Reflexionswänden bei zu geringer Nachhallzeit oder von Stoffen und Decken zur Schallabsorption bei zu großer Nachhallzeit verändern.

Ein Echo ist im Gegensatz zu dem diffusen, kontinuierlichen Nachhall ein Schallereignis, das nach einer bestimmten Ruhezeit, die mehrere Sekunden dauern kann, zu dem Hörer zurückkommt.

Harte Flächen reflektieren den Ton

Weiche Möbel absorbieren den Ton

Wenn Sie also etwas Besonderes kaufen wollen, so genügt es heute nicht mehr, wenn Sie lediglich auf das Schild „HiFi“ achten. Sie müssen sich dann schon intensiver mit der Gerätespezifikation beschäftigen.

Ein Problem, das besonders bei der Aufnahme von Musik auftreten kann, ist die Frequenzabhängigkeit der Absorption bzw. Reflexion der verschiedenen Materialien. Der professionelle Toningenieur hat heute jedoch die Möglichkeit, den Ton nahezu beliebig zu manipulieren; dazu gehören auch die bekannten Tricks zur Echoerzeugung bzw. Nachhallverlängerung. Aber auch ohne teure Geräte, nur durch Anwendung einfacher Regeln, können Sie erreichen, daß Sie einen klaren und deutlichen Ton aufzeichnen.

Probleme

Zu viel Nachhall: Ein Raum mit zu vielen Schallreflexionen kann relativ leicht angepaßt werden. Zu viele glatte Flächen werfen den Schall hin und her. Am einfachsten ist es, Teppiche, dicke Vorhänge oder andere absorbierende Stoffe auf diese Flächen zu bringen; vergessen Sie dabei den Fußboden nicht – es ist verblüffend, wieviel bereits eine dicke Brücke ausmachen kann, z. B. auf Parkettfußböden. Da Glas den Schall sehr gut reflektiert, sind Fenster besonders problematisch; ziehen Sie dann einfach die Vorhänge zu. Wenn Sie jedoch das Tageslicht benötigen, das durch dieses Fenster kommt, so versuchen Sie es mit Stores.

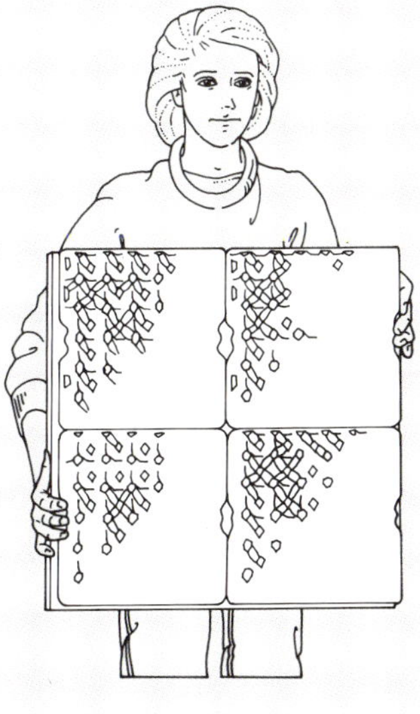

Können Sie keine Vorhänge verwenden, so sollten Sie sich einige Absorber bauen. Dieses können einfache Hartfaserplatten sein, die Sie mit absorbierendem Polstermaterial versehen; je größer sie sind, desto besser ist natürlich ihre Wirkung. Besonders gut können auch Eierverpackungen aus Pappe verwendet werden.

Zu wenig Nachhall: Dieses kann ein Problem, aber auch ein Vorteil sein. Wenn Sie nämlich einen Nachhallgenerator bekommen können, dann sollten Sie die Originalaufzeichnung mit so wenig Nachhall wie nur möglich durchführen.

Wollen Sie jedoch später keinen Nachhall hinzufügen, so müssen Sie bei der Aufnahme die Umgebung verändern. Ziehen Sie die Vorhänge zurück und bringen Sie die aufzunehmende Szene in die Nähe des Fensters. Rollen Sie den Teppich auf, und lassen Sie den Holzfußboden zum Vorschein kommen. Schieben Sie mit Stoff versehene oder gepolsterte Möbelstücke so weit weg wie nur möglich.

Wenn Sie den Raum aber nicht verändern können oder verändern wollen, so müssen Sie Reflexionswände einsetzen. Ideal sind mit Fliesen beklebte Platten. Rücken Sie diese so dicht wie möglich an Ihre aufzunehmende Szene heran, ohne daß sie im Bild erscheinen. Sie können das Mikrofon dichter an die Platten heranrücken, so daß es mehr von dem reflektierten Schall erhält. Versuchen Sie ein Mikrofon mit geringerer Richtwirkung, aber passen Sie auf, daß Sie nicht die unerwünschten Geräusche aus dem Bereich hinter der Kamera aufnehmen. Deshalb sollten Sie auch unbedingt den Ton mit dicht abschließenden Kopfhörern kontrollieren.

Verwenden Sie immer Kopfhörer zur Tonkontrolle. Der einzige Weg, um die gewünschten Ergebnisse zu bekommen, ist letztlich das Erproben!

Ton zu schwach: Das ist ein kniffliges Problem, da Sie im allgemeinen keine Kontrolle des Signalpegels am Recordereingang haben. Wenn das Mikrofonsignal klein ist, dann erhöht der Recorder die Eingangsempfindlichkeit, was aber gleichzeitig bedeutet, daß alle unerwünschten Hintergrundgeräusche ebenfalls verstärkt werden. Versuchen Sie daher, das Mikrofon möglichst dicht am Aufnahmeort aufzustellen. Verwenden Sie beispielsweise ein separates Mikrofon an einer Mikrofonangel oder ein Ansteckmikrofon. Sollten Sie das Mikrofon nicht dicht genug am Aufnahmeort plazieren können, so verwenden Sie am besten ein separates Mikrofon mit einer starken Richtcharakteristik (siehe Seite 37).

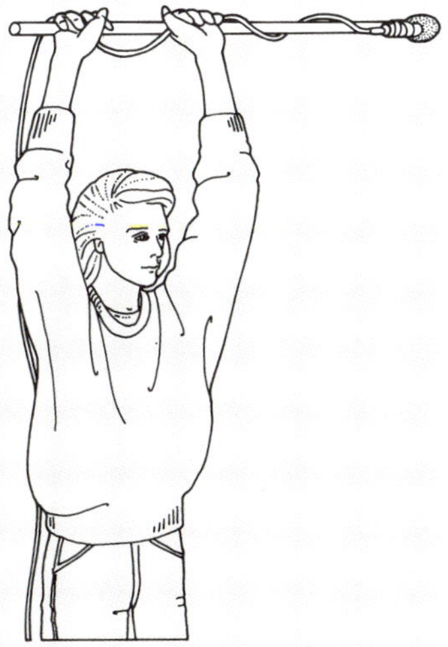

MIKROFONE

Vereinfacht gesagt wandelt ein Mikrofon Tonsignale in elektrische Signale um, die wiederum auf Magnetband aufgezeichnet werden können. Alle Videokameras sind mit einem Mikrofon versehen, doch diese sind häufig von mangelhafter Qualität, und die feste Verbindung mit der Kamera führt häufig dazu, daß Nebengeräusche — z. B. vom Zoommotor oder vom Laufwerk bei Kamerarecordern — in den Mikrofoneingang gelangen und damit die Tonaufnahme stören. Außerdem sollte das Mikrofon immer so dicht wie möglich am aufzunehmenden Objekt sein, ohne natürlich ins Bild zu kommen. Auch ausziehbare Mikrofone, wie sie an manchen Kameras zu finden sind, verbessern die Situation nicht wesentlich.

Es gibt verschiedene Mikrofone für unterschiedliche Anwendungen. Wenn Sie allein aufnehmen und sich Ihre Szene in etwas größerer Entfernung befindet, so ist ein Richtmikrofon sicherlich die beste Wahl. Es wird nur den Ton von der Szene aufnehmen und nicht noch alle Geräusche um die Kamera herum. Eine interessante Variante ist das Zoommikrofon, das allerdings an die Kamera angepaßt sein muß. Es kann seine Aufnahmecharakteristik in Abhängigkeit von der Zoomeinstellung des Objektivs ändern. In Teleposition ist dieses Mikrofon beispielsweise als extremes Richtmikrofon geschaltet usw.

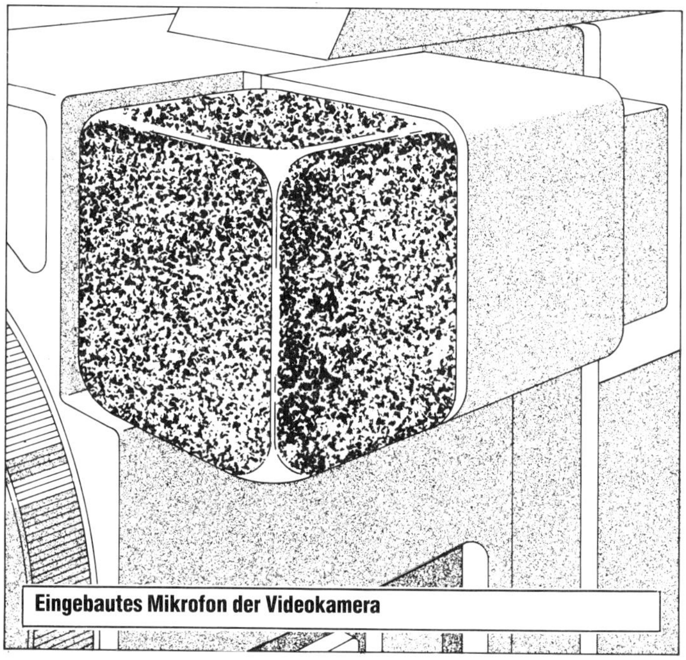

Eingebautes Mikrofon der Videokamera

Wie arbeiten sie?

Zwei verschiedene Mikrofontypen werden bei Heimanlagen üblicherweise verwendet — das dynamische Mikrofon und das Kondensatormikrofon.

Dynamisches Mikrofon: An der Membran, die durch die Schallwellen in Schwingungen versetzt wird, befindet sich eine kleine Spule, die die magnetischen Feldlinien eines Permanentmagneten schneidet. Dadurch wird in der Spule eine Wechselspannung erzeugt, die an den Recorder weitergeleitet wird.

Kondensatormikrofon: Die bewegliche Membran bildet bei diesem Mikrofon zusammen mit einer festen Platte einen Kondensator, dessen Kapazität sich mit dem Abstand zwischen Membran und Platte ändert. Auf den Platten befindet sich eine Ladung, die von einer Batterie geliefert wird. Wird die Membran durch den auftreffenden Schall in Schwingungen versetzt, so ändert sich die Kapazität und damit auch die Spannung zwischen den Kondensatorplatten. Diese (Wechsel-)Spannung wird dem Recorder zugeleitet. Eine Weiterentwicklung ist das *Elektretmikrofon,* das keine Vorspannung benötigt, da es mit einer Kunststoffmembran arbeitet, in die elektrische Ladungen in Form von Dipolen „eingefroren" sind. Trotzdem benötigt dieses Mikrofon eine Batterie für eine Elektronik, die die gewonnene Wechselspannung an Zuleitungen und Recorder anpaßt.

Kondensatormikrofon

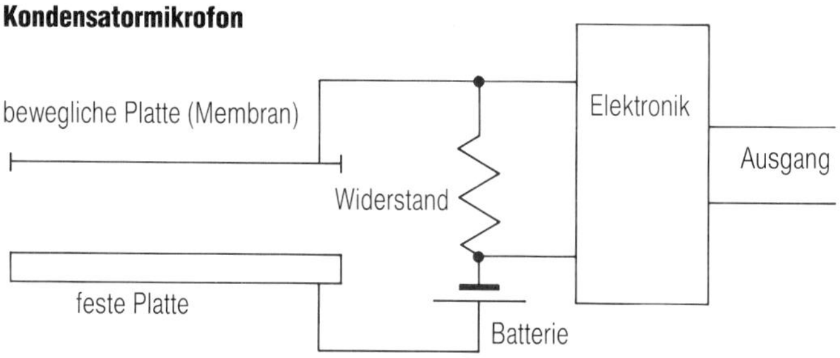

Dynamisches Mikrofon

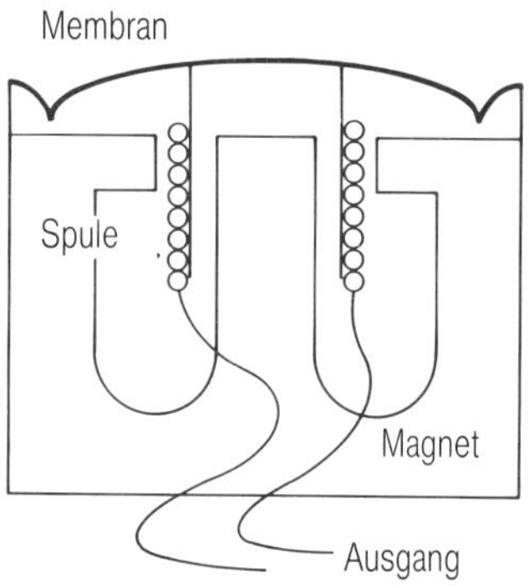

Mikrofontypen

Ansteckmikrofon: Sehr nützlich, wenn Sie z. B. den Moderator aufnehmen – auch wenn es nur die Einführung zu Ihrem Ferienfilm ist. Hierbei gibt es keine Probleme, das Mikrofon dicht genug an die Szene heranzubringen. Es ist nicht teuer und macht Ihre Videoproduktion in jeder Hinsicht professioneller.

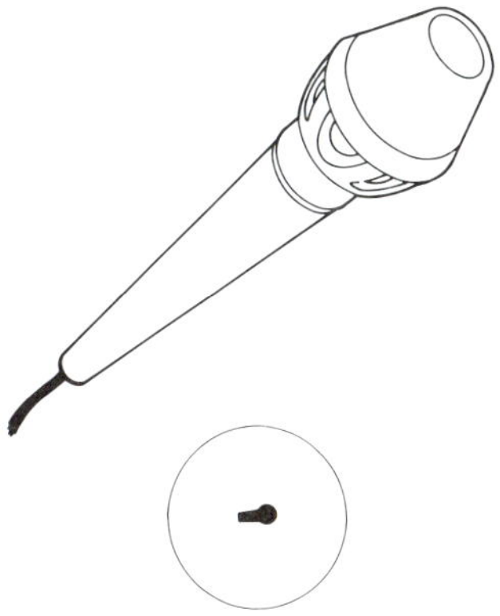

Mikrofon mit Kugelcharakteristik: Es nimmt den Ton gleichmäßig aus allen Richtungen auf, d. h. die Empfindlichkeit ist unabhängig von der Richtung. Es wird eingesetzt, wenn der gesamte Ton aus der Umgebung aufgezeichnet werden soll, z. B. eine Tischrunde. Das Mikrofon wird dann auf dem Tisch versteckt, oder man läßt es von der Decke herunterhängen, jedoch außerhalb des Bildausschnitts.

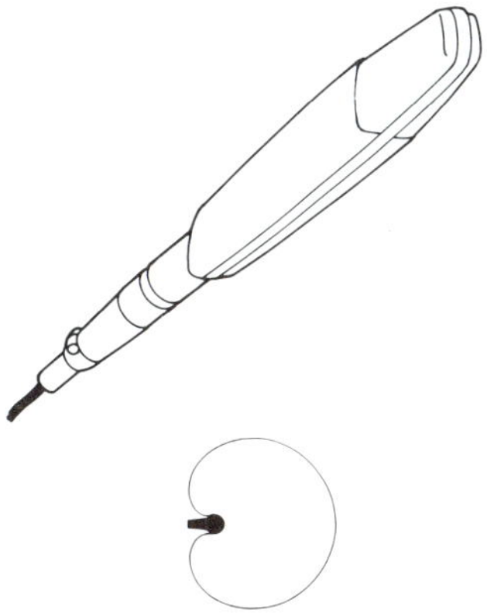

Mikrofon mit Richtcharakteristik: Hier ist die Empfindlichkeit in „Vorwärtsrichtung" besonders ausgeprägt. Punkte gleicher Empfindlichkeit liegen auf einer nierenförmigen Kurve, deshalb spricht man auch von einer Nierencharakteristik. Diese Mikrofone werden eingesetzt, wenn nur eine Person spricht, z. B. bei Interviews, bei denen das Mikrofon in der Hand gehalten wird.

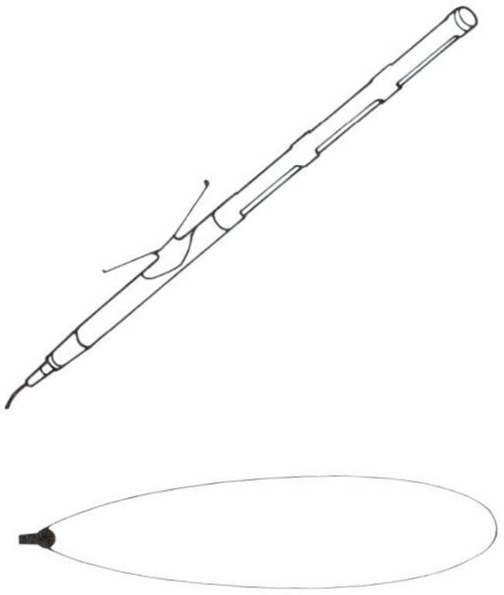

Superrichtmikrofon: Dieses Mikrofon nimmt den Ton praktisch nur aus einer Richtung auf. Ein solches Mikrofon ist dann sehr empfehlenswert, wenn Sie nicht genügend dicht an Ihre Tonquelle herankommen und nicht alle störenden Geräusche aus der Umgebung mitaufzeichnen wollen.

Kopfhörer

Kopfhörer erfüllen eine sehr wichtige Aufgabe, wenn Sie Ton aufzeichnen – gleichgültig ob mit einem Audio- oder einem Videorecorder: Sie hören damit genau, was aufgenommen werden soll. Damit das auch wirklich gelingt, sollten keine Umweltgeräusche zum Ohr gelangen. Ihr Kopfhörer muß daher so konstruiert sein, daß die Ohrmuschel fest umschlossen wird. Natürlich soll er bequem zu tragen sein und nicht verrutschen – eine wichtige Voraussetzung bei langen Aufnahmen. Die dürftigen Kopfhörer, die zusammen mit kleinen Cassettenspielern angeboten werden, reichen für diesen Zweck ebensowenig aus wie die kleinen Ohrhörer, die häufig mit der Videokamera mitgeliefert werden.

Technische Daten – Mikrofone

Dynamisches Mikrofon: Dieses Mikrofon arbeitet im Prinzip wie die meisten Lautsprecher. Zu einem vernünftigen Preis erhält man eine gute Qualität.
Die Ausgangsimpedanz ist niedrig, d. h., Sie können lange Kabel verwenden, um es mit dem Mikrofoneingang des Recorders zu verbinden.

Elektretmikrofon: Ein Kondensatormikrofon, das keine Vorspannung zur Aufladung der Kondensatorplatten benötigt. Eine eingebaute Elektronik, die natürlich eine Stromversorgung (z. B. eine Batterie) erfordert, sorgt für einen niederohmigen Ausgang;

Frequenzgang: Wie jeder andere Audiobaustein hat auch ein Mikrofon einen charakteristischen Frequenzgang, der besagt, welche Tonfrequenzen von dem Mikrofon in elektrische Signale umgewandelt werden können.

Impedanz: Damit wird der elektrische Widerstand des Mikrofons bezeichnet.
Die Impedanz des Mikrofons soll an die Eingangsimpedanz des Recorders angepaßt sein. Ein niederohmiges Mikrofon (Impedanz kleiner als 800 Ohm) arbeitet mit einem Gerät mit hochohmigem Eingang (typisch 25 kOhm) zusammen, aber nicht umgekehrt.

GETRENNTE TONAUFZEICHNUNG

Sie glauben vielleicht, daß eine separate Tonaufzeichnung nicht sinnvoll ist, da Ihre Videoanlage bereits über eine eingebaute Tonaufzeichnungsmöglichkeit verfügt. Klammert man die Kamerarecorder des 8-mm-Systems aus, die den Ton generell in HiFi-Qualität (frequenzmoduliert) aufzeichnen, so ist die Qualität praktisch aller sonstigen Anlagen nur mittelmäßig. Obgleich der Ton mit dem Bild immer synchron laufen muß, kann eine separate Tonaufnahme, die später mit der Videoaufzeichnung zusammengeschnitten wird, eine deutliche Verbesserung bringen.

Es gibt allerdings noch einen zweiten Grund, um wenigstens einen Teil Ihres Tones getrennt aufzuzeichnen. In vielen Fällen ist der Ton, der gleichzeitig mit dem aufzunehmenden Bild angeboten wird, uninteressant, unter Umständen liegt sogar kein Ton vor. Umgekehrt gibt es wiederum Situationen mit einem äußerst interessanten Ton, die jedoch visuell langweilig sind. Es ist daher durchaus sinnvoll, etwas Zeit für die Suche nach geeigneten Tonereignissen zu opfern, die später Ihre Videoaufzeichnungen begleiten sollen. Nehmen Sie zum Beispiel Ihre Urlaubs-Videos. Die Landschaft mag herrlich gewesen sein und der Strand atemberaubend schön, aber wie steht es mit dem Ton? Andererseits wäre die Gesangsgruppe bereit gewesen, für eine Tonaufnahme zu singen, aber sie entpuppte sich als kamerascheu. Die Lösung? Verwenden Sie einen Audiorecorder, um die Sänger aufzunehmen, und vertonen Sie damit die tollen Strandaufnahmen.

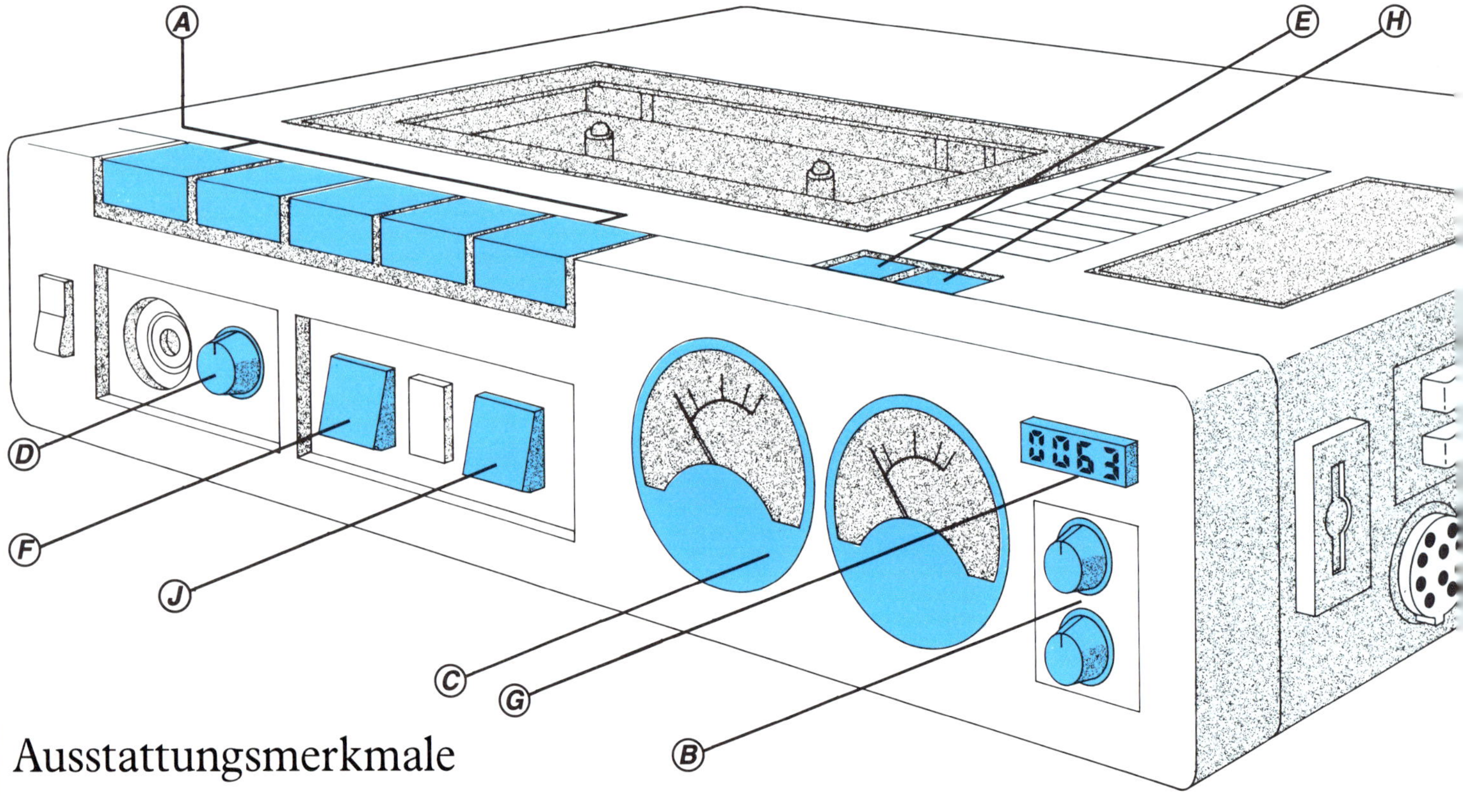

Ausstattungsmerkmale

(A) Bandtransporttasten: Aufnahme, Vorlauf, Rücklauf, Wiedergabe, Stop/Cassette

(B) Aussteuerungsregler: Hiermit wird die Stärke des Signals eingestellt, das von dem Mikrofon (oder einer anderen Quelle) zum Band gelangt. Die Aussteuerung sollte groß sein, damit das Bandrauschen möglichst wenig zu bemerken ist, eine Übersteuerung des Bandes muß jedoch wegen der damit verbundenen Verzerrungen vermieden werden.

(C) Aussteuerungsanzeigen: Diese Instrumente zeigen das momentane Eingangssignal an. Monorecorder verfügen nur über ein solches Instrument. Das Signal sollte so eingestellt werden, daß die Anzeigenadel oder -lampe bei Lautstärkespitzen gerade bis in den OdB-Bereich gelangt.

(D) Lautstärkeregler: Hiermit wird die Lautstärke des Recorders eingestellt, wenn Cassetten wiedergegeben werden.

(E) Bandsorteneinsteller: Hiermit stellen Sie die Elektronik des Recorders auf die verwendete Bandsorte ein.

(F) Wahlschalter für Rauschverminderungssystem: Tragbare Recorder verfügen häufig über das Dolby-Rauschverminderungssystem. Mit diesem Schalter können Sie es ein- und ausschalten.

(G) Bandzählwerk: Dieses Instrument gibt Ihnen eine Information über den relativen Bandverbrauch; Sie erhalten jedoch keine Information über die abgelaufene Zeit.

(H) Memorytaste: Wenn Sie diese Taste betätigen, wird der Recorder beim Rückspulen bei der Zählwerkstelle 0000 stoppen. Das ist nützlich, wenn Sie eine bestimmte Stelle wiederfinden wollen.

(J) Pausentaste: Diese Taste wird bei der kurzzeitigen Unterbrechung einer Aufnahme verwendet. Eine Tonstörung entsteht dabei nicht.

Fast jeder tragbare Cassettenrecorder wird diese Aufgabe erfüllen, sofern Sie ein geeignetes Mikrofon und Kopfhörer anschließen können. Der unten abgebildete Stereorecorder zeigt die wichtigsten Bedienungselemente und Eigenschaften. Das Gerät sollte natürlich mit Batterien betrieben werden können und für alle Bandsorten geeignet sein. Wichtig ist die manuelle Aussteuerung. Damit sind Sie in der Lage, das Mikrofonsignal selbst einzustellen. Eine automatische Aussteuerung regelt nämlich in einer kurzen Pause die Verstärkung hoch, was zu einem plötzlichen Anschwellen des Hintergrundrauschens führt. Dieses ist der größte Nachteil bei der üblichen Tonaufzeichnung des Videorecorders; es gibt daher keinen Grund, diesen Fehler hier zu wiederholen. Ein Recorder, der geeignet ist, den Ton aufzunehmen, den Sie zu Ihren Videoaufzeichnungen hinzufügen wollen, muß nicht teuer sein, aber er sollte die meisten der unten gezeigten Eigenschaften haben.

Bandsorten

Audiocassetten gibt es mit drei verschiedenen Bandsorten:

Typ I: Eisenoxidband („Ferroband") ist die älteste und noch am häufigsten verwendete Bandsorte. Am besten für Sprachaufzeichnungen und Anwendungen geeignet, bei denen keine hohen Anforderungen gestellt werden.

Typ II: Chromdioxidband („Chromband") ist sehr rauscharm und besonders bei hohen Frequenzen gut auszusteuern.

Typ IV: Reineisenband („Metallband") zeichnet sich gegenüber dem Chromdioxidband durch eine noch größere Höhendynamik aus.

Ferrochromband (Typ III), ein Zweischichtenband aus Eisenoxid- und Chromoxidteilchen, war nicht erfolgreich und wird daher heute nicht mehr angeboten.

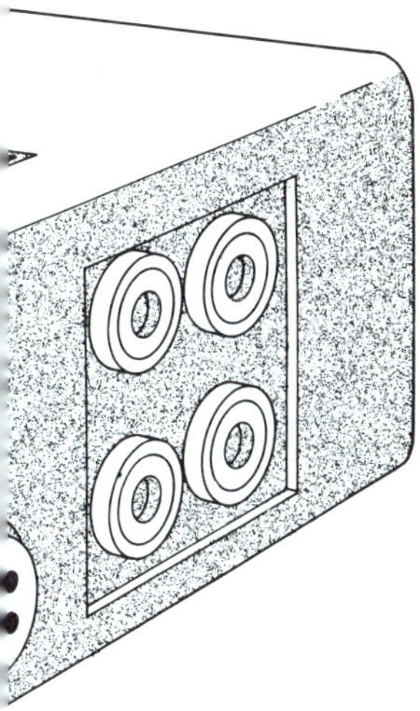

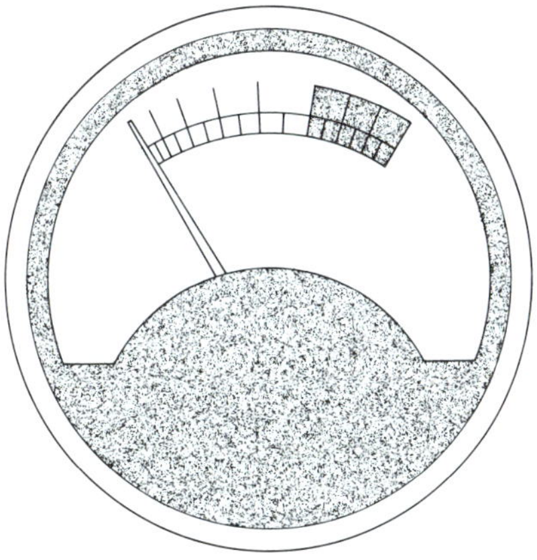

Oben: Das Aussteuerungsinstrument eines Cassettenrecorders. Der Toningenieur hat zwei wichtige Aufgaben: Er muß den Ton mit den Kopfhörern kontrollieren und ständig den Zeiger des Aussteuerungsinstrumentes beobachten. Der Zeiger darf nur geringfügig in den Übersteuerungsbereich hineinreichen.

Technische Daten — Cassettenrecorder

Frequenzbereich: Der Tonbereich, den ein Audiogerät wiedergeben kann. Er wird in Hertz (Hz) gemessen. Ein guter HiFi-Cassettenrecorder erreicht Werte von 30 bis 18 000 Hz, während einfache Geräte lediglich Frequenzen von etwa 300 bis 8 000 Hz wiedergeben.

Dolby-System: Eine patentierte elektronische Schaltung, die bei einer Magnetbandaufzeichnung das Bandrauschen reduziert und den Frequenzbereich verbessert. Dolby B kann das Signal-/Rauschverhältnis um 7—10 dB, Dolby C sogar um 15—20 dB erhöhen.

Dynamik: Der Bereich zwischen dem leisesten und dem lautesten Ton, den das Audiogerät ohne Verzerrung verarbeiten kann. Die meisten HiFi-Recorder liegen bei etwa 70 dB; einfache Videorecorder erreichen jedoch nur ungefähr 40 dB.

Gleichlaufschwankungen: Unregelmäßigkeiten in der Geschwindigkeit des Bandtransportes eines Magnetbandgerätes. Man erkennt sie z. B. an einem jaulenden Ton. Gemessen wird die Änderung der Geschwindigkeit in Prozent. Gute Recorder weisen Werte unter 0,1 % auf.

Signal-/Rauschverhältnis: Das Verhältnis vom gewünschten Signal zum störenden Rauschen. Je größer diese Zahl ist, desto besser ist das Gerät. Ein HiFi-Recorder erreicht etwa 60 dB, ein normaler Videorecorder lediglich 45 dB.

Anschlüsse

Zum Anschluß der Mikrofone werden normalerweise Klinkenbuchsen, für andere Signalquellen wie die HiFi-Anlage oder einen zweiten Cassettenrecorder Cinchbuchsen verwendet. Die Ausgänge sind ebenfalls weitgehend als Cinchbuchsen ausgeführt. Gelegentlich werden die Ein- und Ausgänge auch in einer 5poligen DIN-Buchse kombiniert. Der Kopfhörer wird ebenfalls über eine Klinkenbuchse angeschlossen, außerdem gibt es einen Anschluß für eine externe Stromversorgung. Häufig sind die Recorder auch mit einer Fernsteuerungsbuchse zum Anschluß eines Mikrofons mit Start/Stopp-Knopf versehen.

LEUCHTEN UND LICHT

DIE RICHTIGE LEUCHTE

Eine gute und richtige Beleuchtung ist für überzeugende Aufnahmen sehr wichtig. Die Bilder kommen leuchtend und in kräftigen Farben, wenn sie draußen an einem sonnigen Tag gemacht werden. Aber auch bei Bewölkung, wenn es vergleichsweise sehr trübe aussieht, werden Sie draußen wesentlich bessere Resultate erzielen als drinnen bei normaler Zimmerbeleuchtung.

Für gute Innenaufnahmen benötigen Sie daher noch zusätzliche Beleuchtung. Sie können vorhandene Lampen anpassen oder wenn Sie die Möglichkeit (und das Geld) haben, eine Menge Speziallampen anschleppen. Ihr Bedarf richtet sich nach der aufzunehmenden Szene und nach Ihren Ansprüchen. Je mehr Licht, desto besser; aber seien Sie vorsichtig, der Lichteinsatz muß richtig dosiert sein.

Mit Sonnenlicht läßt es sich einfach arbeiten. Es ist hell und gleichmäßig, und die Farbtemperatur (siehe Seite 43) ist überall gleich. Der Umgang mit Kunstlicht ist nicht so problemlos. Verschiedene Arten von Kunstlicht können verschiedene Farbtemperaturen haben. Werden sie gleichzeitig verwendet, so können sie den Farbabgleich der Kamera in die Irre führen. Ein weiteres Problem ist die Ausleuchtung. Wenn Sie lediglich einen Strahler auf Ihre Szene richten, so wird möglicherweise ein Teil zu stark beleuchtet (was zu einer Übersteuerung des Videosignals führen kann und sich durch häßliche helle Flecken im Bild bemerkbar macht), während andere Stellen zu tief im Schatten liegen. Um dieses Problem zu umgehen, müssen Sie daher mehrere Lampen wohldosiert einsetzen; jede leuchtet eine Seite der Szene aus und füllt die Schatten, die von den anderen geworfen werden.

Ein einfacher und preiswerter Weg besteht in der Verwendung von Breitstrahler- oder Spotlampen. Achten Sie jedoch darauf, daß die zulässige Leistungsangabe der Lampenfassungen nicht überschritten wird.

In Videozubehör-Katalogen werden Sie besonders häufig eine 1 000 Watt Quarz-Halogen-Handlampe finden, die eine intensive Lichtverteilung liefert. Die Halogen-Reflektorleuchte hat einen festen Platz im Studio (z. B. an der Decke) oder wird auf einem verstellbaren Stativ montiert. Sie wird von Amateuren und Profis gleichermaßen eingesetzt. Sollten Sie Mitglied einer Theatergruppe sein oder Beziehungen zum Theater haben, so haben Sie vielleicht die Möglichkeit, sich die Bühnenbeleuchtung auszuleihen. Diese ist ebenso gut wie eine Anzahl von Videolampen und erlaubt es Ihnen, verschiedene Einstellungen und Ideen auszuprobieren.

Haushaltsleuchten

Eine Veränderung der Haushaltslampen kann bereits eine beträchtliche Verbesserung der Bildqualität ohne große Kosten bringen. Eine Schreibtischlampe kann in eine wirkungsvolle Studioleuchte verwandelt werden, indem eine Lampe mit höherer Leistung verwendet wird. Eine Lichtschiene wird durch die Verwendung von starken Spotlampen zu einer guten Beleuchtungsausrüstung. Achten Sie aber unbedingt darauf, daß Sie niemals die Herstellerangaben für die Leistungsaufnahme und Lampentypen überschreiten! Starke Leuchten werden sehr heiß; überhitzen Sie daher nichts. Rechnen Sie auch nach, ob Ihr Stromnetz ausreichend abgesichert ist mit Hilfe der Formel: „Strom = Leistung : Spannung". Addieren Sie also die Leistungswerte aller Lampen (in Watt) und dividieren Sie die erhaltene Zahl durch die Netzspannung (220 Volt) und vergleichen Sie diese Zahl mit der Stromangabe auf Ihrer Netzsicherung.

Leistungsdreieck

Leistung: Spannung = Strom oder
Strom · Spannung = Leistung

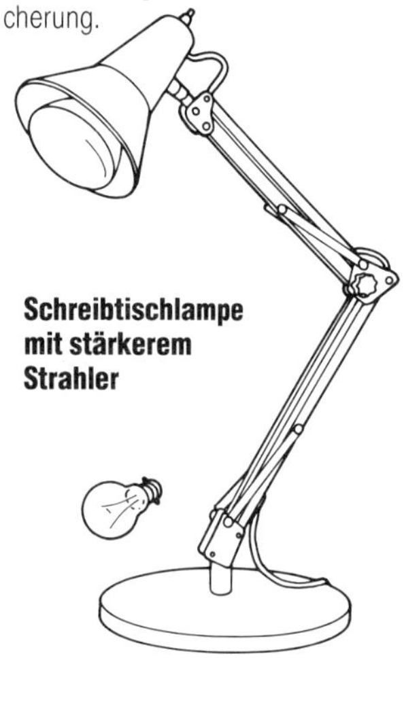

Schreibtischlampe mit stärkerem Strahler

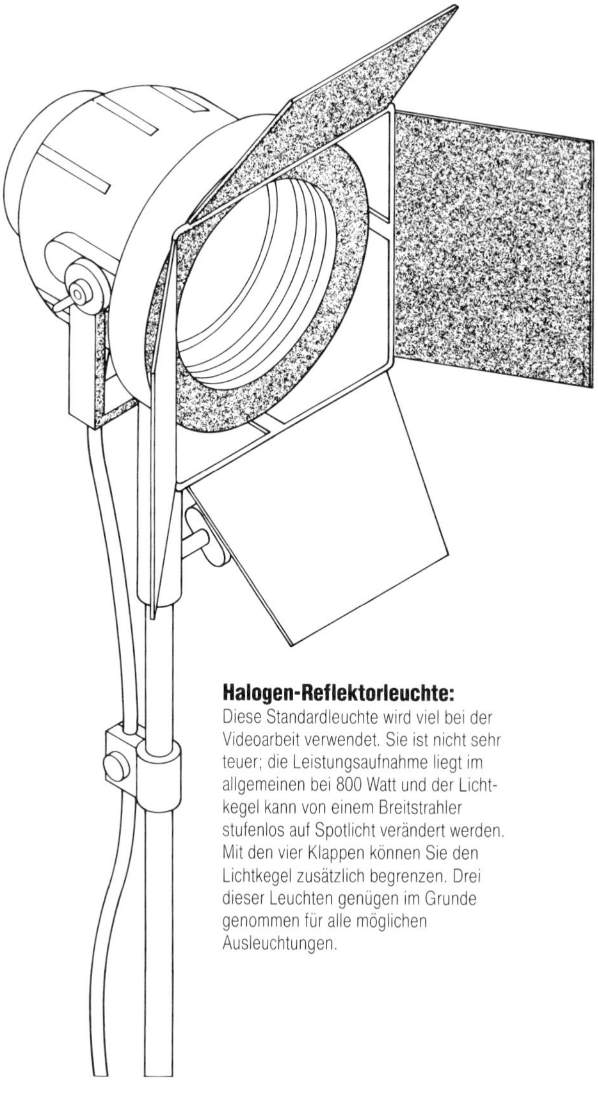

Halogen-Reflektorleuchte:
Diese Standardleuchte wird viel bei der Videoarbeit verwendet. Sie ist nicht sehr teuer; die Leistungsaufnahme liegt im allgemeinen bei 800 Watt und der Lichtkegel kann von einem Breitstrahler stufenlos auf Spotlicht verändert werden. Mit den vier Klappen können Sie den Lichtkegel zusätzlich begrenzen. Drei dieser Leuchten genügen im Grunde genommen für alle möglichen Ausleuchtungen.

Es gehört jedoch noch mehr dazu, wenn man gut ausgeleuchtete Bilder haben will, als lediglich genügend Licht auf die Szene zu „werfen". Da das Fernsehen ein zweidimensionales Medium ist, wird das Licht auch eingesetzt, um den richtigen Eindruck von der Tiefe des Bildes zu geben. Das bedeutet im Prinzip, daß einige Objekte gut ausgeleuchtet werden, während andere ziemlich dunkel bleiben. Die nächsten Probleme gibt es, wenn sich Ihre Objekte bewegen. Die Ausleuchtung, die für eine bestimmte Kameraeinstellung optimal ist, kann verkehrt sein, wenn sich Ihr Star an einen anderen Platz begibt. In diesen Fällen müssen Sie einen Kompromiß eingehen und versuchen, die Szene für den gesamten Ablauf auszuleuchten. Alle Einstellungen sollten Sie immer mit Hilfe der Kamera, die mit einem Farbmonitor verbunden ist, vornehmen. Seien Sie nicht ängstlich und versuchen Sie ruhig eine Aufzeichnung; schließlich können Sie das Videoband jederzeit wieder überspielen, wenn Ihnen Ihre ungewöhnliche Idee doch nicht gefällt.

Handleuchten

Diese leistungsstarken Leuchten gibt es mit Netz- oder mit Batterieversorgung. Zum Teil sind sie nicht mit einem Kühlgebläse ausgestattet; dann dürfen sie im allgemeinen nicht im Dauerbetrieb (der bei Video häufig vorkommt!) laufen. Diese Leuchten liefern ein sehr intensives Flutlicht. Sie werden sinnvoll eingesetzt, wenn man Zusatzlicht braucht, nicht jedoch zum exakten Ausleuchten, da sich die genaue Richtung nicht sicher einhalten läßt. Im Außenbereich kann die batteriegespeiste Leuchte eingesetzt werden, um dunkle Stellen aufzuhellen, allerdings muß sie dann mit einem Filter an das Tageslicht angepaßt werden.

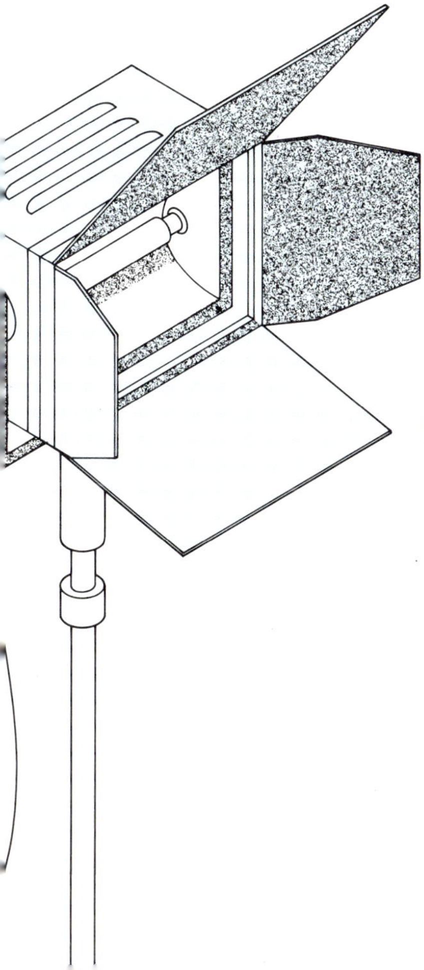

Halogen-Breitstrahler: Dieser Strahler, der mehr für den Fotobereich entwickelt wurde, kommt bei der Videoarbeit lediglich als Ergänzung zu den Standardstrahlern zum Einsatz.

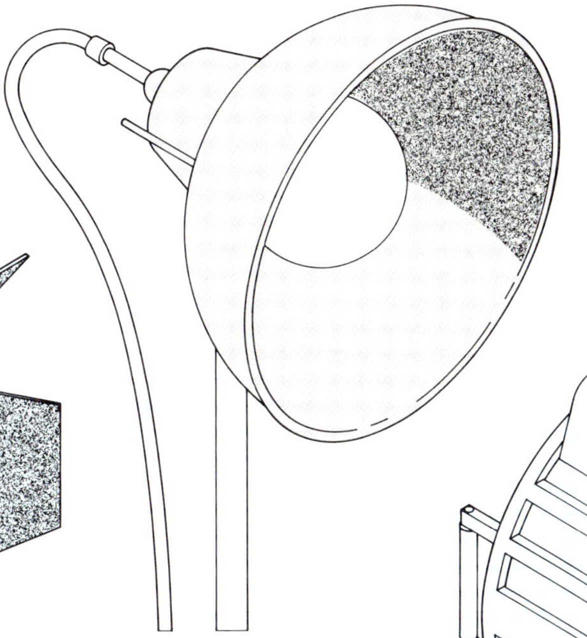

Fotostrahler: Die preiswerte Leuchte für den Innenbereich. Sie liefert ein gleichmäßiges, diffuses Licht, das Kanten weicher macht und Ihren Aufnahmen einen altmodischen „Touch" geben kann. Sie ist nicht so hell wie die anderen Leuchten, die hier beschrieben wurden und ihre Farbtemperatur ist geringfügig abweichend. In Verbindung mit anderen Leuchten, aber auch allein, kann sie recht angenehme Resultate liefern.

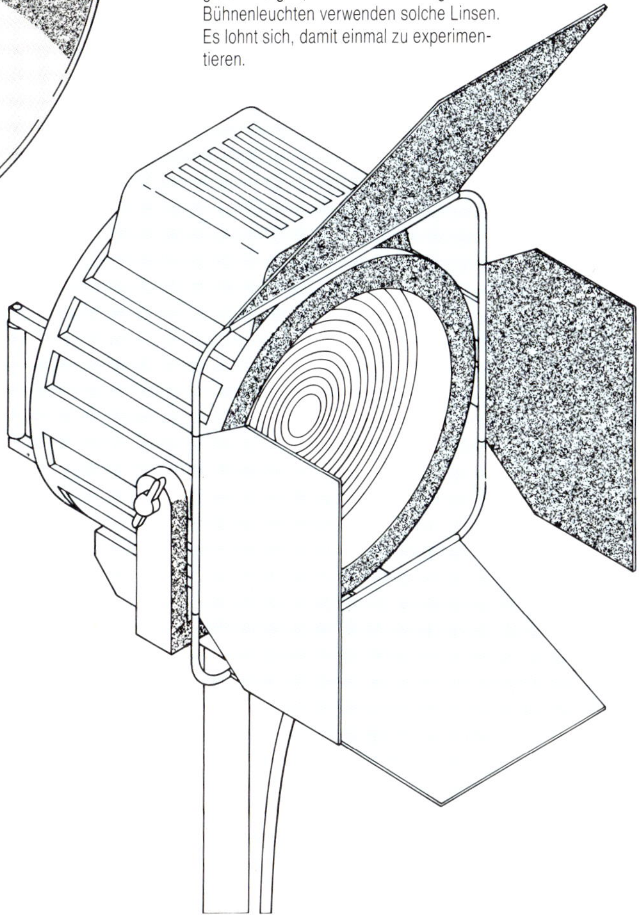

Fresnelleuchte: Diese, von professionellen Filmemachern verwendete Leuchte besitzt eine spezielle Linse, die für einen gleichmäßigen, diffusen Strahl sorgt. Viele Bühnenleuchten verwenden solche Linsen. Es lohnt sich, damit einmal zu experimentieren.

WAS IST LICHT?

Das menschliche Auge ist (in Verbindung mit dem Gehirn) außergewöhnlich — es kann nicht nur einen großen Helligkeitsbereich erfassen, sondern auch zwischen verschiedenen Lichtquellen ausgleichen. Eine rot-weiß-blaue Fahne, die im hellen Sonnenlicht betrachtet wird, wird auch unter anderen Lichtbedingungen mit exakt den gleichen Farben Rot, Weiß und Blau gesehen. Nicht so die Videokamera. Wenn das Bild bei Tageslicht einwandfrei war, so wird es im Kerzenlicht einen traurigen Anblick bieten: sehr dunkel und mit Farben — falls überhaupt noch zu erkennen —, die nicht der Vorlage entsprechen.

Die Beleuchtungsstärke

Die Einheit für die Beleuchtungsstärke ist das **Lux.** Kerzenlicht liefert in einem Abstand von 20 cm eine Beleuchtungsstärke von etwa 10 Lux, ein durchschnittlich beleuchteter Raum etwa 200 Lux, ein Raum hinter dem Fenster an einem sonnigen Tag etwa 3 500 Lux, und die Sonne liefert an einem wolkenlosen Sommertag 50 000 Lux oder mehr. Die erforderliche Mindestbeleuchtung für annehmbare Bilder wird in den Datenblättern der Videokameras angegeben. Einige Modelle können bereits bei 10 Lux Aufnahmen machen. Allerdings werden Sie selten gute Aufnahmen finden, die bei Beleuchtungsstärken unter 500 Lux gemacht wurden!

Vergessen Sie außerdem nicht, daß sich die Tiefenschärfe bei weniger Licht verringert, da die Blende weiter geöffnet werden muß (siehe Seite 15). Das ist besonders kritisch, wenn Sie im Telebereich arbeiten. Selbst wenn die Farbqualität noch einwandfrei sein sollte, können Sie Probleme bekommen, wenn der gesamte Bildausschnitt scharf abgebildet werden soll.

Sehr helles Licht bringt aber auch Probleme. An besonders hellen Stellen kann das Videosignal übersteuert werden, was zu häßlichen hellen Flächen im Bild führt.

Falsch belichtetes Haus — aber richtig belichtetes Gesicht

Richtig belichtetes Haus — falsch belichtetes Gesicht

Kontrast und reflektiertes Licht: Der Begriff „Kontrast" beschreibt den Helligkeitsbereich zwischen der hellsten und der dunkelsten Stelle einer Szene. Stellen Sie sich einen sehr hellen, sonnigen Tag vor. Während Sie sich umschauen, bemerken Sie, daß Stellen, die außerhalb der sonnigen Flächen liegen, sehr dunkel erscheinen — besonders Dinge wie Torwege und kleinere Partien außerhalb des direkten Sonnenlichts. Wenn Sie sich diese Szene bei geringerer Beleuchtung wieder anschauen, so werden diese schattigen Partien jetzt weniger dunkel im Vergleich zu dem Rest der Szene aussehen. Je höher die Sonne am Himmel steht, desto größer wird das Problem, und hohe Weißanteile im Bild verstärken es weiter. Die schönen, weißgetünchten Häuser am Mittelmeer können so große Probleme mit sich bringen, wenn Sie z. B. Einzelheiten, wie das Gesicht einer Person, die vor dem Gebäude steht, aufnehmen wollen; es kann passieren, daß der Hintergrund perfekt wiedergegeben wird, daß aber das Gesicht kaum zu erkennen ist.

Die Farbtemperatur

Wenn Sie z. B. ein Stück Metall genügend erhitzen, beginnt es zu glühen — es sendet Licht aus. Dieses Licht ist eine Mischung aus den verschiedenen Farben des Spektrums. Die Mischung hängt vom Material und der Temperatur ab, auf die es erhitzt wurde. Steigert man die Temperatur, so verändert sich die Farbe des Körpers von Rot über Orange, Gelb und Blau bis zum Violett. Wenn wir einen Gegenstand betrachten, der von einer Glühlampe beleuchtet wird (in der Glühlampe wird der Heizfaden durch einen elektrischen Strom zum Glühen gebracht), so wird alles, was offensichtlich weiß ist, als Weiß wahrgenommen. Schauen wir uns diesen Gegenstand jetzt mittags im direkten Sonnenlicht an, so wird das Weiß ebenfalls als der gleiche Weißton empfunden, obwohl die Lichtquelle einen anderen Farbton hat, da sie eine höhere Temperatur aufweist als der Glühdraht. Man sagt, daß die *Farbtemperatur* der Lampe niedriger ist als die des Tageslichts. Die Farbtemperatur wird in Kelvin (K) gemessen. Sie entspricht in etwa der Temperatur des Strahlers. Während die Sonne eine Oberflächentemperatur von etwa 5700 K aufweist — das entspricht auch der Farbtemperatur mittags bei direktem Sonnenlicht — ist die Farbtemperatur z. B. bei Sonnenaufgang oder bei blauem Himmel stark abweichend; entscheidend ist, in welchem Umfang die verschiedenen Bestandteile des Lichts von der Erdatmosphäre reflektiert oder absorbiert werden.

Was bedeutet das für den Benutzer einer Videokamera? Die Kamera kann nicht, wie das Auge bzw. das Gehirn, die Tatsache kompensieren, daß „Weiß" sich bei unterschiedlicher Beleuchtung unterschiedlich verhält. Die Kamera muß also jedesmal, wenn sich die Farbtemperatur der Lichtquelle ändert (wenn sich also z. B. nur die Wolken vor die Sonne schieben) justiert werden, damit Ihre Videoaufzeichnungen nicht blau- oder rotstichig erscheinen.

Das Helligkeitsempfinden des Auges

Die Linie gibt an, wie unterschiedlich hell die einzelnen Farben bei gleicher Strahlungsleistung wahrgenommen werden.

Die Helligkeit der Farben: Betrachtet man verschiedene einfarbige Lichtquellen gleicher Strahlungsleistung, so werden sie nicht gleich hell erscheinen. Das obige Bild gibt den Verlauf wieder. Das Spektrum des sichtbaren Lichtes reicht von Rot bis Violett; außerhalb dieses Bereiches ist das Helligkeitsempfinden gleich null; es erreicht seinen höchsten Wert bei Hellgrün (Gelbgrün).

Eine farbtreue Wiedergabe war früher sehr problematisch; die richtige Farbtemperatur konnte korrekt nur mit Hilfe eines Farbmonitors und durch verschiedene Einstellvorgänge erreicht werden. Besondere Rottöne konnten von Röhrenkameras nicht einwandfrei wiedergegeben werden. Eine Unterscheidung der Farben Magenta und Rot war häufig nicht möglich. Heute sorgen ein vollautomatischer Weißabgleich sowie ein Sensor als Aufnahmeelement für eine einwandfreie Farbreproduktion.

Was ist weißes Licht?

Im 18. Jahrhundert entdeckte Isaac Newton, daß sich weißes Licht aus einer Mischung von Farben, dem **Farbspektrum,** zusammensetzt. Weiß ergibt sich aus den drei Grundfarben Rot, Grün und Blau, wie in dem unten gezeigten Prinzip der **Additiven Farbmischung** dargestellt ist. Jede beliebige Farbe – einschließlich der nicht im Lichtspektrum enthaltenen Purpurfarben – kann durch geeignete Wahl der Anteile der drei Primärfarben erzielt werden. Diese Eigenschaft wird – wie schon früher erwähnt – bei der Farbübertragung des Fernsehens ausgenutzt.

Durch Mischen von nur zwei Primärfarben erhält man eine Farbe, die zu der dritten Primärfarbe komplementär ist (siehe Abbildung unten). Diese Komplementärfarben werden auch als Negativfarben bezeichnet. Die Negativfarbe von Blau ist Gelb, die von Rot Cyan und die Negativfarbe von Grün ist Magenta. Dieses sollten Sie wissen, wenn Sie später besondere Effekte erzielen wollen.

Additive Farbmischung

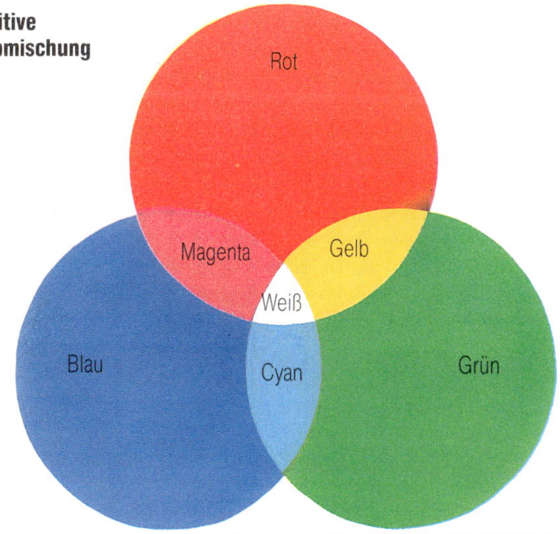

Farbtemperaturen

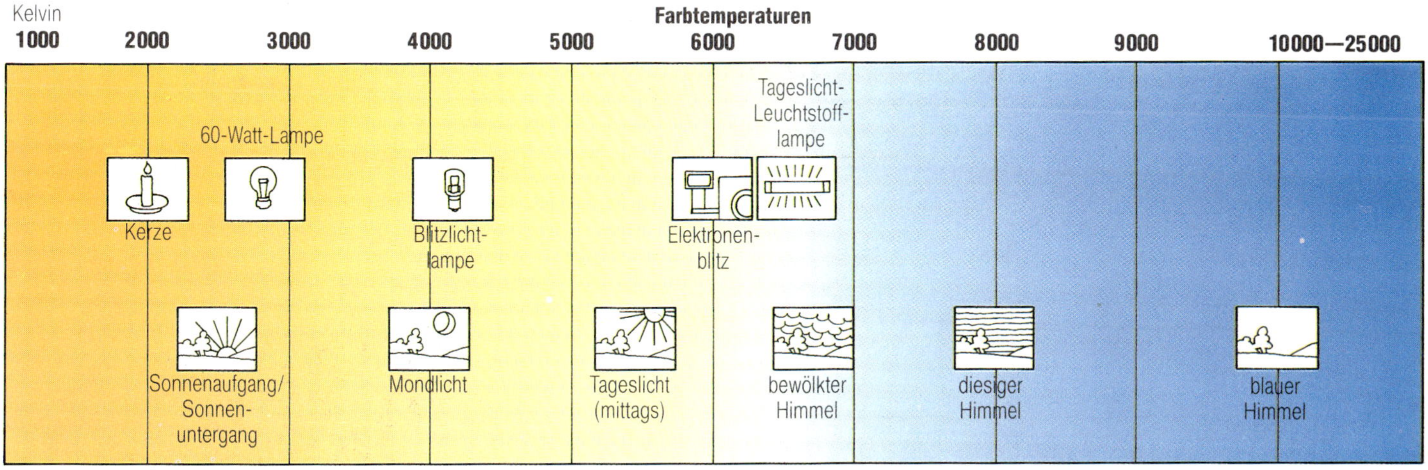

WEISSABGLEICH UND FARB-KORREKTUR

Wir haben gesehen, daß Weiß nur durch die korrekte Mischung der drei Primärfarben erzielt wird. Die meisten Lichtquellen sind aber — je nach Farbtemperatur — etwas gelblich oder bläulich. Da die Kamera im Gegensatz zum menschlichen Auge diese Unterschiede nicht ausgleichen kann, muß sie so eingestellt werden, daß das weiße Licht, das von jeder möglichen Beleuchtung kommt, als Weiß auf dem Bildschirm wiedergegeben wird.

Bei den ersten Videokameras mußte der Weißabgleich mit Hilfe einer speziellen Justierkarte, die vor die Kamera gehalten wurde, eingestellt werden, wobei das Bild auf einem Farbmonitor betrachtet wurde. Heute geschieht das automatisch. Sie halten die Kamera auf eine Fläche oder setzen einfach eine weiße Kappe vor das Objektiv und drücken auf den Knopf für den automatischen Weißabgleich. Die jüngste Kamerageneration erspart Ihnen auch diese Arbeit. Bei ihr wird der Weißabgleich automatisch und kontinuierlich an die unterschiedlichen Lichtverhältnisse angepaßt. Das ist sehr wichtig, da man leicht, ohne es zu merken, andere Lichtverhältnisse vor sich hat, z. B. wenn Sie einen Schwenk aus dem beleuchteten Zimmer durch das Fenster nach außen machen.

Alle Kameras verfügen darüber hinaus über einen zwei- oder dreistufigen Schalter, um definierte Farbtemperaturwerte einstellen zu können. Das kann wichtig sein, wenn z. B. auf den Aufnehmer für die Automatik Licht fällt, das eine Farbtemperatur aufweist, die sich von der der Szenenbeleuchtung unterscheidet. Die festen Werte sind im allgemeinen 3200 K (Innen) bzw. 5600 K(Außen). Die dritte Stufe liegt häufig dazwischen (Leuchtstofflampe) oder unterhalb von 3200 K (z. B. Kerzenlicht). Zur Erzielung bestimmter Farbeffekte sind diese Einsteller ebenfalls sehr wichtig. Einige Kameras haben außerdem noch ein oder zwei separate Farbregler, mit deren Hilfe in gewissen Grenzen jede Farbtemperatur individuell eingestellt werden kann.

Einfache Kameras haben keine automatische Einstellung. Sie begnügen sich mit der Einstellmöglichkeit von zwei Festwerten.

falscher Abgleich

richtiger Abgleich

falscher Abgleich

richtiger Abgleich

Effekte mit der Farbeinstellung

Für eine korrekte Farbwiedergabe muß der Weißabgleich der Videokamera natürlich einwandfrei durchgeführt werden. Unter bestimmten Bedingungen können Sie auch eine „falsche“ Einstellung wählen, um einen besonderen Effekt zu erreichen.

Bauen Sie zunächst Ihre Kamera auf und schließen Sie das Farbfernsehgerät an. Führen Sie den Weißabgleich vorschriftsmäßig durch, und zwar sowohl bei Kunstlicht als auch bei Tageslicht. Richten Sie die Kamera auf eine Sammlung kräftig leuchtender Gegenstände — ein rotes Kissen, eine gelbe Blume, einen leuchtend blauen Ball, ein grünes Kleid usw. Schauen Sie sich diese Gegenstände und das erhaltene Fernsehbild, das dem Original so nah wie möglich kommen sollte, gut an.

Legen Sie jetzt den Tageslicht-/Kunstlichtschalter um und beobachten Sie, wie die Farben sich verändern. Wenn Sie zunächst alles für Kunstlicht (niedrigere Farbtemperatur) eingerichtet hatten, so wird beim Umschalten auf Tageslicht (höhere Farbtemperatur) die Szene eine gelbliche Tönung und damit einen wärmeren Eindruck erhalten. Wenn Sie jetzt einen Menschen in Ihre Szene bringen, so werden Sie die Auswirkungen auf die Hauttöne sehen — sie werden leuchtender, und die Blässe verschwindet (falls Ihr Darsteller nicht sowieso schon gebräunt war). Die umgekehrte Vorgehensweise kann gleichfalls sehr aufschlußreich sein. Beleuchten Sie Ihre Szene mit Tageslicht (höhere Farbtemperatur), und schalten Sie dann an der Kamera um auf Kunstlicht (niedrigere Farbtemperatur). Die Kamera rechnet also mit einer niedrigeren Farbtemperatur und regelt daher die Rotanteile herunter; die Blauanteile sind dann entsprechend stärker und führen zu einem Blaustich des Bildes. Die ganze Szene wirkt kalt, Hauttöne werden in ein unheimliches Blau verwandelt. Dieses kann der Ausgangspunkt sein, um überzeugende Nachtzeiteffekte darzustellen.

Wenn Ihre Kamera mit separaten Blau- und Roteinstellern versehen ist, so ist es einfach, alle Farbvarianten einzustellen. Mit dem Rotregler können Sie zum Beispiel etwas Wärmetönung hinzugeben, ohne die Basiseinstellung vollständig zu verlieren.

Einen weiteren interessanten Effekt können Sie durch Überbelichtung erhalten, sofern Ihre Kamera eine manuelle Blendeneinstellung aufweist. Sie öffnen dann einfach die Blende, bis Ihre Szene stark überbelichtet ist. Die hellen Stellen bleichen zu weißen Flächen aus, und Einzelheiten des Hintergrundes gehen verloren. Wenn Sie jetzt den Weißabgleich verstellen, können Sie interessante Blau- oder Rottönungen um die übersteuerten Stellen herum deutlich erzielen.

Farbstich

Interessante Effekte können auch durch die geeignete Positionierung Ihrer Darsteller erreicht werden. Jemand, der sich z. B. an eine rote Tür lehnt, wird rötlich erscheinen. Eine andere Person, die dicht vor dem grünlichen Bildschirm eines Computermonitors sitzt, wird in einem unheimlichen Grün leuchten. Eine sorgfältige Positionierung kann alle Arten von Farbstichen ins Spiel bringen.

DIE TECHNIKEN

EINSTELLUNGEN

Immer wenn Sie irgend etwas mit irgendeiner Kamera aufnehmen wollen, gleichgültig ob es sich um einen schnellen Schnappschuß oder ein Porträt oder eine Ansicht handelt, müssen Sie entscheiden, wie Sie das Sucherbild ausfüllen wollen.

Der Photograph hat es relativ einfach. Er kann nur ein Bild, eine Ansicht auf einmal aufnehmen, gewöhnlich auch nur mit einem Objektiv. Seine Wahlmöglichkeiten, die Bildfläche zu füllen, sind daher begrenzt, was natürlich seine Arbeit vereinfacht.

Ein Film- oder Videokameramann hat nicht solche Beschränkungen. Seine Szenen sind voller Bewegung, er muß daher ständig überlegen, was er ins Bild setzen will. Wenn sich die Szene ändert, ändert sich auch die Bildkomposition.

Das Zoomobjektiv gibt zusätzliche Möglichkeiten. Er muß nicht nur die ständigen Änderungen der Gegenstände in seinem Bildausschnitt berücksichtigen, sondern er kann auch ihre Größe und damit ihre Bedeutung variieren. Mit dem Zoomobjektiv kann er von der Weitwinkel- bis zur Großaufnahme gehen.

Jetzt zu Ihnen

Für die verschiedenen Kameraeinstellungen haben sich Begriffe durchgesetzt, die ein Maß für den Anteil des Gegenstandes sind, der im Sucher erscheint (Abbildungen unten und rechts). Natürlich müssen Sie sich nicht an die genannten Einstellungen halten. Alle Zwischenschritte sind selbstverständlich auch möglich.

Die **Totale** (ohne Abbildung) dient oft als Einführung. Sie bietet dem Betrachter einen Gesamtüberblick, und er kann sich mit der Umgebung vertraut machen.

Halbtotale: Eine Aufnahme, die die Person vom Kopf bis zum Fuß zeigt. Der Hintergrund ist von geringer Bedeutung.

Die Halbnah-Aufnahme: Sie erfolgt noch dichter am Objekt. Eine Person wird etwa von den Knien an aufwärts aufgenommen. Sie wirkt relativ klein, während vom Hintergrund auch nicht viel zu erkennen ist. Eine solche Einstellung sollte daher im allgemeinen vermieden werden.

Die Nahaufnahme: Eine beliebte Aufnahmeposition der Fernsehreporter, die aber nicht zu lange beibehalten werden sollte. Die Person wird von der Hüfte an aufwärts aufgenommen. Ein Schnitt zu Einzelheiten, über die die Person gerade spricht oder vielleicht ein langsamer Zoom zur Großaufnahme sind die besten Möglichkeiten zur Fortsetzung dieser Aufnahme.

Die Halbgroß-Aufnahme: Sie zeigt unsere Person von der Brust an aufwärts. Geeignet zur Aufnahme einer Person, die direkt in die Kamera spricht. Wenn Sie einen größeren Abstand zwischen Kamera und Objekt wählen und das Objektiv in den Telebereich bringen, erreichen Sie eine geringe Schärfentiefe; Ihre Person ist scharf abgebildet, der Hintergrund jedoch nicht, wodurch Sie eine Alleinstellung der Person erreichen.

Großaufnahme (Close-up): Eine Aufnahme von den Schultern an aufwärts, die häufigste Einstellung bei der Aufnahme von Menschen.

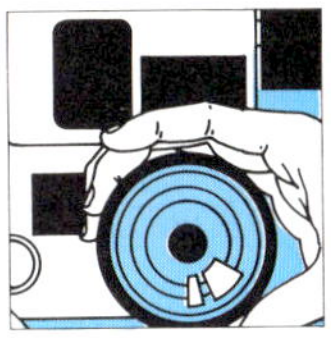

Im allgemeinen ist es nicht empfehlenswert, für Aufnahmen von Menschen eine **Halbtotale** zu wählen. Dabei sieht man weder viel von der ganzen Szene noch genug von den Personen.

Die **Halbnah-Aufnahme** erlaubt die Aufnahme von Handlungen zwischen mehreren Personen unter Einbeziehung der Umgebung. Mit der **Nahaufnahme** sollte man z. B. die Aufnahme eines Sprechers beginnen, aber bald zu einer **halbgroßen** Einstellung übergehen, da der Zuschauer sich die Kleidung schnell übersieht.

Die **Großaufnahme** von Gesichtern (Close-up) ist sicherlich die bekannteste Einstellung. Sie vermittelt einen engen Kontakt zu der aufgenommenen Person und gibt gut ihre augenblickliche Stimmung wieder. Noch deutlicher kommt sie in einer **Ganzgroß-Aufnahme** zum Ausdruck.

Makro

Fast alle Videokameras verfügen über die Makro-Einstellmöglichkeit. Hiermit können Sie bis auf einige Millimeter mit der Kamera an das Objekt herangehen und trotzdem noch eine scharfe Abbildung erreichen. Obgleich die Makrofunktion hauptsächlich bei Titelaufnahmen, Nahaufnahmen aus der Natur usw. Verwendung findet, können Sie diese Möglichkeit auch in Ihrem Film nutzen, wenn Sie z. B. eine Augenbewegung aus nächster Nähe beobachten wollen.
Die Aufnahme der Spiegelung eines Ereignisses wie z. B. das Öffnen einer Tür ist ein beliebter Filmtrick.

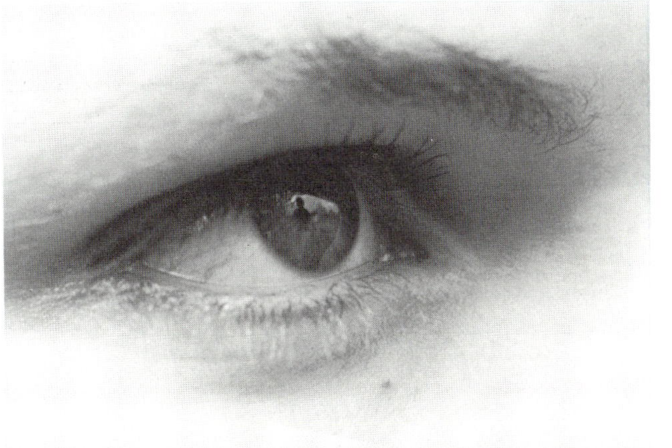

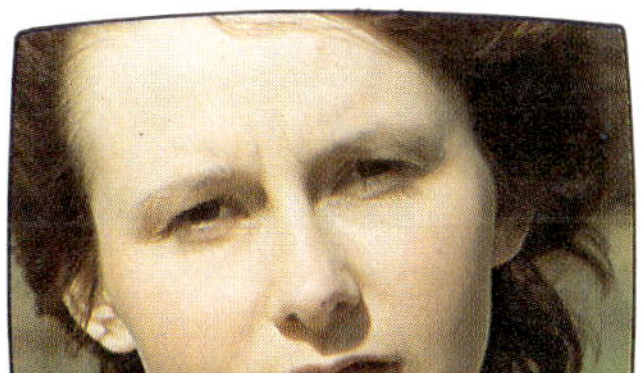

Bei der Aufnahme aus größerer Entfernung mit der Teleeinstellung wird eine Freistellung erreicht, da der Hintergrund unscharf wird.

Die Ganzgroß-Aufnahme: Vom Kinn bis zur Stirn. Diese Einstellung sollte nur selten verwendet werden, wenn Sie nicht ihre Wirkung verringern wollen. Im Weitwinkelbereich ist unter Umständen die exakte Scharfeinstellung nicht mehr möglich, da der erforderliche Mindestabstand nicht eingehalten wird.

DIE BILDKOMPOSITION

RICHTIGES SEHEN

Unter Bildkomposition versteht man die richtige Anordnung der einzelnen Teile der Szenerie, die Sie aufnehmen wollen, so daß diese das Bild in zufriedenstellender Weise ausfüllen. Diese Teile können Menschen oder Gegenstände sein, und Sie können sie anordnen, indem Sie sie entweder hin und her schieben oder indem Sie die Kameraposition verändern, bis sie im Sucherbild an der Stelle erscheinen, an der Sie sie haben wollen.

Bei der Komposition gibt es Dinge, die man machen sollte und solche, die man nicht machen sollte, aber was am Ende zählt, ist das Ergebnis, und das sollte gefallen. Sie sollten sich daran gewöhnen, daß Sie auf alles achten, was Sie im Sucher sehen. Das menschliche Auge hat die angenehme Eigenschaft, Dinge, die anscheinend unwichtig sind, zu ignorieren; die Videokamera hat diese Eigenschaft nicht. Tasten Sie jeden Quadratmillimeter im Sucherbild ab, besonders die Ecken. Eine Kamera kann die Perspektiven abflachen und den Anschein erwecken, daß Gegenstände aus anderen herauswachsen — Laternenpfähle aus den Köpfen von Menschen sind dafür ein Beispiel. Das Auge bzw. das Gehirn sagt Ihnen, daß diese Dinge getrennt sind, und deswegen empfinden Sie es auch so. Die Kamera aber kann diese Unterscheidung nicht machen; daher müssen Sie aufpassen, wie Gegenstände zueinander angeordnet sind. Sogar die Farben können auf dem Bildschirm anders erscheinen, deshalb müssen Sie auch darauf achten. Das Auge kann zwischen Gegenständen unterscheiden, die praktisch gleichfarbig sind, die Kamera kann das nicht so gut, besonders im Rotbereich.

Oben: Eine Szene, die mit einer Kamera aufgenommen wurde. Der Bildwinkel der Kamera ist abweichend vom Sehwinkel des menschlichen Auges.

Unten: Dieselbe Szene, wie sie vom menschlichen Auge erfaßt wird.

Grundregeln der Komposition

Wenn Gesichter aufgenommen werden sollen — gleichgültig ob es um Fotografie, Film oder Video geht — gibt es zwei Regeln, die Sie beachten sollten. Erstens: Achten Sie darauf, daß ein Drittel des Bildes sich oberhalb der Augen befindet. Weder sollte das Kopfende mit der Oberkante des Bildes abschließen noch sollte das Kinn auf der Unterkante aufsitzen.

Zweitens: Achten Sie wirklich auf alles, was Sie im Sucher sehen! Vergewissern Sie sich, daß es keine merkwürdigen Gegenstände gibt, die scheinbar aus dem Kopf Ihres Darstellers wachsen (Bild ganz rechts)!

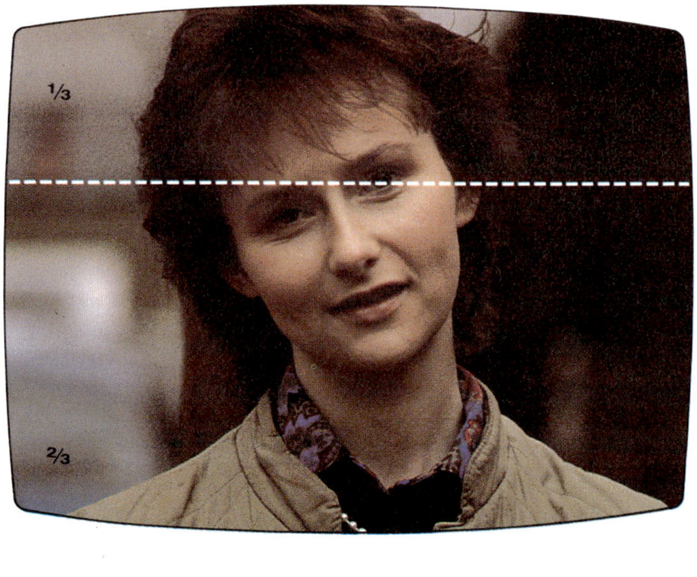

Freiräume

Wenn Gesichter nicht von vorn, sondern von der Seite aufgenommen werden, so sollte genügend Freiraum in Blickrichtung vorhanden sein (links). Der Blick sollte auf die „leere Seite" des Bildschirms und nicht gleich auf seinen Rand fallen.

Wenn Sie jemanden aufnehmen wollen, der z. B. von rechts nach links geht, so plazieren Sie ihn rechts im Bild, damit er genügend Bewegungsraum hat (unten links).

Schwerpunkte

Gegenstände, die einfach in die Mitte des Bildes geknallt werden, wirken langweilig. Teilen Sie daher den Bildschirm in Gedanken durch zwei waagerechte und zwei senkrechte Linien in neun gleiche Flächen, und ordnen Sie wichtige Gegenstände oder Personen im Bereich dieser Linien an. Sie erhalten dann ein interessantes, ausgeglichenes Bild.

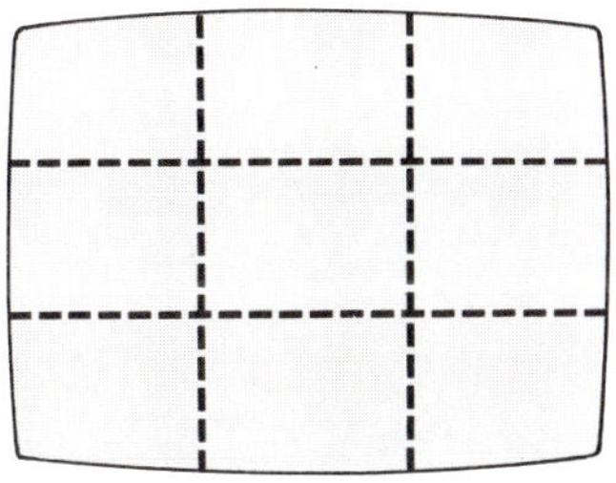

Vier grundlegende Bildkompositionen

Dieses sind vier grundlegende Möglichkeiten, wie Bilder aufgebaut sein können; der Aufbau erfolgt entweder durch vorhandene natürliche Linien oder durch die entsprechende Anordnung von Menschen und Gegenständen. Unterschiedliche Kompositionen können manchmal sehr wirkungsvoll sein. Zum Beispiel können horizontale und vertikale Kompositionen direkt aufeinanderfolgen, um ein Thema über Kontraste und Differenzen zu verstärken.

Bögen vermitteln im allgemeinen einen friedlichen Eindruck. Wenn Sie Ihr Bild mit markanten diagonalen Formen versehen — vielleicht durch geeignete Anordnung der beteiligten Personen oder durch die Verwendung vorhandener Linien wie die eines langen Ganges — so wird das Auge des Betrachters auf einen bestimmten Punkt oder die Hauptperson in einer Szene geführt.

Optische Tiefe

Sie können den Bildern Tiefe geben, indem Sie sicherstellen, daß nicht jeder und alles auf einer horizontalen Linie angeordnet ist. Die Aufnahme erhält Tiefe, wenn Sie eine Person in den Vordergrund stellen. Tiefe können Sie auch durch die unterschiedliche Beleuchtung verschiedener Teile der Szene erreichen. Tiefe können Sie ferner erzielen, wenn Sie aus größerer Entfernung in der Teleposition aufnehmen und lediglich das Objekt scharf einstellen und den Hintergrund unscharf lassen.

Die Augenhöhe

Die mittlere Augenhöhe des Menschen wird normalerweise auch als Einstellhöhe der Film- oder Videokamera verwendet. Die Kamera sieht die Welt dann aus etwa der gleichen Höhe wie Sie und ich sie sehen — etwa 1,6 Meter über dem Boden.

Es gibt Fälle, in denen diese Regel durchbrochen wird. Wenn Sie eine sitzende Person aufnehmen, so wird es ungünstig, wenn sie von einer Kamera auf normaler Augenhöhe überragt wird. Die Person befindet sich in einer Lage, in der sie von der Kamera „beherrscht" wird und wirkt daher klein und schwach. Aus diesem Grund bringt man die Kamera an den Platz einer ebenfalls sitzenden Person, die der aufzunehmenden zuhört. Kinder werden ebenfalls besser aus ihrer Augenhöhe aufgenommen.

Wenn Sie ein Gespräch zwischen zwei Personen aufnehmen wollen, so können Sie jeweils die Blickrichtung der gerade zuhörenden Person als Aufnahmerichtung für die Kamera übernehmen. Sie können natürlich auch eine Kameraeinstellung wählen, die während des gesamten Gesprächs unverändert bleibt. Sie verlieren dann jedoch den „Augenkontakt", einen wesentlichen Teil der Kommunikation zwischen den Menschen.

Um bestimmte Effekte zu erzielen, können Sie diese Regeln durchbrechen. Sie sollten aber nur selten abweichende Aufnahmewinkel verwenden. Die dramatische Wirkung geht bei häufiger Anwendung schnell verloren. Die Frosch- oder die Vogelperspektive können jedoch eine nützliche Ergänzung Ihres Aufnahmerepertoires sein.

VERSCHIEDENE EINSTELLUNGEN

Wenn professionelle Videoteams sich vornehmen, ein Ereignis zu filmen, so wählen sie immer bestimmte Einstellungen, da sie wissen, daß diese nützlich, wenn nicht sogar wesentlich für den endgültigen Film sein werden. Diese Einstellungen haben sich in vielen Jahren der Praxis entwickelt. Wenn Sie diesen Regeln folgen, werden Sie wahrscheinlich weniger häufig „Wenn ich nur daran gedacht hätte!" sagen. Versuchen Sie herauszufinden, was bestimmte Einstellungen bewirken und wie sie realisiert wurden, wenn Sie einen Film oder ein Fernsehprogramm betrachten. Sie werden dabei viel für Ihre eigenen Videofilme lernen.

Gesamtaufnahme

Die Gesamtaufnahme

Wie der Name vermuten läßt, liefert diese Aufnahme eine allgemeine Übersicht über den Ort der Handlung. Es kann die Kirche sein, wenn Sie eine Hochzeit aufnehmen wollen, oder die Schule, wenn Sie das Schulsportfest aufzeichnen wollen. Vielleicht werden Sie diese Aufnahme bei Ihrem endgültigen Film auch gar nicht verwenden, aber sie kann schon helfen, um eine gesuchte Aufnahmereihe auf dem Band wiederzufinden.

Die Einführungsaufnahme

Wenn Sie ein Interview aufzeichnen oder nur jemanden, der zur Kamera spricht, sollten Sie wenigstens eine kurze Szene drehen, in der diese Person etwas anderes tut. Handelt es sich zum Beispiel um einen Lehrer, so könnten Sie ihn vor seiner Klasse aufnehmen. Wenn diese Szene zu dem zusammengeschnittenen Videofilm hinzugefügt wird, wirkt Ihre Person wesentlich interessanter als nur ein „sprechender Kopf".

Der Zwischenschnitt

Haben Sie bemerkt, daß in Fernsehinterviews gelegentlich der verständnisvoll nickende Interviewer auf dem Bildschirm erscheint, während die interviewte Person weiterspricht? Dieser „Cut away" dient dazu, die Aufnahme optisch interessanter zu machen oder zu verbergen, daß ein Teil des Dialogs abgeschnitten wurde. Sie können nämlich durchaus kleine Teile aus der Tonspur entfernen, ohne daß der Betrachter des Films etwas davon bemerkt. Das gleiche können Sie aber nicht mit der Bildinformation machen, ohne daß die Person sich plötzlich bewegt oder sogar springt.

Die allgemeine Aufnahme

Das ist eigentlich jede Aufnahme, die dazu dient, den Bildschirm zu füllen, während der Sprecher etwas erzählt — eine Straße, ein vorüberfahrendes Auto, Landschaften, Stadtansichten. Auch die Strandaufnahmen Ihres Ferienvideos gehören dazu.

Die Einschubaufnahme (Insert)

Eine Großaufnahme eines für die Handlung wichtigen Gegenstands, der in einem größeren Ausschnitt verlorengehen würde, wie zum Beispiel ein Finger beim Betätigen der Wählscheibe des Telefons. Der Handlungsablauf sollte bei einem Insert langsamer sein als gewöhnlich, da er sonst ziemlich komisch wirken kann.

Der Bildsprung

Er entsteht bei zwei aufeinanderfolgenden Aufnahmen, die aber nicht dem logischen Ablauf der Geschichte folgen oder keinen einleuchtenden Sinn ergeben. Nehmen Sie als Beispiel einen Mann, der die Straße hinuntergeht. Die nächste Aufnahme zeigt ihn dann zu Hause in einem Sessel sitzend. Dieser plötzliche Szenenwechsel ist ein Bildsprung und sollte in diesem Zusammenhang vermieden werden. Sie müssen nicht jede kleine Einzelheit seines Weges zeigen, aber Sie sollten auch nicht zu viel kürzen. Allerdings werden Bildsprünge häufig verwendet, um den Zuschauer an einen anderen Ort der Handlung zu versetzen.

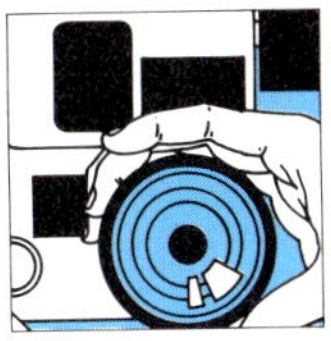

Komposition und Bewegung

Die Bildkomposition beinhaltet überwiegend eine Bewegung der Kamera, um die Personen und Gegenstände darzustellen. Wenn sich jedoch die aufzunehmenden Objekte selbst bewegen, kann es Probleme geben. Was ist mit jemandem, der durch eine Tür kommt oder einen Gang hinuntergeht? Am besten stellen Sie Ihre Aufnahme so ein, daß die Endposition Ihrer Objekte ein gut komponiertes Bild ergibt. Schauen wir uns zum Beispiel einen Mann an, der durch eine Tür kommt. Die Aufnahme kann so angelegt werden, daß er den Raum betritt und an einem Tisch stehen bleibt. Das sieht sehr natürlich und gut gestaltet aus. Am Schluß wischt er sich noch über die Augenbrauen; das liefert eine gute Möglichkeit für einen Schnitt zu einer anderen Szene.

Bei einer Hochzeit können Sie der Braut und dem Bräutigam nicht genau vorschreiben, wo sie anhalten sollen. Aber ein bißchen Vorarbeit und gesunder Menschenverstand werden Ihnen helfen, den Platz zu finden, wo sie voraussichtlich stehen bleiben werden. Sie können dann den Rest der Aufnahme so planen, daß Sie ihnen den Gang hinunter folgen bis zu der Stelle, an der Sie die optimale Bildeinstellung vorgesehen haben.

Brennpunkt-verschiebung

Das ist ein wirkungsvoller Trick, der einige Übung erfordert. Nehmen wir an, daß Sie zwei Personen aufnehmen wollen, die sich in einem unterschiedlichen Abstand zur Kamera befinden. Wenn Sie jetzt den Schärfenbereich verschieben, wird bei richtiger Einstellung die erste Person unscharf, die zweite jedoch scharf abgebildet. Dieser Trick wird angewendet, um die Reaktion der anderen Person einzufangen oder ganz einfach, weil der Dialog auf die zweite Person übergegangen ist.

Für diese Technik benötigen Sie normalerweise zwei Personen: eine, die die Kamera führt, und eine zweite, die den Fokusring verstellt. Die einzustellenden Schärfepositionen werden vorher auf dem Fokusring markiert.

Die Bildachse

Die Abbildung zeigt eine gedachte Linie, die quer durch die Szene verläuft, die Sie aufnehmen. Es ergibt sich jetzt unter Umständen ein Problem in der Bildfolge, das nicht immer sofort zu erkennen ist. Wenn Sie beispielsweise einen Menschen aufnehmen, der von links nach rechts über den Bildschirm geht, dann muß er bei der nächsten Aufnahme ebenfalls von links nach rechts gehen, andernfalls sieht es so aus, als hätte er die Richtung gewechselt. Ein Wechsel der Kameraposition auf die andere Seite der gedachten Linie erweckt bei der Aufnahme von zwei Personen, die sich unterhalten, den Eindruck, als hätten sie ihre Plätze getauscht. Sie dürfen diese Linie nur überqueren, wenn Sie mit der bewegten Kamera kontinuierlich aufnehmen, da der bewegte Aufnahmepunkt erklärt, was passiert.

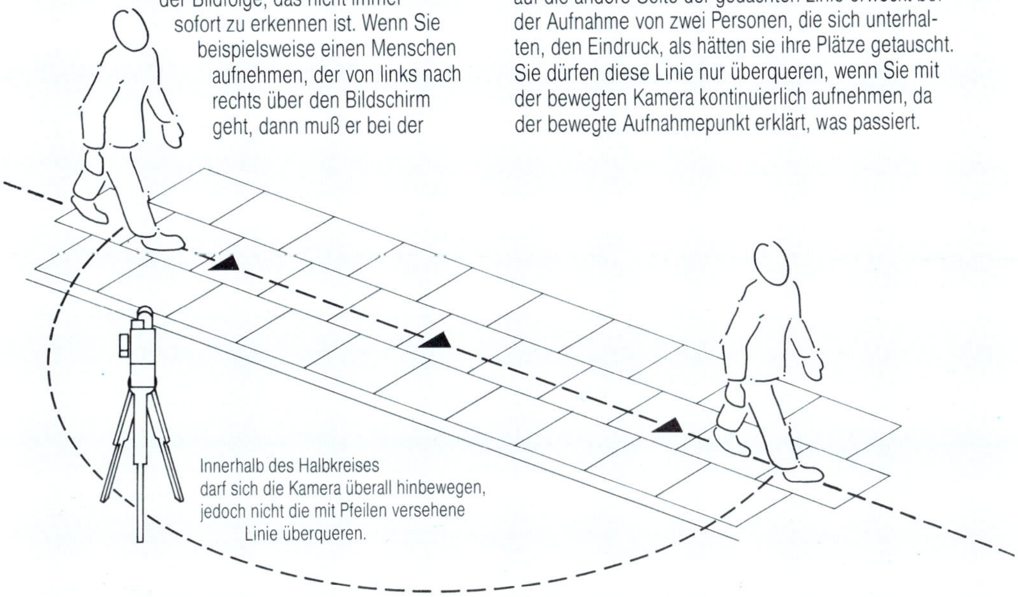

DIE KAMERABEWEGUNG

Obgleich es das Ziel eines jeden Kameramannes ist, stabile, ruckfreie Aufnahmen zu bekommen, muß die Kamera häufig genug bewegt werden — entweder, um einen bestimmten Effekt zu erzielen, oder, um einer Handlung zu folgen. Lassen wir die getragene Kamera außer acht, so gibt es für die auf einem Stativ montierte Kamera nur zwei Bewegungsrichtungen: seitlich als **horizontaler Schwenk** oder hinauf und hinab als **vertikaler Schwenk**. Diese beiden Richtungen können natürlich zu einer diagonalen Bewegung kombiniert werden. Außerdem können Sie das Bild auch durch Ein- und Auszoomen in Bewegung bringen oder die Kamera mit dem Stativ auf einem Wagen ziehen.

Wie jeder andere optische Effekt sollte auch die Kamerabewegung nur sparsam eingesetzt werden. Aufnahmen mit Kamerabewegung wirken jedoch wegen des sich ständig ändernden Standpunkts dynamischer. Ein langsamer Schwenk von unten nach oben gibt den Betrachtern das Gefühl, daß sie den Gegenstand gründlich prüfen — Spannung und Erwartung werden erzeugt, bis der Schwenk oben angekommen ist. Dieser Aufbau kann verwendet werden, um ein Gefühl von Macht oder auch von Angst zu vermitteln. Ein gutes Beispiel für den Einsatz dieser Technik ist gegen Ende des Films **Planet der Affen** zu sehen. Es beginnt mit einem Blick auf einen Steinhaufen. Während der Blick nach oben geführt wird, wird klar, daß die Steine die Überreste eines Denkmals sind, das dem Betrachter immer bekannter vorkommt. Schließlich endet der Schwenk bei dem erhobenen Arm der Freiheitsstatue.

Horizontale Schwenks bewirken den gleichen Effekt — Erzeugung von Spannung bis zum Höhepunkt. Aber sie haben noch interessante Besonderheiten. Da wir es gewöhnt sind, Informationen von links nach rechts zu lesen und aufzunehmen, vermittelt ein horizontaler Schwenk in dieser Richtung ein psychologisches Gefühl der Entspannung. Eine Bewegung in der anderen Richtung,

Die Fahraufnahme

Das ist wirklich nur etwas für den ernsthaften Amateur oder das professionelle Studio, da eine solche Aufnahme sehr viel Planung verlangt. Für den Amateur kann es recht schwierig werden, Schienen zu bekommen und zu verlegen. Die Verwendung eines fahrbaren Stativs ist einfacher, erfordert aber einen ebenen Untergrund. Rollwagen in den verschiedensten Ausführungen können ebenfalls zum Einsatz kommen sowie auch Autos, wenn Sie einige Helfer haben, die das Fahrzeug

Der horizontale Schwenk

Der horizontale Schwenk wird verwendet, um dem Blick eines Beobachters von einem Gegenstand zum anderen zu folgen oder um einen Panoramablick aufzunehmen. Bevor Sie eine solche Aufnahme durchführen, sollten Sie genau festlegen, wo Sie beginnen und wo Sie aufhören wollen. Machen Sie einige Probeschwenks, und passen Sie auf alles auf, was Sie im Sucher sehen, besonders in den Ecken. Achten Sie auf den Horizont, wenn Sie Landschaften aufnehmen.

Achten Sie auch auf die Scharfeinstellung. Wenn alles etwa gleichweit entfernt ist, sollte es keine Probleme geben. Schwierigkeiten tauchen auf, wenn Sie von einer entfernten Szene zu einer Szene mit Dingen im Vordergrund schwenken. Entweder müssen Sie die Schärfe nachstellen, wenn die nahen Gegenstände in den Aufnahmebereich kommen (was Übung erfordert, aber wirkungsvoll ist, wenn es richtig gemacht wird), oder den Schwenk neu konzipieren, so daß die nahen Gegenstände nicht in das Bild kommen.

Ein Schwenk sollte ohne Ruck beginnen und enden. Wenn Sie bereit sind, so starten Sie die Aufnahme, holen Sie tief Luft, zählen Sie bis fünf, und beginnen Sie den Schwenk. Zählen Sie am Ende wieder bis fünf, und stoppen Sie die Aufnahme; lassen Sie erst jetzt die Kamera los. Das hilft, um Kameraerschütterungen und Mängel des Kamerakopfes zu minimieren.

schieben, falls das Motorengeräusch zu laut ist. Die gesamte Aufnahme muß hinsichtlich Bildkomposition und Schärfeneinstellung ständig kontrolliert werden.

von rechts nach links, ist störend. Sie wirkt von Natur aus bedrohend und unheilverkündend.

Während Schwenks ganz normal sind, ist das Zoomen mitten in einer Aufnahme verhältnismäßig selten und sollte auch nur sparsam eingesetzt werden. Die Zoombewegung ist unnatürlich — kein Lebewesen hat ein optisches System, das seine Brennweite ändern kann — und das Betrachten solcher Aufnahmen wirkt daher ebenfalls unnatürlich. Das Zoomobjektiv sollte als eine bequeme Möglichkeit angesehen werden, die Brennweite zwischen den Aufnahmen zu verändern und um gelegentlich einen besonderen Effekt zu erzielen. Eine Grundregel besagt, daß man innerhalb einer Einstellung nicht ein- und auch nicht auszoomen sollte (oder umgekehrt).

Wenn professionelle Teams eine Aufnahme machen, die sich vom Objekt fortbewegt, so werden sie sehr wahrscheinlich eine Fahraufnahme durchführen. Damit haben die Amateure Probleme; sicherlich können Sie nicht ohne weiteres Schienen verlegen, aber Sie können Ihr Stativ mit einem Stativwagen versehen; sofern der Boden eben genug ist, können Sie dann auch Fahraufnahmen machen. Manchmal kann auch ein Auto verwendet werden. Während der Aufnahme muß eventuell die Schärfe nachgezogen werden; daher ist eine gute Probe notwendig, um herauszufinden, wie eingestellt werden muß. Der wesentliche Vorteil der Fahraufnahme liegt in dem natürlichen Ablauf. Menschen gehen auf Dinge zu oder von ihnen weg, so daß Änderungen der Perspektive und der Ansicht auf dem Bildschirm nicht ungewöhnlich erscheinen.

Bei komplexeren Aufnahmen können all diese verschiedenen Kamerabewegungen kombiniert werden. Sie zoomen vielleicht aus, während Sie nach oben schwenken, oder Sie schwenken gleichzeitig nach links und nach unten. Professionelle Kameraleute verwenden einen **Kran**, um eine Fahraufnahme mit einem Schwenk zu kombinieren. Hierbei befindet sich die Kamera am Ende eines Kameragalgens, der auf einen Rollwagen montiert wurde. Es ist klar, daß so etwas für den Amateur kaum möglich sein wird. Ideenreichtum muß auch hier den Geldbeutel ersetzen!

Der Zoom

Diese besondere Technik sollte sparsam eingesetzt werden. Die Wirkung des Zooms besteht darin, daß der aufgenommene Gegenstand größer zu werden und auf den Betrachter zuzukommen scheint. Es ist eine unrealistische Aufnahme — sie kommt in der Wirklichkeit nicht vor, im Gegensatz zum Schwenk. Wenn der Eindruck von Realität nicht nötig ist oder wenn der Vergrößerungseffekt einen deutlichen Vorteil bietet, ist der Zoom nützlich und ausdrucksvoll. Probieren Sie die Zoombewegung einige Male aus und achten Sie auf alles, was Sie im Bild sehen; stellen Sie die Schärfe in der Teleposition ein (vgl. Sie dazu Seite 13). Wenn Sie die Kameraposition wechseln, muß die Schärfe eventuell nachgestellt werden.

Das Ein- oder Auszoomen bestimmter Stellen in einer Szene kann am Anfang oder Ende einer Aufnahme besonders wirkungsvoll sein. Sie können mit der Aufnahme einer Häuserzeile beginnen und dann das Fenster des Raumes einzoomen, in dem die Handlung abläuft.

Der vertikale Schwenk

Diese Bewegung kann eingesetzt werden, um Hoffnungen und Erwartungen zu wecken. Sie müssen wissen, wo Sie diesen Schwenk beginnen und wo Sie ihn beenden wollen. Es ist wichtig, daß Sie im Sucher alles zwischen diesen beiden Punkten prüfen.

Stellen Sie sicher, daß das Bild immer scharf ist. Vielleicht müssen Sie mittendrin die Schärfe nachstellen, was etwas knifflig werden kann. Wiederholen Sie daher die Einstellungen, kurz bevor Sie wirklich starten.

Sie können während des Schwenks innehalten und dadurch die Anteilnahme des Zuschauers erhöhen. Halten Sie die Kamera gut fest, und nehmen Sie zu Beginn und am Ende des Schwenks immer einige Sekunden zusätzlich auf.

DIE BELEUCHTUNG

SIE SEHEN NICHT, WAS SIE AUFNEHMEN

Neben der Bildkomposition ist die Beleuchtung ein weiteres Element der Bildgestaltung. Videokameras reagieren auf Licht anders als das menschliche Auge (siehe Seite 60). Die Unterschiede sind besonders zu bemerken, wenn Sie die Beleuchtung an einem Schauplatz betrachten.

Stellen Sie sich ein typisches Wohnzimmer mit drei Lampen vor. Dem Auge erscheint es, als würden sie ein gleichmäßig verteiltes Licht werfen. Durch die Kamera sehen Sie jedoch drei leuchtende Objekte, die nahezu von Dunkelheit umgeben sind. Warum ist das so? Selbst bei korrekter Blendeneinstellung kann die Kamera nicht den großen Helligkeitsumfang, der im Raum vorhanden ist, wiedergeben, um so ein ausgeglichenes Bild zu erhalten. Das Auge und das Gehirn sind viel leistungsfähiger als eine Videokamera und können einen wesentlich größeren Helligkeitsbereich verarbeiten.

Außenaufnahmen sind wesentlich leichter zu machen, vor allem weil das Licht viel gleichmäßiger ist, allerdings können Sie auch bei sehr hellem Sonnenlicht ähnliche Probleme bekommen. Wo immer Sie auch filmen, es gilt die allgemeine Regel, daß die Bildfläche so gleichmäßig wie nur möglich ausgeleuchtet sein muß. Prüfen Sie Ihre Aufnahme möglichst immer auf einem Farbfernsehgerät oder einem Monitor. Das ist besonders wichtig, wenn Sie das Licht zur Erzeugung bestimmter Stimmungen oder Effekte einsetzen wollen. Obgleich Sie aufgrund von Erfahrung eventuell sagen können, ob eine bestimmte Beleuchtungseinrichtung richtig ist oder nicht, gibt es keinen Ersatz für eine letzte optische Kontrolle. Für Profis ist das eine Selbstverständlichkeit.

Das Aufhellen von Schatten

Wenn Sie einen einzelnen Gegenstand ausleuchten wollen, so befolgen Sie die nachstehenden einfachen Regeln, und Sie können sicher sein, daß Ihr Gegenstand gleichmäßig ausgeleuchtet ist und trotzdem noch ein Eindruck von Tiefe erhalten bleibt. Lediglich drei Lichtquellen werden für diese Ausleuchtung, die Dreipunktmethode, benötigt.

Die erste ist das **Führungslicht,** das auf einer Seite Ihres Objektes angeordnet ist. Es liefert ein helles Licht, das eine Gesichtshälfte (Abbildung oben) direkt anstrahlt, wodurch die andere Gesichtshälfte im tiefen Schatten liegt. Der Kontrast zwischen den hellen und dunklen Partien ist zu stark ausgeprägt, obgleich er für Effekte sehr wirkungsvoll ist.

Zum Ausgleich benötigen Sie daher ein **Füllicht.** Es befindet sich auf der gegenüberliegenden Seite (Abbildung Mitte); es ist diffuser und nicht so intensiv wie das Führungslicht. Seine Hauptaufgabe besteht in der Abschwächung der vom Führungslicht erzeugten Schatten. Die Intensität wurde bewußt geringer als beim Führungslicht gewählt, um Tiefe und Kontrast in das Bild zu bringen. Eine völlig identische Lichtquelle würde ein gleichmäßig ausgeleuchtetes „langweiliges" Gesicht liefern — wie bei der direkten Bestrahlung durch eine einzige Leuchte in der Mitte.

Die dritte Lichtquelle ist das **Gegenlicht,** das das Objekt von der Rückseite anstrahlt, um es vom Hintergrund abzuheben. Dadurch

1. Schritt: Führungslicht

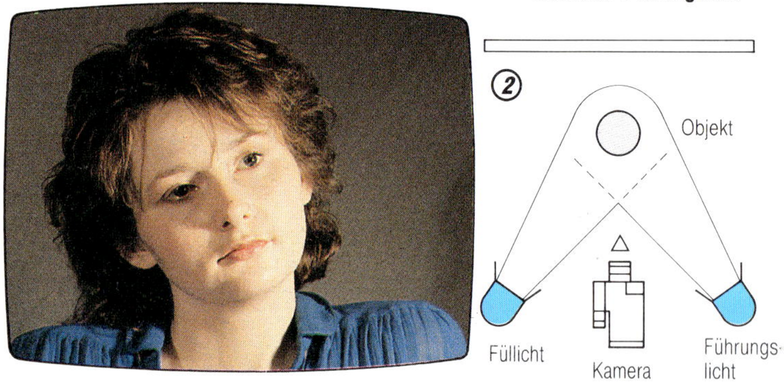

2. Schritt: Hinzufügen des Füllichtes

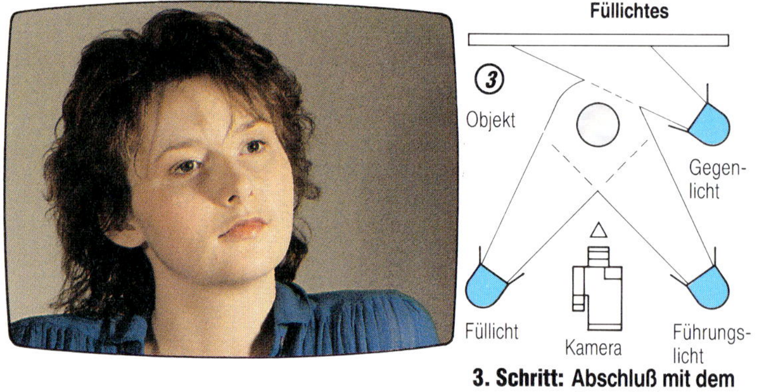

3. Schritt: Abschluß mit dem Gegenlicht

erhält das Bild mehr Tiefe. Wird hierfür ein gebündeltes Spotlicht verwendet, so können die Haare einen Lichtkranz erhalten; falls Sie diesen Effekt vermeiden wollen, müssen Sie ein diffuses Licht einsetzen.

Weitere Beleuchtungselemente können zu dieser Anordnung hinzugefügt werden. Ein zusätzliches Licht kann eingesetzt werden, um weitere Schatten herauszunehmen, oder Sie können Reflexionswände einsetzen, um Licht zum Objekt zurückzuwerfen. Diese sind zum Aufhellen von Schatten besonders dann nützlich, wenn zusätzliche Lampen zu intensiv sind.

Hintergrundlicht führt zu einer weiteren Verbesserung der Bildqualität. Es kann Tiefe in Ihre Bilder bringen und ist nützlich zur Aufhellung dunkler Flächen sowie zur Betonung bestimmter Einzelheiten. Am besten ist es, wenn Sie zuerst mit verschiedenen Beleuchtungseinstellungen experimentieren und die Ergebnisse auf dem Farbfernsehgerät begutachten.

Beleuchtung und Stimmung

Sie müssen kein professioneller Kameramann sein, um zu erkennen, daß die Beleuchtung sehr wichtig ist, um eine bestimmte Stimmung zu erzeugen. Eine einzelne nichtbedeckte Glühbirne liefert zum Beispiel ein hartes, grobes Licht. Sie können diesen Effekt ebenfalls erzielen, wenn Sie soviel Licht wie möglich von oben auf das Objekt „knallen". Das liefert tiefe Schatten unter den Augen und dem Kinn. Eine warme, einladende Atmosphäre wird hingegen durch ein weiches, diffuses Licht erzeugt. Wenn Sie mehrere abgedeckte Lampen um Ihre Szene herum aufbauen, so werden die Zwischenräume gleichmäßig und diffus ausgeleuchtet. Der Effekt kann durch die Verwendung eines Orangefilters an der Kamera (siehe Seite 66) oder durch die entsprechende Verstellung des Weißabgleichs (siehe Seite 44) noch verstärkt werden.

Der Oscar-Preisträger Freddie Francies sagt, daß die Schaffung der richtigen Atmosphäre keine Magie ist. Er beschreibt, wie er sich die Beleuchtung für den Film **Der Elefantenmann** vorstellte: „Ich versuchte, mir die Szene auszumalen. Wenn ich im Jahre 1840 zu jener Zeit in London gewesen wäre, woher wäre dann das Licht gekommen? Es wäre wahrscheinlich nicht viel Licht dagewesen. Falls überhaupt, so wäre es mit dem Rauch der Feuer vermischt gewesen. Aufgrund dieser Betrachtungen und durch das Studium zeitgenössischer Bilder konnte ich entscheiden, wo meine Leuchten aufzustellen waren, wie stark sie sein sollten und welche Filter ich eventuell davorsetzen sollte."

Eine stimmungsgebende Beleuchtung wurde zur Vergrößerung der Wirkung in dem Film **Der Elefantenmann** eingesetzt.

Begriffe aus der Beleuchtungstechnik

Diffuses Licht: Licht, das durch Filterung mit Papierschirmen oder Gazefiltern weicher gemacht wurde.

Farbtemperatur: Sie gibt an, wie groß der Rot- bzw. Blauanteil einer Lichtquelle ist.

Filter: Ein teilweise lichtdurchlässiges Material, das vor eine Lampe oder eine Kamera montiert wird. Die Hauptaufgabe der Filter besteht zunächst darin, die Farbtemperatur des Lichts an die einer Kamera oder an die einer anderen Lichtquelle anzupassen. Darüber hinaus sorgen sie dafür, daß bestimmte Farben nicht durchgelassen werden, wenn man besondere Effekte erreichen will.

Flügeltore: Drehbare Klappen an der Vorderseite einer Leuchte, die voneinander unabhängig mehr oder weniger stark geöffnet werden können, um die Menge und Richtung des Lichts zu steuern.

Fresnellinse: Eine Linse, die vor eine Studioleuchte montiert wird und für ein diffuses Licht mit einem definierten Strahl sorgt.

Gegenlicht: Aufnahmelicht, das direkt oder schräg von vorne kommt, den Gegenstand also, von der Kamera aus gesehen, auf der Rückseite beleuchtet.

Kelvin: Die Maßeinheit für die Farbtemperatur.

Lichtblende: Ein Stück Holz oder Pappe, das auf ein Stativ montiert wird und dafür sorgt, daß Streulicht nicht in die Kamera fällt bzw., wenn es vor einer Leuchte aufgestellt wird, daß der Lichtstrom eingeengt wird.

Lochblende: Eine Metallplatte, in die verschiedene Löcher gestanzt wurden. Sie wird vor Leuchten montiert, die dann bestimmte Lichtmuster auf die Szene werfen, um spezielle Effekte zu erreichen, z. B. den Umriß des Mondes oder von Wolken.

Lux: Die Maßeinheit für die Beleuchtungsstärke. Bei einer Leuchte muß angegeben werden, in welchem Abstand (und unter welchem Winkel) die erforderliche Beleuchtungsstärke erreicht wird.

Quarz-Halogenleuchte: Wegen der kompakten Bauweise und großen Leuchtkraft im Videobereich gut einsetzbar

DAS AUSSENLICHT

Tages-aufnahmen

Im allgemeinen benötigen Sie eine gleichmäßige Beleuchtung der gesamten Szene — je diffuser das Licht ist, desto besser. Wenn die Sonne hell ist und hoch am Himmel steht, werden Sie mit den tiefen Schatten in den Gesichtern der Darsteller Probleme bekommen. Sie können das umgehen, indem Sie entweder im Schatten aufnehmen, zum Beispiel unter einem Baum, oder in der Nähe eines hellen Gebäudes, welches Licht auf das Gesicht Ihres Darstellers reflektiert und dabei die dunklen Schatten aufhellt.

Das beste ist es, wenn Sie außerhalb des Kamerabildes einige Reflektorwände aufstellen. Diese können aus großem, weißem Karton, aus ausgebreiteten Polystyrolplatten oder mit Aluminiumfolie beklebten Brettern hergestellt werden. Glatte Folien liefern eine sehr direkte Reflexion, während zerknitterte Folie ein diffuses Licht zurückwirft. Bringen Sie diese Reflektoren unter und an einer Seite Ihres Objektes an, so daß Licht in das Gesicht reflektiert wird — besonders in die Augenhöhlen. Es ist nicht nötig, die Helligkeit auf beiden Gesichtshälften anzugleichen — ein Unterschied gibt dem Bild Spannung und Tiefe.

Es ist klar, daß die Sonne Ihre Lichtquelle ist, wenn Sie draußen arbeiten. Ohne Zweifel ist das Sonnenlicht für den Amateur die beste und einfachste Beleuchtungsmöglichkeit. Die Sonne ist hell — das führt zu naturgetreuen Farben und genügender Tiefenschärfe. Normalerweise ist es ein gleichmäßiges Licht, obwohl es einige Umstände gibt, unter denen das nicht der Fall ist.

Aber selbst mit einer solchen bequemen Lichtquelle müssen Sie immer an einige Dinge denken, wenn Ihre Aufnahmen erfolgreich sein sollen. Die Sonne ändert ihren Stand und ihre Intensität mit der Tages- und Jahreszeit. Das ist wichtig, wenn Sie zum Beispiel eine Hochzeit aufnehmen, bei der das Kirchenportal nur nachmittags von der Sonne beschienen wird. Helles Sonnenlicht kann harte Schatten werfen, vor denen man sich in acht nehmen muß, während die Beleuchtung bei wolkigem Himmel kaum solche Probleme verursacht. Und es gibt immer einige Gelegenheiten, zu denen etwas zusätzliches Licht sehr nützlich ist.

Nachtaufnahmen im Freien haben ihre eigenen Probleme, aber diese werden auf Seite 63 abgehandelt.

Reflektoren für den Hausgebrauch

Der einfachste Reflektor besteht aus einem Stück weißem Polystyrol. Für eine noch wirkungsvollere Reflexion benötigen Sie etwas, was noch stärker glänzt. Aluminiumfolie, die glatt auf ein Brett geklebt wird, eignet sich sehr gut, und für diffuseres Licht sollte die Folie zerknittert sein.

Sie können Reflektoren verwenden, die das Licht tönen, indem Sie farbiges Geschenkpapier verwenden oder indem Sie normale Folie mit Farbe besprühen. Goldfolie erzeugt ein warmes Leuchten, blaue Folie eine eisige Kälte. Grün wirkt unheimlich, und Rot kann die Wirkung eines Sonnenunterganges erzeugen. Indem man das Licht von der Lampe am Reflektor zurückwerfen läßt und auf das Objekt lenkt, erreicht man eine gleichmäßige Verteilung. Ein flackerndes Licht, das von einem roten Reflektor zurückkommt, erweckt den Eindruck, als sei die Aufnahme in der Nähe eines Feuers gemacht.

Tubus und Reflektor

Wenn Sie eine Fotolampe kaufen, können Sie häufig die Größe und Form des Reflektorschirmes hinter der Glühbirne auswählen. Je flacher dieser Schirm ist, desto diffuser ist das Licht. Metallspiegel auf der Glühbirne verstärken diese Wirkung. Ein **parabolischer** Reflektor liefert ein Lichtbündel mit nahezu paralleler Begrenzung.

Ein **Tubus** ist ein besonderes Zubehörteil — ein Metallkegel, der vorn an einer Lampe befestigt wird und für ein sehr enges Lichtbündel sorgt. Sie kann verwendet werden, um besondere Partien Ihres Darstellers zu betonen. Ein solcher Strahl, von hinten auf das Haar gerichtet, erzeugt einen Lichtkranz um den Kopf.

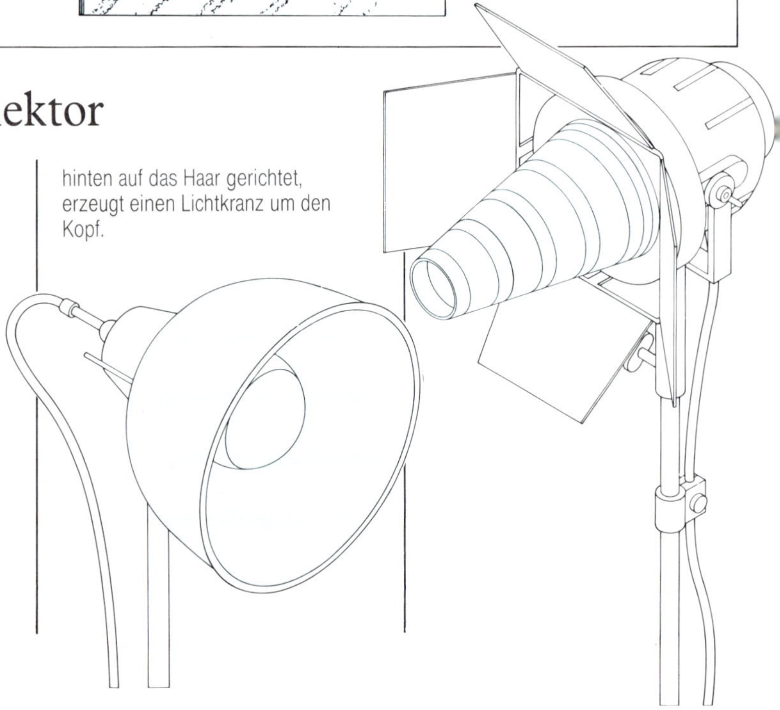

Die Tageszeit

Vormittags/nachmittags: Das ist wohl die beste Zeit zum Aufnehmen. Die Sonne steht selbst im Hochsommer nicht über 30 Grad am Himmel, was zur Folge hat, daß im Gesicht keine allzu tiefen Schatten gebildet werden. Achten Sie dennoch auf starke Schatten in Torwegen, besonders wenn die Sonne sehr hell ist. Der Einfallswinkel der Sonnenstrahlen nimmt im Winter – und je weiter Sie nach Norden kommen – ab. Das bringt aber nur Probleme, wenn Sie in der Nähe von hohen Gebäuden aufnehmen oder wenn das Licht besonders rot wird.

Mittags: Das ist normalerweise die ungünstigste Zeit, da die Sonne an ihrem höchsten Punkt steht und in Gesichtern leicht tiefe Schatten hervorrufen kann. Das Problem ist natürlich geringer, je weiter Sie nach Norden kommen und je mehr es auf den Winter zugeht. Die Mittagszeit wird jedoch die beste Aufnahmezeit, wenn der Himmel eine dichte Wolkendecke aufweist. Das Sonnenlicht ist zu dieser Zeit am kräftigsten, aber nicht direkt, da es durch die Wolkendecke diffus gemacht wird.

Früher Morgen/später Nachmittag: Das sind ungünstige Zeiten, falls Sie nicht gerade Spezialaufnahmen machen wollen. Die Sonne steht tief am Himmel, und daher wird es sehr lange Schatten geben, und das Sonnenlicht wird Ihren Darstellern direkt ins Gesicht scheinen. Die Farbtemperatur des Lichtes liegt relativ niedrig, was auch an dem Orangeton zu erkennen ist. Es kann schwierig werden, den Weißabgleich der Kamera entsprechend anzugleichen.

Füllicht

Wenn Sie draußen aufnehmen, kann es möglich sein, daß Sie zusätzliches Licht benötigen, um eine Besonderheit Ihres Darstellers – normalerweise das Gesicht – herauszuheben und ein Reflektor diese Aufgabe nicht übernehmen kann. Die Lösung besteht in ein oder zwei transportablen Leuchten, die wohlüberlegt aufgestellt werden, so daß die gesamte Szene ganz natürlich wirkt. Kunstlicht wird häufig bei Filmaufnahmen eingesetzt; nicht nur, weil man geringer empfindliches Filmmaterial verwenden kann, sondern auch, um eine bessere Kontrolle der Lichtverhältnisse zu haben.

Es gibt zwei Dinge, an die Sie in diesem Zusammenhang denken sollten: Erstens müssen Ihre Leuchten Tageslicht-Farbtemperatur haben, daher müssen Sie sie im allgemeinen mit Blaufiltern versehen. Geeignete Typen gibt es in den meisten Fotogeschäften. Zweitens sollen Sie Leuchten in dieser Situation genauso gebrauchen, wie Sie es drinnen tun würden – damit Schatten verschwinden aber das beschriebene Führungslicht/Füllicht-Konzept beibehalten wird (Seite 56).

DIE GEHEIMNISSE DER INNENBELEUCHTUNG

Das Ziel der künstlichen Beleuchtung besteht darin, die Personen oder die Szene, die Sie aufnehmen, auf dem Fernsehschirm so aussehen zu lassen, wie sie in Wirklichkeit aussehen. Wir wissen, daß die Videokameras Dinge nicht so sehen, wie wir es tun, und wir wissen auch, daß das Fernsehen ein zweidimensionales Medium ist und wir daher Licht verwenden müssen, um einen Tiefeneindruck zu schaffen.

Einem professionellen Team stehen zahlreiche Speziallampen zur Verfügung, um die gewünschte Wirkung zu erreichen, aber Sie können auch perfekte Ergebnisse erzielen, wenn Sie mit den Möglichkeiten arbeiten, die Sie im Haushalt zur Verfügung haben. Das wichtigste ist, daß Sie die Grundlagen der Beleuchtungstechnik beachten. Das Dreipunktverfahren (Seite 56) wird gewöhnlich zur Ausleuchtung von einzelnen Gegenständen oder Personen verwendet, aber die Ausleuchtung eines Raumes oder von größeren Gegenständen erfordert etwas mehr Erfindungsgabe. Für Übung und Erfahrung gibt es keinen Ersatz. Video gibt Ihnen die Möglichkeit zum endlosen Experimentieren — erproben Sie die Einstellung der Leuchten so lange, bis das Bild auf dem Monitor einwandfrei aussieht.

Normale Lampen leuchten den Raum nicht aus!

Eine Aufnahme bei normaler Zimmerbeleuchtung gibt lediglich ein Bild mit einigen hellen Punkten vor einem dunklen Hintergrund. Eine Lampe, die in der Szene erscheint, sollte mit einer stärkeren Glühbirne versehen werden — das Auswechseln der einfachen Birne durch einen Breitstrahler ist ein guter Trick. Damit wird ein nahes Objekt beleuchtet. Um einen realistisch aussehenden Lichteinfall zu erreichen, wird außerhalb des Aufnahmebereichs über oder hinter dieser Lampe eine zweite Lampe plaziert. Sie liefert ein gedämpfteres Licht, das sich unmerkbar mit dem Licht der ersten Lampe vermischt. Eine dritte Leuchte wird aufgestellt, um den gesamten Aufnahmebereich aufzuhellen. Als Ergebnis sehen wir ein helles Licht von der Lampe, die im Bild sein soll, das von gedämpfteren (nach Videomaßstäben aber hellem) Licht umgeben ist. Weitere Lampen können verwendet werden, um bestimmte Gegenstände oder Teile des Zimmers besonders hervorzuheben, aber insgesamt soll der Eindruck erweckt werden, daß der Raum lediglich durch eine Tischlampe erhellt wird.

Natürlich müssen Sie nicht den gesamten Raum ausleuchten, wenn Sie nur einen Gegenstand in einem kleinen Teil des Raumes aufnehmen wollen, aber vergessen Sie nicht den Hintergrund. Eine starke Filmlampe, die gegen die Decke gerichtet wird, liefert eine zufriedenstellende Hintergrundausleuchtung.

Eine größere Aufnahme

Ein vollständiger Raum: Richten Sie Ihre Lampen auf die großen, reflektierenden Flächen, die durch die Wände und die Decke gebildet werden, um eine gleichmäßige Lichtverteilung im Raum zu erzielen. Wenn sich Ihre Personen nicht bewegen, liefern diese Lampen das Füllicht und das Hintergrundlicht, so daß Sie nur noch eine oder mehrere Lampen als Führungslicht (Hauptlicht) benötigen. Ein schwächeres Führungslicht gibt der Szene eine warme Atmosphäre.

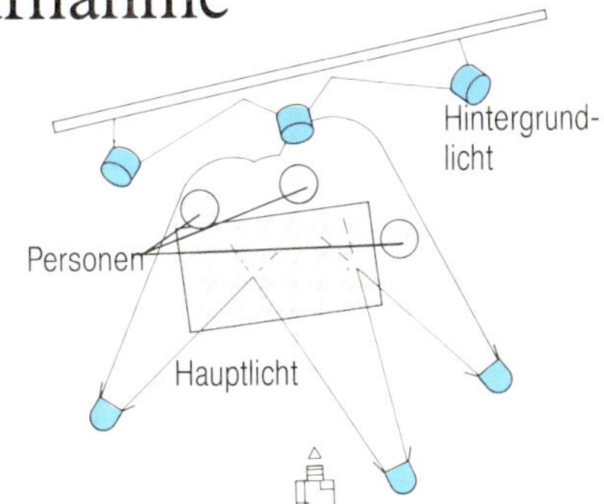

Beleuchtung für die unten dargestellte Szene.

Eine Personengruppe: Reflektiertes Licht erzeugt auch hier eine gute Hintergrundausleuchtung. Durch geeignete Positionierung kann ein Führungslicht für mehrere Personen verwendet werden. Wenn es einen breiten Kegel abwirft, können die Randstrahlen gleichzeitig als Füllicht für die anderen Personen dienen. Umgekehrt kann ein zweites Führungslicht auch als Füllicht für die erste Personengruppe dienen. Weitere Lampen sollten alle Lücken ausfüllen.

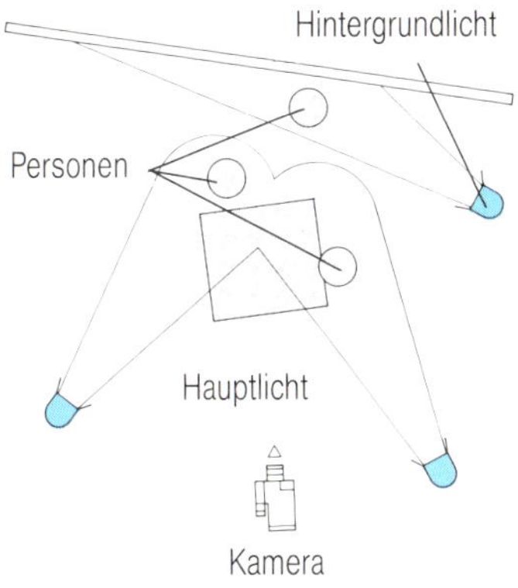

Beleuchtung für die unten dargestellte Szene.

Einige Warnungen

Filmleuchten werden sehr heiß und verbrauchen viel Strom. Wenn Sie einen Breitstrahler in eine normale Lampenfassung schrauben, vergewissern Sie sich bitte, daß der Lampenschirm aus einem nichtbrennbaren Material ist, und betreiben Sie die Lampe nicht länger als zehn Minuten ununterbrochen.

Erinnern Sie sich ferner an die Leistungsberechnung von Seite 40. Strom = Leistung : Spannung. Vergewissern Sie sich, daß die Stromaufnahme Ihrer Lampen nicht die zulässige Belastung Ihrer Leitungen überschreitet. Nehmen Sie im Zweifelsfall weniger Lampen, oder fragen Sie einen Elektriker.

Bewegliche Objekte: Die Ausleuchtung von beweglichen Objekten ist der Alptraum des Kameramannes. Wenn Sie Führungslicht und Füllicht in einer bestimmten Position richtig eingestellt haben, so gerät Ihre Person schnell aus diesem Bereich heraus, wenn sie ein paar Schritte geht. Es gibt hierzu zwei Lösungsmöglichkeiten: Entweder leuchten Sie Ihre Szene mit viel diffusem Licht aus und belassen das Führungslicht in einer möglichst allgemeinen Einstellung, oder Sie richten mehrere Positionen ein und lassen Ihre Darsteller sich von einer zur anderen bewegen.

Der zweite Fall kann sehr wirkungsvoll sein: Eine Person, die sich zwischen Lichtbereichen und Schatten bewegt, ruft einen starken Eindruck hervor. Behandeln Sie jeden Bereich als eine separate Szene mit eigenem Führungs- und Füllicht.

Vergessen Sie aber nicht den Hintergrund. Er muß für jede Aufnahme richtig ausgeleuchtet sein. Wenn er für eine Aufnahme in Ordnung ist, stellen Sie sicher, daß der gleiche Beleuchtungseindruck erhalten bleibt, wenn Sie die Kamera schwenken.

Weißabgleich und Fensteraufnahmen

Die Mischung von natürlichem Licht und Kunstlicht kann für den Kameramann ein Problem werden. Häufig tritt es auf, wenn Sie eine Person aufnehmen wollen, die in der Nähe eines Fensters sitzt und draußen die Sonne scheint. Was passiert, wenn Sie die Kamera auf diese Szene richten? Durch das helle Außenlicht wird die Blende weitgehend geschlossen, und Ihr Darsteller ist praktisch nur noch in Umrissen zu erkennen. Wenn Sie jetzt die Blende mit der Hand weiter öffnen, um mehr von Ihrem Darsteller erkennen zu können, dann wird der Fensterbereich hoffnungslos überbelichtet.

Am besten meistern Sie dieses Problem, indem Sie die Person kräftig von vorn mit Kunstlicht nach den Prinzipien der Dreipunktmethode (Seite 56) anstrahlen. Allerdings müssen Sie berücksichtigen, daß Ihr Kunstlicht eine niedrigere Farbtemperatur als das Außenlicht aufweist. Erhöhen Sie daher die Farbtemperatur Ihrer Strahler, indem Sie sie mit Tageslicht-Konversionsfiltern versehen, und schalten Sie die Kamera auf Tageslichtbetrieb.

Wenn Sie Mischlicht vorfinden, müssen Sie zunächst entscheiden, auf welche Farbtemperatur Sie die Kamera schalten wollen. Sie können die Farbtemperatur der Leuchten ändern oder auch die des Tageslichts, indem Sie orangefarbenes Filtermaterial vor dem Fenster anbringen.

Leuchtstofflampen, die im allgemeinen kein gleichmäßiges Spektrum liefern, sind für eine saubere Farbwiedergabe weniger gut geeignet und sollten daher vermieden werden.

Die Szene wird nur durch das Tageslicht beleuchtet

Es wird nichtkorrigiertes Kunstlicht hinzugefügt

Mit zusätzlichem, korrigiertem Kunstlicht

Aufnahmen in Kirchen

Eine Kirche stellt ein besonders schwieriges Problem für eine Videoaufnahme dar; zum einen wegen ihrer Größe, zum anderen aber auch, weil es unmöglich ist, überall Lampen aufzustellen.

Die Atmosphäre in einer Kirche wird erzeugt durch schattige Bereiche, warmen Kerzenschein, relativ dunkle Wände und die ganz hellen Fenster. Nach dem Wohnraumbeispiel auf Seite 60 soll das Gebiet um die Kerzengruppe durch warmes Licht kräftig ausgeleuchtet werden, umgeben von diffusem Licht. Dieser Aufbau muß bei den anderen Lichtern und Kerzengruppen wiederholt werden. Es wirkt sehr gut, wenn zu sehen ist, wie Ihre Darsteller aus dunklen Bereichen kommend in helles Licht eintauchen.

Wenn die Kirche weiß gestrichene Wände hat, dann hat man es leichter. Sie können das Innere mit hellen Strahlern, die Sie gegen die Wände oder die Decke richten, ausleuchten – vorzugsweise am Chorende, wo der Gottesdienst stattfindet. Ein Führungslicht in der Nähe des Brautpaares ist ein zusätzlicher Vorteil. Falls das nicht möglich ist, stellen Sie Ihre Leuchten trotzdem so dicht wie nur möglich in der Nähe der Hauptpersonen auf, und halten Sie sich immer an die Dreipunktmethode.

Bei allen Anlässen in der Kirche – gleichgültig ob Hochzeiten oder Taufen – müssen Sie natürlich zunächst den Geistlichen um Erlaubnis bitten. Wenn er keine zusätzlichen Lampen mag, dann müssen Sie sich mit weniger Licht zufrieden geben oder besser ganz auf die Aufnahme verzichten und eventuell nur den Ton des Gottesdienstes mitschneiden, der später durch einige Bildaufnahmen ergänzt wird.

Oben: Helle Kirchen bereiten dem Videomacher nur wenig Probleme.

Unten: In dunklen Kirchen benötigt man für erfolgreiche Aufnahmen zusätzliche Beleuchtung.

Nachtaufnahmen

Nachtaufnahmen haben viel mit Innenaufnahmen gemeinsam, denn Sie müssen die Beleuchtung von Anfang an mit Kunstlicht aufbauen. Zusätzlich stellt der Hintergrund noch ein weit größeres Problem dar.

Das einfachste Verfahren ist die „Lichtdrauf"-Methode. Hierzu verwendet man eine batteriebetriebene Handlampe und richtet sie einfach auf das Objekt. Das Licht ist sehr hell, aber nur eindimensional. Das Objekt hat keine Tiefe, und der Hintergrund ist völlig schwarz. Unter bestimmten Umständen kann aber auch eine solche Aufnahme sehr wirkungsvoll sein.

Besser ist es, schon vorhandenes Licht zu benutzen und es zu verstärken. Nehmen Sie zum Beispiel die Aufnahme eines Mannes, der unter einer Straßenlaterne in der Nähe eines Schaufensters steht. Diese Szene kann durch eine starke Leuchte über dem Mann und eine weitere auf einer Seite des Mannes wirkungsvoll ausgeleuchtet werden. Ein Führungslicht weiter unten, eventuell auf derselben Seite, hebt die Gesichtspartien hervor.

Sie können noch eine weitere stärkere Leuchte, die so weit abgeblendet wurde, daß nur noch ein Lichtspalt vorhanden ist, einsetzen, um die Augenpartie auszuleuchten. Das Schaufensterlicht kann noch durch einen Breitstrahler verstärkt werden, und ein weiterer Strahler erhöht die Helligkeit des von der Lampe sich ausbreitenden Lichtes.

Eine Variationsmöglichkeit besteht darin, daß man einen Gegenstand im Hintergrund, zum Beispiel ein Haus oder ein anderes Gebäude, kräftig ausleuchtet und dann ein Führungslicht und ein Füllicht auf die Person im Vordergrund richtet. Obgleich man so viele dunkle Flächen schafft, gibt das Gebäude Tiefe in einem sonst flachen Bild. Die Ausleuchtung einer Nachtszene unterscheidet sich nicht von der anderer Szenen. Sie müssen sich fragen, woher das vorhandene natürliche Licht kommt und dieses dann verstärken und gleichzeitig die wichtigen Punkte herausarbeiten.

Oben: Am Tage aufgenommene Nachtszene aus **Psycho II**

Rechts: Nachtaufnahme mit zusätzlichem Licht zur Steigerung der dramatischen Wirkung in **Der Exorzist**

Nachtaufnahmen am Tage

Dies ist ein beliebter Hollywood-Trick, um Nachtschichtzuschläge für das Kamerateam zu sparen oder um schwierige Probleme zu lösen, wie zum Beispiel das Ausleuchten eines Reiters, der bei Mondschein über die Prärie galoppiert.

Sie nehmen daher die Folge bei Tageslicht auf. Der Himmel erscheint stark verdunkelt, und die Sonne wird zum Mond. Das größte Problem ist der Himmel. Obgleich die gesamte Szene mit starker Unterbelichtung aufgenommen wird (d.h. Sie müssen an der Blendenregelung drehen, bis das Bild wie gewünscht aussieht), wird der Himmel immer viel heller erscheinen als der Rest des Bildes. Ein Verlauffilter, das im oberen Bereich eingefärbt ist (blau oder grau) behebt dieses Problem. Allerdings darf man die Kamera nicht nach unten schwenken, da dann die Wirkung verlorengeht.

Die Technik, Nachtszenen am Tage aufzunehmen, wird besonders gern bei Filmaufnahmen angewendet, da das Bild während der Entwicklung behandelt werden kann. Bei Videofilmen sollte man sie nur wählen, wenn das Problem anders nicht zu lösen ist.

DIE EFFEKTBELEUCHTUNG

Ein Blick auf das Make-up

Besonderes Make-up ist eigentlich nicht erforderlich, trotzdem können einige Überlegungen Sie schon Wunder bewirken. Überzeugen Sie sich davon, daß normales Make-up für Video gut geeignet ist. Achten Sie darauf, daß alle Personen leicht gepudert sind, um den Hautglanz zu reduzieren. Wenn Sie für eine Theateraufführung eine besondere Wirkung erzielen wollen, so sollten Sie sich ein spezielles Make-up-Buch zulegen.

Make-up wird für Videoaufzeichnungen nicht anders aufgetragen als sonst auch, jedoch sollte man noch folgendes bedenken: Wenn Sie in Innenräumen bei Kunstlichtbedingungen aufnehmen, sollte das Make-up auch bei solcher Beleuchtung aufgetragen werden, da es bei abweichender Beleuchtung farblich anders wirkt.

Ein leuchtendes Rot ist für die Lippen nicht ideal, da das Fernsehsystem mit dieser Farbe die größten Probleme hat. Decken Sie zum Schluß alles mit einem durchsichtigen, matten Gesichtspuder ab. Jeder glänzende Flecken reflektiert Licht, das zwangsläufig überbelichtete Stellen auf dem Bildschirm erzeugt. Dieser Effekt kann sonst nur durch diffuses Licht korrigiert werden, das wiederum ein Bild flach und langweilig macht.

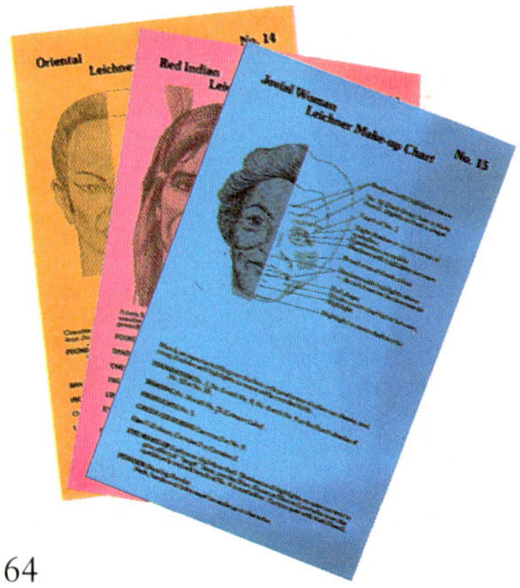

Bisher haben wir Licht eingesetzt, um das Bild auf dem Fernsehschirm so lebensecht und natürlich wie nur möglich erscheinen zu lassen. Aber die Beleuchtung kann auch verwendet werden, um eine Stimmung und Atmosphäre zu schaffen, die — obgleich nicht real — den Videofilm interessant und packend macht.

Wenn Sie die Dreipunktmethode für die Ausleuchtung eines Gesichtes verwenden, so achten Sie darauf, daß das Führungslicht von einer Seite und das Füllicht von der anderen kommt und daß der Hintergrund getrennt ausgeleuchtet wird. Wenn Sie diesen Grundaufbau ändern — zum Beispiel kräftiges Licht von oben oder von unten oder unter einem extremen Seitenwinkel —, so können Sie die verschiedensten Arten von unheimlichen, beherrschenden oder ungewöhnlichen Stimmungen in die Szene einbringen.

Die Verwendung von kleinen Brettern (Klappen), um den Kegel des Lichtes zu beeinflussen, gibt Ihnen weitere Möglichkeiten, das Bild zu manipulieren. Gaze wird benutzt, um diffuses Licht zu erhalten, und eine Lochplatte wird verwendet, um ein scheckiges Muster auf die Szene oder bestimmte Umrisse auf den Hintergrund zu werfen. Dieses ist besonders nützlich, um Wolken oder den Schein von Feuer zu simulieren.

So wird das Licht beeinflußt

Lichtblende:
Zur Einengung des Lichtbündels wird eine Holz- oder Metallplatte eingesetzt, die entweder dicht vor oder neben der Kamera bzw. einer Leuchte angebracht wird. Bei der Kamera verhindert sie den Einfall von Streulicht in das Objektiv, bei einer Leuchte dient sie zur Bündelung des Lichtkegels. Sicher haben Sie schon einmal einen alten Schwarzweißfilm gesehen, in denen der Raum im Halbdunkel liegt und die einzigen hellen Stellen die Augen des Darstellers sind. Dieser Effekt wird durch Lichtblenden erreicht, die den Querschnitt des Lichtstrahls stark reduzieren. Man muß jedoch aufpassen, daß der Helligkeitsunterschied zwischen Gesicht und Hintergrund nicht zu groß wird und dadurch die Augen überbelichtet sind, während der Hintergrund völlig schwarz ist.

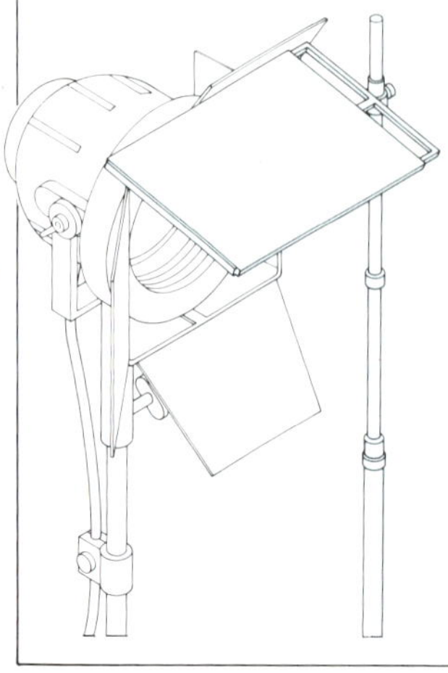

Gaze:
Durchsichtiges Gazematerial, das in einen Rahmen gespannt ist, wird ebenfalls zur Beeinflussung des Lichtstrahls verwendet. Man erzielt eine helle Strahlmitte mit einer dunkleren Umrandung. Ein rundes Gesicht wird schmaler erscheinen, wenn es in einen mit Gaze modifizierten Lichtstrahl gebracht wird, dessen Mitte V-förmig zugeschnitten ist. Ein Gesicht kann zum dominierenden Teil einer Person werden, wenn das Licht, das auf den Rest des Körpers fällt, durch Gazematerial diffus gemacht wird.

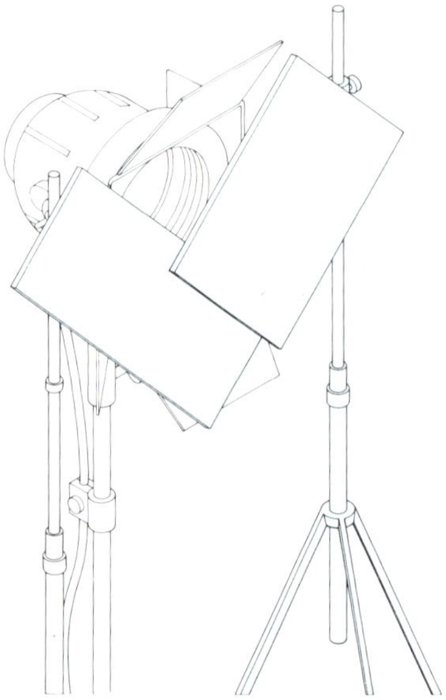

Lochblende:
Eine Metallplatte, in die ein Lochmuster gestanzt wurde, läßt sich wirkungsvoll vor eine Leuchte setzen. Zusammen mit einem Farbfilter kann sie ein interessantes, buntscheckiges Muster ergeben; so kann zum Beispiel das Lichtmuster, das durch ein Fenster fällt, nachgebildet werden, indem man eine Platte mit einem Fenstermuster vor die Leuchte setzt.

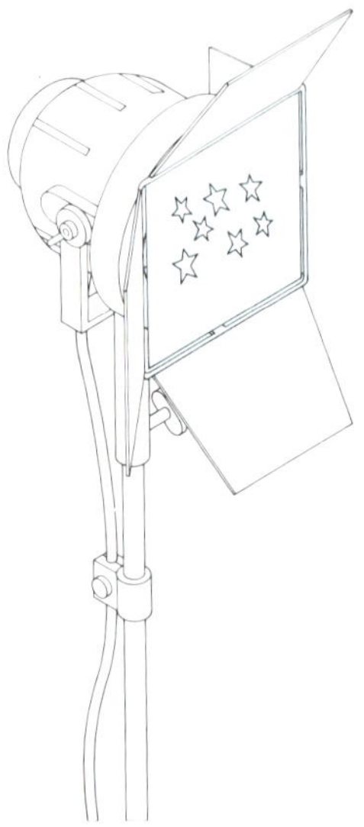

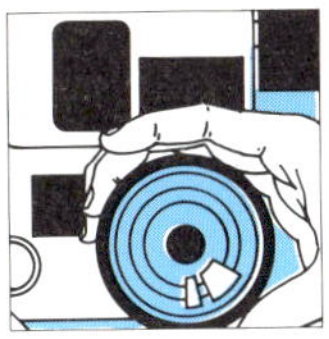

Licht von unten

Dieses ist eine beliebte Methode, um jemanden böse oder beherrschend erscheinen zu lassen. Die Gesichtszüge werden betont, und man hat den Eindruck von Größe.

Diese Einstellung ist sehr interessant bei Aufnahmen von unten (wenn Ihr Darsteller zum Beispiel auf einem Balkon steht) und wenn noch ein dunkler Hintergrund oder überhaupt keine Hintergrundbeleuchtung hinzukommt, kann es sehr geheimnisvoll wirken.

Wird noch eine weitere, schwache Lampe zu der normalen Dreipunktanordnung hinzugefügt, läßt die Ausleuchtung eine böse Absicht erahnen, ohne diese zu offensichtlich zu machen.

Licht von oben

Viel Licht von oben hat einen doppelten Effekt. Es verringert die Größe des Darstellers und läßt ihn und die gesamte Szene düster erscheinen. In einer Situation, in der zwei Personen gegensätzlich erscheinen sollen, kann eine Kombination aus einer Beleuchtung von oben und einer von unten eingesetzt werden, um ihre unterschiedlichen Charaktere zu betonen.

Ein weiterer psychologischer Effekt der Beleuchtung von oben ist, daß sie den Eindruck erweckt, als ob der Darsteller sich in einem Abgrund befindet. Das kann Ihrem Videofilm etwas Dramatisches geben. Ein wenig Licht von oben kann in der standardmäßig ausgeleuchteten Szene diesen Eindruck hervorrufen, während Falten und andere Zeichen von Alter betont werden.

Seitenlicht

Im Prinzip handelt es sich um Führungslicht ohne Füllicht, das jedoch deutlich weiter an der Seite positioniert ist. Es betont die Konturen des Gesichtes auf einer Seite, während die andere dunkel bleibt.

Wenn der Darsteller unterschiedliche Gesichtshälften hat, kann starkes Seitenlicht diese Eigenschaft verbergen. Wenn man allmählich Füllicht hinzugibt oder einen Schnitt zu einer anderen Einstellung macht und dann zurück zu dem Gesicht kommt, das diesesmal richtig oder von der anderen Seite ausgeleuchtet ist, so wird dieser Unterschied — zum Beispiel eine Narbe oder ein Muttermal — mit einem dramatischen Effekt aufgedeckt.

FILTER UND EFFEKTE

WAS IST EIN FILTER?

Ein Filter ist eine runde, speziell bearbeitete Glasscheibe, die vorn in das Kameraobjektiv eingeschraubt wird. Die zusätzliche Bearbeitung kann in einer einfachen Einfärbung des Glases bestehen oder in einer Veränderung des Glases selbst, um zum Beispiel unsichtbare Strahlen zu reflektieren oder um das Verhalten der Lichtstrahlen auf eine bestimmte Art und Weise zu verändern.

Ihre Videokamera ist bereits für die Aufnahme von Filtern vorbereitet. Schauen Sie vorn in den Objektivtubus, und Sie werden ein Schraubgewinde sehen — sein Durchmesser ist in der Gebrauchsanleitung Ihrer Kamera angegeben. Filter können Sie in jedem Fotogeschäft kaufen — allerdings müssen Sie das Filtergewinde angeben.

Die meisten Filter werden in einer Fassung mit Schraubgewinde angeboten; es gibt aber auch verschiedene zweiteilige Ausführungen — einen Halter, der in das Kameragewinde geschraubt wird und das ungerahmte Filter, das in die Führungsschlitze des Halters geschoben wird. Dieses Verfahren ist im allgemeinen kostengünstiger, da die Filterfassungen entfallen.

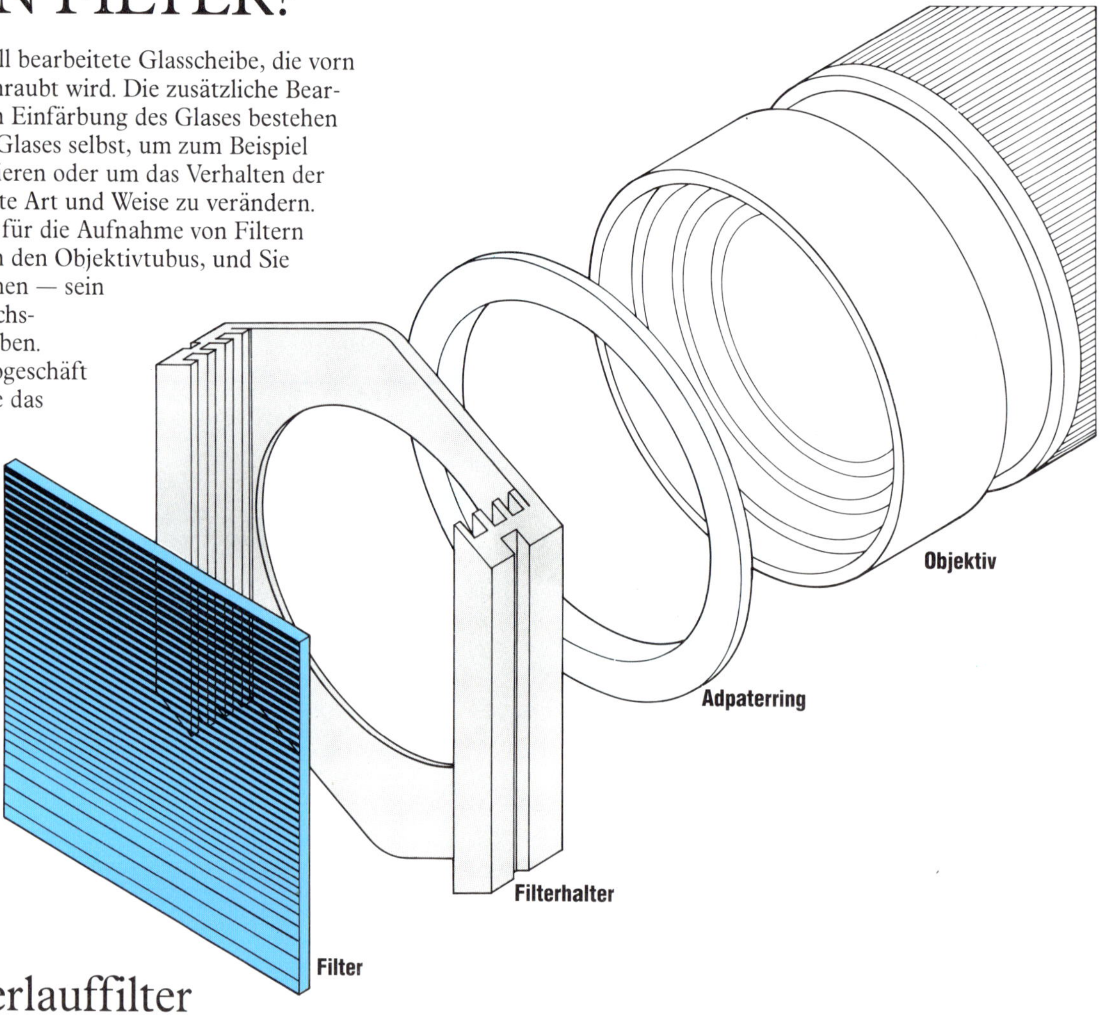

Farbfilter und Verlauffilter

Orangefilter geben dem Bild Wärme und Hauttönen eine angenehme Bräunung. Sie können auch zur Unterdrückung eines Blaustiches an bewölkten Tagen verwendet werden. Orangefilter gibt es in verschiedenen standardisierten Ausführungen (Serie 81) als Konversionsfilter, um die Farbtemperatur des Außenlichts an die Kamera anzupassen, die auf Innenlicht eingestellt ist.

Blaufilter erzeugen einen Hauch von Kälte. Sie können beispielsweise verwendet werden, um eine Atmosphäre, wie sie vor Sonnenaufgang herrscht, mitten am Tag zu erzeugen. Wird die Szene noch zusätzlich unterbelichtet, so läßt sich sogar die Wirkung einer Mondscheinbeleuchtung erzielen. Die standardisierten Filter (Typ 80) wandeln Kunstlicht für eine auf Tageslicht eingestellte Kamera um.

Sepiafilter können verwendet werden, um die Graubrauntöne zu erzielen, die zum Beispiel den besonderen Reiz altmodischer Fotos ausmachen. Sie wirken besonders gut bei Schwarzweißfotos. Versuchen Sie einmal Nahaufnahmen von alten Familienfotos. Probieren Sie ein Sepiafilter mit einem Vignettierfilter (Klarfleck mit Diffuser) aus.

Verlauffilter (Blau) werden häufig bei Aufnahmen mit viel sichtbarem Himmel verwendet. Sie vertiefen die Farbe des Himmels, lassen aber den Vordergrund unverändert. Es gibt bei diesem Filter keine scharfen Konturen, die Farben verlaufen ineinander. Verlauffilter können auch für andere Effekte, wie hier gezeigt, verwendet werden.

Technische Filter

Polarisationsfilter können störende Reflexionen von Fenstern oder anderen spiegelnden Flächen eliminieren. Sie können den Himmel dunkler erscheinen lassen oder Reflexionen von Wasseroberflächen unterdrücken. Sie erleichtern die Aufnahme einer Person durch die Autoscheibe hindurch oder von Objekten, die unter der Wasseroberfläche schwimmen.

Graufilter reduzieren die Lichtmenge, die auf den Sensor oder die Röhre der Kamera fällt, ohne die Gesamtbeleuchtung oder die Farbeinstellung der Aufnahme zu beeinflussen. Bei Video ist dieses Filter besonders nützlich, weil Sie damit in gewissem Umfang die Blendenautomatik beeinflussen können, indem Sie die Menge des einfallenden Lichtes verändern. Die Verringerung der Lichtmenge ist beispielsweise sinnvoll, wenn Sie die Tiefenschärfe bei einer hellen Außenaufnahme reduzieren wollen oder um die Farbe zu erhalten, die in sehr hellen Bildpartien durch Übersteuerung verlorengehen kann.

Verlauffilter (grün) werden für besondere Effekte oder bei Landschaftsaufnahmen eingesetzt, die große, helle Grünanteile enthalten, die dunkler erscheinen sollen. Der farbige Teil des Filters kann an jeder Stelle des Bildes eingesetzt werden: oben, unten oder an der Seite – je nach Bildkomposition.

Verlauffilter (orange). Mit einem solchen Filter brauchen Sie nicht bis zum Sonnenuntergang zu warten – Sie können die Farben der untergehenden Sonne jederzeit nachbilden. Der dunkle Teil des Filters färbt den Himmel rötlich, während der restliche Teil des Bildes nur einen leichten Orangeton erhält.

Diffuser und Nebelfilter

Diese Filter sind in ihrer Wirkung ähnlich, da sie dem Bild ein leicht verschwommenes, weiches Aussehen geben. Der Diffuser erzeugt eine leichte Unschärfe und mildert den Kontrast. Nebelfilter geben einen weißlichen dunstigen Bildeindruck, Einzelheiten können verlorengehen.

Von diesen Filtern gibt es auch sogenannte „Spotfilter“, bei denen die Mitte des Bildes unverändert bleibt, während im Randbereich die gewünschte Wirkung erzielt wird.

Gitterfilter, Spektralfilter und Tricklinsen

Diese Filter ändern kaum die Farbe, statt dessen aber die Natur der Bilder. In die Scheibe eines Gitterfilters wurden kreuzartig Rillen eingraviert. Das bewirkt, daß jeder Lichtpunkt sternartig Lichtstrahlen aussendet, wobei die Anzahl der Strahlen von der Konstruktion des Filters abhängt.

In die Scheibe eines Spektralfilters wurden viele tausend feine Linien eingraviert, die das Licht mehrfach in die spektralen Anteile zerlegen. Auch hier gibt es wieder verschiedene Ausführungen. Einige bilden einen Hof in den Spektralfarben um einen Lichtpunkt herum, andere erzeugen Sterne mit Strahlen in den Spektralfarben. Wie bei dem Gitterfilter kann die Richtung der Strahlen geändert werden, indem das Filter in seiner Fassung gedreht wird. Während der Drehung kann die Videokamera aufnehmen, wobei der Kamerakörper jedoch erschütterungsfrei gehalten werden muß.

Eine Tricklinse (Prismenlinse) erzeugt mehrere Bilder der Vorlage. Es gibt die unterschiedlichsten Ausführungen, bei denen die zusätzlich erzeugten Bilder sternförmig um das Hauptbild oder parallel dazu angeordnet sind. Durch Drehung des Filters lassen sich die verschiedensten Anordnungen erzielen.

Die genannten Effekte hängen von der Brennweite und der Blende der Kamera ab. Schauen Sie sich die Bilder möglichst vorher auf einem Farbmonitor an. Unter Umständen müssen Sie die Blende manuell einstellen oder zusätzlich ein Graufilter einsetzen.

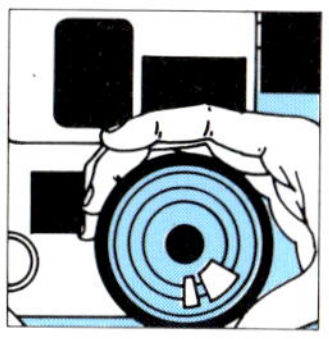

Optische Effekte — selbstgemacht

Vignetten: Wenn Sie ein Filtersystem mit einem separaten Filterhalter besitzen, können Sie einige Effekte ganz einfach mit einem Stück Karton und einem scharfen Messer selbst erzeugen.

Eine Vignette ist eine Schablone, die einem Bild einen bestimmten Rahmen gibt. Schneiden Sie einfach ein ovales Loch aus der Pappe, stecken Sie sie in den Filterhalter und schauen Sie nach, was passiert. Sie können genauso gut zum Beispiel eine Schlüssellochform wählen oder ein Doppelloch wie beim Gesichtsfeld eines Fernglases. Denken Sie bei dieser Technik daran, daß der Rand des Ausschnitts um so schärfer erscheint, je kleiner die Blende ist (bzw. je heller das Licht ist) und je weiter der Ausschnitt vom Objektiv entfernt ist. Wählen Sie, um gute Ergebnisse zu erzielen, möglichst den Telebereich (lange Brennweite).

Ein-/Ausblenden: Einige Videokameras weisen eine Automatik zum Ein- und Ausblenden (von und nach Schwarz bzw. Weiß) auf. Bei Kameras, die nicht über diese Möglichkeit verfügen, kann mit der manuellen Blendenregelung (sofern vorhanden) oder mit Hilfe einer externen manuellen Blende, die man z. B. als Zubehör kaufen kann, das gleiche Ergebnis erzielt werden. Eine Blende finden Sie, wenn Sie eine alte Kamera zerlegen. Erkundigen Sie sich, ob Ihr Fotohändler gerade eine alte Dunkelkammerausrüstung oder defekte Kameras ausrangiert, und greifen Sie schnell zu!

Wenn Sie eine Irisblende bekommen haben, so montieren Sie sie vor Ihr Objektiv, zum Beispiel mit Hilfe des Filterhalters. Verschließen Sie alle Spalten, die Streulicht in die Kamera lassen könnten, mit Pappe und Klebeband. Durch Öffnen und Schließen dieser Blende erreichen Sie ein perfektes Ein- und Ausblenden Ihrer Videos. Außerdem verfügen Sie jetzt über eine stufenlos einstellbare Zusatzblende, mit der Sie das einfallende Licht (und damit beispielsweise auch die Tiefenschärfe) besser regulieren können.

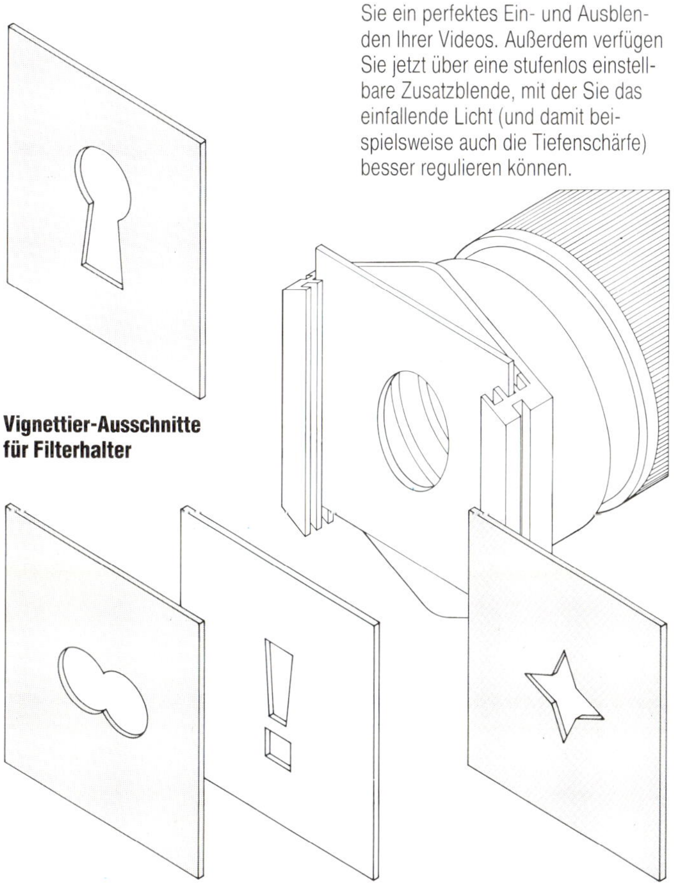

Vignettier-Ausschnitte für Filterhalter

Zusatzobjektive

Diese werden verwendet, um die Brennweite des Kameraobjektivs zu verändern. Es gibt Typen, die vorn in das Filtergewinde des Objektivs eingeschraubt werden, und andere, die zwischen das vorhandene Objektiv und den Kamerakörper gesetzt werden. Außerdem gibt es Objektive, die das vorhandene Kameraobjektiv vollständig ersetzen.

Von der ersten Sorte können Sie die verschiedensten Fabrikate benutzen. Sie müssen lediglich auf das richtige Filtergewinde achten. Der Verlängerungsfaktor dieser Objektive gibt an, um wieviel sich die Brennweite des vorhandenen Objektivs verändert. Ein Verlängerungsfaktor größer 1 bedeutet, daß Sie eine Telewirkung erhalten.

Die zweite Sorte von Zusatzobjektiven können Sie nur verwenden, wenn das Objektiv Ihrer Kamera abgenommen werden kann. Sofern Ihr Kamerakörper nicht das standardisierte **C-Mount-Gewinde** aufweist, sind Sie auf Spezial-Zusatzobjektive Ihres Kameraherstellers angewiesen. Die Bildqualität eines solchen Systems ist besser als bei der zuerst genannten Lösung, da das Zusatzobjektiv sich an einer optisch günstigeren Stelle befindet.

Die dritte Sorte ist für Kameras mit abnehmbaren Objektiven entwickelt. Hier wird das vorhandene Objektiv vollständig ersetzt. Solche Objektive sind für den Weitwinkelbereich erforderlich; im Telebereich kann man jedoch mit Hilfe eines Adapters sehr elegant und erfolgreich die unterschiedlichsten Fotoobjektive verwenden. Wegen der kleineren Bildfläche einer Videokamera wirken alle Fotoobjektive bei einer Videokamera wie Teleobjektive.

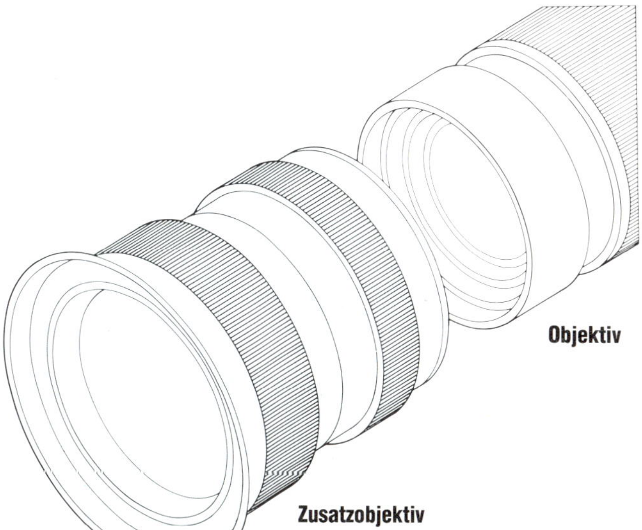

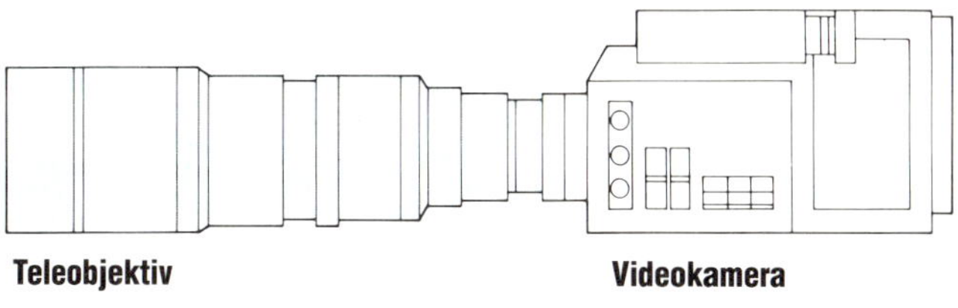

DER TON

Checkliste für die Tonaufnahme

- Lassen Sie niemanden das Mikrofon während der Aufnahme berühren. Sie bekommen sonst unangenehme Kratzgeräusche aufs Band.
- Stellen Sie ein Tischmikrofon nicht direkt auf den Tisch, sondern legen Sie ein Schaumstoffpolster darunter. Sonst wird jede Bewegung auf dem Tisch registriert.
- Bringen Sie Mikrofone außerhalb des Sichtbereichs an.
- Vergewissern Sie sich, daß die Kabel ordentlich verlegt sind, besonders wenn sie mit einem Ansteckmikrofon verbunden sind, damit niemand darüber fällt.
- Prüfen Sie die Mikrofone und ihre Positionen sorgfältig, bevor die Aufzeichnung beginnt, besonders, wenn Sie in die Handlung nicht eingreifen können.
- Fahren Sie den Ton runter, wenn die Kamera gestoppt wird und fahren Sie ihn wieder auf das gleiche Niveau hoch, wenn die Bildaufzeichnung fortgesetzt wird.

DIE BEDEUTUNG DES TONS

Der Ton ist ein scheinbar untergeordnetes — und manchmal vernachlässigtes — Element eines Videofilms. Sie brauchen sich aber nur einmal einen Kinofilm oder ein Fernsehprogramm ohne Ton vorzustellen, um sich seine Bedeutung klarzumachen!

Die Mikrofone, mit denen die meisten Kameras versehen sind, weisen eine Kugelcharakteristik auf, was bedeutet, daß sie Ton aus allen Richtungen gleichmäßig aufnehmen (wie Sie auch unten im Bild sehen). Obwohl Sie damit den Ton von den Personen, die vor Ihnen stehen, gut empfangen können, wird es auch Ton von hinten oder von den Seiten registrieren, den Sie sicherlich gerade nicht aufnehmen wollen. Wenn die Kamera mehr als einige Meter von den Darstellern entfernt ist, bietet sich der Einsatz eines mit der Kamera verbundenen Zoommikrofons an, das seine Charakteristik in Abhängigkeit von der Einstellung des Zoomobjektivs ändert. Allerdings gibt es nur für wenige Kameratypen solche Mikrofone. Am besten ist es daher, für jede Tonquelle ein geeignetes Mikrofon auszuwählen.

Wenn Sie keine lippensynchronen Aufnahmen machen (bei diesen ist der Sprecher im Bild zu sehen), empfiehlt es sich, den Ton mit einem separaten Audiorecorder aufzunehmen. Im anderen Fall wird das Mikrofon direkt mit der Kamera verbunden. Die Mikrofonbuchse des Videorecorders kann — sofern dieser überhaupt über eine solche verfügt — nicht verwendet werden, da sie beim Anschluß der Kamera im allgemeinen automatisch abgeklemmt wird.

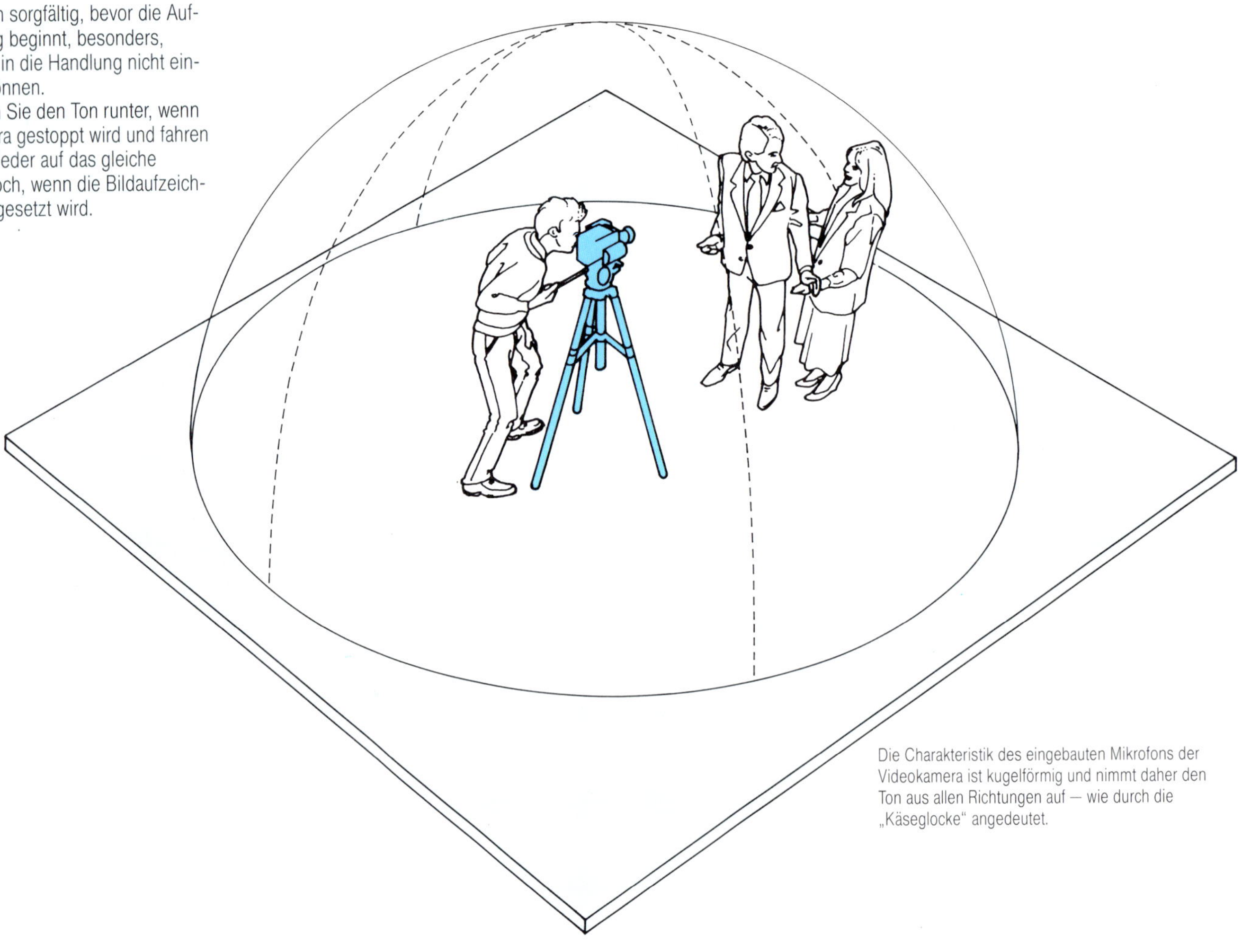

Die Charakteristik des eingebauten Mikrofons der Videokamera ist kugelförmig und nimmt daher den Ton aus allen Richtungen auf — wie durch die „Käseglocke" angedeutet.

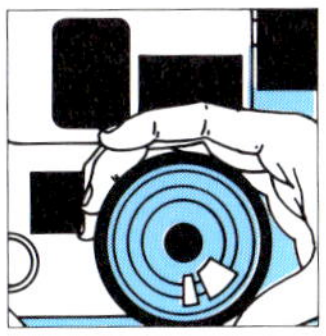

Die Verwendung eines separaten Mikrofons: Wenn Sie einen möglichst hochwertigen Ton aufzeichnen wollen, so sollten Sie am besten ein separates Mikrofon verwenden und die Tonüberwachung und -aufzeichnung einer anderen Person überlassen.

Die Mikrofontypen, die zur Verfügung stehen, sowie ihre Eigenschaften wurden auf Seite 37 aufgeführt. Ihr Einsatz wird auf dieser und der nächsten Seite gezeigt. Der Toningenieur sollte das richtige Mikrofon für die Aufgabe aussuchen, es installieren, ausprobieren und es während der Aufnahme bedienen, während er den Ton über Kopfhörer verfolgt. So können Sie sich voll auf die Aufnahme konzentrieren und sicher sein, daß sich jemand anders genauso sorgfältig um den Ton kümmert. Der Stecker des Mikrofons wird normalerweise in die entsprechende Buchse der Kamera gesteckt. Einige Kameras haben zwei Buchsen zur Aufnahme von Stereoton. Eine davon müssen Sie verwenden, wenn Sie nur ein Mikrofon einsetzen wollen. Das ist normalerweise die Buchse für den linken Kanal, gekennzeichnet durch L/Mono, aber lesen Sie auf jeden Fall in Ihrer Bedienungsanleitung nach!

Üblicherweise werden 3,5-mm-Klinkenbuchsen verwendet. Viele Mikrofone haben serienmäßig jedoch einen 6,3-mm-Klinkenstecker. In diesem Fall müssen Sie sich einen entsprechenden Adapter kaufen.

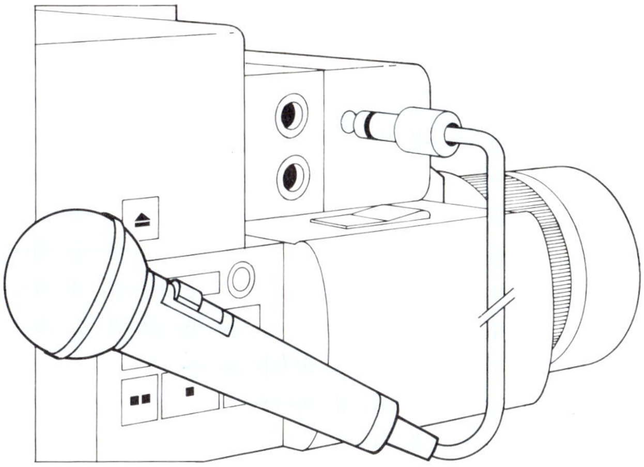

Die Verwendung des Richtmikrofons für eine Gruppe: Das Richtmikrofon mit Nierencharakteristik eignet sich gut zur Aufnahme eines Tischgespräches. Es läßt sich einfach in einem Tafelaufsatz verstecken. Passen Sie auf, daß es nicht direkt auf dem Tisch steht, da es sonst Erschütterungen aufnimmt. Eine Tischdecke dämpft die Geräusche von Bestecken und Tellern. Bringen Sie das Mikrofon möglichst in der Nähe der Hauptpersonen unter, und sagen Sie ihnen, daß sie die Gegenstände auf dem Tisch möglichst geräuschlos benutzen sollen.

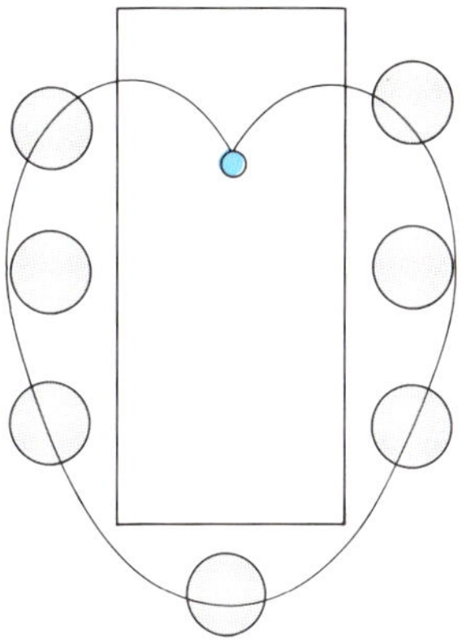

Die Verwendung eines Ansteckmikrofons: Besonders nützlich, wenn Ihr Darsteller sich umherbewegt und Sie kein anderes Mikrofon dicht genug unterbringen können. Das Mikrofon nimmt nur die Worte des Darstellers auf und keine fremden Geräusche. Es kann am Revers oder an der Krawatte befestigt werden, wenn es Sie nicht stört, daß es im Bild erscheint, oder es kann unter dem Hemd befestigt werden, wenn es unsichtbar bleiben soll. Auf jeden Fall soll es im oberen Bereich der Kleidung untergebracht und ferngehalten werden von baumelnden Dingen, wie zum Beispiel Halsketten. Das einzige Problem ist das Kabel, aber das kann in der Kleidung versteckt werden. Passen Sie auf, daß niemand darüber fällt, und lassen Sie es nicht in den Aufnahmebereich kommen!

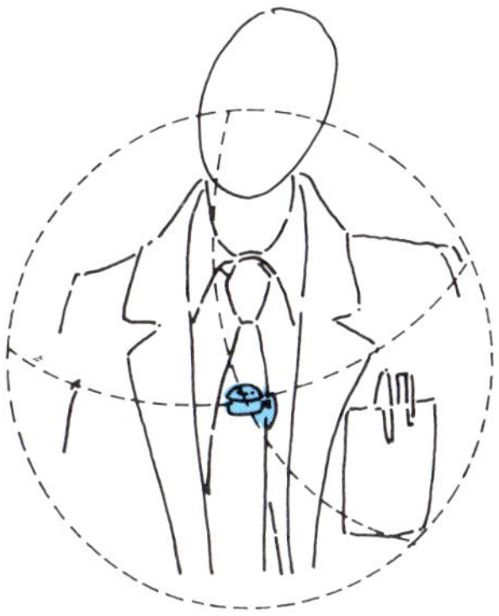

Der Mikrofon-Mund-Abstand

Der Abstand zwischen dem Mund des Sprechers und dem Mikrofon ist extrem wichtig für die Qualität der Aufnahme. Ist der Abstand zu kurz, so wird der Ton durch viele „Knaller" bei Lauten wie b, d, p usw. gestört. Ist er zu groß, so wird die Stimme unklar und weitgehend durch das Hintergrundrauschen verdeckt. Der richtige Abstand beträgt etwa 30 cm. Der Toningenieur oder der Kameramann kann über Kopfhörer die Tonqualität prüfen und — wenn nötig — den Darsteller bitten, das Mikrofon zu verschieben.

DIE TONAUFNAHME

Wenn Sie bei der Tonaufzeichnung systematisch und Schritt für Schritt vorgehen und einige elementare Regeln beachten, werden Sie immer gute Ergebnisse erzielen. Nachdem Sie das richtige Mikrofon ausgewählt haben (siehe vorhergehende Seite), ist etwas vorausschauende Planung erforderlich. Die Probleme, die auf Sie zukommen werden, sind je nach Drehort verschieden. Sie sollten daher immer gut vorbereitet sein!

Bei Innenaufnahmen können Sie störende Geräusche am besten in den Griff bekommen. Vorsichtshalber sollte jemand an der Tür stehen, der dafür sorgt, daß unerwünschte Besucher nicht plötzlich hereinplatzen. Das Telefon sollte abgeschaltet sein, ebenso die Türklingel. Geräte, die Geräusche machen, wie der Kühlschrank oder ein Warmwasserboiler, sollten ebenfalls kurzzeitig außer Betrieb gesetzt werden.

Als nächstes sollten Sie sich Gedanken über die Akustik des Raumes machen. Wenn der Raum „tot" wirkt, müssen Sie ihn „lebendiger" machen und umgekehrt. Das wird ausführlich auf Seite 35 beschrieben; seien Sie auf beide Möglichkeiten vorbereitet, und bringen Sie daher sowohl Reflexions-, als auch Absorberplatten mit. Und denken Sie daran: Wichtig ist, wie der Ton über Ihre Kopfhörer ankommt, daher sollen alle Einstellungen nur mit Kopfhörern vorgenommen werden.

Bei Außenaufnahmen gibt es keinen Ärger mit der Akustik, statt dessen bekommen Sie Probleme mit Geräuschen, die Sie nicht beeinflussen können. Der Straßenverkehr, ein vorbeifliegendes Flugzeug oder die Industrie in der Nähe sind einige Beispiele. Durch geeignete Aufstellung des Mikrofons können diese Probleme minimiert werden.

Innenaufnahmen

Tonaufnahmen im Innenbereich sind nicht so problematisch, da Sie die Raumakustik beeinflussen und Ihre Darsteller geeignet positionieren können. Sie sollten zunächst die Raumakustik bestimmen, dann das Mikrofon einrichten und die Sprecher gruppieren. Verwenden Sie für eine Tischdiskussion zwischen zwei Personen ein Mikrofon mit Kugelcharakteristik, das Sie zwischen den beiden aufstellen. Die Gesprächspartner sollten in einem leichten Winkel zueinander sitzen (damit Sie eine günstige Kameraposition wählen können), die Knie sind etwa einen Meter voneinander entfernt.

Etwas komplizierter wird es mit einer größeren Gruppe. Wenn die Personen um einen Tisch herum sitzen, ist ein Mikrofon mit Kugelcharakteristik auf einer Schaumstoffunterlage in der Mitte sicher die einfachste Lösung. Eine beliebig angeordnete Gruppe wird wahrscheinlich am besten mit einem Richtmikrofon registriert, das man jedesmal zu der gerade sprechenden Person dreht.

Einfacher ist es schon bei Studioaufnahmen, da Sie die Darsteller genau dort plazieren können, wo Sie sie haben möchten. Sie können die Akustik im voraus festlegen, und Sie wissen, was Sie aufzeichnen. Der Tonassistent kennt die Pläne und kann daher das Mikrofon immer am richtigen Platz aufstellen.

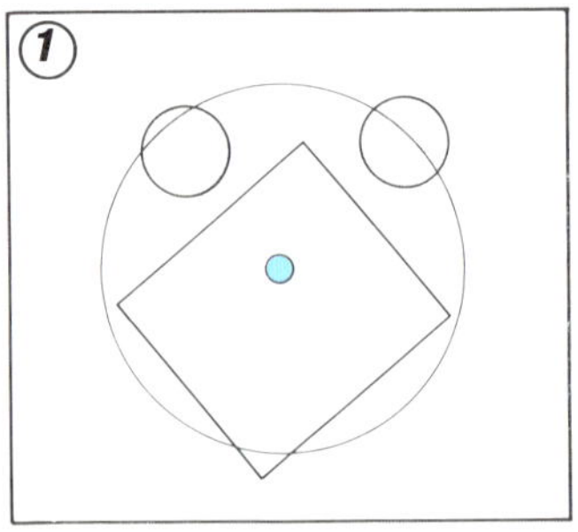

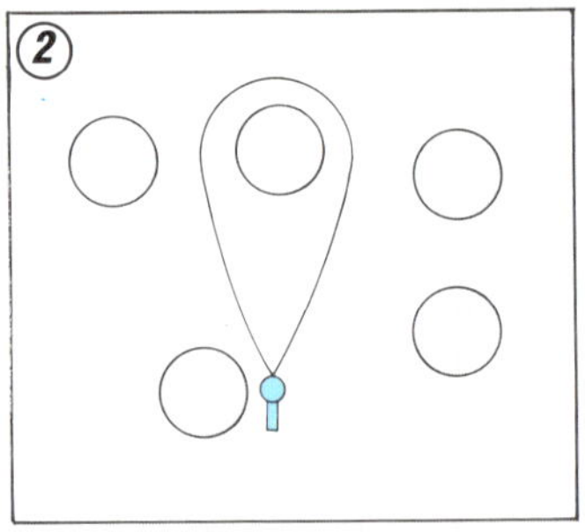

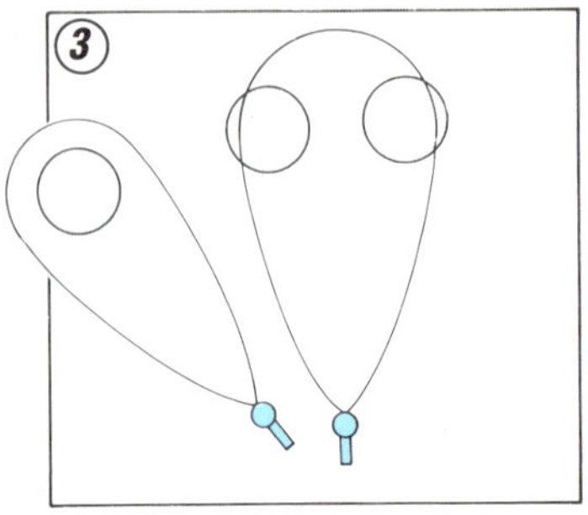

(1) Ein gewöhnliches Mikrofon mit Kugelcharakteristik kann für eine Zweierdiskussion verwendet werden.

(2) Eine größere Gruppe wird mit einem Richtmikrofon aufgenommen, das jeweils zu der gerade sprechenden Person gedreht wird.

(3) Bei Studioaufnahmen haben Sie die Möglichkeit, die Mikrofone vorher einzurichten.

Ein professionelles Nachrichtenteam interviewt den Boxer Frank Bruno. Der Toningenieur verwendet ein Superrichtmikrofon (mit Windschutz), mit dem er den Ton sehr selektiv aufnehmen kann.

Begriffe zum Thema Ton

Angel: Eine lange Stange, an der das Mikrofon befestigt wird. Damit wird das Mikrofon von dem Toningenieur möglichst dicht an die Tonquelle gebracht.

Ein-/Ausblenden: Hochregeln des Tones von absoluter Ruhe bis zur erforderlichen Lautstärke und umgekehrt.

Lippensynchron: Eine Aufnahme ist lippensynchron, wenn Sprache und Mundbewegung des Sprechers genau gleichzeitig zu bemerken sind. Selbstverständlich bei der „normalen" gleichzeitigen Aufzeichnung von Bild und Ton, problematischer jedoch bei der nachträglichen Hinzufügung des Tons zum Bild.

Nachvertonung: Das Hinzufügen eines Tones zum Bild im Rahmen der Nachbearbeitung. Videorecorder müssen hierfür mit einer speziellen Eingabemöglichkeit ausgestattet sein.

Synchronisation: Die spätere Ergänzung des Tones zum Bild, besonders auch bei Filmen, die nachträglich mit einer anderen Sprache versehen werden.

Überblenden: Ausblenden eines Tones während der andere eingeblendet wird.

Umgebungsgeräusch: Die Basisgeräusche einer speziellen Umgebung: der Küste, der Straße usw. — ohne Sprache und andere zusätzliche Tonquellen.

Außenaufnahmen

Die größten Probleme sind hierbei unerwünschte Geräusche, die zum Beispiel durch den Wind verursacht werden. Bringen Sie das Mikrofon dicht an Ihren Darsteller heran, und verwenden Sie einen geeigneten Windschutz. Wenn Sie einen Bericht „vor Ort" aufnehmen, kann der Sprecher das Mikrofon halten. Achten Sie darauf, daß er es gut festhält (etwa 30 cm von seinem Mund entfernt) und seine Hände nicht um die Sprechkapsel legt. Sie können diesen Abstand variieren; da der Außenbereich einen „abtötenden" Einfluß auf den Ton hat (es wird kein Schall reflektiert), kann es erforderlich sein, das Mikrofon noch dichter an den Mund heranzuführen. Wenn man eine kleine Schlaufe des Kabels in der Hand hält, kann man Geräusche, die durch das Bewegen des Kabels verursacht werden, verringern. Außerdem besteht weniger Gefahr, daß das Mikrofon zu Boden fällt.

Falls das Mikrofon nicht mit ins Bild kommen soll, so sollten Sie ein Superrichtmikrofon verwenden und dieses möglichst dicht an den Sprecher heranführen oder ein konventionelles Richtmikrofon einsetzen und dieses mit Hilfe einer Angel über dem Darsteller positionieren. Ansteckmikrofone können unter der Kleidung versteckt werden, aber achten Sie auf das herumhängende Kabel!

Alle Tonaufzeichnungen sollen mit dem Kopfhörer kontrolliert werden. Wie die meisten Mikrofone haben sie üblicherweise einen 6,3-mm-Klinkenstecker, Videokameras und Videorecorder sind jedoch im allgemeinen mit einer 3,5-mm-Klinkenbuchse ausgestattet. Deshalb benötigen Sie einen Adapter.

Oben: Super-Richtmikrofone werden häufig im Außenbereich eingesetzt — hier zur Aufnahme des Geräusches, das beim Schlagen des Balles entsteht.

Rechts: Interviews werden vor Ort am besten mit dem Mikrofon in der Hand des Interviewers geführt.

DER SEPARATE RECORDER

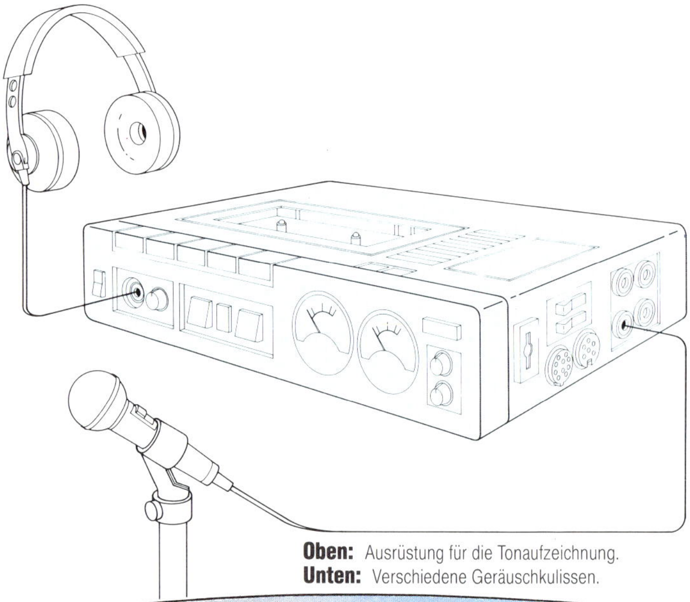

Die Verwendung eines separaten Audiorecorders kann mehrere Vorteile haben. Sie können den aufzunehmenden Ton besser kontrollieren, die Qualität ist besser, und die Kabel für Mikrofone und Kopfhörer sind völlig getrennt von der Kamera und kommen daher dem Kameramann nicht in die Quere. Es kann allerdings problematisch werden, wenn Sie einen separaten Recorder für eine synchrone Aufnahme verwenden wollen. Es ist nahezu unmöglich, den Ton perfekt mit dem Bild synchronisiert auf das Videoband zu bekommen, sofern Sie nicht über einen professionellen Schnittplatz verfügen.

Sinnvolle Anwendungen für einen separaten Audiorecorder sind Situationen, für die der Ton wichtig ist, für die Sie aber gleichzeitig keine geeigneten Bilder bekommen können — z. B. eine Trauung, bei der die Kamera in der Kirche keine brauchbaren Aufnahmen machen kann — und zur Aufzeichnung von Ton, der nicht genau synchron zu den Bildern sein muß — bei einer Oldtimer-Rallye zum Beispiel. Sie können die Tonaufzeichnung auch zeitlich völlig getrennt von der Videoaufzeichnung vornehmen und den Ton später zum Bild hinzufügen, wie zum Beispiel die Hintergrundgeräusche auf einer Messe oder das Meer, das gegen die Felsen donnert.

Oben: Ausrüstung für die Tonaufzeichnung.
Unten: Verschiedene Geräuschkulissen.

Die Verwendung des Audiorecorders

Zwei Dinge gehören zu einer Live-Aufnahme — die Vorbereitung und die Aufnahme selbst. Prüfen Sie zunächst Recorder, Mikrofon und Kopfhörer. Machen Sie eine kleine Probeaufnahme. Kontrollieren Sie auch die Batterien, und ersetzen Sie sie bzw. laden Sie sie nach, wenn sie nicht mehr voll sind. Nehmen Sie immer Ersatzbatterien mit. Schauen Sie nach, ob Sie genügend geeignetes Bandmaterial dabeihaben.

Prüfen Sie, bevor es zur Aufnahme kommt, ob der Recorder richtig eingestellt ist. Ist das Rauschverminderungssystem eingeschaltet, und befindet sich der Bandsortenschalter in der richtigen Position? Die Vorbereitung der Darsteller und der Raumakustik verläuft genauso wie bei der direkten Tonaufzeichnung mit dem Videorecorder (Seite 72). Hören Sie sich den Ton eine Zeitlang an, um sicher zu sein, daß alles nach Wunsch eingestellt ist und steuern Sie das Aufnahmesignal aus. Dafür müssen Sie normalerweise den Recorder auf Aufnahme schalten und in der Pausenposition anhalten. Das Instrument sollte bei den lautesten Tönen gerade in den rot (oder durch +dB) gekennzeichneten Bereich ausschlagen.

Nach der richtigen Einstellung geben Sie die Pausentaste wieder frei, und die Aufnahme läuft. Es ist nützlich, vor der eigentlichen Aufnahme eine Ankündigung aufzusprechen, die den Ort, die Zeit und das Datum enthält; die einzelnen Aufzeichnungen können dann leichter wiedererkannt werden. Beobachten Sie die Aussteuerungsanzeige weiterhin; sollte sie mehr und mehr in den roten Bereich zeigen, sollten Sie die Aussteuerung etwas zurückdrehen.

Verfolgen Sie weiterhin alles über die Kopfhörer, und achten Sie auf ungewöhnliche Hintergrundgeräusche. Wenn diese besonders störend werden, sollten Sie das Gerät stoppen, die Ursache für diese Geräusche herausfinden und die Aufnahme wiederholen.

Synchronton

Wenn Sie den Ton synchron mit einem separaten Recorder aufnehmen wollen, dann müssen Sie auf einige Dinge achten. Da die Motorgeschwindigkeiten von Audio- und Videorecorder relativ zueinander driften, ist es das beste, immer nur kurze Folgen zu drehen. Wenn Sie dann Ton und Bild zusammenbringen, so werden sie innerhalb der Folge synchronisiert bleiben. Lange Folgen neigen dazu, aus dem Tritt zu kommen, selbst wenn sie zu Beginn exakt zusammenpaßten.

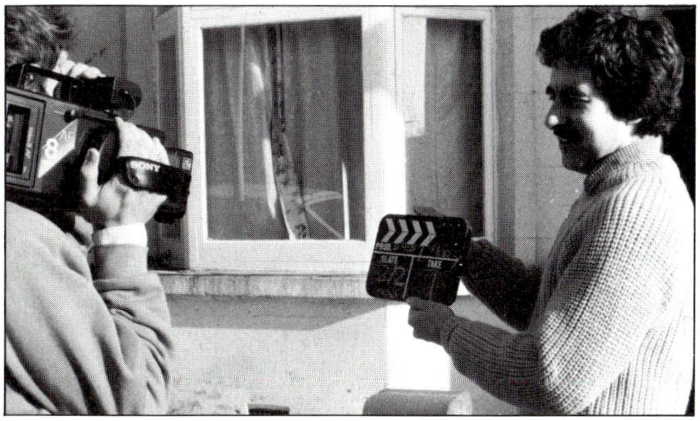

Um die Synchronisation von Bild und Ton zu erleichtern, sollte jeder Aufnahmebeginn mit einer Regieklappe gekennzeichnet werden. Es gibt einen lauten Knall, wenn die Klappe zusammengeschlagen wird, und dieser Moment kann im Bild gesehen und vom Audiorecorder hörbar gemacht werden. Die Stelle, an der die beiden Hälften im Bild zusammenkommen, sollte so festgelegt werden, daß Sie den Knall von der Tonspur zur gleichen Zeit vernehmen.

Hintergrundgeräusche

Sie können einige fertige Geräuschkulissen auf Band kaufen, aber diese passen vielleicht nicht genau zu Ihrem Videofilm hinsichtlich Länge, Intensität usw. Die Aufnahme einiger einfacher Geräusche ist aber nicht schwierig und macht Spaß.

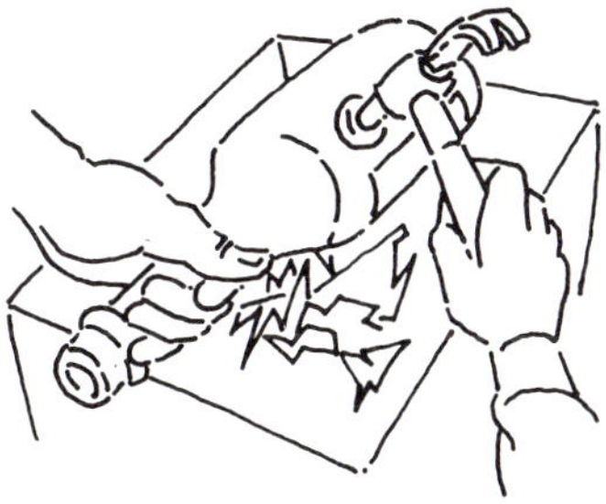

Zersplitterndes Glas: Sie können eine alte Flasche in einem Karton mit einem Hammer zertrümmern oder „mogeln" wie die Profis und einige kleine Metallstücke auf eine harte Fläche fallen lassen. Am besten nehmen Sie eine schwere Eisenplatte, die Sie in 10 cm^2 große Stücke schneiden. Mischen Sie diese mit einigen Metallstäben, Schrauben und Muttern, alten Abflußrohren und anderen Dingen, um das Geräusch zu verändern. Weitere metallisch klingende Geräusche können während der Aufnahme hinzugefügt werden, wenn Sie zum Beispiel das Geräusch eines Autozusammenstoßes erzielen wollen.

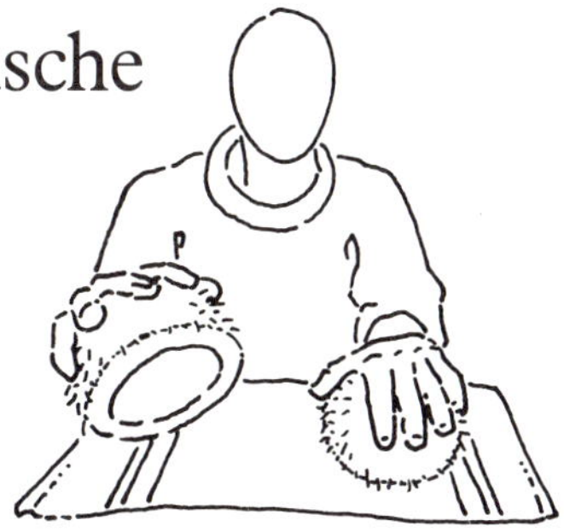

Pferde: Einfach ein Paar Kokusnußschalen zusammenschlagen und dazu hörbar schnauben. Um das Geräusch von Pferden, die über Gras galoppieren, nachzuahmen, trommeln Sie damit einfach auf eine Tischplatte, die mit einem feuchten Tischtuch bedeckt ist.

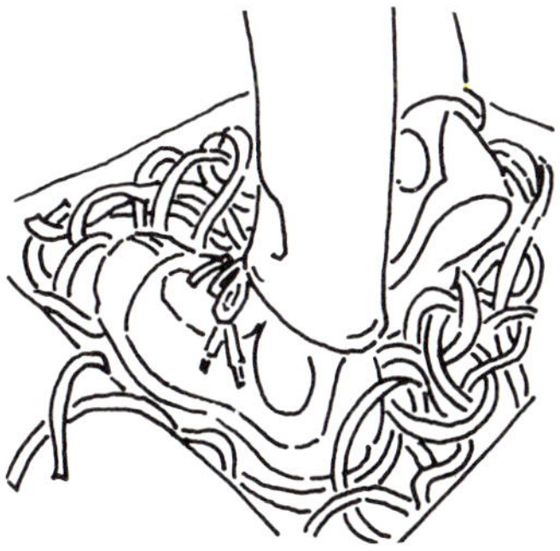

Schritte im Schnee: Dafür gibt es verschiedene Möglichkeiten, eine besteht darin, in einer Kiste mit alten Magnetbändern auf der Stelle zu treten. Falls Sie nicht genügend alte Bänder bekommen können, dann versuchen Sie es mit Papierschnitzeln.

Horror: Lassen Sie Ihrer Phantasie freien Lauf. Es ist verblüffend, wie verschieden alltägliche Geräusche sein können, wenn sie ganz aus der Nähe aufgenommen werden. Essen, das auf dem Herd kocht, kann die Geräuschkulisse für eine Alchimistenküche bilden (wobei man aufpassen muß, wenn man in der Nähe von kochenden Flüssigkeiten arbeitet). Jedes Haus hat eine quietschende Tür oder ein knarrendes Fußbodenbrett, die für die Recorderaufnahme eingesetzt werden können. Ermutigen Sie Ihre Haustiere, Geräusche für diesen blutigen Raubtiereffekt zu machen. Sogar das Schnurren der Hauskatze kann sich recht bedrohlich anhören, wenn es aus nächster Nähe aufgenommen wird!

Checkliste für die Tonaufzeichnung

Bevor Sie beginnen:

- Vergewissern Sie sich, daß die Ausrüstung einwandfrei arbeitet.
- Kontrollieren Sie, ob Sie die folgenden Dinge dabei haben: neues Bandmaterial, neue bzw. aufgeladene Batterien einschließlich Reserve, die richtigen Mikrofone, Kopfhörer, Netzteil mit Kabel (falls Sie den Recorder vom Netz betreiben wollen), Verlängerungskabel für Mikrofon und Netzversorgung.
- Stellen Sie die geeignete Raumakustik her, und bringen Sie das Mikrofon rechtzeitig vor Aufnahmebeginn an, damit Sie nicht in Zeitnot geraten.
- Richten Sie auch draußen alles rechtzeitig ein, besonders wenn Sie nicht wissen, ob es unerwünschte Hintergrundgeräusche geben wird.
- Prüfen Sie vor der Aufnahme, ob das Rauschverminderungssystem eingeschaltet ist, ob der Bandwahlschalter in der richtigen Position ist und ob die Aussteuerung so eingestellt ist, daß der Zeiger gerade bis in den roten Bereich ausschlägt.
- Kennzeichnen Sie jede Aufnahme mit der Uhrzeit, dem Datum und dem Aufnahmeort durch einen entsprechenden Kommentar durch das Mikrofon.
- Nehmen Sie am Ende jeder Aufzeichnung etwa zehn Sekunden ohne Ton auf; das erleichtert später das Schneiden.
- Führen Sie ein Protokoll von jeder Aufnahme mit Angabe der Zählwerkstände, so daß Sie sie leicht auf dem Band wiederfinden können.

VORBEREITUNGEN

VORUNTERSUCHUNG

Gleichgültig, welche Art Videofilm Sie auch drehen, ob es die Hochzeit einer Verwandten oder ein seriöser Dokumentarfilm ist, eine gründliche Voruntersuchung kann darüber entscheiden, ob er im Endergebnis wirklich interessant oder sterbenslangweilig ist. Machen Sie sich die Mühe und beschäftigen Sie sich mit dem Thema, das Sie aufnehmen wollen.

Nehmen wir zum Beispiel die Hochzeit. Sie könnten dort nur auftauchen und die Dinge so aufnehmen, wie Sie sie vorfinden. Ihre Recherchen könnten aber auch ergeben haben, daß Ihre Verwandte einen Polizisten heiraten wird, der beabsichtigt, mit dem Streifenwagen vor der Kirche vorzufahren. Würde es nicht gut aussehen, wenn Sie mit ihm zusammen im Auto wären und mit der Kamera hinausstürzten, so wie es in den Kriminalfilmen gemacht wird?

Je komplexer der Film, desto gründlicher sollten die Recherchen sein. Denken Sie vor allem in Bildern; Sie verwenden nämlich ein visuelles Medium. Wenn Sie keine Ideen haben, schauen Sie sich Filme im Fernsehen oder im Kino an, und beobachten Sie, wie Experten bestimmte Situationen angehen, und notieren Sie sich alle Punkte, die anwendbar sein könnten.

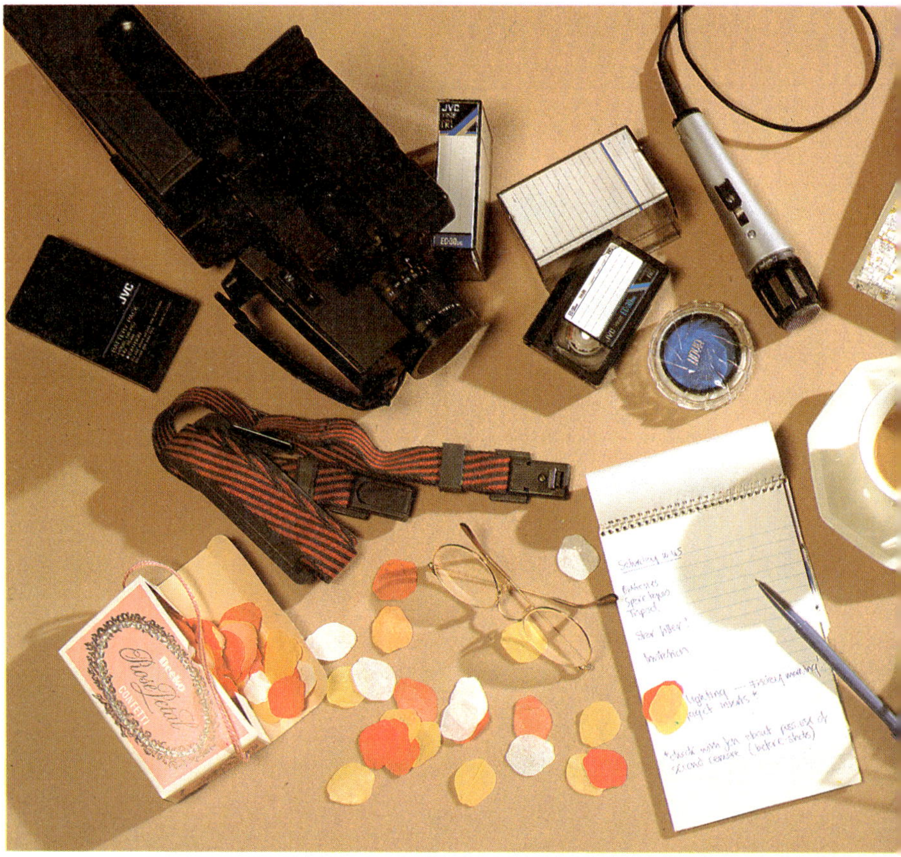

Die Vorbesichtigung

Eine Vorbesichtigung wird häufig als unnötig angesehen – bis der Aufnahmetag kommt und der Schauplatz überhaupt nicht so aussieht, wie Sie ihn sich vorgestellt hatten. Sehr oft verbringen Sie die halbe Zeit, um Probleme zu lösen, die hätten vermieden werden können, wenn Sie vorher nur 15 Minuten erübrigt hätten, um sich den Platz anzuschauen. Worauf sollen Sie achten?

Das Gelände: Wenn Sie nicht an Ort und Stelle sind, können Sie sich zum Beispiel verschiedene Kamerapositionen, die Sie vielleicht anwenden möchten, nicht vorstellen. Schwierigkeiten wie schmale Pfade, breite Büsche oder lästige Gitter können Sie nicht richtig einschätzen – und diese können sehr groß werden, wenn Sie zum Beispiel gute Standpunkte für einen Videofilm von einer Hochzeit suchen.

Die Beleuchtung: Draußen ist die Sonne die Lichtquelle. Es ist naheliegend zu prüfen, wo die Sonne steht, wenn Sie aufnehmen wollen. Ein Kirchenportal, das um 4 Uhr nachmittags im hellen Sonnenlicht liegt, kann um 11 Uhr morgens im tiefen Schatten liegen und für Aufnahmen völlig ungeeignet sein. Wenn Sie den Platz für eine Innenaufnahme besichtigen, sollten Sie sich vergewissern, daß genügend Steckdosen für Ihre Leuchten vorhanden sind.

Stromanschluß: Eine Prüfung vor Ort nach geeigneten Netzanschlüssen ist sehr wichtig, besonders wenn Sie zusätzliche Lichtquellen benötigen. Sie sollten die Lage, die Anzahl und die maximal zulässige Leistung der Steckdosen erfassen. Damit können Sie ausrechnen, wie viele Verlängerungskabel und Stromverteiler Sie benötigen werden.

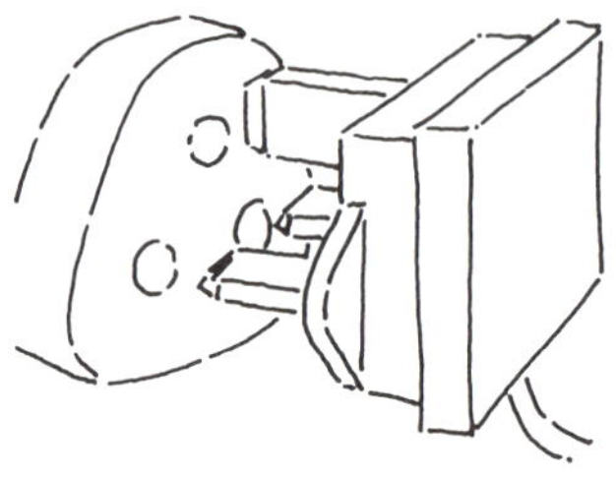

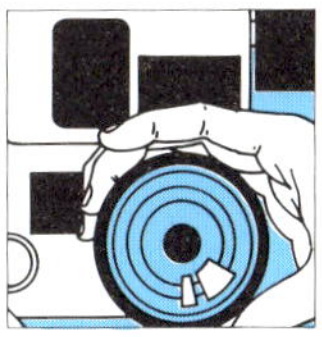

Notizen

Es ist eine gute Sache sich anzugewöhnen, über alles, was mit der Videoarbeit zusammenhängt, Notizen zu machen. Je weniger Sie Ihrem Gedächtnis anvertrauen, desto weniger können Sie vergessen. Das ist besonders sinnvoll, wenn Sie eine gute Idee oder einen interessanten Punkt haben, der bei Ihren Recherchen herausgekommen ist. Es mag zwar im Moment nicht sehr nützlich scheinen, aber es könnte gerade die Antwort auf ein verzwicktes Problem sein, das vielleicht erst nach ein paar Monaten auftritt.

Wenn Sie bei Ihren Recherchen mit Menschen sprechen, sollten Sie einen tragbaren Audiorecorder mitnehmen. So sind Sie sicher, daß nichts verlorengeht. Wenn Sie einen hochwertigen Recorder benutzen, ist es möglich, daß Sie einen Teil der Aufzeichnung für Ihren endgültigen Zusammenschnitt verwenden. Selbst wenn Sie sich entschließen zurückzukommen, um ein richtiges Interview mit der betreffenden Person zu machen — die Aufnahme der ersten Plauderei könnte nämlich besser gewesen sein; beim zweiten Mal sind Menschen im allgemeinen nicht mehr so frisch und natürlich.

Genehmigungen und Probleme

Es ist bekannt, daß Sie — wenn Sie nicht gerade auf Ihrem eigenen Grundstück sind — von irgend jemand eine Genehmigung brauchen, bevor Sie aufnehmen können. Aufnahmen auf öffentlichen Grundstücken sind normalerweise problemlos, obwohl man gut daran tut zu prüfen, wie öffentlich das Gelände tatsächlich ist — die Bestimmungen sind von Land zu Land verschieden. Sie müssen auch aufpassen, wo Sie Ihre Kamera zeigen. Die Aufnahme eines Polizeigebäudes von außen sollte in Mitteleuropa wenig Stirnrunzeln hervorrufen, versuchen Sie das aber nicht in totalitären Staaten! Die Aufnahme militärischer Einrichtungen ist in allen Ländern der Welt untersagt. Riskieren Sie daher keinen Zwangsurlaub!

Wenn Sie mit einer kleinen Mannschaft auftauchen — gleichgültig ob Sie Amateure oder Profis sind —, brauchen Sie Genehmigungen von allen möglichen Abteilungen. Nehmen Sie eine kleine Straßenszene: Die Ortsbehörde muß es wissen — und wird es genehmigen. Die Polizei muß es wissen, besonders wenn Sie möglicherweise einen Verkehrsstau verursachen, und Sie brauchen die Mitarbeit der Anwohner, wenn Sie Fahrzeuge wegschaffen oder Leute von der Straße fernhalten wollen, während Sie aufnehmen.

Auch wenn Sie sich entschließen, nicht auf der Straße zu filmen, ist das Problem noch nicht aus der Welt geschafft. Parks — auch öffentliche — und praktisch alle Gebäude, die der Öffentlichkeit zugänglich sind, gehören jemandem, der eine Genehmigung erteilen muß. Die Aufnahme einer Hochzeit erfordert die Genehmigung des Geistlichen — besonders wenn Sie Kabel für die Beleuchtung über den ganzen Platz ziehen.

Wenn Sie es mit einer Behörde zu tun haben, lassen Sie sich die Genehmigung schriftlich erteilen und halten Sie sich an die Auflagen. Andernfalls könnten Sie eine unangenehme Rechnung erhalten, falls Ihre zusätzliche Aufnahme zur Folge hatte, daß Überstunden für das Personal aufgewendet wurden, das nach Abschluß der Aufnahmen aufräumen mußte.

Die Bitte um eine Erlaubnis ist zunächst eine Sache der Höflichkeit. Beamte haben aber auch das Recht auf ihrer Seite, wenn sie Ihre Filmaufnahmen stoppen, weil Sie nicht die richtige Genehmigung haben.

Geräusche: Hören Sie sich um, wenn Sie an den Aufnahmeort kommen. Das menschliche Gehirn schaltet unbewußt nicht gewünschte Geräusche aus, wenn Sie sich auf eine bestimmte Sache konzentrieren — die elektronische Ausrüstung kann das nicht. Wenn sich die Aufnahme solcher Geräusche aufgrund der geforderten Kameraposition nicht verhindern läßt, z. B. eine belebte Straße oder eine Baustelle, so sollten Sie diese Störquellen in der Einführungsaufnahme zeigen, damit die Zuschauer erkennen können, woher die Geräusche kommen und sich nicht darüber ärgern. Leisere Geräusche wie von Kühlschränken oder Klimaanlagen können ebenfalls irritieren — schalten Sie diese Geräte aus. Fragen Sie schließlich Ortsansässige nach anderen Risiken, die Sie nicht kennen — wie beispielsweise das Sägewerk in der Nähe der Kirche, das alle Sägearbeiten immer nur am Sonnabendmorgen ausführt, an dem Sie gerade aufnehmen wollen.

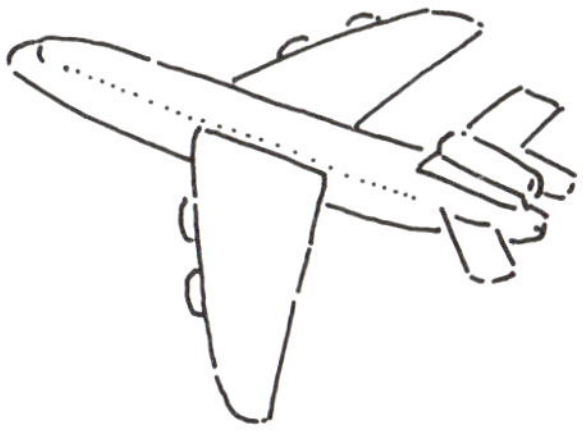

Kontinuität

Da es durchaus üblich ist, das Material in mehr oder weniger beliebiger Reihenfolge aufzunehmen, können die Einstellungen, die zu einer bestimmten Folge gehören, ohne weiteres an verschiedenen Tagen und zu verschiedenen Tageszeiten aufgenommen werden. Wenn sie zusammengefügt werden, müssen sie jedoch als fortlaufend erscheinen, d.h. Requisiten, Kostüme und andere Gegenstände der Folge müssen immer gleich bleiben. Wenn zum Beispiel eine Person herausgestellt wird, die zu Beginn eine braune Jacke trägt, so muß sie dieselbe braune Jacke durchgehend tragen; sie kann nicht in einer Einstellung plötzlich in einer grauen Jacke erscheinen.

Jemand wird gewöhnlich damit beauftragt, für diese Kontinuität zu sorgen, d.h. er muß genaue Notizen über jede Einstellung machen, so daß sie zueinander passen. Dazu gehören auch die Beleuchtung (wenn die Szene zum Beispiel am Morgen mit Licht eingerichtet wurde, das von einer Seite durch den Fensterrahmen fällt, so muß es immer von dieser Seite kommen) und der Ton (falls eine Fabrik in der Nähe ist, so muß ihr Geräusch gleichbleibend zu hören sein).

Festgelegte Veranstaltungen

Das sind Veranstaltungen, die Sie gern aufnehmen möchten, aber die Sie nicht beeinflussen können. Ein Beispiel dafür ist eine Hochzeit, ein weiteres eine Preisverleihung. Die Vorbereitungen hierfür sind vielleicht noch wichtiger als für jede andere Situation – da Sie das Ereignis nur einmal aufnehmen können. Wenn die Veranstaltung vorher geprobt wird, sollten Sie versuchen, in eine der Proben zu kommen. Sie können dann sehen, wie die Veranstaltung abläuft, wo die Personen die Szene betreten und verlassen werden und wo Sie sich in etwa hinstellen können. Sie sollten auch versuchen zu klären, welche unerwarteten Dinge vorkommen können, so daß Sie dadurch später nicht völlig überrascht werden.

Sie werden ebenfalls sehen, wieviel Licht zur Verfügung steht und herausfinden, ob es möglich ist, zusätzliches Licht für den Fall, daß es nötig werden sollte, einzusetzen. Sie sollten ebenfalls nach den Tonaufzeichnungsmöglichkeiten schauen. Selbst wenn der Besuch der Probe Sie nur davon überzeugt hat, daß es unmöglich ist, die Veranstaltung aufzunehmen, hat es weit weniger Zeit und Anstrengung gekostet, als wenn Sie am Tag selbst mit voller Ausrüstung dort aufgekreuzt und dann doch enttäuscht worden wären.

Ordnung in die Dinge bringen

Nachdem Sie Ihre Recherchen abgeschlossen und ungefähr festgelegt haben, wie die Produktion laufen soll, besteht der nächste Schritt darin, diese Gedanken zu sortieren. Sogar der bescheidenste Videofilm kann von ein bißchen Planung profitieren. Nehmen Sie den Hochzeitsfilm als Beispiel. Sie können die Zeremonie nicht unterbrechen und sagen: „Bitte noch einmal. Ich habe es verpaßt!" Indem Sie planen, welche Einstellungen Sie wünschen und in welcher Reihenfolge Sie sie aufnehmen wollen, stellen Sie sicher, daß Sie auch alles bekommen, was Sie wollen, und nicht etwas nur deshalb vermissen, weil Sie zur falschen Zeit am falschen Platz waren. Und wenn Sie hinterher nicht schneiden wollen, so ist es wichtig, daß Sie genau wissen, was Sie und in welcher Reihenfolge Sie aufnehmen wollen.

Die ausführlichste Form der Planung ist das Storyboard. Es besteht aus einer Reihe von Strichzeichnungen, von denen jede einzelne eine spezielle Einstellung wiedergibt mit einer stichwortartigen Beschreibung darunter. Diese sind in der Reihenfolge der endgültigen Produktion angeordnet. Häufig werden die Einstellungen numeriert, und diese Nummern werden während der gesamten Produktion beibehalten. Das ist später beim Zusammenschneiden sehr nützlich.

Der Drehplan: Nehmen wir an, daß Sie später Ihren Film schneiden wollen, so können Sie das Material in jeder beliebigen Reihenfolge aufnehmen (vorausgesetzt Sie nehmen nicht eine vorbereitete Veranstaltung wie eine Hochzeit auf). Ein geeigneter Drehplan ist daher eine gute Idee. Setzen Sie die wichtigsten Aufnahmen zuerst darauf.

So haben Sie nicht den ganzen Tag vergeudet, falls Ihre Ausrüstung zwischendurch ausfällt oder falls das Wetter schlecht wird. Das wird besonders wichtig, wenn Sie Außenaufnahmen machen und das Wetter laut Drehbuch immer sonnig sein muß, am Aufnahmetag aber veränderlich ist. Achten Sie darauf, daß die Liste so detailliert wie nur möglich ist und jede Bewegung oder Richtung angegeben wird, so daß Sie genau wissen, was die Leute machen sollen und nicht unnötig herumstehen. Stellen Sie alle Aufnahmen, die Sie von einer Kameraposition benötigen, fertig, bevor Sie zur nächsten gehen.

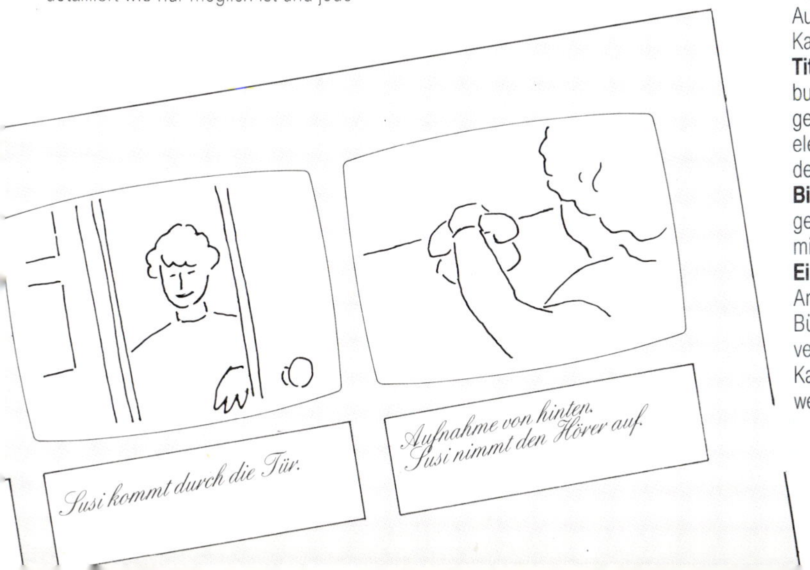

Alternativen

● Drinnen oder draußen?
Eine grundlegende Entscheidung, aber Sie können auch eine Mischung aus beiden Möglichkeiten wählen.

● Moderator oder Kommentator?
Draußen — Ist er im Bild zu sehen? Trägt er ein Kostüm oder normale Kleidung? Spricht er direkt in die Kamera? Schreibt er seinen eigenen Kommentar?
Drinnen — Brauchen Sie mehr als einen Moderator, oder getrennte Interviewer und Moderatoren? Tragen sie normale Kleidung oder Kostüme?

● Grafiken?
Brauchen Sie Karten, Diagramme, Zeichnungen oder Animationen?
Zeitungsausschnitte — Können Sie Aufnahmen davon mit oder ohne Kamerabewegung einsetzen?
Titel — Nehmen Sie Reibebuchstaben, maschinen- oder handgeschriebene Titel oder die, die elektronisch von dem Titelgenerator der Kamera erzeugt werden?
Bilder — Wünschen Sie besonders gestaltete Illustrationen? Wie steht es mit historischen Stichen?
Einzelaufnahmen — Können Sie Archivfotos, Illustrationen aus Büchern, Katalogen und Illustrierten verwenden? Alles kann mit und ohne Kamerabewegung aufgenommen werden.

● Bühnenbearbeitung?
Drehbuch — Arbeiten Sie mit einem Originalstück oder mit einem Stück, das extra geschrieben wurde? Improvisieren Sie, oder führen Sie eine Neuinszenierung eines historischen Werkes durch?
Studio oder Drehort — Nutzen Sie die tatsächlichen Schauplätze der Geschichte, historisch belegbare Plätze oder abstrakte Drehorte?
Darsteller — Benötigen Sie einen Darsteller für alle Teile oder mehrere Darsteller? Oder einen Darsteller und einen Erzähler/Moderator?
Kostüme — Streben Sie ein historisch einwandfreies Äußeres an? Wollen Sie abstrakte Kostüme verwenden oder Alltagskleidung?

● Film?
Archiv- oder Leihfilm — Können Sie Folgen, die speziell für Video aufgenommen wurden, ohne Veränderung in Ihren Videofilm einbauen bzw. besondere Effekte von Filmmaterial?

AUSSENAUFNAHMEN

Eine der wichtigsten Überlegungen bei Außenaufnahmen betrifft die Stromversorgung der Ausrüstung. Sie haben drei Möglichkeiten — aufladbare Batterien im Videorecorder (und im Fernsehmonitor und im Audiorecorder), Netzversorgung in der Nähe oder Stromversorgung von der Autobatterie.

Wiederaufladbare Batterien: Diese gehören standardmäßig zu allen tragbaren Videorecordern und versorgen ebenfalls die Kamera. Die Aufnahmezeit hängt von der Leistungsaufnahme der Geräte und der Kapazität der Batterien ab; moderne Anlagen ermöglichen eine ununterbrochene Aufnahme von bis zu zwei Stunden mit einer einzigen Akkuladung. Diese Zeit verringert sich, wenn Sie Sonderfunktionen wie Autofocus oder Motorzoom häufig benutzen und wenn es besonders kalt ist. Vergleichbare Zeiten erreicht man mit den Batterien des Monitors. Ein Satz Alkaline-Batterien tut für den Audiorecorder fünf bis sechs Stunden Dienst, sofern Sie den Verstärker nicht zu weit aufdrehen.

Netz: Hier gibt es keine Zeitbegrenzung, aber Sie müssen sehr vorsichtig sein, wenn Sie die Netzversorgung im Freien benutzen. Ein Verlängerungskabel, das von einem Anschluß im Hausinnern kommt, sollte mit einem Fehlerstromschalter zusätzlich gesichert sein. Diesen kann man in den meisten Elektro-Fachgeschäften kaufen.

Autobatterie: Ein sinnvoller Kompromiß zwischen der verfügbaren Leistung des Lichtnetzes und der Sicherheit der Batterien. Zum Anschluß Ihrer Anlage benötigen Sie ein Adapterkabel, das in die Fassung des Zigarettenanzünders im Auto paßt. Vielleicht ist ein Verlängerungskabel erforderlich, damit Sie nicht zu dicht am Auto arbeiten müssen.

Checkliste

Bevor Sie mit der Aufnahme anfangen, gleichgültig, ob drinnen oder draußen, vergewissern Sie sich, daß Sie

- alle möglichen Kamerastandpunkte geprüft und ausgearbeitet haben
- die Stromversorgung untersucht haben
- mögliche Tonstörungen ausfindig gemacht haben
- alle notwendigen Genehmigungen erhalten haben
- wenigstens eine Probe beobachtet haben, wenn Sie eine geplante Vorstellung aufnehmen wollen
- den Zugang und die Parkmöglichkeiten am Drehort geprüft haben, besonders wenn Sie mit Bühnenausstattungen und Requisiten arbeiten
- den Transport der Ausstattung organisiert haben
- der gesamten Mannschaft genau gesagt haben, wo sich der Drehort befindet, wann sie dort sein soll und wie lange sie benötigt wird.
- genau festgelegt haben, wer was wann tut
- eine detaillierte Liste der Einstellungen angefertigt haben
- die gesamte Ausrüstung geprüft haben
- sichergestellt haben, daß alle Batterien geladen sind
- alle Kabel geprüft haben und sicher sind, daß alle Stecker fest verbunden sind
- die gesamte Ausrüstung nach der Ausrüstungsliste zusammengestellt haben.

Stromversorgung

Drinnen kann alles vom Netz betrieben werden. Aber prüfen Sie, ob die Leitungen nicht überlastet sind. Draußen sollten Sie Ihre Leuchten an einen Stromverteiler anschließen, der zusätzlich durch einen Fehlerstromschalter gesichert ist. Der Recorder und die Kamera können dann entweder von den Batterien oder ebenfalls über das entsprechend abgesicherte Lichtnetz versorgt werden.

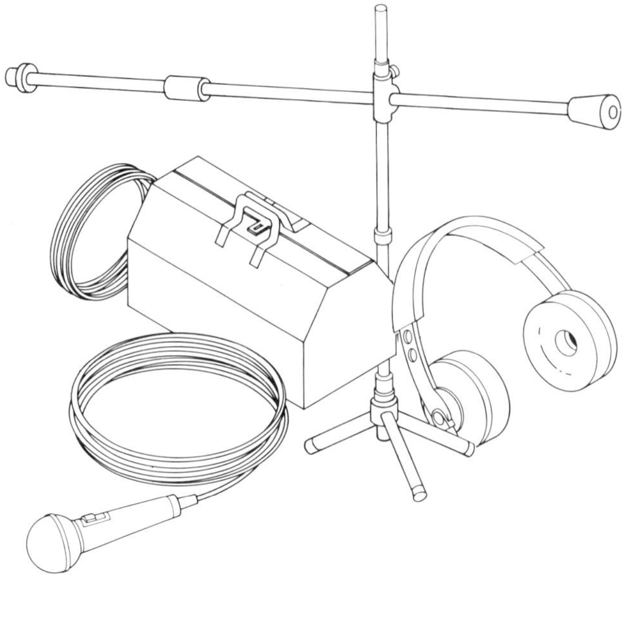

Ausrüstungs-Checkliste

Einen Videofilm zu drehen kann mehr als nur eine Kamera, einen Recorder und eine Cassette erfordern. Für aufwendigere Aufnahmen gibt diese Checkliste die erforderliche Ausstattung an.

- **Kamera:** Selbstverständlich, aber prüfen Sie, ob sie funktioniert. Bringen Sie das Verbindungskabel mit, falls es abnehmbar ist!
- **Recorder:** Auch selbstverständlich, prüfen Sie ihn ebenfalls!
- **Batterien:** Wenigstens drei, alle geladen. Auch bei Innenaufnahmen nützlich, wenn Sie eine spezielle Aufnahme machen wollen, für die die Länge der Kabel nicht ausreicht.
- **Stativ:** Stabil und leicht. Vergessen Sie das Zubehör nicht wie den Rollwagen oder Schienen.
- **Mikrofon:** Muß für die Situation genau ausgewählt werden. Für draußen ist es möglicherweise ein Superrichtmikrofon. Bei einem Elektetmikrofon dürfen Sie nicht die Batterien vergessen. Prüfen Sie, ob das Kabel lang genug und mit dem richtigen Stecker oder Adapter versehen ist, der in die Mikrofonbuchse der Kamera paßt.
- **Mikrofonstativ:** Sie sollten eine Mikrofonangel oder ein Mikrofonstativ dabei haben.
- **Kopfhörer:** Muß mit gut abschließenden Ohrmuscheln und dem richtigen Stecker versehen sein.
- **Monitor:** Er ist nicht unbedingt erforderlich, aber ein kleiner, batteriebetriebener Farbfernseher ist bei der Einstellung der Aufnahmen und zur Kontrolle des Weißabgleichs sehr nützlich.
- **Kabel und Batterien:** Ebenfalls für den Monitor erforderlich.
- **Videocassetten:** Verwenden Sie Cassetten mit kurzer Laufzeit. Achten Sie weniger auf den Preis als auf die Qualität! Verwenden Sie möglichst sogenannte „Pro"- oder „HiFi-Cassetten. Sie benötigen wenigstens vier bis fünf Stück.

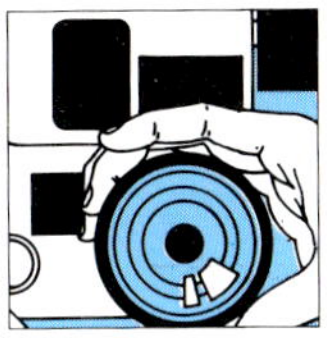

- **Separater Audiorecorder:** Wird für bildunabhängige Tonaufzeichnung, aber falls erforderlich, auch für eine getrennte Aufzeichnung des Synchrontons eingesetzt.
- **Batterien:** Für den Audiorecorder. Zusätzlich zu den Batterien im Recorder ein Satz Alkaline-Batterien oder wiederaufladbare Batterien mit voller Ladung.
- **Audiocassetten:** Drei bis vier C60-Cassetten.
- **Netzteile:** Um Video- und Audiorecorder vom Netz zu versorgen und um die Batterien nachzuladen.
- **Leuchten:** Ausreichende Anzahl und die richtigen Ausführungen für die vorgesehenen Aufnahmen.
- **Ersatzbrenner:** Wenigstens je einen Ersatzbrenner pro Leuchte.
- **Verlängerungskabel:** Eines für jede Leuchte, je eines für den Recorder, den Monitor und den Audiorecorder. Eine größere Anzahl von Netzverteilern ist ebenfalls unbedingt erforderlich!
- **Klappe:** Wird verwendet, um alle Aufnahmen zu kennzeichnen.
- **Requisiten, Bühnenaufbauten und Kostüme:** Abhängig von Ihren Plänen.
- **Werkzeugausrüstung und sonstige Ersatzteile:** Wichtig für Reparaturen im Einsatz. Sonstige Ersatzteile sind Sicherungen, Isoliermaterial usw.

INNEN-AUFNAHMEN

Die Vorbereitungen für Innenaufnahmen sind in vieler Hinsicht die gleichen wie für Außenaufnahmen, mit der einzigen Ausnahme, daß jetzt alles vom Netz versorgt werden kann. Es gibt zwei grundsätzlich verschiedene Plätze für Innenaufnahmen — den Drehplatz oder das Studio. Der Drehplatz ist nicht speziell für Videoaufnahmen vorgesehen — zum Beispiel ein Wohnzimmer oder das Innere einer Kirche. Ein Studio hingegen ist ein Raum, der für Aufnahmen freigemacht wurde und in dem sich nur Szenenaufbauten oder Requisiten befinden, die Sie dorthin gebracht haben. Dieser Raum muß nicht extra für diesen Zweck gebaut werden — es kann zum Beispiel Ihr Gästezimmer sein, das dafür ausgeräumt wurde.

Gleichgültig, wo sich Ihr Studio befindet, bei Ihrer Vorbesichtigung sollten Sie die Lage und Anzahl der Steckdosen geprüft haben; vergessen Sie daher nicht genügend Verlängerungskabel und Stromverteiler. Sie sollten sich ebenfalls bereits eine Notiz über nützliche Gegenstände, die sich am Drehort befinden und die Sie gebrauchen können — Vorhänge, Möbel und so weiter — gemacht haben. Denken Sie auch an genügend Ersatzbrenner für die Leuchten sowie an Sicherungen, Ersatzbatterien für jedes Elektretmikrofon, Ersatzverbindungskabel usw. und an einen einfachen Satz Werkzeuge.

Etwas Papierarbeit ist notwendig. Ein Mitglied der Mannschaft sollte Notizen von jeder Aufnahme machen — und jedes Detail berücksichtigen, das später wichtig sein kann. Kommentare wie „OK, aber die letzten zwei Sekunden durch Flugzeuglärm verdorben", sind Dinge, für die Sie später dankbar sein werden. Am Ende des Tages sollten Sie in der Lage sein, jede Einstellung auf jeder beliebigen Cassette genau anzugeben. Das spart sehr viel Zeit, wenn Sie mit dem Schneiden beginnen.

Das Heimstudio

Ein Videostudio ist ein Raum, in dem keine Möbel stehen. Er hat einen glatten Boden, eine ziemlich tote Akustik und eine ausreichende Stromversorgung, um die gesamte Ausrüstung ohne Überlastung zu betreiben. Er sollte einen möglichst direkten Zugang zu Bühnenaufbauten und Requisiten haben, wenn Sie Video im großen Stil betreiben wollen.

Wenn Sie zu Hause einen Raum in ein Studio umwandeln wollen, so müssen Sie zunächst einmal die Möglichkeit haben, die Möbel wegzuschaffen. Die Wände sollten eine schlichte Farbe aufweisen, vorzugsweise einen leicht weißlichen Ton, oder hängen Sie Vorhänge auf. Das kann einfache Meterware sein, die an der Wand mit einem Tacker befestigt wird. Ein paar weiße und schwarze Tücher können von Nutzen sein. Wenn Sie mit der Beleuchtung nicht zu anspruchsvoll sind, können Sie wahrscheinlich mit der Haushaltsstromversorgung auskommen. Bitten Sie einen Elektriker um Überprüfung der gesamten Anlage, bevor Sie beginnen.

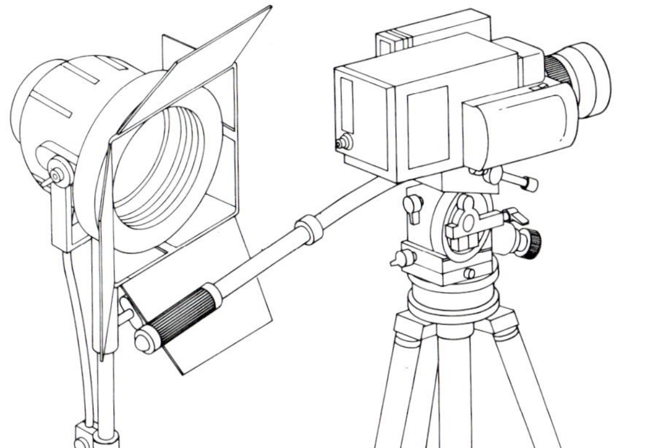
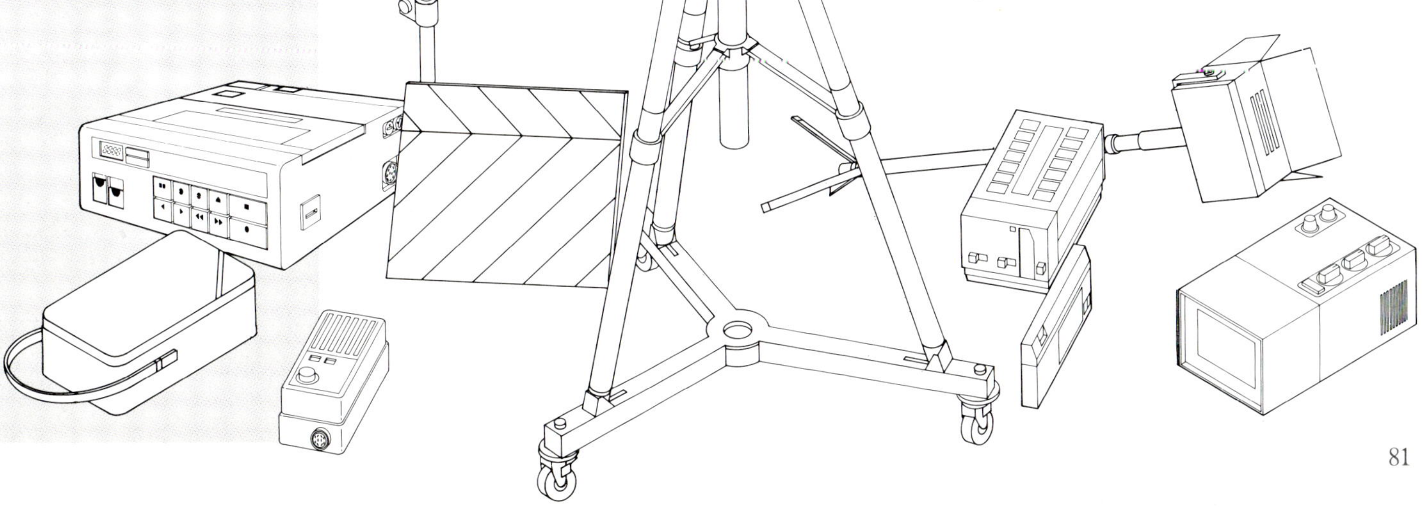

DIE AUFNAHME

Nachdem Sie alle Vorarbeiten erledigt haben, sind Sie endlich aufnahmebereit. Was kommt als nächstes? Offensichtlich der Aufbau der Ausrüstung. Vergewissern Sie sich, daß alles einwandfrei arbeitet, und machen Sie eine schnelle Probeaufnahme, um zu sehen, ob Sie ein Bild auf das Band bekommen und ob der Ton in Ordnung ist. Wenn Sie einen separaten Audiorecorder verwenden, sollte er natürlich ebenfalls geprüft werden.

Führen Sie nun den Weißabgleich der Kamera durch. Wenn Sie die Farben geringfügig verändern wollen, sollten Sie das mit Hilfe eines Farbmonitors tun. Vorher sollten Sie jedoch auch den Monitor genau einstellen. Entweder können Sie hierfür auf ein Testbild eines Fernsehsenders schalten (vorausgesetzt, Sie haben einen Antennenanschluß zur Verfügung, und Sie nutzen ein Fernsehgerät) oder Sie führen den Weißabgleich der Kamera korrekt durch und halten sie dann auf einen farbigen Gegenstand. Stellen Sie Helligkeit, Kontrast und Farbsättigung mit den Reglern des Monitors ein, bis das Bild das Original möglichst genau trifft.

Als nächstes richten Sie die Leuchten für die erste Einstellung Ihrer Aufnahmeliste ein, oder legen die Position Ihres Darstellers nach dem vorhandenen Licht fest, falls Sie draußen arbeiten. Informieren Sie jeden genau, was er tun soll, und prüfen Sie die Kameraposition und die Beleuchtungseinstellung mit Hilfe des Monitors. Zu diesem Zeitpunkt sollten Sie eine Probeaufnahme machen, falls die Einstellung besonders schwierig ist. Wenn Sie sich sicher fühlen, sollten Sie einen **Take** machen. (Das Wort „Take" bezeichnet jede Probeeinstellung).

Reihenfolge der Einstellungen

Kontinuität ist sehr wichtig für die Qualität Ihres fertigen Videofilmes, aber es ist nicht unbedingt erforderlich, die Einstellungen in der endgültigen Reihenfolge aufzunehmen, und es kann gute Gründe geben, warum das auch nicht möglich ist. Ein vernünftiger Kompromiß ist es, wenigstens alle Einstellungen jeder Szene des fertigen Films nacheinander aufzunehmen. Das bedeutet, daß die Beleuchtung und die Hintergrundgeräusche gleich bleiben und daß der Darsteller die gleiche Stimmung während der Einstellungsserie beibehalten kann. Bevor man weitergeht, müssen jedoch sorgfältige Notizen gemacht werden. Dazu gehören Angaben über die Position der Leuchten oder den Stand der Sonne sowie die Art der Bewölkung, falls Sie draußen arbeiten, die Hintergrundgeräusche, die Requisiten und die Garderobe. Machen Sie Polaroidfotos von der Szene und den Darstellern, und Sie haben ein einfaches Verfahren, auch kleine Dinge zu registrieren. Das macht es viel leichter, falls notwendig, alles wieder in den alten Zustand zu versetzen.

Durch Änderung der Drehfolge können Sie Ihre Möglichkeiten am besten nutzen, obgleich das bedeutet, daß die eigentliche Reihenfolge umgeworfen wird. Wenn Sie eine Person nur für einen Tag zur Verfügung haben, so ist es natürlich sinnvoll, alle Einstellungen, bei denen sie beteiligt ist, auf einmal zu machen. Ähnlich verhält es sich, wenn Sie einen anderen Darsteller haben, der nur einmal am Anfang und einige Male am Ende in Erscheinung tritt. Hier sollten alle Teile zusammen aufgenommen werden, um unnötiges Warten zu vermeiden.

Die Aufnahme von Überlappungen ist eine Technik, die die Schneidearbeit spürbar erleichtert.

Nehmen wir an, daß Sie einen Mann aufnehmen, der ein Gebäude durch eine Tür betritt. Die nächste Einstellung zeigt von innen, wie er durch dieselbe Tür kommt. Bei der ersten Einstellung sollten Sie den Recorder weiterlaufen lassen, bis der Mann wirklich in der Tür verschwunden ist. Bei der zweiten Einstellung sollten Sie den Recorder schon einige Sekunden bevor der Mann durch die Tür kommt, starten und ihn laufen lassen, bis die Einstellung vollständig abgeschlossen ist.

Diese Überlappung erlaubt später eine Vielzahl von verschiedenen Schnittpunkten.

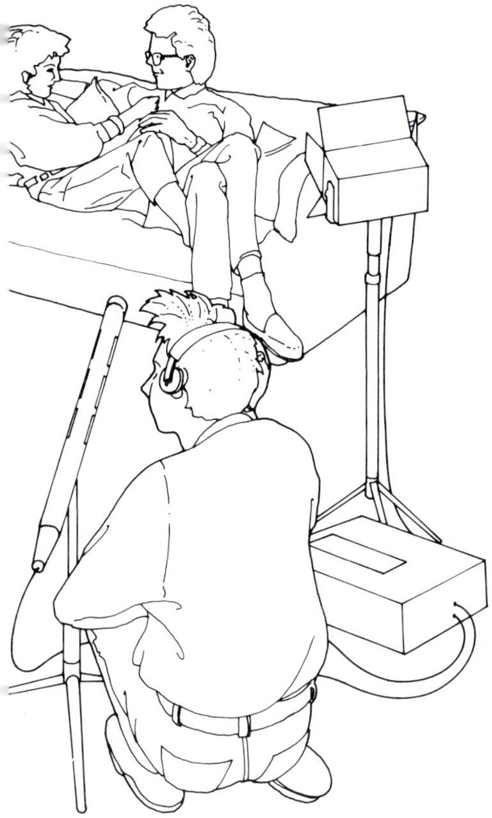

Jeder Take sollte mit der Klappe markiert werden. Darauf sind der Titel, die Einstellungsnummer und die Takenummer vermerkt. Ein Assistent hält die Klappe so vor die Kamera, daß die Schrift gut zu lesen ist, ruft laut die Einstellungs- und Takenummer und schlägt die obere Hälfte der Klappe mit lautem Knall runter.

Der Ablauf bei jedem Take

- Lassen Sie alle ihren Platz einnehmen
- Bitten Sie um Ruhe
- Starten Sie Video- und Audiorecorder
- Markieren Sie den Take mit Hilfe der Regieklappe
- Warten Sie 5 Sekunden
- Rufen Sie „Start“ - der eigentliche Take kann beginnen.
- Belassen Sie den Darsteller 10 Sekunden in seiner Endposition nach Schluß der Einstellung.
- Rufen Sie „Stopp“
- Warten Sie weitere 15 Sekunden, und stoppen Sie dann die Recorder. Das ist nötig, weil immer dann, wenn Sie einen Videorecorder anhalten, das Band etwas zurückgespult wird. Wenn Sie dann keinen Zwischenraum lassen, kann die nächste Einstellung die letzten Sekunden der vorhergehenden Aufzeichnung löschen. Lassen Sie den Recorder nie in der Pausenstellung, es sei denn, daß Sie den Take sofort wiederholen.
- Machen Sie oder Ihr Assistent Notizen über alles, was mit dem Take zu tun hat.
- Nehmen Sie die Folge nochmals auf, falls Sie glauben, daß es nötig ist. Andernfalls richten Sie alles für die nächste Einstellung her.

Vergewissern Sie sich, daß jede Video- und jede Audiocassette geeignet beschriftet wird und daß die Beschriftung zu den Notizen paßt.

Die Klappe

Sie wird verwendet, um jeden Take zu markieren und um einen Bezugspunkt für die Synchronisation von Bild und Ton zu haben, wenn diese getrennt aufgezeichnet werden.

Sie sollten den Titel, Einstellungs- und Takenummer auf die Klappe schreiben; das geschieht entweder mit Kreide oder mit selbstklebenden Buchstaben.

Zu Beginn des Takes muß jemand die Klappe so vor die Kamera halten, daß die Schrift klar gelesen werden kann; rufen Sie dann die Einstellung und die Takenummer auf, und schlagen Sie das Oberteil der Klappe mit einem harten Knall auf das Unterteil. Die Aufnahme läuft.

Die Mitglieder des Teams

Beleuchter: Er richtet auf Anweisung des Kameramannes das Licht ein.

Cutter: Er stellt die Aufnahmen in der richtigen Reihenfolge zusammen.

Kameramann: Er ist für die Kamera verantwortlich, stellt sie ein und bedient sie während der Aufnahme.

Produktionsassistent: Er kümmert sich um die Dinge der Produktion, die nicht bestimmten Personen zugeordnet sind.

Produktionsleiter: Er ist verantwortlich für die organisatorische Durchführung des Projektes, wählt die Drehorte aus und plant so, daß alles zur richtigen Zeit am richtigen Platz ist.

Produzent: Er trägt die finanzielle Verantwortung für das Projekt, er schafft die organisatorischen und künstlerischen Kontakte.

Regisseur: Er ist verantwortlich für die gesamte Gestaltung und Durchführung des Projektes.

Toningenieur: Er betreut den Audiorecorder und sucht die besten Aufstellmöglichkeiten für die Mikrofone.

Video-Techniker: Er bedient den Recorder am Drehort und ist für die technische Qualität des Bildes verantwortlich.

DER VIDEOFILM

DIE INSPIRATION

Nachdem wir uns mit dem praktischen Einsatz der Videoausrüstung vertraut gemacht haben, sollten wir als nächstes über die schöpferischen Möglichkeiten nachdenken. Wir beginnen damit, indem wir uns anschauen, woher die Kunst des bewegten Bildes kam — vom Kino, das es schon rund 100 Jahre gibt. Fernsehen hingegen ist noch ziemlich neu. Danach werden wir Sie, den Videoregisseur, durch einige reale Situationen führen, die Sie wahrscheinlich in den ersten Monaten mit Ihrer Kamera antreffen werden.

Das Kino

Obgleich die ersten bewegten Bilder in Europa schon gegen Ende des neunzehnten Jahrhunderts erschienen, entwickelte sich der Film erst richtig zu Beginn dieses Jahrhunderts. Die ersten Filmemacher waren praktisch in der gleichen Situation wie der Amateur-Videomacher heute, sie hatten ein neues Spielzeug und wenig Ahnung von seinen Anwendungsmöglichkeiten. Sie konnten jedoch nicht auf ein Buch zurückgreifen und lernen, wie andere Leute Filme machen, denn sie waren völlig auf sich allein gestellt.

Der amerikanische Regisseur D. W. Griffith hatte die Erfindungsgabe und schöpferische Intuition, Ideen und Techniken zur Filmherstellung weiter zu entwickeln. Die Idee, eine Geschichte zu erzählen, indem man einzelne Einstellungen aneinanderhängt — etwas, was für uns heute selbstverständlich ist — stammt von ihm. In den frühen Kinotagen war es üblich, die Kamera auf die Szene zu halten und sie dann laufen zu lassen. Das gab sehr statische Einstellungen ohne große Standpunktverschiebungen.

Griffith hatte noch andere Einfälle. Nach und nach führte er das Prinzip ein, zwischen Totale und Großaufnahme zu wechseln und auch das Verfahren, zwei Handlungen, die zur gleichen Zeit ablaufen, abwechselnd zu zeigen, um Spannung aufzubauen. Er setzte erstmals auch „Tempo" und „Rhythmus" in der Filmproduktion ein, indem er zum Beispiel die Zeitdauer für jede Einstellung variierte. Mit anderen Worten: Griffith führte das Prinzip der Montage in die Filmtechnik ein. Der Höhepunkt seiner Karriere war sein epischer Film **The Birth of a Nation** (Die Geburt einer Nation), 1915 produziert und noch heute regelmäßig vorgeführt.

Als Beispiel für die Stärke der Montage stellte ein Russe, Lew Kuleschow, ein einfaches Experiment zusammen. Er nahm fünf Folgen auf — einen Mann, der von links nach rechts geht, eine Frau, die von rechts nach links geht, ihr Zusammentreffen und Händeschütteln, den Mann, wie er auf ein Gebäude zeigt, und das Paar, wie es eine Treppe hinaufsteigt. Jede Folge kam von einem anderen Drehort, als sie jedoch zusammengeschnitten waren, sah es aus, als ob die Ereignisse alle zur gleichen Zeit am gleichen Platz stattgefunden hätten.

Noch aufsehenerregender war ein weiterer Versuch von Kuleschow. Er filmte einen Schauspieler mit einem vollständig ausdruckslosen Gesicht. In diese Szene wurden Bilder mit Dingen wie eine Suppenschüssel, ein Sarg mit einer toten Frau und eine Folge mit einem Mädchen, das mit einem Teddybären spielt, eingespielt. Das Publikum unterstellte dem Schauspieler den jeweils passenden Ausdruck von Hunger, Freude oder Trauer. Tatsächlich war das Gesicht natürlich dasselbe — ständig völlig ausdruckslos.

Diese Ergebnisse führten die Russen zu dem Schluß, daß die Montage der entscheidende Aspekt beim Filmen ist. Es spielt keine Rolle, daß diese Regeln in der Filmära aufgestellt wurden. Sie können im Videozeitalter genauso angewendet werden, da die grundlegenden Techniken heute dieselben sind.

Rechts: Eine Szene aus D.W. Griffiths Ausstattungsfilm **Intolerance** aus dem Jahre 1916.
Ganz rechts: Standfoto aus Buñuels Film **Der diskrete Charme der Bourgeoisie**, der den Einfluß des Surrealismus auf die kunstbeflissene europäische Filmproduktion zeigt.
Unten rechts: Fred Astaire und Gene Kelly als Hauptdarsteller in einem Hollywood-Musical.
Unten Mitte: Richard Burton, einer der großen Darsteller des englischen Films.
Unten: Fernsehproduktionen, wie zum Beispiel **Dallas**, werden weltweit von Millionen gesehen.

In der Zeit nach Griffith und Kuleschow entwickelte sich der Film in vielerlei Hinsicht. In den USA lag der Schwerpunkt auf dem Gebiet der Unterhaltung, der Herstellung von Filmen aus kommerziellem Interesse. Der Pomp der Broadwaymusical-Produktionen gelangte in das Kino, genauso wie die eindrucksvollen Bilder der amerikanischen Geschichte. Wenn Sie Video im großen Stil praktizieren wollen, gibt es Tausende von Anregungen in den Filmen aus Hollywood, um Sie zu inspirieren.

Das britische Theater, das mit bescheideneren Produktionsbudgets auskommen mußte, hat eine Filmtradition entwickelt, die sich mit den Schicksalen von einfachen Menschen befaßt. Filme mit Darstellern wie dem verstorbenen Richard Burton (**Blick zurück im Zorn, Wer hat Angst vor Virginia Woolf**) zeigen, wie viel mit geringen Mitteln auf die Leinwand gebracht werden kann — ein ideales Übungsstück für den Videoamateur.

Regisseure wie Antonioni und Buñuel haben künstlerischen Background und planen ihre Erzählungen viel stärker mit visuellen

Mitteln. Sie beherrschen die Kunst der optischen Gestaltung.

Obgleich Film und Video verschiedene Medien sind, ist ein Blick auf Filme dieser Art eine reiche Quelle mit neuen Ideen für den Videoamateur. Sie können Ihnen helfen, alltägliche Ereignisse auf verschiedene Art und Weise zu visualisieren, so daß aus Ihren eigenen Programmen etwas ganz Besonderes wird.

Der Dokumentarfilm

Die allermeisten Videomacher möchten wahrscheinlich einen Dokumentarfilm drehen, wenn sie ihre Ausrüstung das erste Mal benutzen. Ein Videofilm über eine Hochzeit in der Familie ist ebenso ein Dokumentarfilm wie die Aufnahme der Kinder, die Weihnachten mit ihren neuen Geschenken spielen. Dokumentarfilme stellen einen großen Anteil an den Fernsehproduktionen dar, es gibt daher hinreichend Gelegenheit, sich von Profis inspirieren zu lassen.

Der Begriff „Dokumentarfilm" wurde in den zwanziger Jahren von dem Engländer John Grierson geprägt. Sein Interesse an der Filmproduktion war zunächst rein theoretischer Natur, aber seine Untersuchung dieses Mediums einschließlich seiner Wirkung auf die Gesellschaft überzeugte ihn davon, daß der Film als Mittel für die „Aufklärung der Gesellschaft" benutzt werden kann. 1929 überredete Grierson das britische Informationsministerium, eine Filmgesellschaft zu gründen. Das Ziel war es, die Bedeutung des Dokumentarfilms für die öffentliche Bildung und Meinungsbildung einzusetzen. Unter seiner Leitung entstand eine Produktionsgruppe für Dokumentarfilme, deren Filme weltberühmt wurden. Seine Ideen beeinflußten viele Kollegen, die private Filmgesellschaften schufen. Während des Krieges setzte Grierson seine Arbeit in Kanada fort, gründete die Kanadische Filmbehörde und drehte Kriegspropagandafilme.

Der Dokumentarfilm hat sich seit jenen Tagen sehr unterschiedlich und in viele Richtungen entwickelt. Mammutserien wie „Das Leben auf der Erde" oder „Der Kosmos" sind normale Fernseh-Dokumentarfilme, die von einem großen Team mit jahrelanger Erfahrung und ausreichenden Mitteln gedreht wurden.

Als Grierson und sein Team Filme machten, gab es noch keine Regeln, an die sie sich halten konnten; sie waren in der Produktion eines Dokumentarfilmes so ungeschult wie der Neuling beim Videofilmen. Auch war ihr Stoff noch sehr schlicht — der private Videofilmer kann also von ihrer Lösung vergleichbarer Probleme beim Filmemachen eine Menge lernen.

Das Fernsehen

Das Fernsehen hat, anders als der Film, eine wesentlich kürzere Geschichte — weniger als fünfzig Jahre. Aber in diesem Zeitraum ist es ihm gelungen, das Medium der Massenkommunikation und der Unterhaltung zu werden, während das Kino nur noch als „Luxusunterhaltung" gilt.

Jedoch ist vieles in der Entwicklung des Fernsehens vom Kino übernommen worden: entweder direkt — in Form von Spielfilmen oder Kurzfilmen — oder durch Übernahme von Kinoideen wie Wochenschauen. Bis vor kurzem wurden im Außenbereich alle Nachrichten auf Film aufgenommen, und viele Fernsehfilme und -serien werden auch heute noch auf Filmmaterial produziert — ganz einfach weil der Film hinsichtlich Farbqualität und Kontrastwiedergabe überlegen ist.

Aber das Fernsehen hat natürlich eigene Methoden und Ideen entwickelt. Weil das Fernsehgerät in jedem Haushalt Platz findet, kann es die Nachrichten direkt übermitteln, häufig mit aufregenden Ergebnissen. Der Fernsehbericht über die Belagerung der iranischen Botschaft in London 1981 war fesselnder als ein Actionfilm, nicht zuletzt, weil das Geschehen live übertragen wurde.

In vielerlei Hinsicht sind die Methoden und Ideen des Fernsehens dem Videoamateur vertrauter als die des Kinos, obgleich es keine Gründe gibt, warum Sie sich auf das Fernsehen beschränken sollten, wenn Sie aus beiden Medien Ideen und Anregungen erhalten können.

Die technischen Parameter des Fernsehens haben einen direkten Einfluß auf den Amateur-Videoregisseur. Große Panoramaansichten werden fast immer vermieden; sie können auf einer Kinoleinwand gut aussehen, aber im Fernsehen verlieren sie ihre Wirkung. Andererseits wirken Filme, die sich auf Menschen und ihre Beziehungen konzentrieren, wegen des kleinen und vertrauten Bildschirms im Fernsehen besser als im Kino.

DIE HOCHZEIT

MIT DIESEM RING . . .

Das Kennenlernen der Videoausrüstung und ihre Handhabung ist eine Sache; die Anwendung und Technik für eine wirkliche Live-szene ist eine andere. Auf den folgenden acht Seiten finden Sie eine schrittweise Anleitung, wie eine Hochzeit aufgezeichnet werden kann — von den ersten Vorbereitungen bis zur Nachbearbeitung. Natürlich gibt es für Amateur-Videoaufnahmen noch mehr als nur Hochzeiten, daher werden wir uns noch viele andere Möglichkeiten und Situationen anschauen.

Obgleich Sie Beschreibungen für die einzelnen Schritte finden werden, ist es das beste, sich vor dem Beginn so viel wie nur möglich zu informieren. Sehen Sie sich auch möglichst viele professionelle Arbeiten an. Vieles, was in einer Fernsehproduktion ganz natürlich und einfach wirkt, hat vielleicht einen großen Teil der Vorbereitungen und Drehzeit in Anspruch genommen. Nehmen Sie einige Hochzeitsszenen aus Fernsehfilmen auf, wenn Sie die Möglichkeit dazu haben, und schauen Sie sich diese mehrere Male an. Beobachten Sie, wie jede Einstellung aufgebaut ist. Schreiben Sie sich die Länge der Einstellung, den Bildwinkel, die Darsteller und ihre Aussagen auf. Notieren Sie, wie der Gottesdienst beendet wird, wie viele Einstellungen das Gesicht von Braut und Bräutigam zeigen, wie viele den Geistlichen, wie viele die Gemeinde. Beobachten Sie, wie viele Einstellungen vom Gebäude, wie viele Zwischenschnitte außerhalb der Kirche gemacht wurden, wie lang und welcher Art sie waren.

Es gibt viele Filme, in denen eine Hochzeit an der einen oder anderen Stelle vorkommt. Die **Love Story** mit Ali McGraw und Ryan O'Neal ist ein besonders romantischer Film. Der Film **Die Reifeprüfung** endet mit einer Gesellschaftshochzeit, die plötzlich durch das Eingreifen von Dustin Hoffman abgebrochen wird. Hochzeiten gibt es überreichlich in **Der Pate, Camelot** oder **Nur ein Hauch Glückseligkeit**. Sie können sogar einige Gedanken aus etwas makabren Hochzeiten übernehmen. Schauen Sie sich auch die „lebensechten" Hochzeitsfilme an, die vielleicht einer Ihrer Freunde besitzt. Sie liefern meist besonders gute Ideen und zeigen Ihnen, wie andere es machen — vielleicht auch, wie Sie es nicht machen sollten.

Wenn Sie sich alles gut überlegt haben, können Sie nun zu den ersten Schritten der Planung und Aufnahme Ihres eigenen Hochzeitsfilmes kommen. Denken Sie daran, daß es eine Familienveranstaltung ist. Sie bewahren etwas Persönliches auf, das viele Jahre in Ehren gehalten wird; deshalb muß das Menschliche im Vordergrund stehen: die Tränen der Rührung, die der Oma in den Augen stehen, das nervöse Zupfen an der Fliege des Brautvaters, die bewundernden Blicke der blumenstreuenden Kinder, das ernste und doch gütige Gesicht des Geistlichen — und natürlich die deutlich erkennbare Freude auf den Gesichtern der Brautleute.

Lassen Sie sich nicht dazu verleiten, diese wichtigen Dinge einer „großen ästhetischen Gestaltung" zu opfern. Braut und Bräutigam wollen sich selbst im Mittelpunkt sehen und nicht als Kleindarsteller in einem großen Spektakel. Auf alle Fälle können Sie zu einem späteren Zeitpunkt umschneiden, um die künstlerischen Ideen zu verwirklichen, die Sie vielleicht gehabt haben, aber machen Sie das nicht zum alleinigen Ziel bei der Nachbearbeitung Ihres Materials.

Vorbereitungen

Dazu gehören zwei Teile — der kreative und der praktische Teil. Beide gehen Hand in Hand. Der kreative Teil beinhaltet auch, soviel wie möglich über die beiden beteiligten Familien herauszufinden. Wenn sie Freunde von Ihnen sind, so werden Sie sowieso schon eine Menge über sie wissen, aber graben Sie ein bißchen tiefer in ihrer Vergangenheit. Fragen Sie nach ihrer Kindheit, wo sie aufgewachsen sind, was sie einmal werden wollten. Reden Sie mit ihren Eltern. Mütter und Väter werden häufig Anekdoten über die Vergangenheit der Braut oder des Bräutigams enthüllen, die Sie in Ihren Film einarbeiten können. Plaudern Sie mit dem Freund des Bräutigams und der Brautjungfer — vielleicht haben diese einen Streich geplant, auf den Sie sich vorbereiten können.

Legen Sie fest, wann die Berichterstattung beginnen soll. Sie können zum Beispiel bei der Braut bleiben, wenn sie sich herausputzt, frisiert und geschmückt wird und schließlich zur Kirche aufbricht. Verwenden Sie solches Material, um die Spannung, Nervosität und Aufregung vor dem großen Moment zu zeigen. Sie können das gleiche mit dem Bräutigam machen, aber die Braut bildet gewöhnlich den Mittelpunkt bei einer Hochzeit. Wenn Sie das Glück haben und ein Freund dabei ist, der ebenfalls mit Kamera und Recorder ausgestattet ist, dann kann einer die Braut und der andere den Bräutigam übernehmen, und zum Schluß können Sie beide Aufnahmen zusammenschneiden.

Wofür Sie sich auch entschließen, als nächstes kommt der praktische Teil der Vorbereitungen. Es ist unumgänglich, daß Sie vorher die Kirche und den Platz anschauen, an dem der Empfang stattfindet. In der Kirche sollten Sie unbedingt mit dem Geistlichen sprechen und herausfinden, wieviel Sie von dem Gottesdienst aufnehmen dürfen und unter welchen Bedingungen; wird er zusätzliche Beleuchtung genehmigen; wird er erlauben, daß Sie ganz dicht an das Brautpaar herankommen; wird er überhaupt eine Aufnahme erlauben? Die Antworten auf diese Fragen entscheiden darüber, wie Sie den Gottesdienst selbst aufnehmen werden. Falls keine Aufnahmen erlaubt sind, müssen Sie vorsichtig wenigstens den Ton registrieren und Zwischenschnitte finden, wie das Äußere der Kirche, Fotos, Einladungskarten usw., die zu dem Ton eingeblendet werden.

Nehmen wir an, daß Aufzeichnen erlaubt ist. Sie sollten als nächstes dann das Vorhandensein von Steckdosen prüfen und ausrechnen, wie viele Verlängerungskabel erforderlich sind. Prüfen Sie die Beleuchtungseinstellungen und vor allem die Kamerawinkel, sowohl drinnen als auch draußen. Ermitteln Sie, wo die Sonne während der Hochzeit steht und ob es störende Geräuschquellen gibt.

Treffen Sie die gleichen Vorbereitungen dort, wo der Empfang stattfindet. Denken Sie auch an den Transport Ihrer Ausrüstung von einem Drehort zum anderen. Sie sollten dafür sorgen, daß Sie nach der Kirche früher als das Brautpaar bei dem Empfang ankommen und noch vor ihrem Eintreffen Ihre Ausrüstung aufgebaut haben. Sie könnten auch Ihren Freund mit der zweiten Kamera bitten, beim Empfang zu filmen und schon vor dem Eintreffen der Gäste dort zu sein. Sie können sich aber auch erst zum zweiten Schauplatz begeben, wenn das Paar aus der Kirche kommt. Dort gibt es noch immer eine Wartezeit, wenn die „offiziellen" Fotografen ihre Aufnahmen machen, die Sie natürlich später als Zwischenschnitte verwenden können.

Schließlich sollten Sie eine kurze Einstellungsliste, ein sogenanntes Storyboard, abfassen. Das stellt sicher, daß Sie nicht die vielen tollen Ideen vergessen, die Sie in der Planungsphase hatten, und Sie müssen sich nicht ständig über die nächste Einstellung Gedanken machen.

Denken Sie daran, daß die Hochzeit ihren Verlauf nimmt, ob Sie die Szene nun eingefangen haben oder nicht — eine Wiederholung ist nicht möglich.

DER GOTTES-DIENST

Aufgrund Ihrer Vorbereitungen wissen Sie, was passiert und wann es passiert. Falls Sie niemals vorher auf einer Hochzeit waren, beschaffen Sie sich das Programm des Gottesdienstes und lesen Sie es sicherheitshalber mehrmals durch. Noch besser ist es, wenn Sie vorher an einer anderen Hochzeit als „Zaungast" teilnehmen und sich dabei Notizen machen. Sprechen Sie in jedem Fall vorher mit dem Geistlichen und fragen Sie ihn, wenn es noch Unklarheiten gibt.

Nehmen wir an, daß Sie alle Einstellungen, die vor dem Gottesdienst anfallen, festgelegt haben. Dann ist es Ihre erste Aufgabe, wenn Sie in der Kirche ankommen, alles nach Ihrem vorbereiteten Plan aufzubauen. Das muß vielleicht sehr schnell geschehen, da möglicherweise direkt vor der Hochzeit, die Sie aufnehmen wollen, ein anderer Gottesdienst stattfindet.

Seien Sie als erster da!

Sie sollten vor dem ersten Gast am Ort sein. Wenn Ihre Ausrüstung aufgebaut ist, können Sie noch einige allgemeine Aufnahmen machen, die Sie später zwischenschneiden können. Etwa 30 Minuten vor Beginn des Gottesdienstes kommen die ersten Gäste und nehmen ihre Plätze ein.

Der Bräutigam kommt ohne besondere Zeremonien an. Er wird wahrscheinlich einige Gäste begrüßen und freudig erregt oder etwas nervös aussehen und dann Platz nehmen.

Die Braut kommt

Zur festgesetzten Zeit wird die Familie der Braut, gefolgt von der Braut und ihrem Vater, ankommen. Das ist der erste große Augenblick. Die Braut wird meist von dem Geistlichen am Kirchenportal begrüßt, der sie dann zum Altar geleitet. Manchmal wartet der Pfarrer auch vor dem Altar auf das Brautpaar. Dann beginnt der Gottesdienst. Eine zweite Kamera, die die Braut aufnimmt, wenn sie den Mittelgang hinaufkommt, wäre eine gute Lösung. Andernfalls müssen Sie entscheiden, ob Sie sie während der Wagenvorfahrt aufnehmen, dann stoppen und vor ihr in die Kirche laufen, um den Hochzeitszug von einem anderen Standpunkt aus aufzunehmen, oder ob Sie ihr einfach folgen und den Zug von hinten aufnehmen.

Die Trauung

Die meisten Trauungen beginnen mit einem Kirchenlied. Sie können diese Gelegenheit nutzen, um die Kamera neu aufzustellen, damit Sie für die eigentliche Trauzeremonie in der richtigen Aufnahmeposition sind. Wenn Sie den Ton separat aufzeichnen, so können Sie das Kirchenlied in Ihrem fertigen Zusammenschnitt berücksichtigen. Nehmen Sie das Brautpaar während der ersten beiden Verse auf, stoppen Sie dann die Kamera, richten Sie sie neu ein und kommen Sie während der letzten Strophe auf das Brautpaar zurück. Für die Zeit dazwischen können Sie allgemeine Aufnahmen vorsehen, die Sie jederzeit (und nicht unbedingt während des Gottesdienstes) machen können.

Der Gottesdienst erreicht mit dem Moment der Eheschließung seinen Höhepunkt. Das wechselseitige Ja-Wort, der Ringtausch, der Segen des Geistlichen – das sind Szenen, die Sie auf keinen Fall verpassen dürfen! Sie können zwischen Großaufnahmen und Weitwinkeleinstellungen wählen. Wenn Sie ohne separate Tonaufzeichnung arbeiten, sollten Sie daran denken, daß Sie jedesmal, wenn Sie die Kamera starten oder stoppen, die Sätze zerhacken.

Der Geistliche wird eine kurze Predigt halten. Auch hierbei gibt es gute Gelegenheiten für interessante Einstellungen. Ein weiteres Kirchenlied führt dann zum Schluß des Gottesdienstes.

Die Neuvermählten schreiten dem Portal zu. Natürlich haben Sie sich vorher genau überlegt, von wo aus Sie die besten Aufnahmemöglichkeiten haben. Sie müssen schon dort sein, bevor das Paar sich nähert. Sollten draußen Kinder sein, die Blumen streuen, ergeben sich zusätzliche reizvolle Motive. Vor der Kirche nimmt das Paar die Glückwünsche der Verwandten und Freunde entgegen. Das sollten Nahaufnahmen werden!

Zwischenschnitte

Zwischenschnitte sind allgemeine Aufnahmen, die in den endgültigen Zusammenschnitt einfließen, um eine Störung im Bild oder einen technischen Fehler zu überbrücken. Versuchen Sie, von jedem Familienmitglied und von jedem Gast eine Aufnahme zu bekommen – möglichst, wenn sie gerade etwas Unkonventionelles tun (besonders die Kinder). Eine solche Aufnahme sorgt auch dafür, daß sich jeder in die Handlung einbezogen fühlt. Andere Zwischenschnitte sind zum Beispiel Aufnahmen des Organisten oder die Kirche in wechselnden Perspektiven.

Wenn Sie beim Schneiden merken, daß Sie nicht genügend Füllmaterial haben, so gehen Sie einfach zur Kirche zurück und nehmen Sie noch einige Meter auf. Aufnahmen des Organisten können Sie zum Beispiel während eines Sonntagsgottesdienstes machen.

Die Abfahrt

Nachdem die offiziellen Fotos auf dem Kirchengelände gemacht sind, folgt die Abfahrt zum Empfang. Sie müssen sich entscheiden, ob Sie vor der Gesellschaft beim Empfang eintreffen wollen oder ob Sie die Abfahrt aufnehmen und nach ihr beim Empfang ankommen wollen. Mit zwei Kameraleuten läßt sich dieses Problem leichter lösen.

DER EMPFANG

Hier müssen Sie Ihre Gedanken ganz besonders beisammen haben. Es gibt keine festen Regeln für einen Hochzeitsempfang. Sie haben sich zwar schon vorher mit den Örtlichkeiten vertraut gemacht, aber wie das Ereignis ablaufen wird, ist nicht in allen Einzelheiten vorherzusehen.

Für gewöhnlich beginnt der Empfang mit der Begrüßung der Gäste durch Braut und Bräutigam. Danach gibt es häufig eine Pause; Zeit genug für den Aufbau drinnen. Sie können sogar noch einige Interviews machen. Diese kleinen improvisierten Kommentare sind als Zwischenschnitte sehr nützlich und dienen dazu, alle Gäste in das fertige Werk einzubeziehen.

Begrüßung der Gäste

Das Brautpaar begrüßt die ankommenden Gäste. Versuchen Sie eine Einstellung, bei der die Empfangslinie klar als Diagonale quer über den Bildschirm zu sehen ist, sie kann durch einige Zwischenschnitte mit Großaufnahmen von Gesichtern unterbrochen werden.

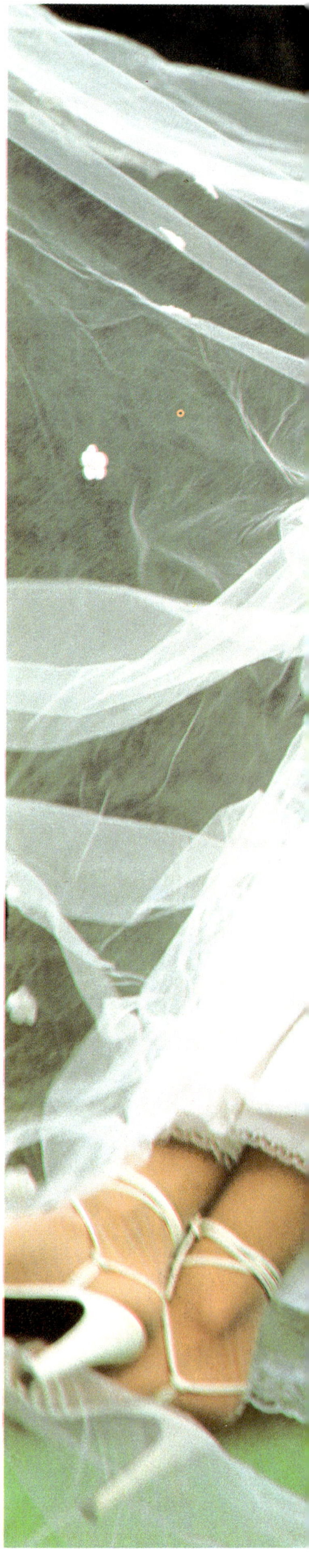

Der Begrüßungsdrink

Nach der Begrüßung kann das Fest einen sehr unterschiedlichen Verlauf nehmen. Bis alle Gäste begrüßt sind, werden normalerweise Drinks gereicht. Danach werden die Gäste in den Speisesaal an die Tafel gebeten. Das kann ein formelles Essen, aber auch ein Stehbüfett sein. Gelegentlich findet das Festessen nicht im Haus, sondern in einem großen Zelt oder ganz im Freien statt. Die besten Aufnahmen bei Tisch sind kurze Szenen von essenden Personen und Späße von Kindern und Erwachsenen.

Nach dem Hauptgericht ist es oft Brauch, den Hochzeitskuchen anzuschneiden, und es werden Ansprachen gehalten. Danach verläuft die Feier weniger förmlich und endet schließlich mit der Abfahrt der Jungvermählten.

Sie brechen in die Flitterwochen auf. Jetzt sollten Sie filmen, wie das Brautpaar verabschiedet wird, in das Auto steigt und davonfährt. Oft sind scheppernde Dosen, die Hochzeitsgäste an das Auto gehängt haben, oder ähnliche Scherze eine unterhaltsame Einlage.

Sehr häufig folgt noch ein abendliches Hochzeitsfest, und Sie können mit Ihrer Berichterstattung die feucht-fröhliche Stimmung einfangen. Versuchen Sie, so viele Schnappschüsse wie nur möglich zu bekommen. Wenn Sie einen Freund dabei haben, der ein guter Schauspieler ist, so lassen Sie ihn einen professionellen Interviewer spielen, der herumgeht und Kommentare von den Teilnehmern aufnimmt. Wieder könnte das abfahrende Paar den Abschluß Ihrer Aufnahmen bilden.

Die Ansprachen

Die nun folgenden Szenen ähneln ein wenig politischen Versammlungen. Versuchen Sie den Übergang von leicht nervöser Spannung zu gelöster Freude einzufangen. Aufnahmen von den Reaktionen der Gäste sind an dieser Stelle sehr nützlich — besonders aber von der Braut, wenn zum Beispiel die Damenrede gehalten wird.

Der Hochzeitskuchen

Obgleich Sie auch hier den üblichen Einstellwinkel nehmen können, können Sie auch einmal einen ungewöhnlichen Blickwinkel versuchen. Nehmen Sie entweder von ganz unten oder ganz oben sogar vom Standpunkt des Brautpaares aus auf.

Die Abendveranstaltung

Die Zeit für ausgelassene Freude im allgemeinen Trubel. Versuchen Sie, dieses Gefühl durch ungewöhliche Perspektiven widerzuspiegeln, durch Aufnahmen von Leuten, die sehr lustig sind und den kuriosen Zwischenschnitt des Gastes, der zuviel getrunken haben könnte, oder die neue Romanze, die in der Ecke erblüht. Kleine Interviews sind hier besonders angebracht, da die Getränke und die Stimmung jeden entspannt und viel von der anfänglichen Kamerascheu genommen haben.

EINSTELLUNGS- UND SCHNITTFOLGE

Die Basis für den fertigen Videofilm sind die Aufnahmen, die an dem Hochzeitstag gemacht wurden. Aber es gibt weitere Dinge, die Sie hinzufügen können. Naheliegend sind Einladungskarten, das Programm des Gottesdienstes, eine Seite aus dem Gesangbuch, der Hotelprospekt (falls der Empfang in einem Hotel stattfindet), Schallplattenhüllen (falls getanzt wird), Seiten aus dem Hochzeitskleider-Katalog, die offiziellen Hochzeitsfotos usw.

Da Ihr Videofilm eine rein private Angelegenheit ist, können Sie auch Ausschnitte aus Fernsehen, Filmen und Büchern verwenden. Alte Familienfotos und Erinnerungsfotos von der Braut und dem Bräutigam im Kindesalter sind sehr interessant, ebenso wie Bilder, die sie in ihrem Berufsleben zeigen.

Wenn Sie eine durchgehende Tonaufzeichnung von der Trauung haben, so können Sie den gesamten Gottesdienst in Ihren Videofilm einbauen. Die Teile des Gottesdienstes, zu denen es keine passende Videoaufzeichnung gibt, können durch Zwischenschnitte aufgefüllt werden. Vielleicht wollen Sie den Gottesdienst auch kürzen oder schneiden; die meisten Gottesdienste dauern ungefähr 30 Minuten, und das ist eine lange Zeit für einen Videofilm. Die Aufnahmen von dem Empfang und der Abendveranstaltung können eine Auswahl von Schnappschüssen sein, es sei denn, daß Sie sie zu einer Geschichte zusammenbauen.

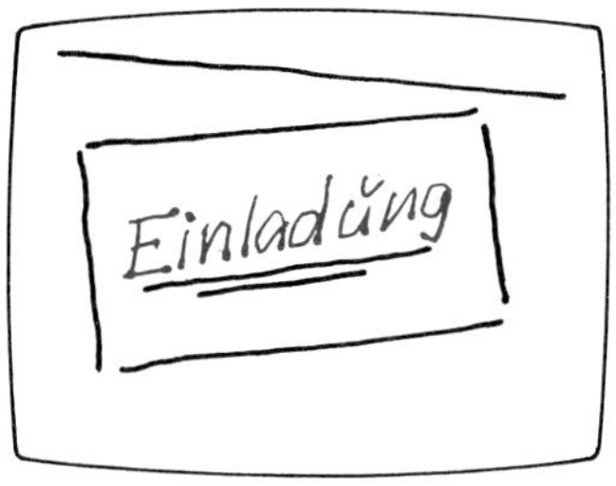

1 Der Vorspann: Eine Aufnahme der Einladungskarte oder vielleicht auch ausgebreitete Hochzeitszeitungen mit der Einladung in der Mitte sehen gewöhnlich sehr gut aus. Machen Sie einen Schwenk über die Zeitungen, stellen Sie dann die Kamera auf die Karte ein und zoomen sie ein, bis sie den gesamten Bildschirm ausfüllt.

2 Die Braut wacht auf: Diese Szene muß wahrscheinlich simuliert werden: Nehmen Sie die schlafende Braut auf; Schnitt zum Wecker, Schnitt zur aufwachenden Braut. Diese Folge kann fortgesetzt werden: Die Braut verläßt das Haus und kommt beim Friseur an. Schnitt zur Braut, die zu Hause mit einer neuen Frisur erscheint.

3 Die Braut bereitet sich vor: Die Spannung steigt. Einstellungen von der Braut, die ihr Hochzeitskleid anzieht. Zwischenschnitte von den anderen Familienmitgliedern, die sich fertigmachen und im Haus herumwirbeln.

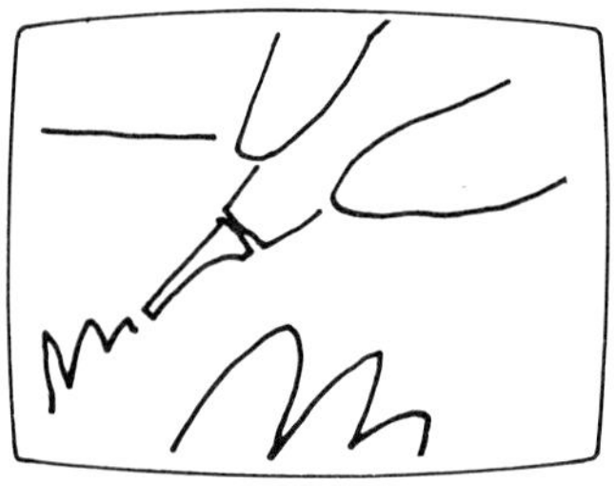

8 Aushändigung der Trauurkunde: Vielerorts ist es üblich, daß dem jungen Paar im Anschluß an den Gottesdienst die Trauurkunde ausgehändigt wird. Das geschieht meistens in der Sakristei. Versuchen Sie, dem Paar zu folgen und den Moment einzufangen. Sie sollten sich vorher vergewissert haben, daß Ihnen genügend Lichtquellen zur Verfügung stehen.

9 Auszug aus der Kirche: Diese Szene kann entweder von Ihrem Standort oder vom hinteren Kirchenraum aus aufgenommen werden. Im zweiten Fall können Sie das Paar solange aufnehmen, bis es die Kirche verlassen hat. Blenden Sie dann aus.

10 Abfahrt des Brautpaares: Nehmen Sie Braut und Bräutigam auf, wie sie zum Wagen gehen; machen Sie einen Schwenk und folgen Sie ihnen bis zur Wagentür. Nehmen Sie sie durch das Autofenster auf, wie sie in den Wagen steigen. Schlußeinstellung: das winkende Paar im Wagen, der Wagen fährt ab.

15 Die Ansprachen: Zwischen dem Anschneiden des Hochzeitskuchens und den Reden sollten ein paar allgemeine Aufnahmen eingeschoben werden. Beginnen Sie mit einer halbgroßen Aufnahme des Redners: Zwischenschnitt mit Fingern, die nervös mit Notizen spielen. Versuchen Sie, die Reaktionen der Gäste auf einige der Witze und Anekdoten ins Bild zu bekommen.

16 Die Abfahrt: Noch mehr allgemeine Aufnahmen, auch von den Gästen, die ihre Mäntel anziehen und sich verabschieden. Folgen Sie dem Brautpaar. Großaufnahme, wie es sich anschaut; halten Sie zwei Sekunden inne, dann Schnitt, wie es nach draußen geht. Aufnahme draußen, wie es in den Wagen steigt und wegfährt.

17 Die Abendveranstaltung: Zeigen Sie für diesen Teil des Festes eine Aufnahme der Einladungskarte. Dann folgen lebendige Szenen vom Eintreffen der Gäste; Schwenk zum kalten Büfett.

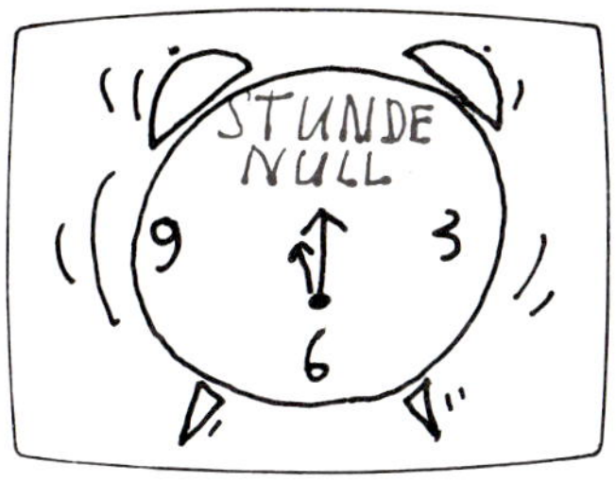

4 Die Abfahrt: Beginnen Sie mit der Großaufnahme einer Uhr, die 0 Uhr anzeigt. Allgemeine Unruhe, Türklappen, wenn der erste Wagen ankommt. Die Geräusche und das geschäftige Treiben nehmen ab, während mehr und mehr Personen abfahren. Letzte Einstellung von der Braut allein mit ihrem Vater, die durch die Vordertür hinausgehen.

5 Bräutigam und Kirche: Während die letzte Folge läuft, machen Sie Zwischenschnitte mit Aufnahmen des Bräutigams, der vor der Kirche nervös auf- und abgeht, während die Gäste eintreffen.

6 Fahrt und Ankunft der Braut: Nehmen Sie die Ankunft des Wagens auf. Braut und Vater steigen aus, werden vom Geistlichen begrüßt. Kurze Pause für den Fotografen, dann Eintritt in die Kirche. Folgen Sie ihnen und behalten Sie sie im Bild, während sie zum Altar schreiten. Ausblenden nach Schwarz.

7 Nehmen Sie eine Position im Chor ein: Einblenden. Schwenk zum Geistlichen und Einzoomen zu einer halbgroßen Einstellung seines Gesichtes, wenn die Zeremonie beginnt. Behalten Sie den jeweils Sprechenden im Bild. Zum Glück geht niemand weit weg, so daß ein Schwenk von einer Person zur anderen machbar ist.

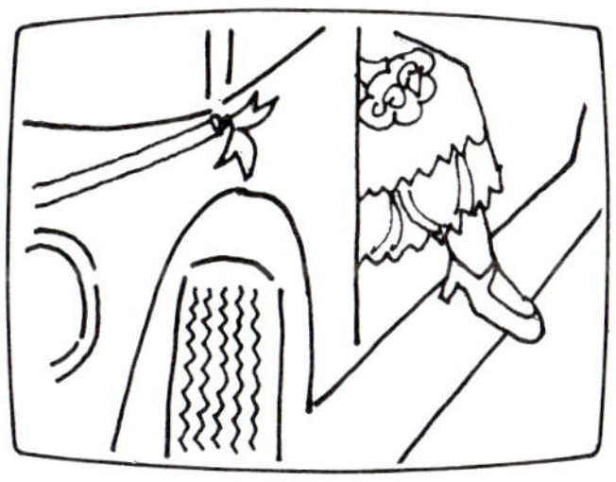

11 Ankunft beim Empfang: Nehmen Sie den Wagen auf, wie er anhält und Braut und Bräutigam aussteigen, und folgen Sie ihnen wie ein Nachrichtenreporter in das Empfangsgebäude. Je geschäftiger das wirkt, desto besser.

12 Die Begrüßung: Eine Reihe von Menschen — die Braut, der Bräutigam und ihre jeweiligen Verwandten. Alle Gäste werden begrüßt. Versuchen Sie einen ungewöhnlichen Blickwinkel, und nehmen Sie zum Beispiel aus der Sicht der Braut auf, machen Sie Zwischenschnitte mit Großaufnahmen von den Gesichtern der Gäste.

13 Einstellungen von den Gästen beim Essen und Trinken: Totale, Zwischenschnitte mit Großaufnahmen von besonders interessanten Augenblicken. Falls möglich: Zwischenschnitte mit Kurzinterviews.

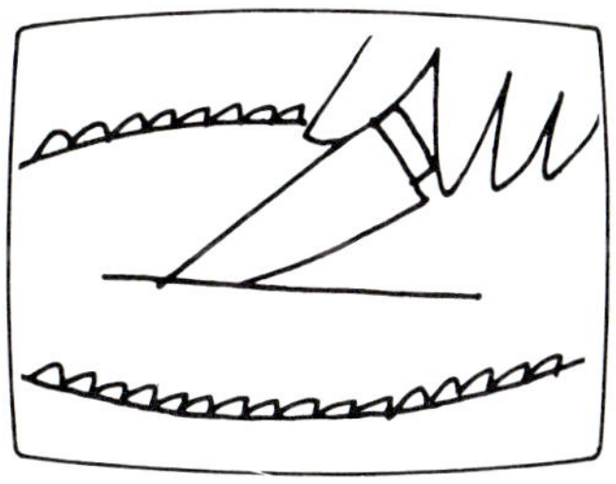

14 Das Anschneiden des Hochzeitskuchens: Dabei gibt es gewöhnlich eine Ansprache. Eine Totale kann durch Großaufnahmen der Gesichter des Brautpaares, des Kuchens und dann des Messers beim Schneiden der Tortenstücke und durch eine Einstellung aus der Sicht der Braut unterbrochen werden.

18 Übersichtsaufnahme: Heiteres Geplauder und viel Bewegung, laute Musik und Menschen, die sich vergnügen. Eine gute Gelegenheit, um einige Effektfilter auszuprobieren.

19 Kurzinterviews: Versuchen Sie, so viele Personen wie nur möglich zu interviewen; fragen Sie, was sie von der Feier, der Braut und dem Bräutigam halten. Fragen Sie sie, ob sie irgendwelche spaßigen Geschichten über die Braut oder den Bräutigam kennen.

20 „Nebenschauplätze": Aufnahmen des Gastes, der eingeschlafen ist oder des Pärchens, das sich gerade näherkommt. Takt ist zwar wichtig, aber er sollte Sie nicht daran hindern, diese Art von Aufnahmen zu machen.

21 Abfahrt in die Flitterwochen: Wie bei der schon beschriebenen Abfahrt: Aufnahmen von Menschen, die ihre Mäntel suchen, Schnitt zum Brautpaar, das abfährt. Schwenk zu den Zurückbleibenden, die dem Paar nachwinken. Ausblenden zum Nachspann.

VIDEO IM URLAUB

Überlegen Sie sich zunächst, ob Sie bereit sind, für Ihre Urlaubsvideos einige Unbequemlichkeiten in Kauf zu nehmen. Neben der teuren und schweren Videoausrüstung müssen Sie noch zwei oder drei Ersatzbatterien und ein Ladegerät für die Wiederaufladung mitnehmen. Denken Sie auch eventuell an ein leichtes Stativ.

Die Zollbestimmungen Ihres Reiselandes müssen Sie ebenfalls kennen, außerdem sollte die Ausrüstung ausreichend versichert sein. Andere Risiken im Urlaub sind Diebstahl und Beschädigungen, besonders wenn Sie am Strand sind. Sand und Videokameras vertragen sich nicht!

Auf der kreativen Seite sind einige Vorbereitungen erforderlich, wenn Sie gute Aufnahmen bekommen wollen oder an den richtigen Plätzen zur richtigen Zeit sein wollen. So sollten Sie sich über die örtlichen Verhältnisse, Sitten und Veranstaltungen informieren. Wir schlagen Ihnen nicht vor, die Videoaufnahmen wie eine militärische Operation zu planen — schließlich soll man seine Ferien genießen — aber wenn Sie sich schon die Mühe machen und die Ausrüstung mitschleppen, dann lohnt es sich, etwas Zeit zu opfern, um die Aufnahmen zu bekommen, die andere Urlauber vielleicht verpassen. Wenn Sie etwas mehr über Ihr Ferienziel herausfinden, so werden Sie davon generell profitieren; diese Vorarbeiten sind daher keine verlorene Zeit.

Papierkram:

Zollbestimmungen: Sie sollten mit der Zollbehörde klären, welche Papiere Sie benötigen, damit Sie Ihre Ausrüstung unbehelligt über die Grenzen mitnehmen können und auch bei der Wiedereinreise in Ihr Herkunftsland keine Schwierigkeiten bekommen. Vielleicht benötigen Sie nur die Kaufbelege, vielleicht müssen Sie aber auch eine spezielle Zollerklärung ausfüllen. Sollten Sie mehrere Ländergrenzen überschreiten, könnten Sie auf unterschiedliche Bestimmungen treffen.

Versicherung: Nicht so kompliziert wie die Zollbestimmungen und in der Tat nicht unbedingt erforderlich. Wenn Sie jedoch für den finanziellen Verlust Ihrer Videoausrüstung allein aufkommen müssen sowie für mögliche Forderungen von Dritten, falls Sie einen Unfall verursachen, während Sie sie benutzen, so ist die Versicherung die verhältnismäßig geringe Prämie wohl wert. Eine Videoausrüstung zieht überall in der Welt Diebe an, und die Aussichten, Ihre Ausrüstung im Ausland wiederzubekommen, sind sehr gering. Mehr darüber auf Seite 148.

Die Vorbereitung

Vorbereitung bedeutet hier, so viel wie möglich über das Reiseziel herauszufinden, so daß Sie weder ein besonderes Ereignis noch eine der weniger bekannten Sehenswürdigkeiten oder Reize der Gegend verpassen. Eine gute Planung gewährt Ihnen mehr Beweglichkeit am Zielort und läßt Ihnen Zeit für das Wesentliche. Als lohnende Objekte kommen in Betracht:

Gebäude: Natürlich haben Sie die üblichen Touristenplätze wie große Kathedralen in den Städten notiert, aber lassen Sie nicht die weniger imponierenden Gebäude links liegen. Ein Bauernhaus in der Provence kann genauso interessant aussehen wie zum Beispiel Londons Westminster Abbey.

Bei den bekannteren Gebäuden können Sie etwas über ihre Geschichte herausfinden; eine große Kirche hat vielleicht einen schiefen Turm oder weist verschiedene architektonische Stilelemente auf, weil der Bau innerhalb einer Epoche nicht fertiggestellt werden konnte und nachfolgende Baumeister bei der Vollendung des Bauwerks dem Geschmack ihrer Zeit gefolgt sind. Fotos in Fremdenführern oder auf Postkarten können Ihnen schon einige Ideen für ungewöhnliche Kameraeinstellungen geben oder Ihnen Ansichten zeigen, Aufschluß geben über interessante Gebäude und ihre Bewohner oder Besucher.

Landschaften: Diese sind so vielfältig wie die Architektur eines Landes, besonders in Farben und Formen. Fotos in Fremdenführern zeigen Ihnen, was Sie erwartet. Beim Stichwort Tunesien z.B. denken Sie sofort an endlose Wüsten, an palmenbestandene Oasen und weiße Häuser am blauen Meer. Die geometrische Form einer gelben, mit Kakteen besäumten Landstraße, die sich meilenweit schnurgerade bis zum Horizont hinzieht, ist besonders ausdrucksstark und dieses Bild kann in Gegensatz gebracht werden zu der üppigen Vegetation der Städte und Oasen.

Menschen: Sie sind die interessantesten, farbigsten und abwechslungsreichsten Elemente in einem Urlaubsvideofilm. Das ist wie mit den meisten Dingen; wenn Sie ein wenig die ausgefahrenen Geleise verlassen und die „wirklichen" Bewohner des Landes suchen (nicht die „professionellen" Gruppen für Touristen), so sind diese oft gern bereit, vor Ihrer Kamera aufzutreten. Die meisten Leute sind auf ihr Land stolz und werden daher alles tun, damit dieses Bild ins Ausland kommt. Beobachten Sie Menschen, die gewöhnliche Dinge tun – wenn sie zu einem anderen Kulturkreis gehören, haben sie ihren eigenen Reiz. Typisch für Frankreich ist eine Gruppe Franzosen, die an einem frühen Frühlingsabend vor einem Straßencafé sitzen. Typisch italienisch ist eine Mutter, die ihr Kind mit lauter Stimme zum Abendessen ruft. Solche Eindrücke sind viel unverfälschter und authentischer als die „Lokalfarbe", die Reisegesellschaften auftragen, um die Touristen zufriedenzustellen.

Sitten und Bräuche: Sie gehören zum Leben aller Völker, werden aber immer häufiger zu touristischen Veranstaltungen. Über die bekannteren Ereignisse in Ihrem Reiseland wie die größeren religiösen Feste usw. werden Sie einiges nachlesen können. Wenn Sie etwas in die Tiefe gehen, so werden Sie von Bräuchen hören, die praktiziert werden, weil die Einheimischen es wünschen und nicht extra arrangiert werden, um die Touristen zu unterhalten. In einer abgelegenen österreichischen Stadt gibt es beispielsweise den Brauch, eine besondere Glocke jeden Donnerstagabend um 18.45 Uhr zu läuten, weil exakt um diese Zeit an einem Donnerstag die letzte napoleonische Kompanie fluchtartig das Dorf verlassen hatte.

Tiere: Die Tierwelt trägt viel zu der Atmosphäre einer Gegend bei und verdient daher Beachtung. Die Alligatoren in Florida sind genauso ein Teil der Eigenart dieses Landes wie die Pferde der Camargue; die Rentiere Lapplands sind ebenso typisch für den Norden, wie es die Kamele für die Sahara sind.

Praktische Tips

Was Sie mitnehmen müssen:

Kamera – Vergewissern Sie sich, daß sie einwandfrei arbeitet und daß sie auch unter extremen Temperaturbedingungen, wie sie in manchen Ländern herrschen, funktioniert.

Recorder – Muß wie die Kamera ebenfalls überprüft werden.

Netzteil/Ladegerät – Wichtig, um die Batterien aufzuladen und um den Recorder zur Überprüfung der Aufnahmen zu betreiben. Prüfen Sie, ob es auch mit der in Ihrem Ferienland vorhandenen Netzspannung arbeitet.

Batterien – Nehmen Sie wenigstens drei Stück mit. Prüfen Sie sie auf Beschädigungen und ob sie unverbraucht sind. Ein Batteriegürtel könnte Ihre Anlage über einen noch längeren Zeitraum versorgen.

Stativ – Ein leichtes Stativ ist recht praktisch, sollte es sich jedoch als zu sperrig erweisen, so können Sie ein Einbeinstativ versuchen.

Cassetten – Nehmen Sie wenigstens drei 60-Minuten-Cassetten von bester Qualität mit. Es könnte schwierig werden, in einer abgelegenen Gegend neue zu kaufen.

Weitere Möglichkeiten sind ein oder zwei batteriebetriebene Leuchten und ein kleiner tragbarer Farbmonitor. Solche gibt es bereits mit einer Bildschirmgröße von 10 Zentimetern. Nehmen Sie auch einen Audiorecorder, ein Mikrofon, Batterien und Audiocassetten mit. Diese sind sehr nützlich, um über lange Passagen Hintergrundton aufzunehmen. Ebenso können Sie damit den Ton einer kamerascheuen Musikgruppe aufnehmen, und diesen Ton später auf die Tonspur des Videobandes überspielen, das Aufnahmen der Gegend ohne eigenen interessanten Ton zeigt.

THEMENSUCHE

Nachdem Sie über Ihr Reiseziel nachgelesen haben und dort angekommen sind, sehen Sie, wie weit sich Ihre Erwartungen erfüllen. Jetzt kann Ihr Konzept vom Film sich den Gegebenheiten anpassen. Nehmen wir beispielsweise einen Tag an der See. Die Hafenstadt, ihre Bewohner, der Strand, die Dünen — alles ist vom Meer geprägt. Also nehmen Sie die See zum Ausgangspunkt.

Sie können mit einer Aufnahme des Sonnenaufgangs am Meer beginnen — das kann mit einem orangefarbenen Verlauffilter simuliert werden. Wechseln Sie auf ein Bild über, das Wellen zeigt, die gegen die Felsen schlagen, und zoomen Sie dann auf die Strandszene als Ganzes ein. Sie können hier Aufnahmen von im Sand spielenden Kindern, von kreischenden Möwen, den Klippen, dem Strandkorbvermieter und dem Eisverkäufer einfügen. Diese Bildfolge kann dann in umgekehrter Reihenfolge, aber vielleicht viel schneller, aufgenommen werden, so daß Sie wieder bei den gegen den Felsen krachenden Wellen enden. Sie haben Ihre Einstellung so gewählt, daß Sie, wenn Sie nach links schwenken, die Fischerboote im Hafen aufnehmen. Das kann zu einer Serie von Aufnahmen über Boote und — noch wichtiger — über die Leute, die mit ihnen fahren, führen. Vielleicht sitzen sie auf der Kaimauer und flicken ihre Netze oder trinken zusammen in der Bar.

Machen Sie den ganzen Tag so weiter. Jede Folge kann durch eine Ansicht oder eine Aussicht auf das Meer ergänzt werden, oder es ist nur das Rauschen des Meeres von der Tonspur zu hören und das Meer selbst überhaupt nicht zu sehen.

Der Strand — Probleme und Möglichkeiten

Das praktische Problem bei der Aufnahme am Strand und an der Küste liegt darin, daß Sand und Wasser die mechanische und elektronische Ausrüstung beschädigen können, wenn Sie nicht sehr vorsichtig sind. Lassen Sie die Kamera oder den Recorder nie an Stellen liegen, an denen es Sand gibt. Sie sollen natürlich am Strand aufnehmen, aber lassen Sie die Ausrüstung im Auto oder im Hotel, wenn Sie nicht gerade damit arbeiten wollen. Sie können den Recorder von der Autobatterie aus versorgen, wenn Sie in der Nähe arbeiten, oder die Autobatterie zur Aufladung der Portablebatterie verwenden. Es lohnt sich zu versuchen, die Ausrüstung zum Schutz in Plastikbeutel einzukleben und nur das Objektiv und den Sucher, an der Seite mit Plastikbändern verklebt, aus Löchern herausschauen zu lassen. Sicher ist sicher!

Wasser ist gut für glitzernde Effekte. Experimentieren Sie mit einem Sternfilter bei der Aufnahme des reflektierten Sonnenlichts. Strände sind sehr lebendige Plätze, auf denen viel passiert. Es ist recht unterhaltsam, die Leute zu beobachten und — wenn möglich unauffällig — aufzunehmen; Sie werden einen ereignisreichen Videofilm erhalten. Strände in weit entfernten Ländern sind noch interessanter, denn fremde Völker verbringen ihre Ferien auf eine andere Art und Weise. Stark besuchte Strände ziehen auch Händler aller Schattierungen an. Das sind häufig originelle Typen und wert, beobachtet und aufgenommen zu werden.

Auf dem Lande

Das Land mit seinen riesigen, freien, menschenleeren Flächen wirkt ganz anders als ein belebter Platz wie zum Beispiel der Strand zur Badesaison. Sie denken vielleicht, daß dieses der Wirkungsbereich des Fotografen ist und nicht der des Kameramannes, aber erinnern Sie sich daran, daß weite, offene Räume ihr Eigenleben haben. Die Weite einer Landschaft kann durch vorüberziehende Wolken betont werden, besonders wenn ein kräftiger Wind sie vor sich herschiebt. Wasserspiegelungen sind ein anderes Beispiel, um Bewegung in den Film zu bringen. Halten Sie nach Dingen Ausschau, die sich durch Wind oder Licht verändern. Eine mit Bäumen bepflanzte Prachtstraße wirkt völlig statisch, wenn sie von einem festen Standpunkt aus betrachtet wird, aber von einem fahrenden Wagen aus kann sie faszinierend und lebendig wirken.

Mit Video können Kontraste gezeigt werden. Die Aufnahme eines Wasserfalles kann direkt mit der Gesamtaufnahme des riesigen Berges, in dem er liegt, zusammengeschnitten werden. Eine Großaufnahme eines Kaninchens, das über ein Feld hoppelt, bildet den Kontrast zu der Weitwinkelaufnahme einer flachen Landschaft.

Vergessen Sie nicht, daß bestimmte Ansichten durch die Verwendung von Filtern verändert werden können. Ein blauer Verlauffilter verdunkelt und verstärkt das Blau des Himmels, ein orangefarbener verwandelt den Mittag in einen Abend, ein grüner verstärkt die Grüntöne einer Landschaft. Sternfilter machen sich gut bei Aufnahmen der Wasseroberfläche, mit einem Polarisationsfilter kann man unter Wasser filmen, und Nebelfilter können der Szene einen geheimnisvollen Hauch vermitteln.

In der Stadt

Ein Urlaub in einer romantischen Stadt wie Venedig oder an einem aufregenden Platz wie New York kann dem Videofilmer viele Bilder liefern. Das größte Problem ist normalerweise die schwierige Entscheidung, was und was nicht aufgezeichnet werden soll.

Für Ihren Film ist es wichtig, daß Sie ein Thema auswählen: Die Sehenswürdigkeiten von London sind sicher eines, aber es wird dadurch noch keine Auswahl getroffen. In vielen Städten werden Sie sehen, daß ein Blick eine enge Gasse oder einen Weg hinunter oder durch einen Torbogen von einer bekannten, aber ansonsten nicht bemerkenswerten Straße aus mehr als genug Stoff für einen Videofilm liefern kann. Er wird mehr über eine Stadt und ihre Einwohner aussagen, als es die wohlbekannten Touristenplätze jemals tun können.

Was halten Sie von dem Titel „Die verborgenen Schätze der Fleetstreet?" Jedermann weiß, daß diese Straße das Zentrum der englischen Presse ist, aber wer weiß etwas von Berts Friseurladen, der sich in den letzten fünfzig Jahren nicht verändert hat, oder den mittelalterlichen Brunnen oder dem Fluß, der unter der Straße verläuft und ihr seinen Namen gegeben hat?

Das vorherrschende Interesse gilt in einer Stadt den Gebäuden, und diese erfordern gewisse Überlegungen, die sich in anderen Situationen nicht stellen.

Die erste ist die Perspektive. Mit einer Videokamera können Sie mit einem ruhigen Schwenk an einer langen Fassade entlanggehen, um alle Einzelheiten aufzunehmen; das bedeutet aber, daß Sie Ihren Standpunkt

Fortsetzung nächste Seite

Fortsetzung

sorgfältig auswählen müssen. Je größer der Bildwinkel Ihres Objektivs, desto größer kann die Verzerrung der Perspektive des Bildes sein. Sie können dadurch spezielle Effekte erzielen (besonders stark durch sogenannte Fisheyeobjektive), aber Sie erhalten natürlich nicht ein wirklichkeitsgetreues Bild des aufgenommenen Gebäudes. Gehen Sie weiter zurück, wenn Sie einen Panoramaüberblick erzielen wollen.

Die konvergierenden horizontalen Linien eines langen Gebäudes können sehr wirkungsvoll aussehen. Vergessen Sie nicht, daß Gebäude auch Einzelheiten haben — ein Türgriff oder eine Schnitzerei kann mit Aufnahmen des gesamten Gebäudes zusammengeschnitten werden. Das Licht an sich kann eine Besonderheit des Bauwerks sein, und die Bewegung der sich ändernden Lichtmuster, wenn die Sonne auf- und untergeht, ist etwas, das nur mit Video eingefangen werden kann.

Vergessen Sie nicht, daß Gebäude für Menschen geschaffen werden, so daß Aufnahmen von Menschen, die ein Gebäude bewohnen, besuchen oder in ihm arbeiten, ebenfalls sehr aufschlußreich sein können. Eine Aufnahme von Personen, die einen Fahrstuhl verlassen und dann verschiedenen Büros zustreben, kann ebenfalls viel erklären. Die Aufnahme von vielen Menschen gibt dem Betrachter gleichzeitig eine Vorstellung von der Größe des Gebäudes. Wenn Sie sich z. B. in einer Kathedrale befinden, verwenden Sie vorbeigehende Personen, um den Kamerastandpunkt zu beschreiben, und schwenken Sie dann nach oben, um die wahre Größe des Kircheninneren zu zeigen. Das Ganze bekommt einen weiten und gigantischen Charakter — besonders wenn weiter Entferntes zunächst nur flüchtig und verschwommen zu erkennen ist.

Im Schnee

Der Winterurlaub bietet Ihnen die beste Gelegenheit, im Schnee zu filmen. Drei Probleme gibt es dabei: Kälte, Feuchtigkeit und Licht.

Wir wollen sie nacheinander behandeln. Schnee ist kalt und feucht, obwohl die tatsächliche Lufttemperatur an manchen Stellen aufgrund der reflektierenden Eigenschaften des Schnees ziemlich hoch sein kann. Die Kälte bewirkt eine Verringerung der Batteriekapazität. Eine Batterie ist ein Apparat, in dem eine elektrochemische Reaktion abläuft. Dabei werden elektrische Ladungen erzeugt, die Strom für einen angeschlossenen Verbraucher liefern. Wie bei jeder chemischen Reaktion sinkt der Wirkungsgrad mit abnehmender Temperatur. Sie haben also eine verminderte Aufnahmezeit mit einer Batterie und müssen daher weitere Ersatzbatterien einplanen.

Das Problem der Feuchtigkeit läßt sich mit dem gesunden Menschenverstand lösen. Stellen Sie den Recorder nicht in den Schnee. Die Batterie wird im Betrieb ziemlich warm, und es könnte passieren, daß der Schnee darunter schmilzt und Ihr Recorder in einer Pfütze steht! Außerdem dürfen Sie den Recorder, wenn Sie ihn aus der Kälte in einen warmen Raum bringen, nicht sofort betreiben, da Luftfeuchtigkeit auf der kalten Videoscheibe kondensiert und Band und Videoköpfe beschädigt werden können. Warten Sie daher wenigstens eine Stunde, bis Sie sicher sind, daß der Recorder Raumtemperatur hat.

Das bei weitem größte Problem ist das Licht. Da der Schnee weiß ist und das Licht daher starkt reflektiert, wird die Blende durch dieses intensive Licht mit Hilfe der Automatik weit geschlossen, was zu unterbelichteten Stellen in anderen Teilen des Bildes führt. Sie werden sehr dunkle Gesichter und flaue Farben erhalten. Um dieses Problem zu vermeiden, müssen Sie die Gegenlichtkompensation einschalten oder die Blende manuell einstellen, falls Ihre Kamera diese Möglichkeit bietet.

Vom kreativen Standpunkt aus ähnelt ein Skiurlaub wahrscheinlich am ehesten einer Mischung aus einem Strand- und einem Landurlaub. Sie finden dort das gleiche Publikum wie am Strand vor, dazu haben Sie Landschaften und Szenerien eines Urlaubs in der unberührten Natur. Sie haben glänzende Gelegenheiten für Aufnahmen mit viel Bewegung: vorbeisausende Skiläufer, Schlittenfahrer usw. Versuchen Sie eine tiefe Kameraposition — so als ob der Skiläufer über die Kamera fährt.

Wir empfehlen Ihnen nicht, eine Kamera beim Skilaufen mitzunehmen, eher schon beim Schlittenfahren und dann möglichst einen handlichen Kamerarecorder. Sollte die Kamera auf den Boden fallen, klopfen Sie sofort jeglichen Schnee ab, bevor er schmelzen kann und in die Kamera eindringt. Es gibt wasserdichte Gehäuse für Kameras, und einige Hersteller bieten sogar Sportausführungen von Kamerarecordern an, die wasserdicht sind und sich wunderbar für diese Anwendung eignen. Sollten Sie so etwas nicht haben, so versuchen Sie, die Kamera und den Recorder in Plastiktüten zu stecken.

Das Unterwassergehäuse

Die Unterwasserfotografie ist etwas Alltägliches bei vielen Naturaufnahmen, und es gibt keinen Grund dafür, warum der Amateur nicht ähnliche Ergebnisse mit der richtigen Vorbereitung und Ausrüstung erreichen könnte.

Zunächst ein Wort zur Sicherheit. Die Videoausrüstung wird mit Strom versorgt, der sich bekanntlich nicht mit Wasser verträgt! Betreiben Sie unter allen Umständen Ihre Videoausrüstung in der Nähe von Wasser niemals aus dem Stromnetz! Batteriebetriebene Recorder mit einem geeigneten Gehäuse können jedoch verwendet werden.

Wasserdichte Gehäuse gibt es für Foto- und Filmkameras schon seit Jahren. Natürlich kann man diese Gehäuse auch für Kamerarecorder verwenden. Es gibt auch Gehäuse für separate Kameras mit wasserdichten Anschlüssen zwischen Kamera und Recorder, jedoch sind diese weniger weit verbreitet.

Das Gehäuse ist im Prinzip ein wasserdichter Sack mit einer klaren Glasplatte an der Vorderseite, an der die Kamera mit dem Objektiv befestigt wird. Die Bedienungselemente können durch den Sack hindurch betätigt werden; die Kamera wird daher ganz normal benutzt. Diese Gehäuse sind im allgemeinen bis zu einer bestimmten Wassertiefe dicht, die von der Spezifikation und Konstruktion des Gehäuses abhängig ist.

Das größte Hindernis aber ist der Preis. Für etwas, das von dem Amateur nur selten benutzt wird, sind sie relativ teuer; man muß bis zu eintausend Mark rechnen. Ein Ausweg ist daher, ein solches Gehäuse von einem Filmausrüstungs-Verleih auszuleihen.

Vielleicht lockt Sie auch das wasserdichte Gehäuse der Sony Handicam. Es ist beim Planschen am

Strand geeignet; es hält das Wasser und den Sand ab und schützt die Kamera, falls Sie plötzlich ins Wasser fallen. Es ist jedoch nicht wirklich wasserdicht und nicht für längeren Gebrauch unter Wasser geeignet.

VON DER BÜHNE ZUM BILDSCHIRM

DAS BÜHNENSTÜCK

Jeder Videokameramann wird einmal gebeten werden, eine Schulaufführung oder das neueste Stück einer Laienspielgruppe aufzunehmen. Sie können natürlich einfach die Kamera hinten im Raum aufstellen und den Recorder vom Anfang bis zum Ende laufen lassen. Allerdings verpassen Sie dann die Gelegenheit, ein dauerhaftes Dokument zu schaffen, das nicht nur eine Erinnerung an die Aufführung ist, sondern auch als Videofilm interessant und unterhaltsam ist.

Es muß jedoch gesagt werden, daß Sie, wenn Sie Video zur Unterstützung der Bühnenproben verwenden, eine klare und eindeutige Aufzeichnung benötigen — besonders wenn Sie es bei einer darstellenden Kunst wie dem Tanz anwenden. Sonst aber bietet Video so viele Möglichkeiten, daß es sehr schade wäre, wenn man sie nicht nutzen würde.

Sie können zwei Wege beschreiten, wenn Sie ein Bühnenstück aufnehmen. Entweder lassen Sie das Stück so, wie es ist, und schaffen auf diese Weise ein interessantes Dokument einer Theaterproduktion, oder Sie überdenken das Stück in filmerischer Hinsicht. Der letzte Weg bietet natürlich mehr Möglichkeiten und bedingt allerdings auch mehr Arbeit.

Anhand der Informationen, die Sie bei der Vorbereitung gewonnen haben, können Sie genau planen, wie Sie die Aufzeichnung in Angriff nehmen. Eine Direktaufzeichnung wird auf diesen Seiten beschrieben; danach suchen wir nach Möglichkeiten, das Theaterstück zu einem Videofilm zu erweitern.

Die Bühnenaufzeichnung

Wenn Sie lediglich ein bleibendes Dokument des Stückes schaffen und es nicht durch ergänzendes Material erweitern wollen, können Sie wie folgt vorgehen:

Zunächst sollten Sie das Stück gründlich kennenlernen. Sie müssen jederzeit wissen, wer spricht, zu wem gesprochen wird, wann und aus welcher Richtung jemand hinzukommt und weggeht.

Daß Sie das Stück vorher gelesen haben, ist selbstverständlich, aber versuchen Sie außerdem, möglichst vielen Proben beizuwohnen, so daß Sie die Größe der Bühne und die Lage der Ein- und Ausgänge kennenlernen. Wichtig ist auch die Beleuchtung. Glücklicherweise läßt sich ein gut ausgeleuchtetes Stück gut auf

Video aufzeichnen, auch wenn dunkle Braun- oder tiefe Rottöne gelegentlich problematisch sind. Zumindest die Gesichter sollten gut ausgeleuchtet sein.

An dieser Stelle werden Sie wissen, ob Sie später die Aufnahme zusammenschneiden können oder ob Sie in einem Stück aufnehmen müssen. Wenn Sie nur durchgehend aufnehmen, sollten Sie ein Konzept haben, bei dem Sie die Sprecher so weit wie möglich mit einer einzigen Einstellung erfassen, ohne von einem Darsteller zum anderen und zurück schwenken zu müssen. Gelegentlich kann man bei einigen Einstellungen die Kamera auf einen Darsteller ausgerichtet lassen, auch wenn er nicht spricht. Die Reaktion auf die Rede einer anderen Person kann optisch genauso interessant wie der Sprechende selbst sein, und Sie brauchen daher die Kamera nicht ständig von einer Person auf die andere auszurichten.

Um Darsteller aufzunehmen, die gerade die Bühne betreten, können Sie den Recorder kurz stoppen, die Kamera ausrichten und dann erneut starten. Mit einiger Übung wird das schließlich ganz glatt aussehen.

Das Schneiden

Wenn Sie die Möglichkeit dazu haben, nehmen Sie das Stück viermal wie folgt auf:

Beim ersten Durchgang lassen Sie die Kamera immer auf die Hauptperson ausgerichtet, die während jeder Szene häufig spricht. Sollte es eine Gruppe geben, von der jede Person abwechselnd mit kleinen Unterbrechungen spricht, dann sollten Sie zwei oder drei Personen im Blickfeld haben. Sie nehmen so den Dialog der Darsteller auf und ihre Reaktionen, wenn sie angesprochen werden.

Beim zweiten Mal halten Sie die Kamera auf die Personen, die bisher noch nicht aufgenommen wurden.

Beim dritten Durchgang sollten Sie Übersichtsaufnahmen von jeder Szene machen.

Die vierte Runde wird genutzt, um Reaktionen und Tätigkeiten von Personen zu registrieren, die nicht an den Handlungen der vorhergehenden Aufnahmen beteiligt sind. Sie können sogar Aufnahmen des Publikums hinzufügen.

Beim Schneiden haben Sie die Wahl zwischen drei verschiedenen Einstellungen und einigen zusätzlichen Zwischenschnitten — das entspricht einer Aufnahme im Fernsehstudio mit vier verschiedenen Kameras. Sie können die Einstellungen variieren, um immer den wichtigsten Bildausschnitt auf dem Bildschirm zu haben, ohne daß Sie dabei einen Kommentar, eine Reaktion oder Gebärde verlieren.

Licht und Ton

Alle Bühnenstücke werden ausgeleuchtet und vielfach werden besondere Toneffekte verwendet. Obgleich die Beleuchtung für die Bühne konzipiert ist, gibt es verschiedene Gesichtspunkte, die für Bühnen- und Videobeleuchtung gleich sind. Der erste besteht darin, sicherzustellen, daß alle Bereiche der Bühne, in denen sich die Darsteller am häufigsten aufhalten, richtig und ausreichend ausgeleuchtet sind — sofern nicht zum Beispiel ihre Gesichter bei besonderen dramatischen Anlässen im Verborgenen bleiben sollen. Da viele Videoeinstellungen ziemlich nah aufgenommen werden — häufig zeigen sie den Darsteller nur von den Schultern an aufwärts — wird das noch wichtiger. Wenn alle ständig im Schatten sind, versuchen Sie so diplomatisch wie möglich, den Beleuchter dazu zu bewegen, eine der Leuchten so auszurichten, daß sie mehr Licht in die Gesichter wirft.

Der Ton ist für den Videomacher ein geringeres Problem, da die meisten Toneffekte noch nach der Aufzeichnung hinzugefügt werden können. Größere Schwierigkeiten bereiten Toneffekte, die sich im Theater gut anhören, aber enttäuschend beim Abspielen vom Band. Wenn die Toneffekte ohne gleichzeitigen Dialog gebracht werden, können Sie sie später einfach weglassen. Wenn sie aber während des Dialogs eingesetzt werden, müssen Sie sich damit abfinden.

Der Standort des Mikrofons kann ebenfalls ein Problem werden. Am besten ist es, wenn es von dem Beleuchtungsgestell oberhalb der Bühne herunterhängt; Sie benötigen jedoch ein langes Kabel, wenn Sie es mit der Kamera verbinden wollen. Der beste Kompromiß ist möglicherweise ein sehr empfindliches Richtmikrofon, das an der Kamera befestigt wird. Das wird zumindest den Ton von dem Bereich aufnehmen, auf den die Kamera gerade ausgerichtet ist.

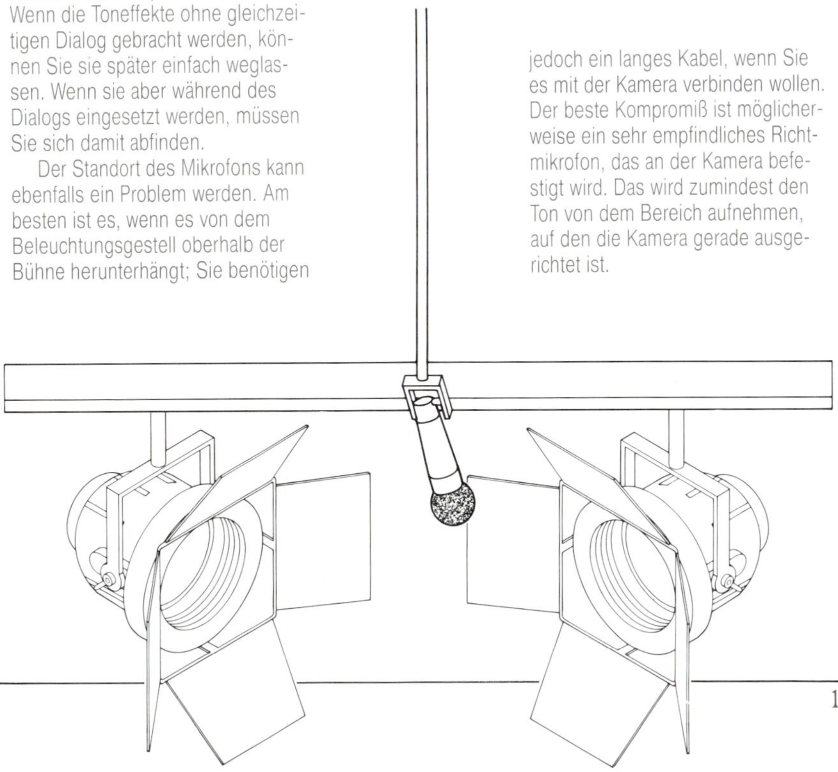

WIE EIN DREHBUCH ENTSTEHT

Die gewissenhafte Aufzeichnung eines Bühnenstückes hat bereits viel Arbeit gemacht. Man würde eine einmalige Gelegenheit verpassen, etwas Neues zu schaffen, wenn man diese Arbeit nicht verwenden würde. Nehmen Sie die typische Theaterproduktion von Amateuren. Viele Menschen haben eifrig gearbeitet, um ihr Stück auf die Bühne zu bringen — sie haben ihre Texte gelernt, ihre Rollen einstudiert und viel Mühe investiert, um den Zuschauern eine lohnende Vorstellung zu geben. Diese umfangreiche Arbeit kann genutzt werden, um mit wenig Zusatzaufwand etwas Originelles und Neues zu produzieren.

Es ist klar, daß die Bühne und der Fernsehschirm nicht dasselbe sind. Jedes Medium hat seinen eigenen Stil, eigene Regeln und Möglichkeiten; bei der Bühne hat man eine kleine Anzahl fester Handlungsorte, die mehr oder weniger realistisch sind, und die Handlung spielt sich ohne Unterbrechung vor einem Publikum ab. Beim Video sind Sie nicht an einige wenige Drehorte gebunden. Sie können frei mit der Zeit umgehen, und die Darsteller müssen nicht vor dem Publikum auftreten. Diese Freiheit bei der Wahl der Drehorte bedeutet unglücklicherweise aber auch, daß Film- und Fernsehzuschauer von jedem Film eine wirklichkeitsnahe Umgebung erwarten.

Der andere wesentliche Unterschied besteht darin, daß bei einer Theateraufführung der Zuschauer hinschauen kann, wohin er will. Er kann die Person anblicken, die gerade spricht oder auch die angesprochene Person — oder weder noch. Beim Film und Fernsehen wählt der Regisseur den Blickwinkel aus, der auch Großaufnahmen mit einschließt, — eine Wirkung, die der Theaterbesucher ohne Opernglas nicht erleben kann. Bilder, die der Film- oder Videoregisseur auswählt, müssen für den Handlungsablauf von Bedeutung sein. Die Großaufnahme einer Hand auf einer Türklinke oder eine bereitgelegte Pistole kann in einem Videofilm ein wichtiges gestalterisches Element sein, würde aber seine Wirkung verlieren, wenn die gleichen Handlungen oder Gegenstände auf der Bühne zu sehen wären.

Bei der Anpassung einer Bühnenproduktion an einen Videofilm haben Sie zwei Möglichkeiten. Entweder nehmen Sie das Stück direkt auf, mit den Einstellungen, die Sie bei der endgültigen Produktion verwenden wollen, und nehmen dazu noch Material auf, das Sie mit diesen Einstellungen zusammenschneiden, oder Sie nehmen alles von Anfang an neu auf, unter Einsatz derselben Schauspieler und Dialoge.

Welche dieser zwei Möglichkeiten Sie wählen, hängt von dem Stück selbst und der Verfügbarkeit der Mitwirkenden und der Drehorte ab. Der Handlungsablauf wird auch davon bestimmt, wie gut Sie es verstehen, die kleine Bühne für die optischen Möglichkeiten der Videokamera zu nutzen.

Die Möglichkeit, Großaufnahmen von Handlungen auf der Bühne durch Einzoomen zu erzielen, gibt jeder Produktion eine neue Dimension.

Die Herstellung eines Videofilmes aus einem Theaterstück ermöglicht es Ihnen, die Grenzen des Bühnenaufbaus zu verlassen und die Darsteller an „lebensechte“ Drehorte zu bringen.

Was man ändern und was man lassen sollte

Wir setzen voraus, daß Sie mit dem Stück und den Personen gut vertraut sind, daß Sie wissen, was passiert und wo es passiert.

Was unverändert bleibt:

- Selbstverständlich bleibt die Handlung die gleiche; obgleich Sie ein paar Einzelheiten ohne weiteres ändern können, würde eine radikale Änderung der Geschichte bedeuten, daß Sie etwas anderes, etwas Neues schaffen.

- Die Hauptdarsteller bleiben natürlich auch dieselben. Wenn Sie den Helden oder die Heldin herausnehmen, ist es offenkundig nicht mehr dieselbe Geschichte: Sie können aber ein oder zwei der Nebendarsteller weglassen, deren Funktion vielleicht nur darin besteht, die Zeit zu überbrücken, in der die Hauptdarsteller ihre Kostüme wechseln.

- Dauer und Ort der Handlung bleiben gleich, wobei kleine Abweichungen möglich sind.

Was geändert oder hinzugefügt werden kann:
Der Hauptvorteil von Video besteht darin, daß Sie ein Bühnenstück so ergänzen können, daß die Handlung viel wirkungsvoller vorangebracht wird als durch mehrere Zeilen Dialoge oder eine nur mit Worten geschilderte Außenwelt.

- Die Reihenfolge einiger Szenen und Anordnung bestimmter Dialogtexte. Das geschieht in einem gewissen Umfang im Theater, aber wird viel häufiger bei der Adaptierung von Theaterstücken an das Fernsehen eingesetzt.

- Der Ort einiger Szenen. Sie können zum Beispiel einen Teil des Stückes aus einem einzigen Bühnenaufbau herausnehmen und in die „wirkliche Welt“ versetzen. Das verstößt nicht gegen die Regel, das Stück zur selben Zeit und am gleichen Ort zu belassen.

- Wenn ein Stück in einem einzigen Raum abläuft, können Sie Aufnahmen von einem Geschehen außerhalb des Raumes hinzufügen. Achten Sie auf die Dialoge, wenn Sie so etwas machen. Wenn ein Darsteller eine Szene außerhalb beschreibt, dann sollte Ihre Aufnahme zu dieser Beschreibung passen.

- **Zusätzliche Personen:** Auch wenn ein Stück nur fünf Darsteller hat, werden vielleicht noch andere Personen erwähnt. Mit Video ist es möglich, auch diese auftreten zu lassen. Da ist zum Beispiel eine Szene, in der eine Darstellerin eine Situation mit ihrem Sohn und ihrem Ehemann beschreibt. Diese Rede könnte jetzt unterbrochen werden und eine dramatisierte Version, die alle Personen zeigt, statt dessen eingefügt werden.

- **Großaufnahmen:** Die Großaufnahme ist ein Teil von Video und Film, für den es beim Theater nichts Vergleichbares gibt; sie ist aber eine gute Möglichkeit, die Handlung voranzubringen. Die Großaufnahme eines sich drehenden Türgriffes kann genauso viel aussagen wie eine halbe Dialogseite, mit der eine Darstellerin beschreibt, wie sie sich in einem Haus fürchtet.

- **Musik und Toneffekte:** Die Filmmusik ist üblich, um eine Stimmung zu erzeugen. Im Theater gibt es das kaum. Toneffekte werden ebenfalls in Film und Fernsehen viel häufiger eingesetzt als im Theater. Wiederum können sorgfältig ausgewählte Geräusche mehr aussagen als eine Seite voller Dialoge.

DIE PRAKTISCHE FILMARBEIT

Nachdem wir gesehen haben, welche Möglichkeiten Video dem Theater bieten kann, stellt sich die Frage, wie man sie in die Praxis umsetzen kann. Lassen Sie uns dazu den Film von David Lean **Begegnung** (Brief Encounter) als Beispiel benutzen. Dieser besondere Film ist unzählige Male in vielen Ländern im Fernsehen gezeigt worden und kann auch als Videocassette erworben werden.

Der Film entstand nach dem kurzen 40-minütigen Einakter **Still Life,** geschrieben von Noel Coward. Auch heute ist es noch ein Lieblingsstück von Laienspielgruppen. Es spielt in einer Bahnhofsgaststätte und verfolgt in fünf Szenen die Liebesgeschichte, die sich zwischen einer Hausfrau und einem Arzt im Vorstadtmilieu Londons zu entwickeln vermochte.

In **Still Life** ist die Handlung immer auf denselben Gaststättenraum beschränkt, und alles, was außerhalb passiert, bleibt der Vorstellungskraft des Betrachters überlassen. Der dramatische Höhepunkt (auf der Bühne sehen wir ihn niemals wirklich) kommt, als das Paar in der Wohnung eines Freundes kurz vor der Erfüllung seiner Liebe gestört wird. Die sich entwickelnde Affäre wird durch Szenen unterbrochen, die die lockeren Bindungen zwischen dem Schaffner und der Wirtin sowie einer Kellnerin und dem Gepäckträger zeigen.

Das Drehbuch

Ihre erste Entscheidung sollte die Festlegung des endgültigen Aufbaus der Videoversion sein. In **Begegnung** beginnt die Filmgeschichte dort, wo das Theaterstück endet, und erweitert die Schlußszene (in der die Heldin Laura sich gerade von ihrem Liebhaber Alec zum letzten Mal losgerissen hat) um Lauras Ankunft zu Hause. Die Geschichte des Stückes wird dann als eine lange Rückblende erzählt, bis hin zu der Stelle, an der der Film eigentlich beginnt. Den ganzen Film hindurch hören wir Lauras Stimme, die die Geschichte erzählt.

Die nächste Entscheidung wird sein, wieviel des ursprünglichen Dialogs bleiben soll und wieviel durch Bilder ersetzt werden kann. In dieser Hinsicht, mehr als in jeder anderen, unterscheiden sich **Still Life** und **Begegnung** am meisten. Im Bühnenstück sehen wir lediglich die kurzen Treffen von Alec und Laura in der Bahnhofsgaststätte. Obgleich sie im wesentlichen nur über sich selbst sprechen und mit weiterem Fortgang der Handlung über ihre überwältigende Liebe, greifen wir doch Bruchstücke davon auf, was sie den übrigen Tag über getan haben. Die Filmversion füllt diese Teile aus. Da das ursprüngliche Bühnenstück nur 40 Minuten dauerte, konnte Noel Coward es nach Belieben verlängern und anpassen, indem er neue Dialoge schrieb, um diese Augenblicke auszufüllen und um die Gedanken des Paares auszuschmücken.

Als dritten Punkt müssen Sie entscheiden, wieviel zusätzliches Material Sie aufnehmen wollen und wie es aussehen soll. Beim Film können Sie natürlich den Ort und die Zeit des Stückes viel genauer angeben. **Begegnung** beginnt mit Aufnahmen von Zügen, die durch den Bahnhof rollen, woran sich die Aufnahme des Schaffners

anschließt, der die Schienen überquert und den Gastraum betritt.

Sie müssen nun entscheiden, wie viele der im Dialog genannten Handlungen und Orte Sie tatsächlich aufnehmen wollen. Diese Aufnahmen können entweder den Dialog vollständig ersetzen oder lediglich zu dem vorhandenen Text eingeblendet werden. In **Still Life** erzählt zum Beispiel Laura Alec, wie sie die Tage in der Stadt verbringt. In **Begegnung** sehen wir Laura tatsächlich in die Geschäfte gehen, im Café sitzen und ins Kino gehen. Als nächstes müssen Sie die Reihenfolge der Dialoge festlegen. Obgleich Sie die Dialoge nicht beliebig umstellen können, gibt es keinen Grund, warum sie unbedingt in der gleichen Reihenfolge bleiben sollen.

Am Beginn des Films befinden wir uns zum Beispiel am Ende des Theaterstücks. Der Filmbeginn führt uns in den Gaststättenraum. Laura und Alec sitzen am Tisch und schauen sich unglücklich an.

Die Umwandlung eines Theaterstückes in einen Film eröffnet dem Regisseur eine Anzahl kreativer Möglichkeiten. Hier sehen wir zwei Ausführungen zu Noel Cowards **Begegnung** – die Original-Filmversion und eine Laienspielproduktion.

Danach zeigen wir den Dialog zwischen dem Schaffner und der Wirtin. Dieser Dialog erscheint jedoch beim Theaterstück am Anfang. Während der gesamten Filmversion erscheinen Teile des ursprünglichen Bühnendialogs, obgleich nicht mehr alle von ihnen in der Gaststätte gesprochen werden. Die Szene in der Wohnung des Freundes passiert wirklich und der Film wird immer wieder durch die Aufnahme von Zügen, die den Bahnhof durchfahren, unterbrochen.

Die Aufzeichnung

Nachdem Sie eine Art Rohdrehbuch angefertigt haben, müssen Sie nun genau planen, wie Sie das Material aufnehmen wollen.

Nehmen Sie aus Kostengründen soviel wie nur möglich auf der Bühne auf. Je dichter Sie an Gesichter und andere Dinge herangehen, desto weniger wird der Betrachter den Hintergrund bemerken, und alle Mängel werden weniger offensichtlich. Versuchen Sie, die Kostüme und Requisiten so echt wie nur möglich zu machen. Nehmen Sie das gesamte Stück unter diesen Bedingungen mehrere Male auf, wobei Sie sich jedesmal auf einen anderen Schauspieler konzentrieren. So erhalten Sie alle Aufnahmen, die Sie benötigen, und die Schauspieler werden in ihrer Vorstellung nicht unterbrochen.

Als Nächstes werden die Außenaufnahmen gemacht. Aufnahmen ohne Darsteller verursachen immer nur wenig Aufregung. Wenn ein oder mehrere Darsteller dabei sind, wird es kompliziert. Vergessen Sie nicht, daß alle Außenaufnahmen Tages- und Jahreszeit des Stükkes berücksichtigen müssen und daß alle Darsteller dieselbe Kleidung tragen, falls Innen- und Außenaufnahmen zusammenhängend sind. Seien Sie vorsichtig mit neuen Dialogen. Sofern Sie es nicht lediglich auf ein bloßes „Ja", „Nein" und „12 Uhr" beschränken, kann es sich albern anhören und vielleicht überhaupt nicht passen, sofern Sie nicht ein talentierter Schriftsteller sind.

Nun ist es an der Zeit, die einzelnen Einstellungen zu einem vollständigen Film zusammenzustellen: Aufnahmen von der Bühne, Außenaufnahmen ohne Darsteller zur Erzeugung einer bestimmten Stimmung und Außenaufnahmen mit Darstellern, stumm oder mit Dialog. Der Amateur, der seinen Videofilm nicht gewerblich nutzt, kann auch „Archivaufnahmen" aus Fernseh- oder Spielfilmen in seine Produktion einbeziehen.

Zögern Sie nicht, Ihre Schnittfolge ruhig einmal zu ändern, wenn sich Material nicht gut zusammenschneiden läßt.

Sie können das Problem eines ungeschickten Überganges von einer Szene zur anderen umgehen, wenn Sie einen Zwischenschnitt oder eine Großaufnahme einfügen. Dem Bild von Lauras Hand an der Tür des Wartesaales, als sie fortgeht, könnte eine Szene folgen, die zeigt, wie sie die Wohnung des Freundes von innen öffnet.

An dieser Stelle können Sie auch Filmmusik hinzufügen. **Begegnung** verwendet Rachmaninoffs Klavierkonzert Nr. 2, das zum ersten Mal zu hören ist, als Laura das Radio anstellt. Von da an wird es ein- und ausgeblendet, um die sich entwickelnde Romanze zu untermalen.

Sie können eine Kommentarstimme oder sogar einen zusätzlichen Dialog hinzufügen. Der Ton eines diskutierenden Paares könnte allein aufgenommen und dann zu einem Videoband gemischt werden, das Füße zeigt, die hin und herlaufen. Vergessen Sie nicht, daß der Ton sehr nützlich ist, um bestimmte Schauplätze zu beschreiben, besonders wenn Sie keine entsprechenden Bilder auf Band haben.

Video im Vergleich zur Bühne

Bühne:

- Beschränkt auf wenige verschiedene Dekorationen
- Benötigt keine wirklichkeitsgetreue Ausstattung, um gut zu wirken
- Hat direkte Zuschauer
- Die Zuschauer können sich aussuchen, welchen Teil der Bühne sie sich gerade anschauen wollen

Video:

- Freie Zeit- und Drehortwahl
- Der Regisseur entscheidet, was der Zuschauer von der Szene sehen wird, und nicht der Zuschauer
- Ist auf Band konserviert
- Hat gewöhnlich echte Dekorationen

Bearbeitungs-Checkliste

- Legen Sie die Gliederung des Videofilms fest: wird sie genauso sein wie beim Theaterstück oder abweichend?
- Legen Sie fest, welche Teile des Dialogs Sie weglassen wollen, welche überflüssig sind und welche durch Außenaufnahmen ersetzt werden können.
- Entscheiden Sie, welche Außenaufnahmen Sie machen wollen. Stellen Sie fest, wieviel Zeit Sie für einen neuen Dialog benötigen und für den Einbau eines Dialogs des ursprünglichen Stücks, der an einem anderen Ort gesprochen wurde.
- Legen Sie die Reihenfolge der verbleibenden Dialoge fest und wieviel geändert oder umgeschrieben werden muß.
- Wählen Sie besondere visuelle Effekte und auch geeignete Musik sowie Toneffekte aus.

DAS VIDEOALBUM

EINE FAMILIEN-GESCHICHTE

Obgleich wir bisher Video als ein bewegtes visuelles Medium kennengelernt haben, hat es auch vielfältige Möglichkeiten, um aus einer Anzahl verschiedener fester Bilder — Fotos, Karten, Bücher, Zeitungsausschnitte, Familienerbstücke usw. — eine Geschichte zu machen. Eine solche Folge von Bildern kann ferner mit einer guten Vertonung und einem Kommentar zu einem Videoprogramm kombiniert werden, das in jeder Hinsicht so interessant und informativ sein kann wie eine Geschichte mit Bewegung oder mit Personen, die zur Kamera sprechen.

Wenn wir eine Familiengeschichte als Beispiel für die Möglichkeiten, die ein Videoalbum bietet, nehmen, beginnen wir zunächst mit dem Sammeln von soviel Bildmaterial wie nur möglich, und zwar aus einem bestimmten Zeitraum, zum Beispiel von Omas Geburt bis heute. Alte Familienfotos sind ein guter Startpunkt; um sie jedoch in den richtigen Zusammenhang von Zeit und Ort zu bringen, sollten Sie versuchen, einige zeitgenössische Illustrationen ihrer Heimatstadt, einige Magazine und Zeitungen aus jener Zeit, alte Karten der Stadt usw. zu finden. Es müssen keine Originale sein; Reproduktionen oder sogar Bücher mit alten Fotos darin tun es genauso.

Vergessen Sie im Verlauf der Geschichte nicht, den Betrachter immer wieder über die Zeit, aus der das Bild stammt, zu informieren. Besondere Ereignisse — zum Beispiel der Kriegsausbruch — stellen die Familiengeschichte in einen zeitgeschichtlichen Rahmen und liefern natürliche Unterbrechungen. Bringen Sie zu dem Ereignis Bilder: Die Worte „Der Krieg ist erklärt" als Schlagzeile auf der ersten Seite einer Zeitung wären zum Beispiel gut geeignet.

Da Video ein bewegtes Medium ist, können alte Filme in das Programm eingebaut werden. Das ist besonders wirkungsvoll bei Ereignissen wie Hochzeiten, und wenn Sie Videoaufzeichnungen vom Weltgeschehen haben, so verwenden Sie sie, um zu zeigen, welchem Jahr das Ereignis zuzuordnen ist.

Der Ton ist in einem Vorhaben wie diesem ebenfalls wichtig. Wenn Sie über alte Tonaufzeichnungen von Verwandten verfügen, können diese auf die Tonspur an den Stellen überspielt werden, an denen Sie Fotos von diesen Familienmitgliedern zeigen. Wenn Sie noch anspruchsvoller sind, können Sie Oma aufnehmen, wie sie sich an ihre Kindheit erinnert, und dieses Material zu Szenen aus jener Zeit hinzufügen. Dazu wird ein Kommentar gesprochen, der aber mit Musik gemischt werden kann. Besondere Musikstücke können ausgewählt werden, um die Zeit zu charakterisieren (zum Beispiel bekannte Schlager aus jener Zeit) oder um die Stimmung wiederzugeben (etwa das Lieblingslied eines Familienmitglieds).

Rechts haben wir eine Video-Familiengeschichte entworfen. Was Sie in Ihre Geschichte stecken, hängt natürlich davon ab, über welches Material Sie verfügen.

Entwurf der Aufnahmereihenfolge

1 Vorspann (mit Reibebuchstaben oder Titelgenerator). Übersichtsfotos von Omas Heimatstadt im Jahre 1900.

2 Foto von Omas Taufe. Kommentar mit Einzelheiten. Schnitt zu anderen Fotos von der Taufe.

3 Alte Fotos und Karten der Heimatstadt zusammen mit neuem Material. Musik aus jener Zeit auf der Tonspur.

4 Ausbruch des Ersten Weltkrieges, illustriert durch Zeitungsschlagzeilen, Rekrutierungsanschläge und anderes Material. Kriegslärm. Foto von Großmutter in der Schule.

5 Foto von Großmutter an ihrem ersten Arbeitsplatz. Anderes Material zeigt ähnliche Arbeitsplätze aus jener Zeit. Passende Geräusche.

6 Ende des Krieges, illustriert wie vorher, dann Foto von Omas zukünftigem Mann. Foto mit seinen Arbeitskollegen und seiner Familie. Kommentar mit Einzelheiten.

7 Omas Hochzeit. Fotos und andere Erinnerungsstücke. Hochzeitsglocken und Kommentar auf der Tonspur. Zeitungsüberschriften aus der Zeit.

8 Drei Jahre später: das erste Kind – Victoria – wird geboren. Dann das zweite Kind – Eric. Fotos aus deren Kindheit. Kommentar mit Einzelheiten.

9 Ausbruch des Zweiten Weltkrieges. Zeitungsschlagzeilen. Eventuell archiviertes Wochenschaumaterial, von Fernsehprogrammen „ausgeliehen". Winston Churchill usw. auf der Tonspur.

10 England im Krieg. Familienfotos. Eric wird Soldat. Fotos von ihm und seiner Einheit. 1943 verliebt sich Victoria in einen amerikanischen Flieger – Chester. Fotos von ihm in Uniform. Kommentare usw.

11 Große Überschrift – Tag des Sieges. Der Krieg ist vorbei. Wochenschauberichte. Fotos von Feiern. Eric kommt heim. Victoria und Chester heiraten; sie fahren gemeinsam in die Vereinigten Staaten. Fotos. Erläuterungen.

12 Eric umwirbt und heiratet Mary Brown. Fotos dazu.

13 **– zum Ende des „Albums"**. Mit wachsender Familie muß mehr berücksichtigt werden. Da die Ereignisse noch nicht lange zurückliegen, sollten die meisten Familienmitglieder noch Erinnerungen beisteuern können; daher können mehr Einzelheiten durch Kommentare übermittelt werden. Zwischengeschnitten sind Einzelheiten von Victorias und Erics Familien, die diesseits und jenseits des Atlantiks leben. „Archivmaterial" ist jetzt viel einfacher aus Fernsehberichten erhältlich, der Bezug auf das Weltgeschehen ist daher leichter zu realisieren.

DIE AUFNAHME VON TIEREN

LEBENDE OBJEKTE

Nach Videogesichtspunkten gibt es zwei Arten von Tieren — Haustiere und wild lebende Tiere. Wilde Tiere können wiederum in der Wildnis oder im Zoo leben. Aufnahmen sind also von der Tierart und vom Ort abhängig, an dem das Tier anzutreffen ist. Sie benötigen viel Geduld, wenn Sie gute Ergebnisse erzielen wollen, besonders wenn Sie Tiere in freier Wildbahn aufnehmen möchten. Dazu gehört zunächst einmal sorgfältiges Beobachten. Haustiere und Tiere in Gefangenschaft sind meistens recht friedlich. Wenn Sie den Tagesrhythmus der Tiere kennen, werden Ihnen auch gute Aufnahmen gelingen. Wahrscheinlich werden Sie viel filmen, um später bei der Verarbeitung des Materials das Gelungenste heraussuchen zu können. Zum Glück kostet das bei Video nichts, nur Zeit. Selten wird ein Tier gerade das tun, was Sie von ihm erwarten. Machen Sie das Tier auf sich aufmerksam. Wenn es sich Ihnen zuwendet, nutzen Sie die Chance.

Beziehen Sie die physische Erscheinung und die Gewohnheiten des Tieres in Ihre Planung mit ein. Eine Bulldogge wird besonders imponierend aussehen, wenn sie von vorn aufgenommen wird. Denken Sie daran, daß ein dunkles Fell viel Licht absorbiert und dunkle Tiere daher im allgemeinen mit eingeschalteter Gegenlichtkompensation aufgenommen werden müssen. Tiere mit unauffälligen Tarnfarben stellen ein weiteres Problem dar und sollten vor einem verschiedenfarbigen Hintergrund aufgenommen werden.

Das Filmen von Tieren in freier Wildbahn hat seine eigenen Probleme. Bei einigen Tieren ist es gefährlich, wenn man sich ihnen nähert. Andere sind zu scheu, um Menschen dicht an sich heranzulassen. Stellen Sie das Objektiv in Teleposition und seien Sie auf schnelle Bewegungen gefaßt.

Für wirklich kleine Tiere kann man sich die Möglichkeiten von Makro und hoher Empfindlichkeit zunutze machen. Am wichtigsten aber ist und bleibt noch immer die Geschicklichkeit des Filmers.

Haustiere

Aufnahmen von Haustieren sind einfacher als die von anderen Tieren. Die Gewohnheiten eines Haustieres sind meist gut bekannt und vorhersagbar. Dennoch gehört viel Geduld dazu, zu ungewöhnlichen und anregenden Aufnahmen zu kommen. Sie können das Tier ermuntern, mit seinem Lieblingsspielzeug zu spielen. Sie können es rufen und losschicken, um Bälle oder Stöcke zu holen. Sie wissen, wann es besonders ausgelassen und lebhaft ist, und verstehen seine Eigenheiten. Hunde haben zum Beispiel ein lebhaftes Minenspiel. Katzen werden am besten mit dem Teleobjektiv aufgenommen, wenn sie durch das Gartengestrüpp schleichen. Kätzchen sind ein niedlicher Anblick, wenn man sie gemeinsam in einem Korb spielen sieht.

Tiere im Zoo

Zoologische Gärten haben den Vorteil, daß Sie exotische Tiere ganz aus der Nähe betrachten können, ohne den Gefahren bei ihrer Verfolgung in der Wildnis ausgesetzt zu sein. Als erstes sollten Sie den Tagesablauf des Tieres kennenlernen. Plaudern Sie mit dem Wärter – er weiß, wann das Tier am lebhaftesten ist und wann es gefüttert wird und welche Eigenheiten es hat. Er wird Ihnen auch sagen, was erlaubt und was nicht erlaubt ist. Verwenden Sie keine hellen Filmleuchten (oder Blitzlicht), sofern Sie nicht eine besondere Erlaubnis bekommen haben. Sie können die Tiere beunruhigen und sich Ärger mit dem Personal einhandeln.

Tiere, die sich langsam bewegen, wie zum Beispiel Elefanten, geben keine besonders guten Objekte ab. Versuchen Sie, die Monumentalität der grauen Kolosse durch eine überlegt ausgewählte Perspektive zu betonen. Warten Sie auf Bewegung wie Rüsselschwenken oder Trompeten.

Viele Tiere müssen hinter Gittern oder Netzen gehalten werden. Das ist im Film nicht so deutlich zu erkennen, wenn man sich ein größeres Stück von dem Tier entfernt und es im Telebereich aufnimmt. Das Gitter ist dann nicht mehr im Schärfenbereich und daher weniger sichtbar.

Vögel

Vögel treten in großer Vielfalt auf. Es gibt ganz unscheinbare, andere wiederum haben ein prachtvoll buntes Gefieder. Viele Arten sind klein, manche winzig, andere sind groß mit beachtlicher Flügelspannweite. Manche sind tagsüber aktiv, andere jagen nachts. Vögel sind Gewohnheitstiere, die immer an denselben Platz zurückkehren; zum Schlafen, Nisten oder um ihre Jungen zu füttern. Vögel können besonders einfach aufgenommen werden, wenn sie in ihren Nestern beschäftigt sind. Trotzdem muß man sich ruhig verhalten, besonders wenn die Jungen noch großgezogen werden. Vögel lassen sich sehr schnell verscheuchen, und sie werden kaum zurückkommen, wenn sie Sie einmal entdeckt haben.

Am besten kann man Vögel aus einer Tarnung heraus beobachten – aus einer unauffälligen „Hütte", die in einiger Entfernung vom Nest aufgestellt wird. Die Videoaufzeichnung kann durch Schlitze oder Fenster in der Hütte erfolgen, aber Sie benötigen ein Teleobjektiv mit sehr langer Brennweite, d. h. Sie müssen eine Kamera verwenden, die mit einem Fotoobjektiv versehen werden kann – ein 250-mm-Teleobjektiv oder sogar ein noch größeres ist empfehlenswert.

Das Filmen von Vögeln im Garten kann genauso lohnend sein wie von einem hohen Felsen aus in einem behelfsmäßigen Versteck. Es gilt immer das gleiche Prinzip: Ruhe und Aufnahme aus größerer Entfernung.

Besondere Tricks und Großaufnahmen

Manche Tieraufnahmen, die echt aussehen, sind in Wirklichkeit getrickst. Die Aufnahme eines Fisches oder Frosches in einem Becken kann manchmal nicht ganz einfach sein.

Die Lösung besteht darin, sie in einer Ecke des Beckens einzufangen und sie dann aufzunehmen. Dazu verwenden Sie eine Glasplatte, die in dem fertigen Bild nicht auffällt.

Manchmal verliert ein bizarres Bild eines Objektes in der Natur durch einen unruhigen Hintergrund an Wirkung. Ein völlig mit Eis umgebener Zweig eines Baumes wird kein gutes Bild ergeben, wenn er vor anderen Zweigen abgebildet wird, vor einem schwarzen Hintergrund hingegen wirkt er sehr dekorativ. Die Morgenaufnahme eines mit Tau belegten Spinnennetzes kann noch an Ausdruckskraft gewinnen, wenn es von hinten beleuchtet wird.

Probieren Sie die Makrofunktion der Kamera aus. Gewöhnliche Dinge wie Blumen können völlig anders aussehen, wenn sie ganz groß aufgenommen werden, und die Aufnahme von kleinen Lebewesen ist viel einfacher. Sie müssen jedoch auf die richtige Beleuchtung dieser Motive achten. Einige der besten Naturaufnahmen lassen sich von Tieren machen, die in einer künstlichen und doch realistisch aussehenden Umgebung leben. Viele Kinder bauen sich Kästen, in denen sie Ameisen oder Würmer beobachten können. Auf ähnliche Weise könnte man zum Beispiel ein Gehege für Füchse oder für Mäuse bauen und diese Tiere dann in aller Ruhe fotografieren.

DIE FAMILIENFEIER

WEIHNACHTEN

Die meisten Leute verwenden ihre Videokamera das erste Mal bei einer Familienfeier. Das kann ein Geburtstag oder ein Jahrestag, eine Hochzeit, eine Taufe oder ein Ereignis sein, bei dem die ganze Familie zusammen ist, wie zum Beispiel zu Weihnachten.

Obgleich Sie ein solches Fest nicht bis in die letzte Einzelheit planen wollen, indem jedes Familienmitglied seine vorherbestimmte Rolle spielt, sollten Sie sich trotzdem einige Gedanken machen. Sie müssen sich zuerst fragen, was Sie erreichen wollen. Die Antwort darauf ist einfach: die Familie aufzunehmen, wie sie Weihnachten feiert. Die zweite Frage lautet, welche Programmpunkte berücksichtigt werden sollen (Aufwachen, Auspacken der Geschenke, Weihnachtsessen, Veranstalten von Spielen usw.). Das Thema ist klar, obgleich noch andere Aspekte aufgrund irgendwelcher „Besonderheiten“ Ihrer Familie hinzugefügt werden können. Als nächstes sollten Sie sich einige Notizen über die Aufnahmen

Einführungsaufnahme mit den Kindern im Bett. Sie wachen nach dem Mittagsschlaf auf, rennen aufgeregt aus dem Zimmer. Nehmen Sie sie als Totale auf, wie sie die Treppe hinunter und in das Wohnzimmer schleichen.

Nehmen Sie die Kinder auf, wie sie durch die Wohnzimmertür kommen. Machen Sie einen Schwenk zum Weihnachtsbaum, wo die Kinder ihre Geschenke auspacken. Jetzt können Sie nacheinander jedes Kind, wie es gerade etwas aufmacht, mit einer mittleren Einstellung zeigen, dann jedes Kind in Großaufnahme, Großaufnahmen der Geschenke, Halbtotale des gesamten Baumes und einige Zwischenschnitte.

Ein Kind ergreift ein Spielzeug und rennt aus dem Raum. Nehmen Sie es mit einer Totalen auf, wie es die Treppen hinaufläuft, um einem Nachbar ein Geschenk zu zeigen. Aufnahmen von Papa und Mama, die ihren Kindern beim Auspacken der Geschenke zusehen, dürfen nicht fehlen. Ausblenden.

Einblenden mit einer Halbtotalen der Familie, die bereits zum Essen am Tisch sitzt. Die Gans wird unter starkem Beifall feierlich aufgetragen. Die Mahlzeit beginnt. Großaufnahmen der Menschen können unterbrochen werden durch Aufnahmen der Gerichte auf dem Tisch. Versuchen Sie einige Aufnahmen „aus der Sicht der Gans“ und Großaufnahmen von Dingen auf dem Tisch. Schnitt zu . . .

. . . den Späßen nach Tisch — Knallbonbons werden gezogen, Scherze und Spiele, Weinbrand und Zigarren. Ausblenden.

Einblenden mit einem Bild von Papa, der in einem Sessel ein Nickerchen macht. Zwischenschnitt zum knisternden Feuer im Kamin und zu den Gästen, die vor dem Fernseher sitzen. Schnitt zu . . .

machen, die Sie vorhaben. Bei sorgfältiger Planung werden Sie vielleicht feststellen, daß Schneiden später nicht erforderlich ist, obwohl es immer besser ist, wenn Sie die Möglichkeit haben, einige Gegeneinstellungen und Zwischenschnitte einzubauen, um wenig gelungene oder unerwünschte Momente zu überdecken.

Wenn Sie engagiert sind, sollten Sie als nächstes ein Storyboard skizzieren. Das kann nur ein ungefähres Konzept sein, da bei einer solchen Gelegenheit meist viel Unvorhersehbares dazwischenkommt. Sie sollten sich nicht streng an Ihr Storyboard halten, wenn etwas Unerwartetes geschieht! Was auch passiert, vergessen Sie nicht, ein paar Aufnahmen zu machen, die nichts mit der Handlung zu tun haben. Das können Aufnahmen des Weihnachtsbaumes sein, der Schneelandschaft draußen oder der Katze, die eingeschlafen ist, usw. Sie können auch ein paar „künstlerische" Aufnahmen ausprobieren, wie z. B. eine Kerze durch ein Weinglas hindurch oder Großaufnahmen von der Weihnachtsgans. Verwenden Sie auch Spezialfilter wie Gitter- oder Nebelfilter zur Aufnahme des Weihnachtsbaumes. Mit einem Konzept im Kopf brauchen Sie nur loszufilmen.

Einblenden zum Wohnraum. Das inzwischen ordentlich zusammengefaltete Geschenkpapier zeigt, daß Zeit verstrichen ist. Die Kinder spielen jetzt mit ihrem Spielzeug. Schnitt zur . . .

. . . Küche. Das Weihnachtsessen wird vorbereitet. Nahaufnahme der Person am Spülbecken oder Herd, die durch Großaufnahmen von Pfannen und Töpfen auf dem Herd, Gemüse, das im Spülbecken geschält wird, und anderen Küchenszenen unterbrochen wird. Die Kinder kommen in die Küche, sie holen Messer und Gabeln, um den Tisch zu decken.

Nehmen Sie die Kinder auf, wie sie aus der Küchentür herauskommen und zum Tisch gehen und die Bestecke auflegen. Verwenden Sie wieder eine Halbtotale, schneiden Sie die Gesichter der Kinder dazwischen, die sich an ihre Aufgabe machen. Nehmen Sie aus der Augenhöhe der Kinder auf. Ausblenden.

. . . den Kindern, die noch einmal mit den Spielsachen spielen, aber schon sehr müde sind.

Die Kinder, die sich für die Nacht umziehen, ins Bett gebracht werden, denen vielleicht eine Gutenachtgeschichte vorgelesen wird.

Zum Schluß können Sie dort aufhören, wo Sie angefangen haben — bei schlafenden Kindern in ihren Betten. Beenden Sie den Videofilm, indem Sie das Licht ausknipsen.

WEITERE VIDEO-THEMEN . . .

Obgleich Video vorrangig ein kreatives Medium ist, kann es sehr sinnvoll für andere Hobbies und Interessen eingesetzt werden. Seine Nutzung als Trainingshilfe ist am weitesten verbreitet, doch es bietet außerdem viele Möglichkeiten, als eine Art visuelles Notizbuch zu dienen.

Beim Golf können Sie zum Beispiel Ihre Bewegungen aufnehmen und diese dann Bild für Bild wiedergeben. Ein guter Trainer wird sofort erkennen können, wo Sie etwas falsch machen und Ihnen sagen, wie Sie es korrigieren können.

Diese Möglichkeit des individuellen Trainings kann ausgedehnt werden, um eine Übersicht über die Leistung einer ganzen Mannschaft zu geben. Die Aufnahme eines Spiels kann mit normaler Geschwindigkeit wiedergegeben, gestoppt, erneut gestartet und noch einmal in Zeitlupe gebracht werden; dabei wird jede Schwäche eines Spielers aufgezeigt und kann dann korrigiert werden.

Wenn Sie Trainingscassetten kaufen, können Sie ihre Fähigkeiten mit denen von Profis vergleichen. Das ermöglicht einen direkten Vergleich und liefert Ihnen außerdem Unterricht in Ihrer Sportart durch Experten.

Der Trainingsgedanke kann auf darstellende Künste erweitert werden. Ein Tänzer oder eine Tanzgruppe kann einen Auftritt aufnehmen und ihn dann Bild für Bild analysieren. Ein Musiker möchte Spieltechniken studieren — er kann seine eigene Aufführung aufnehmen und sie dann Schritt für Schritt wiedergeben. Glücklicherweise sind die Fernsehberichterstattungen von Sport und Kunst so gut, daß Sie Profis bei der Arbeit aufzeichnen und dann mit Ihren eigenen Fähigkeiten vergleichen können.

Neben seiner Nutzung als Trainingshilfe kann Video aber auch als eine Art visuelles Notizbuch verwendet werden. Obgleich Sie Bauwerke auch mit dem Fotoapparat aufnehmen können, läßt sich mit Filmaufnahmen von Gebäuden eine ganze Menge mehr festhalten. Auf diese Weise können Sie zum Beispiel wiedergeben, wie sich die Beleuchtung des Gebäudes ändern kann (auch in einer relativ kurzen Zeitspanne), und Sie können auch darstellen, welche Beziehung zwischen Menschen und Gebäuden besteht (ein sehr wichtiger, häufig vernachlässigter Aspekt der Architektur). Durch einen Schwenk und in gewissem Umfang auch durch Zoomen kann eine Videoaufzeichnung eine Vorstellung von der Größe eines Gebäudes geben. Dieses Prinzip kann natürlich auch bei anderen großen Dingen wie Schiffen, Zügen, Flugzeugen und so weiter angewendet werden. . .

Das Video-Sammelalbum ist eine ganz einfache Idee. Sie sammeln Fernsehprogramme oder Teile von Programmen, die etwas mit Ihrem Hobby zu tun haben (zum Beispiel Kochen). Natürlich machen das die meisten Leute von selbst, wenn sie einen Videorecorder besitzen, aber wenn Sie einige Gedanken für das richtige Zusammenschneiden Ihrer Sammlung aufwenden, so können Sie daraus ein ganz interessantes Programm machen.

Video kann auch zum Aufbau eines Kataloges verwendet werden. Auf Seite 136 zeigen wir, wie Sie jede beliebige Illustration aufzeichnen können. Mit dieser Technik können Sie sich einen aktuellen Katalog von Bildern, Dias und Unterlagen, die durch häufige Benutzung beschädigt werden könnten, einrichten.

Sport — der Einzelne

Vielleicht sind Sie ein starker Golfspieler und wollen Ihre Technik aufzeichnen, um zu sehen, wo Sie etwas falsch machen. Sie sollten die Kamera direkt von vorn aufstellen, so daß alles, was Sie später sehen müssen, im Bild ist. Da Sie im Freien sind, gibt es keine Beleuchtungsprobleme, allerdings sollte nicht gegen die Sonne oder den Himmel aufgenommen werden. Ein Stativ muß sein; lassen Sie sich nicht durch die Fotos in den Geräteprospekten täuschen, bei denen Videofilmer Aufnahmen aus der Hand machen; jede Bewegung der Kamera bedeutet einen Schärfeverlust. Verwenden Sie ein Band von sehr guter Qualität.

Wenn Sie Ihre eigenen Bewegungen mit denen eines Profis vergleichen wollen (die Sie entweder vom Fernsehen aufgezeichnet oder auf einer Übungscassette haben), versuchen Sie, Ihre Übungen so gut wie möglich an die des Vergleichsbandes anzupassen. So können Sie Ihre Leistung Bild für Bild vergleichen.

Sie können jetzt mit ihrem Trainer diese Aufzeichnungen durchgehen. Sie können sie ständig wiederholen, rückwärts und vorwärts, Bild für Bild. Wenn Sie Ihre Bewegungen mit denen der Profis vergleichen wollen, so verwenden Sie am besten zwei Videorecorder und zwei Fernsehgeräte und stellen sie nebeneinander. Wenn Sie die Aufzeichnungen von sich gleichzeitig mit den Aufzeichnungen des Profis abspielen, werden Sie die Unterschiede besonders deutlich sehen.

Für eine völlig störungsfreie Wiedergabe im Zeitlupenbetrieb, beim Standbild und der Bildfortschaltung ist es unerläßlich, daß Sie geeignete Videorecorder einsetzen, die für diese Anwendungen zusätzliche Videoköpfe verwenden.

Optimale Aufnahmen erhalten Sie, wenn Sie eine Kamera mit Hochgeschwindigkeitsverschluß verwenden (z.B. den auf Seite 25 abgebildeten Kamerarecorder VKR 6820 von Philips). Bei einer solchen Kamera wird jedes Halbbild statt 1/50 Sekunde nur 1/1000 Sekunde belichtet, wodurch die Bilder schärfer werden.

Trainingscassetten

Zu den ersten Programmen der Videosoftware-Industrie gehörten Cassetten mit verschiedenen Sportereignissen. Das war besonders einfach, da es dabei nicht so viele Urheberrechtsprobleme gibt und Sport natürlich ein beliebtes Thema ist. Neuerdings werden auch aktuelle Trainingscassetten angeboten, die nicht nur hochtalentierte professionelle Sportler in Aktion zeigen, sondern bei denen auch etwas von deren Fähigkeiten und Kenntnissen vermittelt wird. Die Auswahl ist groß. Welchen Sport Sie auch betreiben, es wird etwas für Sie dabei sein.

Es gibt verschiedene Möglichkeiten, diese Filme zu verwenden. Allein das Ansehen ist schon interessant, aber wenn es nicht möglich ist, die Lektionen nachzuspielen, während sie gerade unterrichtet werden, dann ist die unmittelbare Wirkung nicht ganz so groß. Stellen Sie sich vor, Sie stehen — den Golfschläger in der Hand — vor dem Fernsehgerät! Einige Sportarten sind einfach genug, um es so zu machen. Stellen Sie das Fernsehgerät in eine Turnhalle oder vielleicht sogar in die Garage — unter der Voraussetzung, daß Sie genug Platz haben, um Golf- oder Tennisschläge auszuprobieren, ohne die Lampen herunterzuholen.

Bei Mannschaftsspielen wie Fußball oder Basketball sollte die Schulung darin bestehen, daß ein Abschnitt der Cassette gemeinsam angesehen wird, vielleicht in einer Ecke der Turnhalle, und danach sollte die Übung mit dem Trainer durchgearbeitet werden. Das bringt uns zu einer weiteren Einsatzmöglichkeit.

Das Betrachten von Videofilmen ist eine Sache, aber es ist viel nützlicher, eigene Leistungen aufzuzeichnen und sie zusammen mit der professionellen Version wiederzugeben. Sie brauchen zwar zwei Videorecorder und zwei Fernsehgeräte, aber in einer Mannschaft gibt es sicherlich noch einen zweiten Videorecorderbesitzer, und alle Mitglieder haben bestimmt ein Fernsehgerät. Denken Sie wieder an die Urheberrechte, denn das Kopieren von Kaufkassetten ist verboten.

Sport — das Mannschaftsspiel

Mit Video kann man sich einen bestimmten Spieler einer Mannschaft aufs Korn nehmen und seine Techniken analysieren. Aber Video hat noch andere Möglichkeiten für den Mannschaftssport.

Wenn Sie mitten in einem Spiel sind, haben Sie natürlich nicht den Überblick, wie die Mannschaft als Einheit spielt. Zeichnen Sie ein ganzes Spiel oder einen großen Teil davon von einem Standort aus auf, von dem sich das ganze Spielfeld überblicken läßt. Sie können dann sehen, wie sich die einzelnen Mitglieder der Mannschaft verhalten. Durch Wiedergabe im Zeitrafferbetrieb können Sie leichter erkennen, wie die Mannschaft auf bestimmte Situationen reagiert und wo die Schwächen liegen. In einem Fußballspiel könnte es zum Beispiel sein, daß die gegnerische Mannschaft häufig nach einem Eckstoß von der linken Seite zu einem Treffer kommt. Beim Betrachten der Übersichtsaufnahmen dieser Situation werden Sie sehen, daß es immer eine Lücke in der Verteidigung gibt, die niemand auf dem Feld bemerkt hat. Nachdem Sie das herausgefunden haben, können Sie einen Weg vorschlagen, wie das Loch gestopft werden kann.

Sie können auch Teile des Mannschaftswettkampfes aufnehmen — die Ecke beim Fußball oder das Foul beim Basketball — und mit Hilfe von Zeitlupe oder Zeitraffer analysieren, um zu sehen, wie die Mannschaft arbeitet. Das kann dann mit ähnlichen Situationen bei professionellen Spielen verglichen werden, um daraus zu lernen.

Das Video-Sammelalbum

Sehr häufig heben Menschen, die sich für ein bestimmtes Thema interessieren, Ausschnitte, Fotos und andere Erinnerungsstücke in einem Sammelalbum auf. Jemand, der ein begeisterter Hobbykoch ist, wird Rezepte, die er aus verschiedenen Magazinen ausgeschnitten hat oder die Rückseiten von diversen Nahrungsmittelverpackungen aufheben. Der Hobbygärtner wird Anleitungen und Tips, die aus Zeitschriften, Pflanztabellen, Samenpackungen oder ähnlichem Material ausgeschnitten sind, aufheben.

Sie können dieses Konzept noch einen Schritt weiterführen, indem Sie eine Cassette für Ausschnitte aus Fernsehprogrammen über Ihr spezielles Thema reservieren. Diese Sammlung kann noch durch die Aufnahme von Fotos und Karten von verschiedenen Materialien, die mit Ihrem Hobby zu tun haben, erweitert werden.

Architektur

Obwohl die Videokamera für die Aufnahme bewegter Bilder geschaffen wurde, führen allein die Größe und das Ausmaß eines Gebäudes manchmal automatisch dazu, daß man es mit Video aufzeichnet. Drei Dinge sollte man bei der Aufnahme von Gebäuden berücksichtigen:

Erstens die Form und die Größe des Gebäudes. Sie würden die einzigartigen Möglichkeiten von Video nicht nutzen, wenn Sie jede Besonderheit lediglich 10 Sekunden mit einer statischen Einstellung aufzeichnen würden. Wenn Sie jedoch mit der Aufnahme einer besonderen Attraktion – dem Wasserspeier einer Kirche zum Beispiel – beginnen und dann auszoomen, um zu zeigen, daß es sich dabei nur um einen kleinen Teil eines riesigen Turmes handelt, erreichen Sie die doppelte Wirkung; Sie zeigen das Objekt und gleichzeitig seine Größe im Vergleich zum Rest des Gebäudes. Obgleich die Videokamera große Flächen durch Schwenks oder Zoomen einfangen kann, sollten Sie nicht die Chance vergeben, verschiedene Teile eines Gebäudes durch geeignete Bildauswahl zueinander in Beziehung zu setzen.

Zweitens die Art, wie Licht auf das Gebäude fällt. Sie können zum Beispiel „live" die Wirkung der Sonne aufnehmen, wie sie plötzlich hinter einer Wolke hervorkommt und dadurch Veränderungen in den Farben und Schatten hervorruft. Diese Effekte können am Tage kontinuierlich aufgenommen werden – etwas, das mit einem Fotoapparat unmöglich ist.

Drittens die Menschen und die Art und Weise, in der sie auf bestimmte Besonderheiten des Gebäudes reagieren. Es ist hilfreich, die Kamera an einem Punkt aufzustellen, an dem sich die Menschen besonders interessante Einzelheiten betrachten. Wenn Sie die Aufnahmen im Freundeskreis zeigen, können Sie einen Eindruck von der Sehenswürdigkeit vermitteln und zeigen, welches Interesse sie hervorruft.

Die darstellende Kunst

Genauso, wie Sie Video verwenden können, um Analysen beim Sport durchzuführen, kann Video (wie wir bereits gesagt haben) auch für Künstler aller Art eingesetzt werden. Zum Beispiel als Trainingshilfe für Tänzer, um die Ästhetik ihrer Bewegungen zu untersuchen. Wenn Sie Choreographie studieren, kann die Aufzeichnung eines bestimmten Balletts wieder und wieder abgespielt werden und zwar mit Normalgeschwindigkeit oder im Zeitlupenbetrieb, um die Bewegungen genau zu beobachten. Verschiedene Choreographien für dasselbe Ballettstück können verglichen werden, die verschiedenen Techniken führender Tänzer können beobachtet und analysiert werden.

Die Technik eines Instrumentalisten kann ebenfalls aufgenommen und genauso analysiert werden wie beispielsweise Ihr Aufschlag beim Tennis. Der unterschiedliche Blickwinkel der Videokamera ist häufig sehr aufschlußreich. Was der Darsteller mit seinen eigenen Augen nicht sehen kann, ist aus der Sicht der Kamera häufig deutlich zu erkennen. Außerdem haben Sie die Möglichkeit, Ihre eigene Technik mit der von professionellen Künstlern Bild für Bild zu vergleichen.

Der Schauspieler – Profi oder Amateur – wird ebenfalls sehr davon profitieren, wenn er seine Darstellung auf Videoband sehen kann. Wieder deckt der unterschiedliche Blickwinkel Fehler auf, die für jeden offenkundig sind außer für den Betreffenden – zum Beispiel das nervöse Kratzen am Kopf oder das ständige Ziehen am Ohr.

Der Videokatalog

Video ist zum Katalogisieren geeignet. Nehmen wir einmal an, daß Sie Fotograf sind und eine Menge wertvoller Dias besitzen. Anstatt sie, um sie zu betrachten, gegen das Licht zu halten oder sie auf einen Lichtkasten zu legen, können Sie auch jedes zusammen mit einer Bezugsnummer auf Video aufnehmen. Wenn Sie dann ein bestimmtes Bild suchen, so können Sie das Band im Bildsuchlaufbetrieb durchlaufen lassen. Ein Register sagt Ihnen, auf welcher Cassette und wo ungefähr Sie suchen müssen. Verwenden Sie kurze Cassetten (30 oder 60 Minuten), sonst kann die Suche recht lange dauern. Andere wertvolle Dinge wie Briefmarken, alte Dokumente, Stiche usw. können auf diese Weise ebenfalls katalogisiert werden.

MENSCHEN AUF VIDEO

DARSTELLER

Die ersten Darsteller für Ihre Videokamera werden sehr wahrscheinlich Freunde, Familienmitglieder und Menschen aus Ihrer Umgebung sein. Auch später werden diese Personen weiterhin der Mittelpunkt Ihrer Aufzeichnungen bleiben.

Ihre Darsteller sollten daher auf dem Bildschirm immer vorteilhaft aussehen, sie sollten eine gute „Vorstellung" geben. Was heißt das? Sie sollten versuchen, sich so natürlich wie möglich zu geben und weder scheu noch verlegen zu wirken.

In vielen Familien findet sich jemand, der sozusagen der geborene Schauspieler ist. Die meisten allerdings sind kamerascheu, finden Ausflüchte und haben sogar Angst vor der Kamera — es kostet Muße und Geduld, bis sie ihre Hemmungen abgelegt haben.

Es gibt zwei Möglichkeiten, um von Menschen, die schauspielerisch nicht sehr begabt sind, gute Bilder zu bekommen. Entweder nehmen Sie sie auf, während sie nicht merken, daß die Kamera läuft, oder Sie sorgen dafür, daß sie zu Beginn der Aufzeichnung völlig entspannt sind. Welchen Weg Sie wählen, hängt von der Situation und den beteiligten Personen ab.

Kinder sind weniger kamerascheu als Erwachsene. Sie müssen sogar ihre natürliche Neugier oft zügeln, da sie sich mehr für die Person, die die Kamera hält, interessieren, als für die Handlung, die Sie aufnehmen wollen. Haustiere sind in dieser Hinsicht mit Kindern zu vergleichen, obwohl sie natürlich noch weniger zu beeinflussen sind.

Erwachsene als Darsteller

Wenn wir davon ausgehen, daß Sie Menschen nicht heimlich aufnehmen können, wird Ihre Hauptaufgabe als Videoregisseur darin bestehen, Ihre Darsteller so zu führen, daß sie ihr Bestes geben. Manche Menschen reagieren zunächst nervös, schüchtern und ängstlich, besonders wenn Sie eine aufwendige Beleuchtung aufgebaut und ein komplettes Aufnahmeteam dabeihaben.

Es sollte Ihr Ziel sein, daß Ihre Darsteller sich gleich zu Beginn wohl fühlen. Überlassen Sie den Aufbau jemand anders. Sprechen Sie als Regisseur mit den Leuten und diskutieren Sie mit ihnen darüber, was sie sagen werden, wie sie es sagen werden und so weiter. Sprechen Sie ihnen Mut zu, sorgen Sie dafür, daß sie sich wichtig vorkommen und als Teil des Teams fühlen. Viele Menschen reagieren irritiert, wenn sie alleine herumstehen und nicht beachtet werden, während andere geschäftig die Ausrüstung aufbauen, Lampen montieren und so weiter.

Wenn die Aufnahme beginnt, sollten die Ermutigungen noch intensiviert werden. Das Selbstvertrauen wird besonders gestärkt, wenn man gesagt bekommt, daß man seine Sache gut macht.

Wenn der Darsteller vor der Kamera spricht, dann stellen Sie sich an eine Seite der Kamera und bedeuten Sie ihm, daß er zu Ihnen sprechen soll — geben Sie ihm das Gefühl, daß Sie zuhören und reagieren. Wenn Sie nach einem geschriebenen Manuskript arbeiten und die Dinge nicht so richtig zu laufen scheinen, dann bitten Sie Ihren Darsteller einfach, den Inhalt des Drehbuchs mit seinen eigenen Worten wiederzugeben.

Eine andere Möglichkeit, um zu erreichen, daß Ihr Darsteller frei spricht, besteht darin, ihn zu interviewen. Wenn wir davon ausgehen, daß Sie später Ihre Aufzeichnungen schneiden, dann können Sie Ihre Fragen so strukturieren, daß nur die Antworten zusammengeschnitten werden, die für sich einen Sinn ergeben. Der Fragensteller sollte in der Nähe des Darstellers hinter der Kamera sitzen, so daß es so aussieht, als würden die Antworten direkt zur Kamera gesprochen.

Lassen Sie den Recorder nach Abschluß des Interviews weiterlaufen. Sie werden überrascht sein, wie gesprächig und redselig Menschen sein können, wenn sie glauben, ihren Part beendet zu haben. Wenn Sie sorgfältig planen, können Sie alle unangenehmen und schwierigen Fragen bis zu diesem Zeitpunkt aufheben, oder fragen Sie Ihren Darsteller zumindest nochmals auf eine andere Art und Weise. Wenn die Darsteller glauben, daß sie nicht aufgenommen werden, antworten sie entspannter und fließender.

Kinder als Darsteller

Kinder sind das genaue Gegenteil von Erwachsenen. Wenn Sie eine Kamera auf sie richten, werden sie neugierig nach der Kamera fragen und vergessen, was sie gerade machen — aber genau das wollten Sie ja aufnehmen! Ältere Kinder zeigen eine gewisse Schüchternheit, und etwas Zuspruch ist häufig erforderlich, um diese zu überwinden.

Versteckte Kamera

Eine Alternative, Menschen aufzunehmen, die möglicherweise nicht aufgenommen werden wollen, besteht in der Verwendung von Vorrichtungen, die die Kamera weniger verdächtig erscheinen oder sogar völlig unbemerkt läßt. Nachstehend ein paar Tips, wie man zu guten Szenen kommen kann. Natürlich gehen wir davon aus, daß Sie nicht etwas Verbotenes oder Unschickliches tun und daß Ihre „Opfer" im Prinzip nicht gegen die Aufnahme sind, selbst wenn sie dabei nicht im besten Licht erscheinen.

Beginnen wir mit jüngeren Kindern. Zunächst müssen Sie sie ein wenig mit der Videoausrüstung vertraut machen. Zeigen Sie ihnen, wie sie arbeitet und wie sie selbst auf dem Fernsehschirm aussehen. Der Reiz des Neuen ist schnell verflogen. Lassen Sie die Kinder nun spielen — sie werden das machen, was Sie gern möchten. Das Wichtigste ist, daß sie etwas Spannendes zu tun haben, während Sie aufnehmen. Eine Geburtstagsfeier liefert ein einfaches Beispiel. Mit Kuchen und Schlagsahne im Überfluß werden die Kinder an der Videokamera nicht sonderlich interessiert sein. Das Öffnen der Weihnachtspakete ist ein anderes Beispiel. Versuchen Sie, im Hintergrund zu bleiben, und nehmen Sie im Telebereich auf.

Ältere Kinder verhalten sich schon eher wie Erwachsene. Kinder, die geborene Schauspieler sind, brauchen keine weitere Ermutigung — die anderen sollten wie schüchterne Erwachsene behandelt werden, allerdings müssen Sie besonders geduldig und mit Ihrem Lob besonders großzügig sein. Wenn Sie zum Beispiel ein Kind bitten, ein Gedicht aufzusagen, dann sollten Sie seine Lieblingstante oder seinen Lieblingsonkel direkt neben der Kamera sitzen haben. Bitten Sie das Kind, das Gedicht für sie aufzusagen. Die Tante oder der Onkel müssen natürlich zuhören, antworten und Mut zusprechen. Das gleiche gilt, wenn ein Kind ein Musikinstrument vor der Kamera spielen soll.

Das Teleobjektiv: Nur möglich für die Besitzer einer Kamera mit abschraubbarem Objektiv. Mit einem geeigneten Adapter können Sie handelsübliche Fotoobjektive mit der Kamera verbinden. Für Aufzeichnungen mit der versteckten Kamera benötigen Sie Objektive mit wenigstens 200 mm Brennweite, um deutlich mehr als mit der Teleeinstellung des Zoomobjektivs der Kamera zu erreichen. Vergessen Sie nicht, daß bei einer Teleaufnahme die Kamera besonders fest auf einem Stativ montiert sein muß, daß Sie eine sehr geringe Tiefenschärfe haben und viel Licht benötigen.

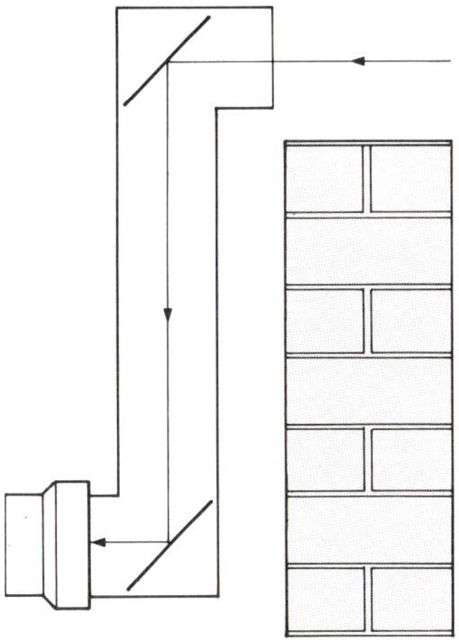

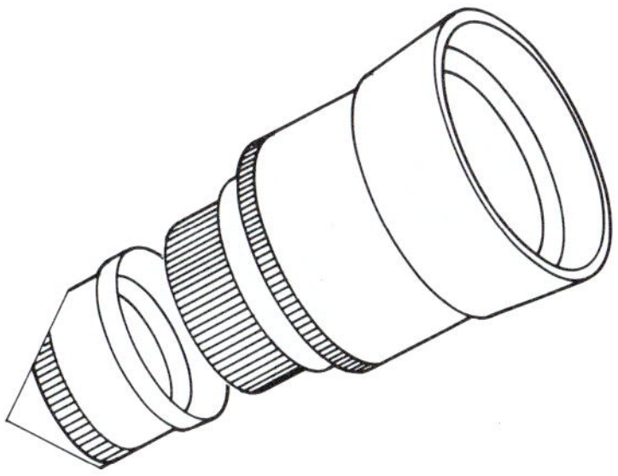

Das Periskop: Diese von Unterseebooten bekannte Vorrichtung besteht in seiner einfachsten Form aus einem Rohr mit Spiegeln an den beiden Enden. Sie haben damit die Möglichkeit, über Gegenstände hinüberzuschauen, ohne daß Sie gesehen werden. Periskope für Videokameras gibt es in allen Preislagen. Sie können sich sogar ein einfaches Modell selbst bauen. Besonders hilfreich ist ein Periskop natürlich, wenn Sie sich hinter einer Hecke oder Mauer verstecken können.

Das Winkelobjektiv: Wenn Sie keine Gelegenheit haben, sich mit der Videokamera zu verstecken, so können Sie Ihren „Opfern" auch vortäuschen, daß Sie die Kamera irgendwo anders hinhalten, in Wirklichkeit aber doch diese Personen aufnehmen. Das Winkelobjektiv sieht wie ein Teil des Objektives aus und wird vorn in das Objektiv geschraubt. Seitlich befindet sich in dem Winkelobjektiv ein Loch, hinter dem ein Umlenkspiegel angebracht ist, der das Licht um 90 Grad umlenkt, so daß die Kamera Dinge sieht, die sich an der Seite befinden und nicht in gerader Linie davor.

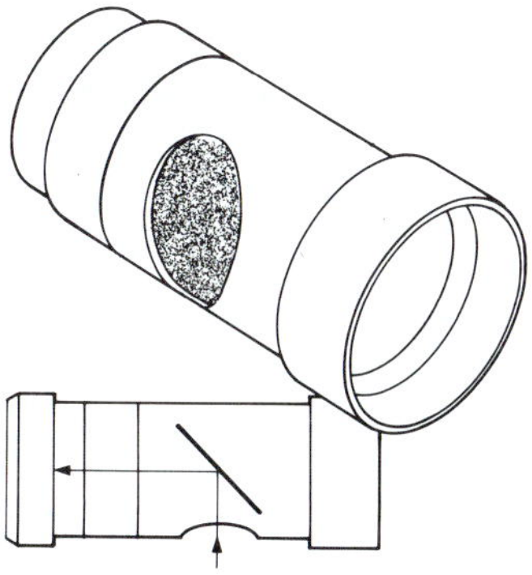

SCHAUSPIELER

Jeder Videoregisseur möchte vielleicht einmal auch eine Art Schauspiel auf den Fernsehschirm bringen, sei es ein Spielfilm oder ein adaptiertes Theaterstück. In beiden Fällen muß er mit Schauspielern arbeiten.

Manchmal wird in der komplizierten und technischen Welt des Videomachens vergessen, daß das Schauspielen ebenso kompliziert und zeitaufwendig ist wie alles andere, das mit der Produktion eines Videofilms zu tun hat. Ein Schauspieler kann seine Rolle nicht „aus dem Stand" spielen, sondern muß sich intensiv vorbereiten, genauso wie der Videoregisseur.

Was gehört zu diesen Vorbereitungen? Im wesentlichen alles, was erforderlich ist, um den Darsteller auf dem Bildschirm glaubwürdig erscheinen zu lassen. Es ist die Aufgabe des Regisseurs, diese Leistung mit viel Geduld aus seiner Truppe herauszuholen, unabhängig davon, ob es sich um erfahrene Profis oder talentierte Amateure handelt. Mit glaubwürdig meinen wir, daß der Betrachter des Videofilmes glauben soll, daß die Darsteller die geschilderten Situationen tatsächlich erleben, und nicht, daß er Schauspielern zuschaut, die andere Personen darstellen.

Nehmen Sie als Beispiel eine Fernsehserie. Für viele Zuschauer sind die Welten von **Dallas** oder **Denver** so echt wie ihr eigenes Leben. Sie glauben, daß die weltbekannten Filmfiguren J. R. Ewing oder Alexis Carrington tatsächlich existieren. Das wird vielfach bestätigt durch die zahllosen Briefe, die die Filmschauspieler von den Zuschauern erhalten, in denen diese ihnen Ratschläge geben, wie sie mit einem speziellen Problem fertig werden können oder in denen sie auch selbst um Hilfe bitten.

Obgleich es für Talent keinen Ersatz gibt, gibt es trotzdem eine funktionierende Methode, die Sie anwenden können, um eine Rolle glaubhafter und echter zu machen, als es ohne diese Hilfe möglich ist. Diese Methode wurde von dem russischen Theaterdirektor Konstantin Stanislawski erfunden und wird in der einen oder anderen Form an praktisch jeder Schauspielerschule der Welt gelehrt.

Stanislawskis Methode war eine Antwort auf die sehr künstliche und langweilige Schauspieltechnik zur Jahrhundertwende. Bei dieser Methode wird bereits gemachte Lebenserfahrung für die Rolle eingesetzt. In der Theorie hört sich das ziemlich entmutigend an, in der Praxis bedeutet es eigentlich nur, daß Sie sich in die Situation des Darzustellenden hineinversetzen und so handeln, wie Sie handeln würden, wenn Sie in derselben Situation wären.

Vergessen Sie zum Schluß nicht, daß Schauspielen eigentlich folgendes ist: Ein Spiel, bei dem Sie sich gehen lassen, sich lächerlich machen können, alle diese verrückten Dinge machen können, die im wirklichen Leben nicht möglich sind, und bei dem Sie alle möglichen Emotionen ausleben können. Je mehr Sie sich verausgaben, desto wahrscheinlicher werden Sie das richtige Gefühl finden, das Sie für Ihr Stück brauchen.

Das Wesentliche ist, daß die Rolle echt wirkt

Das höchste Ziel eines jeden Schauspielers ist eine überzeugende Darstellung der Rolle. Larry Hagmans Darstellung von J. R. Ewing wirkt echt, weil die Leute glauben, daß sie J. R. Ewing auf dem Bildschirm sehen und nicht „diesen Kerl Larry Hagman", der vorgibt, J. R. zu sein.

Die erste Frage, wenn Sie das Drehbuch lesen, muß sein: „Wer ist diese Person?" Sie können viel über sie in der Rollenbeschreibung und in den Kommentaren, die den anderen Rollentexten dazu

gegeben werden, finden. Sie können noch mehr herausarbeiten, wenn Sie sich nicht nur mit den Worten selbst, sondern auch mit der Art und Weise, wie sie eingesetzt werden, beschäftigen. Sie sollten sich also fragen: Was für ein Mensch spricht so? Mit dem Erarbeiten der Rolle beginnt also erst die eigentliche Aufgabe, die Rolle im Rahmen des Drehbuchs zu spielen. Als nächstes muß herausgefunden werden, in welcher Beziehung diese Rolle zum Rest der Handlung steht.

Vor der Kamera

Nachdem die Rolle definiert und die Ziele für jede einzelne Szene herausgearbeitet wurden, kommt als letztes der praktische Teil, in dem alles vor der Kamera gespielt wird.

Zunächst muß natürlich der Text gelernt werden. Sie können kein guter Schauspieler sein, wenn Sie immer nur daran denken, was Sie als nächstes sagen müssen.

Darüber hinaus spielen Sie jetzt die Rolle, wie Sie sie für die Ziele der Szene entwickelt haben. Wenn Sie Schwierigkeiten haben, sich in eine bestimmte Szene hineinzufühlen, überdenken Sie diese nochmals und versuchen Sie, einen Bezug zu finden zu einer Situation, die Sie selbst erlebt haben. Nehmen wir an, Sie sollen ein schwangeres Mädchen spielen, das zu Hause wegen seines Zustandes hinausgeworfen wurde. Das könnte eine Situation sein, die Sie selbst nie erlebt haben, aber Sie haben Ablehnung in anderer Form erfahren — vielleicht haben Sie sich gerade von Ihrem Freund getrennt. Erinnern Sie sich an dieses sehr persönliche Gefühl des Abgelehntwerdens und durchleben Sie es, wenn Sie das Mädchen spielen. Versuchen Sie nachzuempfinden, wie es ist, wenn man abgelehnt wird.

Wenn Sie merken, daß eine bestimmte Szene nicht richtig läuft, wenn sie zum Beispiel steif oder unnatürlich wirkt, versuchen Sie einen anderen Weg als den, den Sie für richtig gehalten haben. Nehmen Sie eine Beerdigung; ein nüchterner Anlaß, aber versuchen Sie, die Rolle heiter und fröhlich oder gar betrunken zu spielen. Wenn Sie sich genügend in eine Rolle hineinversetzt haben, kann dieser neue Angang, wenn er zusammen mit den anderen Personen der Szene gespielt wird, Dinge enthüllen, die vollständig verborgen geblieben wären, wenn man die Szene konventionell gespielt hätte. Es gibt Beispiele dafür, daß eine scheinbar falsche Interpretation am Ende viel dramatischer und passender ist.

Zum Schluß ein Wort an den Regisseur. Schauspieler müssen wie Kinder sein: neugierig und ohne die Hemmungen der Erwachsenen. Ebenso wichtig aber ist es, daß der Regisseur sie vollkommen unter Kontrolle hat, für Ordnung sorgt und in seiner Führungsrolle unangefochten ist.

Ziele und Widerstände

In einer dramatischen Situation haben die einzelnen Rollen jede ein bestimmtes Ziel. Um dieses Ziel zu erreichen, muß aber meist ein Hindernis überwunden werden — der Widerstand. Dieser Konflikt macht Dramen interessant und aufregend. Denken Sie an die Szene in Shakespeares **Macbeth**, in der Macbeth von seiner Frau ermutigt wird, den schlafenden König zu töten. Sein Ziel ist es, den König zu töten und die Krone von Schottland zu erben; der innere Widerstand ist die Angst vor den Konsequenzen. So gibt es entsprechende Ziele und Widerstände für jede Person in jeder Szene. Indem Sie diese herausfinden, wissen Sie genau, was Sie in jeder Szene machen sollen.

Obgleich wir nur Überlegungen zu Einzelszenen angestellt haben, vergessen Sie nicht, daß der komplette Film ein Ziel hat, das den gesamten Aufbau formt und innerhalb dessen Sie arbeiten müssen. Das Ziel von James Bond in allen James-Bond-Filmen ist es, den Bösewicht daran zu hindern, seine heimtückischen Pläne auszuführen, und die Welt zu retten. Der Widerstand ergibt sich aus den Bemühungen des Bösewichts, Bond daran zu hindern, seinen Plan zur Beherrschung der Welt zu vereiteln.

Simon Callow spielt Mozart

Wie fand sich der englische Schauspieler Simon Callow bei der Bühnenversion von Peter Shaffers Stück **Amadeus** in die Rolle des Mozart hinein? „Ich wußte, daß sein Temperament und seine gefühlsbetonte Lebhaftigkeit viel größer waren als bei mir. Im Laufe der Wochen steigerte ich mein inneres Tempo. Ich aß doppelt so schnell wie früher, ich sprach doppelt so schnell und hetzte von Ort zu Ort. Ich trank doppelt so viel, wie ich normalerweise getrunken hätte. Es war erforderlich, meinen Körper an eine neue Stoffwechselgeschwindigkeit zu gewöhnen."

DIE NACHBEARBEITUNG

DIE FERTIGSTELLUNG

Was versteht man unter Nachbearbeitung? Dieser Ausdruck beinhaltet alle Tätigkeiten, die eine Sammlung von Video- und Tonaufzeichnungen in einen fertigen Videofilm verwandeln. Bei der Nachbearbeitung machen Sie aus den ungeordneten Aufnahmen, die Sie bei der Hochzeit Ihres Cousins aufgezeichnet haben, ein Familiendokument, das für künftige Jahre gehütet wird. Bei der Nachbearbeitung stellen Sie die ersten aufgenommenen Wörter Ihres Babys, die Fotos von seiner Taufe und die Aufnahmen seiner ersten Schritte zu einem einzigartigen Dokument zusammen, das ist mehr als ein Fotoalbum, mehr als eine Reihe von bewegten Bildern, mehr als eine willkürliche Ansammlung von Tonaufzeichnungen.

Was können Sie bei der Nachbearbeitung machen? Im wesentlichen ordnen Sie die Bilder und den Ton und bringen die beiden Dinge zusammen.

Nehmen wir zuerst die Bilder. Ob Sie mit einem Heimsystem oder einem richtigen professionellen Videoformat arbeiten — das Schneiden von Videoaufzeichnungen ist immer ein Vorgang, bei dem die ausgewählten Einstellungen von Ihrem Originalband auf ein zweites Band in der richtigen Reihenfolge kopiert werden. Anders als Tonbänder oder chemische Filme können Sie Videobänder nicht mechanisch schneiden und dann zusammenfügen. Sie würden zum Beispiel die Kontrollsignale verlieren, die der Elektronik im Fernsehgerät sagen, wann ein Bild beginnen soll und außerdem die Videoköpfe Ihres Recorders durch die Klebestelle beschädigen!

Da das Schneiden ein Kopiervorgang ist, ist die Qualität des fertigen Bandes nie so gut wie die der Originalaufnahmen. Das ist einer der Gründe, warum es so wichtig ist, daß das Originalmaterial bei möglichst guten Lichtverhältnissen aufgenommen wird, um kein Rauschen im Bild zu erhalten, das bei der Kopie noch verstärkt würde.

Während des Zusammenschneidens können Sie Ihre Aufnahmen bearbeiten — verwandeln Sie sie in einen Schwarzweißfilm, lassen Sie sie im Zeitlupenbetrieb laufen usw. Außerdem können Sie jetzt Fotos, Titel und Grafiken - auch vom Computer erzeugte - hinzufügen.

Auch der Ton!

Während der Nachbearbeitung können Sie die Tonspur zusammenstellen. Sie können Musik und spezielle Toneffekte hinzufügen, jene besonderen Tonschnipsel, die Sie bei Außenaufnahmen aufgezeichnet haben, einsetzen und die bereits aufgezeichnete Tonspur verändern. Wenn Sie den Synchronton getrennt aufgezeichnet haben, wird er jetzt zum Videoband hinzugefügt.

Ein professioneller Schnittplatz kostet mehrere tausend Mark. Sie können aber schon gute Ergebnisse erzielen, wenn Sie einfach zwei Heimvideorecorder für den Bildzusammenschnitt einsetzen. Außerdem benötigen Sie einen Audiocassettenrecorder und einen einfachen Tonmischer für den Ton. Es gibt einige technische Einschränkungen, aber die Möglichkeiten selbst einer so einfachen Ausrüstung sind (unterstützt durch Ihre Vorstellungskraft und Geschicklichkeit), beachtlich. Durch Probieren stellen Sie am besten fest, ob etwas funktioniert! Das wichtigste ist jedoch genügend Zeit!

Sie brauchen zwei Videorecorder zum Schneiden. Der erste ist das Portable, das Sie für die Aufnahme Ihrer Bilder benutzt haben. Der zweite kann zum Beispiel Ihr Heimgerät sein. Die Geräte müssen nicht unbedingt das gleiche System aufweisen, allerdings ist das Arbeiten mit einem Systemen einfacher. Eine Maschine sollte aber möglichst über Nachvertonung und **Insertschnitt** verfügen.

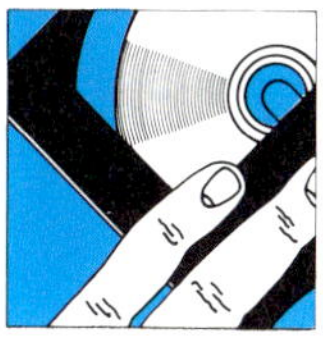

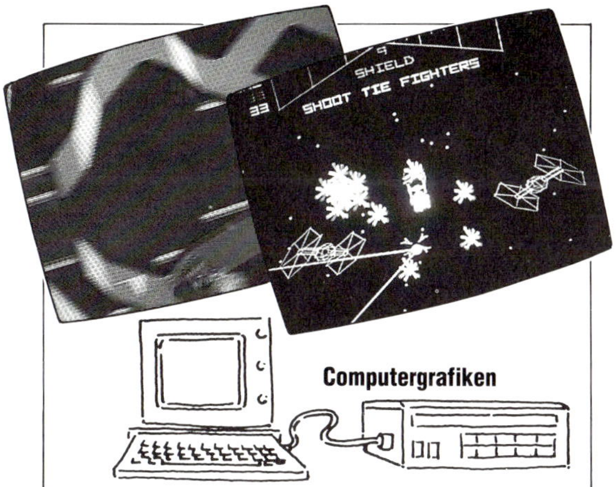

Computergrafiken

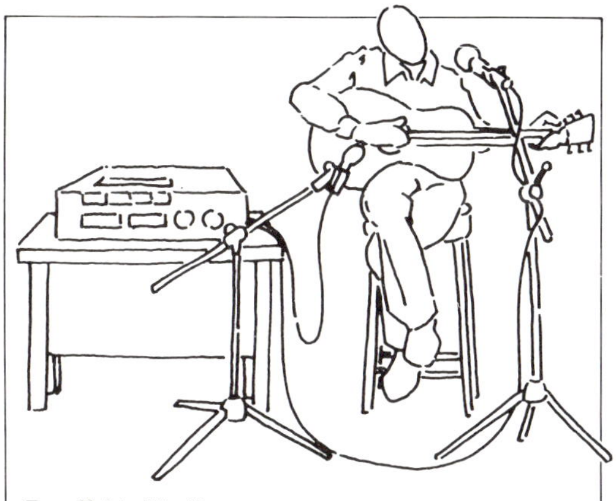

Toneffekte/Musik

Der Nachbearbeitungsvorgang: Durch die richtige Kombination aller Video- und Audioaufzeichnungen, durch elektronische Bearbeitung und Hinzufügen von Grafiken und anderem Bildmaterial sowie von Musik und Toneffekten wird der Videofilm fertiggestellt.

Fertiges Band

Nachvertonung

DAS SCHNEIDEN

DIE VORBEREITUNG

Sorgfältige Aufzeichnungen während der Aufnahme beginnen sich nun auszuzahlen. Bevor Sie über das Schneiden näher nachdenken, sollten Sie eine genaue Beschreibung von jeder Einstellung notiert sowie eine Liste von allen Einzelheiten auf jedem Band erstellt haben. Als nächstes sollten Sie festlegen, welche Takes Sie in welcher Reihenfolge verwenden wollen. In diesem Stadium sollten Sie auch an besondere Effekte denken, an Titel und an anderes Material, das Sie hinzufügen wollen, wie zum Beispiel Computergrafiken.

Hier sollten wir nochmals wiederholen, was wir unter **Einstellung** und **Take** verstehen. Eine Einstellung ist eine einzelne Bildfolge, die durchgehend, ohne den Recorder zu stoppen, aufgenommen wird. Jeder Aufnahmeversuch für eine Einstellung ist ein Take.

Obgleich Sie bereits vor der Aufnahme ungefähr wissen sollten, wie Sie vorgehen wollen, müssen Sie jetzt im einzelnen über Ihre Einstellungen und Takes nachdenken. Als erstes sollten Sie sich alles anschauen, was Sie aufgenommen haben. Notieren Sie die Takes, die Sie verwenden wollen (verstehen Sie jetzt, warum jeder mit der Klappe markiert wurde?) und die Reihenfolge, in der Sie sie einsetzen wollen.

Obwohl der Ton getrennt von den Bildern bearbeitet wird, sollten Sie jetzt an die Tonspur denken, besonders wenn Sie einen Dialog (oder ein Musikstück) haben, der mit einer Bildfolge zusammengeschnitten werden soll, zum Beispiel die Worte des Hochzeitsgottesdienstes, die Sie getrennt aufgezeichnet haben, weil Sie in der Kirche mit der Kamera nicht aufnehmen konnten. In einem solchen Fall sollten die Bilder, die Sie verwenden, zum Ton passen. Idealerweise sollten Sie Ihren Tonschnitt vorbereiten, bevor Sie mit der Arbeit beginnen (siehe Seite 131). Das bedeutet, daß dann alle Elemente des Videos berücksichtigt worden sind und Sie brauchen später nicht einige Bilder erneut zu schneiden, weil die Bildfolge für einen bestimmten Dialog zu lang oder zu kurz war.

Die sorgfältige Vorbereitung hat einen weiteren Vorteil — es kommt dann nämlich nicht vor, daß Sie plötzlich noch einen Szenenausschnitt in der Mitte einer Gesamtszene einsetzen wollen, die Sie gerade fertiggestellt haben, einfach weil Sie ihn vergessen hatten. Wenn Sie unbedingt einen neuen Ausschnitt einfügen wollen, so heißt das, daß Sie alles, was danach kommt, erneut schneiden müssen — und das sollten Sie wirklich vermeiden!

Passen Sie auf Ihre Bänder auf!

Schneiden ist ein Kopierprozeß; die Qualität Ihres Originalmaterials ist daher sehr wichtig. Sie müssen daher mit Ihren Bändern und den darauf gespeicherten Bildern sehr sorgfältig umgehen.

Das Aufpassen beginnt bei der Aufnahme. Lassen Sie den Recorder nicht länger als unbedingt nötig in der Stellung „Pause".

Auch nach Beendigung der Aufzeichnung sollten Sie noch auf Ihre Cassetten aufpassen. Es klingt selbstverständlich, aber Sie dürfen Cassetten nicht fallenlassen oder anderweitig unsachgemäß behandeln. Das könnte die Bandführungen in der Cassette beschädigen und das Band einklemmen.

Sie sollten Ihre Bänder von allen elektromagnetischen Feldern fernhalten — von Lautsprechern, Fernsehgeräten, Mikrowellengeräten und allen Geräten, die einen Elektromotor enthalten. Ebenso sollten Sie auch elektrische Kabel, in denen hohe Ströme fließen, meiden. Dadurch kann die Magnetisierung der Bänder verändert werden, was zu Bild- und Tonstörungen führt.

Wenn Sie die Cassetten zu Hause haben, tun Sie gut daran, Kopien davon zu ziehen und diese zu verwenden, um das Material zu sichten und die Schneidefolge auszuwählen. Das häufige Abspielen eines Bandes, das Stoppen und erneute Starten, die Wiedergabe in anderen Betriebsarten wird die Bildqualität im Laufe der Zeit verschlechtern.

Wenn Sie keine Kopien anfertigen wollen, spielen Sie das Original so wenig wie möglich ab, mit nur wenigen Starts und Stopps und sparsamer Verwendung des Bildsuchlaufs und anderer Sonderfunktionen. In diesem Fall ist es noch wichtiger, daß Sie genau festhalten, was Sie auf jedem Band aufnehmen.

Schneiden — was Sie zu Hause machen können

Sie können recht gute Ergebnisse erzielen, wenn Sie sich zu Hause einen Schnittplatz schaffen, der aus zwei Heimvideorecordern und einem Fernsehgerät besteht. Das **Zuspielgerät** spielt Ihre Originalbänder ab, das **Aufnahmegerät** nimmt die ausgewählten Szenen in der richtigen Reihenfolge auf.

Wir bringen jetzt eine Liste der Möglichkeiten, die Sie mit einem solchen Schnittplatz haben. Sie ist sicherlich nicht vollständig – Sie sollten noch Ihre eigenen Ideen hinzufügen.

- **Schnitte zwischen zwei Einstellungen** – diese sind auf ungefähr eine Sekunde genau möglich.

- **Bildumwandlung** –mit geeignetem Zubehör können farbige Bilder in Schwarzweißbilder, Negativbilder oder andersfarbige Bilder umgewandelt werden.

- **Standbild, Zeitlupe und Zeitraffer** – die Qualität hängt von dem wiedergebenden Recorder ab. Wenn dieser störungsfreie Standbild- und Zeitlupenwiedergabe hat, erhalten Sie diese Möglichkeit in Ihrem Zusammenschnitt ebenfalls störungsfrei.

- **Solarisation** – dieser aus der Fotografie bekannte Effekt wird durch eine starke Überbelichtung erzielt. Sie können die Solarisation einer Szene erreichen, indem Sie diese über ein Fernsehgerät abspielen und mit der Videokamera vom Bildschirm auf einen zweiten Recorder aufnehmen.

- **Ein- und Ausblenden** – kann genauso wie die Solarisation durch erneute Aufnahme vom Fernsehgerät erreicht werden.

- **Hinzufügen von Titeln, Fotos und anderem Bildmaterial** – diese Vorlagen werden mit der Kamera aufgenommen und entweder direkt während des Schneidens eingefügt oder zunächst auf Band aufgenommen und dann beim Zusammenschnitt hinzugefügt.

- **Kombinieren von Titeln und Bildern** – am einfachsten mit dem Titelgenerator einer Kamera oder mit einem separaten Gerät.

- **Computertitel und Computerbilder** – können „live", also direkt beim Schneiden hinzugegeben oder auch zunächst auf Band aufgenommen und dann überspielt werden.

- **Hinzufügen einer neuen Tonspur** – dazu gehören Toneffekte, neue Dialoge, Kommentare und Musik. Abhängig von den verwendeten Recordern kann es sich um den üblichen Ton oder um hochwertigen HiFi-Ton handeln.

Einige Dinge können Sie mit diesem Aufbau jedoch nicht machen. Dazu gehören:

- **Bildgenaues Schneiden** – Dazu müßten die Recorder über einen sogenannten Timecode verfügen, bei dem jedes einzelne Bild ausgezählt werden kann. Einige entsprechend umgebaute Heimgeräte gibt es heute schon, außerdem ist eine Erweiterung des VHS-Standards vorgesehen, wodurch ebenfalls ein bildgenauer Schnitt ermöglicht wird.

- **Überblenden zwischen den Einstellungen** – ist ohne Zusatzgeräte nicht möglich.

- **Genaues Hinzufügen des Tons** – besonders des separat aufgezeichneten Synchrontons.

Die Liste ist nicht sehr lang, aber Sie können sich vorstellen, daß die Arbeit an einem professionellen Schnittplatz darüber hinaus auch noch wesentlich einfacher und angenehmer ist und die Qualitätsverluste wahrscheinlich auch geringer sind. Für manche besonderen Aufgaben lassen sich aber auch die relativ hohen Ausgaben für eine professionelle Ausrüstung rechtfertigen.

Insert- und Assembleschnitt

Beim Zusammenschneiden des Videomaterials vom Zuspiel- zum Aufnahmerecorder können Sie der Einfachheit halber den Assembleschnitt verwenden, den heute alle Heimvideorecorder in recht guter Qualität aufweisen. Wollen Sie in eine bestehende Aufzeichnung eine Szene einfügen, so benötigen Sie die Insert-Schnittmöglichkeit , die sicherstellt, daß nach Beendigung des Inserts die alte Aufnahme genau wieder an die neue anschließt. Leider weisen nur sehr wenige Heimrecorder diese Möglichkeit auf.

Wenn Sie eine Aufnahme machen, wird neben der Bild- und der Tonspur auch noch die sogenannte Synchronspur aufgezeichnet, die dafür sorgt, daß Ihre Aufnahmen genau mit der Geschwindigkeit wiedergegeben werden, mit der sie aufgenommen wurden und daß die Videoköpfe die Videospuren im richtigen Moment abtasten. Sie kennen das Problem, daß zwischen zwei Aufnahmen auf einem Band Störungen im Bild auftreten können, die auf fehlende und mit der ersten Aufzeichnung nicht synchronisierte Impulse der Synchronspur zurückzuführen sind.

Wenn Sie mit Hilfe des Assembleschnitts zusammenschneiden, dann wird neben Bild und Ton auch die Synchronspur komplett vom Zuspiel- auf den Aufnahmerecorder übertragen. Beim Insertschnitt werden nur die Bild- und Tonsignale überspielt und durch die Synchronimpulse des Aufnahmerecorders synchronisiert, die unverändert bleiben. Die Nahtstelle zwischen der alten und der hinzugefügten Aufnahme ist gänzlich ohne Synchronstörungen, wie zum Beispiel Durchlaufen oder Springen des Bildes.

Beim Assembleschnitt hingegen kann an der Nahtstelle eine Unregelmäßigkeit in der Synchronspur auftreten und daher je nach Gerät Bildstörungen verursachen. Sie können das vermeiden, indem Sie jedes neue Band vor dem Schneiden mit einer stabilen Synchronaufzeichnung – zum Beispiel einer Fernsehaufzeichnung – versehen und dann nur im Insertbetrieb aufnehmen.

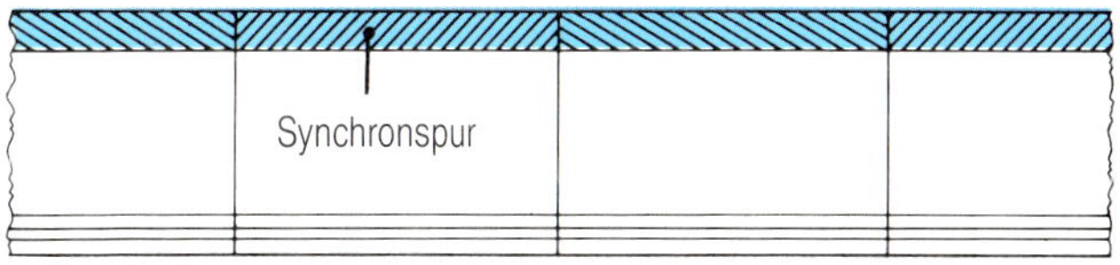

Assembleschnitt: Jede neue Aufzeichnung erhält neue Impulse auf der Synchronspur; eine Bildstörung ist unter Umständen möglich.

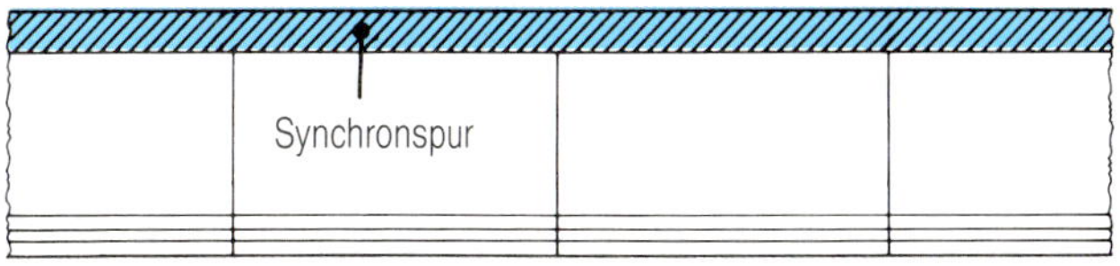

Insertschnitt: In die vorhandene Aufnahme wird eine neue Szene eingefügt, ohne die Synchronspur zu verändern. Auch am Ende der neuen Szene gibt es keine Störung.

TECHNISCHE VORBEREITUNG

Nachdem Sie die Schnittfolge festgelegt haben, müssen Sie die Geräte miteinander verbinden und alles für den ersten Schnitt fertigmachen. Im folgenden behandeln wir nur den Bildteil des Schneidens (die Vertonung wird auf Seite 130 beschrieben), obgleich Sie jetzt wählen können, ob Sie Bild und Originalton zusammen übertragen oder nur das Bild. Der zweite Fall kann wichtig sein, wenn Sie eine Aufnahme mit Dialog in der Mitte einfügen wollen, ohne die Tonspur zu stören.

Das Bild rechts zeigt einen typischen Aufbau für das Schneiden. Das Portable wird hier als **Zuspielgerät** für die Wiedergabe des vorher aufgenommenen Materials verwendet. Wenn Sie zwei Fernsehgeräte haben, so sollten Sie eines mit dem Antennenausgang dieses Recorders verbinden, um das Material zu sichten, das dann auf das Schnittband überspielt wird. Der Zuspielrecorder wird über den Audio-/Video-Anschluß direkt mit den entsprechenden Anschlüssen des **Aufnahmegeräts** verbunden, der eine Insertmöglichkeit haben sollte. Der Aufnahmerecorder sollte über seinen Audio-/Video-Ausgang mit dem zweiten Fernsehgerät verbunden werden, sofern dieses über entsprechende Anschlüsse verfügt. Ihre Videokamera wird über die Kamerabuchse des Zuspielgerätes angeschlossen. Die Kamera kann für Überschriften, Fotos oder andere Effekte verwendet werden, die wir später beschreiben.

Da beim Schneiden viele Tasten betätigt werden müssen, sollten Sie versuchen, die ganze Ausrüstung auf einem Tisch unterzubringen, so daß sich die Fernsehgeräte in Sichthöhe hinter den Recordern befinden. Die Kamera sollte ebenfalls in Reichweite sein. Wenn Sie einen Bildmischer verwenden, so sollte er natürlich auch in der Nähe stehen. Auf Seite 139 finden Sie darüber weitere Einzelheiten.

Der hier beschriebene Aufbau kann praktisch mit beliebigen Recordern durchgeführt werden, wobei das Aufnahmegerät möglichst mit der Insert-Schnittmöglichkeit versehen sein sollte. Einige Hersteller (z. B. Sony, Canon und Panasonic) bieten spezielle Überspielgeräte an. Diese Geräte können nur mit bestimmten Recordern verwendet werden, aber sie bieten gegenüber der Standardausrüstung einige Vorteile. Es handelt sich dabei im Prinzip um computergesteuerte Fernbedienungseinheiten, die die Aufgaben beider Recorder koordinieren, wenn eine Taste betätigt wird. Sie brauchen hierbei nur das Ende der letzten Folge, die Sie auf dem Aufnahmegerät haben, in das Steuergerät einzugeben.

Die Verbindung der Ausrüstung

- Verbinden Sie den Audio-/Video-Ausgang des Zuspielgeräts mit dem entsprechenden Eingang des Aufnahmegeräts.
- Verbinden Sie die Antennenbuchse des Vorschau-Fernsehgerätes mit dem Antennenausgang des Zuspielrecorders, und stimmen Sie das Fernsehgerät wie gewöhnlich auf den Wiedergabekanal des Recorders ab (siehe Seite 21).
- Verbinden Sie den Aufnahmerecorder mit dem zugehörigen Kontrollfernseher. Falls dieser einen Audio-/Video-Eingang hat, sollten Sie die Verbindung wegen der besseren Qualität über diesen Anschluß herstellen.
- Verbinden Sie die Titelkamera mit dem Kameraanschluß des Zuspielrecorders. Sie können dann neues Material mit dem Zuspielgerät aufnehmen, wiedergeben und mit dem Aufnahmerecorder zusammenschneiden, oder Sie können das Kamerasignal auch direkt durch den Zuspielrecorder zum Aufnahmerecorder führen und „live“ schneiden. Wenn sich der Zuspielrecorder in der Position „Stop“ befindet, werden die Kamerasignale an die Audio- und Video-Ausgangsbuchsen geführt.

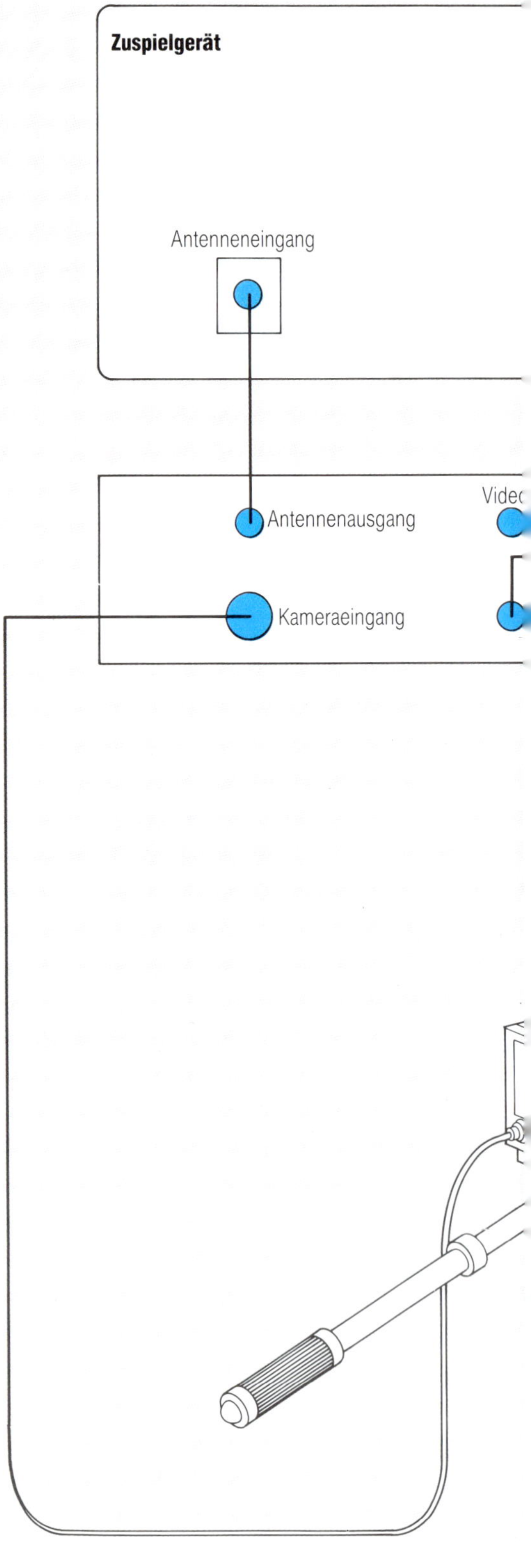

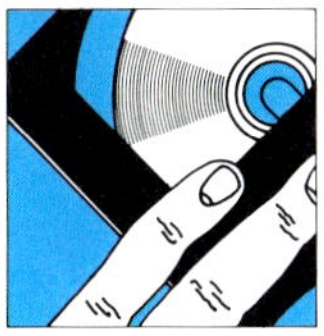

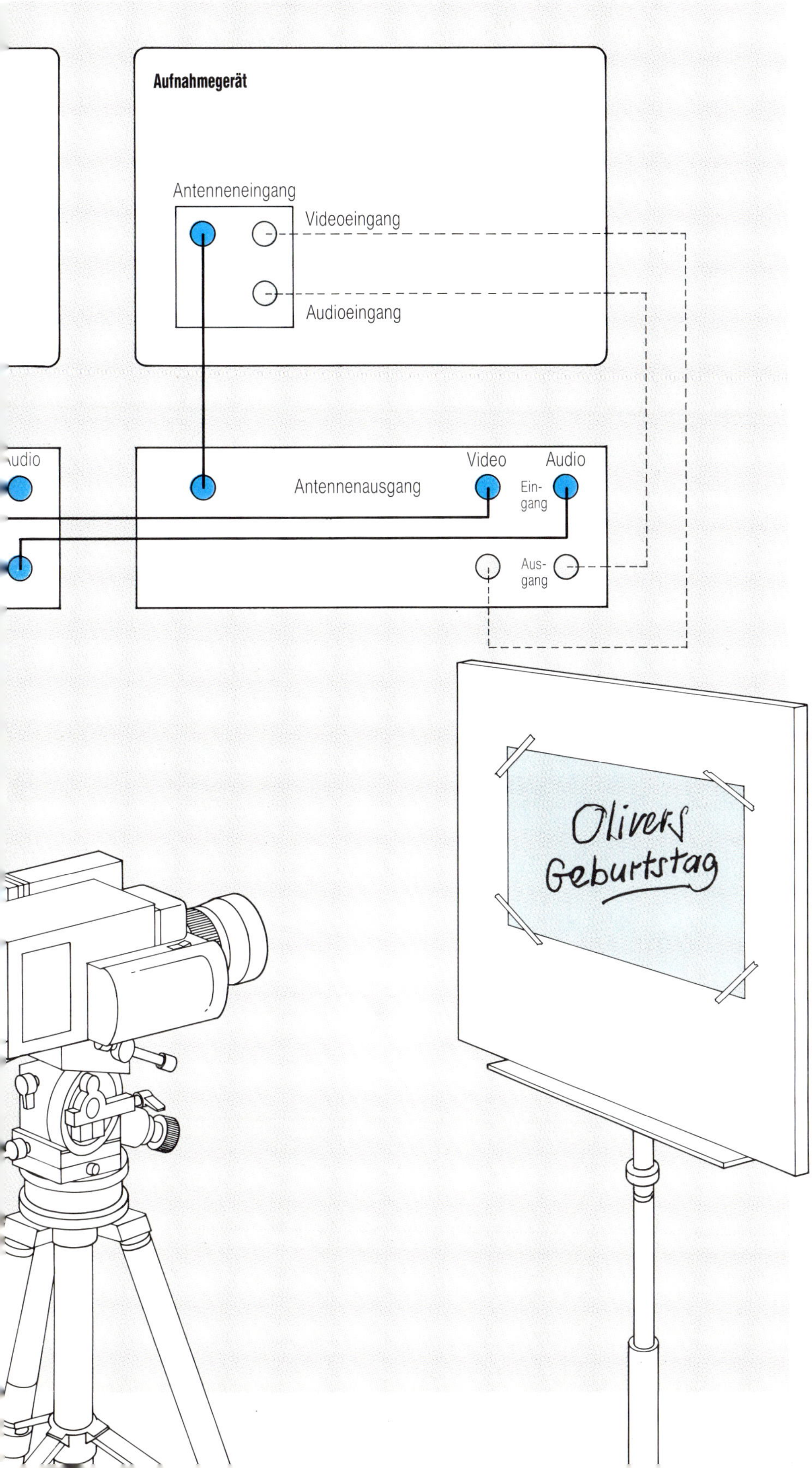

Dann suchen Sie den Beginn der neuen Folge auf dem Zuspielgerät und geben diesen ebenfalls in das Steuergerät ein. Auf Knopfdruck startet das Steuergerät beide Maschinen, die genau zur richtigen Zeit den Schnittvorgang durchführen. Einige Steuergeräte (zum Beispiel das Gerät von Sony für das 8-mm-System) speichern mehrere solcher Schnittstellen und ermöglichen Ihnen die Vorschau einer kompletten Folge, bevor der Schnitt ausgeführt wird.

Begriffe der Schneidetechnik

Assembleschnitt: Das Aneinandersetzen zweier Takes mit der Kamera bzw. zweier Einstellungen mit dem Aufnahmerecorder beim Schneiden.

Schneiden mit „Back-space“: Eine Eigenschaft vieler Recorder, bei Betätigung der Aufnahmetaste das Band etwas zurückzuspulen, um eine störungsfreie Nahtstelle zwischen alter und neuer Aufnahme zu erhalten. Das hat jedoch zur Folge, daß ein Stückchen der letzten Aufnahme verlorengeht – und das ist einer der Gründe, warum jede Aufnahme am Schluß noch einige Sekunden weiterlaufen sollte.

Synchronspur: Eine Längsspur des Videobandes, die mit Synchronimpulsen zur exakten Steuerung der Lage der Videoköpfe des Videorecorders beschrieben wird.

Rotierender Löschkopf: Der Löschkopf der Heimvideorecorder befindet sich üblicherweise in einer festen Position. Er löscht das Band ein Stückchen vor den Videoköpfen. Zum genauen Schneiden ist es im Prinzip jedoch erforderlich, daß an der Nahtstelle die schrägliegende Videospur bereits gelöscht wäre, damit in diesem Bereich nicht Reste der alten Magnetisierung erhalten bleiben, was später im Bild zu sehen ist. Eine einwandfreie Löschung läßt sich nur durch Löschköpfe erreichen, die ebenfalls auf der Kopfscheibe montiert sind.

Vollbild: Ein vollständiges Fernsehbild; bei unserem Fernsehsystem werden in einer Sekunde 25 Vollbilder übertragen.

Insertschnitt: Beim Insertschnitt wird in eine bestehende Aufzeichnung eine andere eingesetzt; dabei bleiben die Synchronsignale der alten Aufnahme vollständig bestehen, um an den Nahtstellen keine Störungen zu erhalten.

SCHNEIDEN IN DER PRAXIS

Wenn Sie auf dieser Seite angekommen sind, werden Sie bereits alle Kopien des Materials, das Sie aufgenommen haben, durchgegangen sein und sorgfältig notiert haben, welche Takes — oder Teile von Takes — Sie verwenden wollen. Sie haben festgelegt, wieviel Material Sie von der Trickkamera hinzufügen werden (siehe Seite 136) und dieses separat aufgenommen. Dazu gehören Titel, Überschriften und Grafiken, sofern Sie diese nicht direkt einspielen wollen. Sie haben ebenfalls alle mit dem Computer erzeugten Folgen aufgenommen, falls Sie Computergrafiken verwenden (siehe Seite 144), und Sie haben die Bilder bearbeitet, die Sie als Spezialeffekte verwenden wollen (siehe Seite 140).

Sie haben ferner festgelegt, welche Bilder komplett mit der Tonspur und welche ohne Ton überspielt werden. Das ist wichtig, wenn Sie einige Originaldialoge erhalten wollen, während Sie neue Bilder überspielen. Obgleich Sie jetzt genau wissen sollten, was Sie auf die Tonspur bringen wollen, so beginnt das Schneiden doch zunächst mit dem Zusammenstellen der Bilder. Die Vertonung ist dann der nächste Schritt und wird auf Seite 130 beschrieben.

Das Schneiden von Videoaufnahmen ist leider ein zeitraubender Vorgang, und Vorsicht und Geduld sind erforderlich, um das gewünschte Ergebnis zu erhalten. Es zahlt sich aus, wenn man sich Zeit nimmt und sich um jeden Schnitt bemüht, da Sie nicht einfach sechs oder sieben Schnitte zurückgehen können, um etwas zu ändern, ohne daß alles nachfolgende auch geändert werden muß.

Es könnte vorteilhaft sein, Ihren Videofilm zunächst in Blöcken zusammenzuschneiden und dann diese Blöcke aneinanderzuhängen. Der Nachteil liegt jedoch darin, daß Sie eine Kopie von Kopien herstellen mit einem entsprechend großen Qualitätsverlust. Das Material in jedem Block ist eine Kopie des Originals (die erste Generation) und die zusammengefügten Blöcke sind wiederum Kopien davon (die zweite Generation). Wenn Sie nun noch eine weitere Kopie von diesem kompletten Zusammenschnitt ziehen, um dabei zum Beispiel einen vollständigen Ton mit Effekten und Musik hinzuzufügen, so haben Sie bereits eine Kopie der dritten Generation geschaffen. Bei diesem Verfahren verlieren Sie schon merklich an Bildqualität; es ist daher nicht zu empfehlen und sollte professionellen Geräten vorbehalten bleiben.

Es empfiehlt sich, nach jedem weiteren Schritt eine Kopie des Zusammenschnitts anzufertigen, so daß Sie, wenn Sie eine Cassette verlieren oder beschädigen, nicht den gesamten Schnitt verloren haben. Diese „Sicherheitskopien“ machen die Profis aus Erfahrung — und es gibt keinen Grund anzunehmen, daß Ihr Material weniger gut wäre als ihres!

Der professionelle Schnittplatz

Der professionelle Schnittplatz unterscheidet sich in zweierlei Hinsicht von unserer Heimanlage. Zunächst einmal wird das Material immer mit einem Insertschnitt überspielt. Zweitens können Sie zwischen Einstellungen beliebig überblenden. Sie können außerdem die Schnittpunkte viel genauer bestimmen und kontrollieren — sie können genau auf das Bild festgelegt werden, bei dem Sie den Schnitt durchführen wollen.

Das Schneiden geht an einem professionellen Schnittplatz etwa wie folgt vor sich: Nachdem die erste Folge überspielt ist, bestimmen Sie den Beginn der zweiten. Das geschieht, indem Sie das Band ganz langsam vorwärts oder rückwärts bewegen, falls erforderlich sogar Bild für Bild, bis Sie die genaue Stelle gefunden haben. Die abgelaufene Zeit und Bildposition kommen in den Schnittcomputer. Jetzt legen Sie auf dem Aufnahmegerät das genaue Ende der ersten Folge fest und geben die Koordinaten ebenfalls in den Computer ein. Zur Durchführung des Zusammenschnitts wird die Ausführungstaste gedrückt. Der Computer läßt die beiden Recorder bis zu einem Punkt kurz vor dem Schnittpunkt zurücklaufen. Dann startet er beide Recorder, und genau an der richtigen Stelle wird die Folge von dem Aufnahmerecorder aufgenommen. Natürlich haben Sie auch die Möglichkeit, sich den Schnitt vorher anzusehen, ohne daß die Überspielung durchgeführt wird.

Wenn Ihnen das, was Sie während der Vorschau sehen, nicht gefällt, können Sie die Position des Schnittpunkts ändern und sich erneut die Vorschau des Schnitts ansehen. Mit einigen Schnittplätzen lassen sich die Schnittpositionen für eine größere Folge oder ein ganzes Programm im voraus festlegen.

Wenn Sie Ihre Überspielungen auf einem professionellen oder wenigstens einem „semiprofessionellen“ Schnittplatz durchführen möchten, sollten Sie eine der kleinen Firmen aufsuchen, die sich auch mit Heimvideo beschäftigen. Vielleicht erlaubt man Ihnen, ihre Anlage allein oder mit Unterstützung eines Technikers zu benutzen.

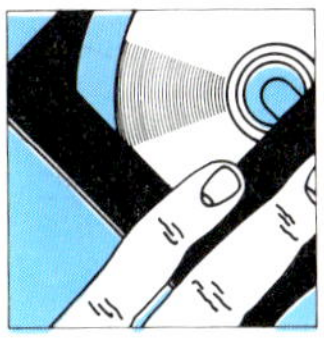

Schneiden — Schritt für Schritt

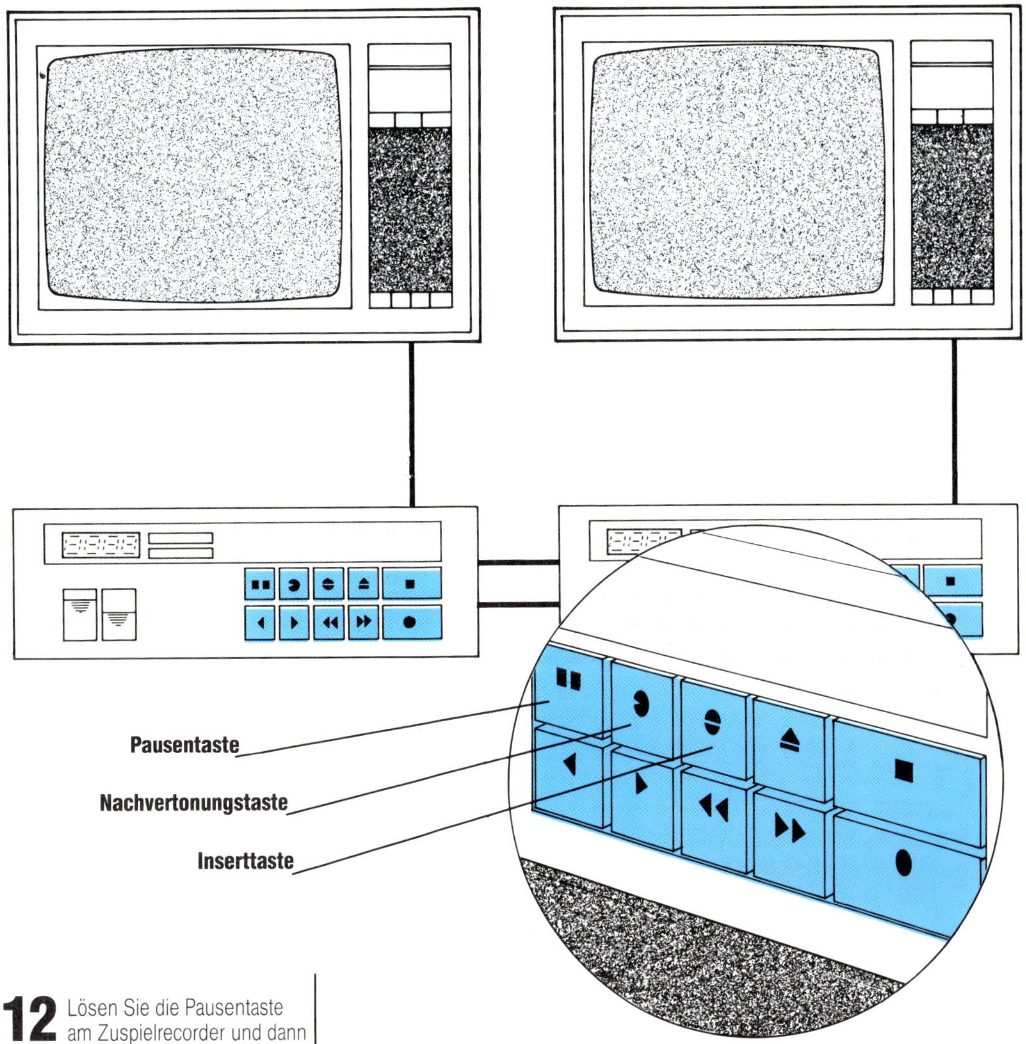

1 Legen Sie eine (eventuell mit Synchronimpulsen versehene) Cassette in den Aufnahmerecorder.

2 Legen Sie die Cassette, die in Ihrem Schnittplan die erste Folge enthält, in den Zuspielrecorder.

3 Stellen Sie das Zählwerk am Aufnahmerecorder auf „0".

4 Spulen Sie die Cassette im Aufnahmerecorder etwa bis zur Zählwerkstelle 0200.

5 Spulen Sie die Cassette wieder zurück. Dieses wird gemacht, um sicher zu sein, daß das Band glatt läuft.

6 Suchen Sie den Beginn der Folge in dem Zuspielrecorder, und stellen Sie das Zählwerk auf „0". Drücken Sie die Memorytaste, um die Stelle wiederfinden zu können.

7 Lassen Sie den Aufnahmerecorder etwa 10 Sekunden im Wiedergabebetrieb laufen. Dadurch beginnt Ihr Film nicht genau am Anfang des Bandes, wo leichter Störungen auftreten können.

8 Lassen Sie die erste Folge mehrere Male laufen, bis Sie sicher sind, wo Sie stoppen wollen.

9 Spulen Sie den Zuspielrecorder zum Startpunkt der ersten Folge zurück, und drücken Sie die Wiedergabe- und Pausentaste (bei manchen Geräten muß statt dessen die Stopptaste gedrückt werden, damit das Band eingefädelt wird).

10 Legen Sie fest, ob Sie mit oder ohne Ton überspielen wollen.

11 Bringen Sie den Aufnahmerecorder in (Insert-)Aufnahmebereitschaft (z. B. mit Hilfe der Pausentaste, vgl. 9).

12 Lösen Sie die Pausentaste am Zuspielrecorder und dann schnell die Pausentaste am Aufnahmerecorder (vgl. 9). Das Material wird jetzt überspielt.

13 Lassen Sie den Aufnahmerecorder noch einige Sekunden weiterlaufen, wenn die Folge vollständig überspielt ist, und stoppen Sie ihn dann.

14 Stoppen Sie auch den Zuspielrecorder.

15 Suchen Sie die nächste Folge, die hinzugefügt werden soll.

16 Suchen Sie auf dem Aufnahmerecorder die Stelle, an der die erste Folge beendet sein soll, und stellen Sie das Zählwerk auf „0".

17 Gehen Sie beim Aufnahmerecorder auf (Insert-)Aufnahmebetrieb und drücken Sie die Pausentaste.

18 Lassen Sie den Zuspielrecorder bis kurz vor die Stelle laufen, an der die zweite Folge beginnt, und gehen Sie auf Wiedergabebetrieb.

19 Wenn der Zuspielrecorder den Beginn der nächsten Folge erreicht, lösen Sie die Pausentaste des Aufnahmerecorders, und die Überspielung beginnt.

20 Lassen Sie den Aufnahmerecorder noch einige Sekunden weiterlaufen, wenn das Ende der Folge erreicht ist, und stoppen Sie ihn dann.

21 Stoppen Sie auch den Zuspielrecorder.

22 Suchen Sie die nächste Folge, und gehen Sie dann zum Punkt 16 zurück.

Dieser Vorgang wird vom Punkt 16 aus ständig wiederholt, bis Sie das Ende Ihres Schnittplans erreicht haben.

TONQUELLEN

Die wichtigste Tonquelle für Ihr fertig bearbeitetes Videoband ist natürlich der Ton, den Sie live zusammen mit Ihren Einstellungen aufgezeichnet haben. Das ist jedoch nur eine der Möglichkeiten, die Sie wählen können, wenn Sie die endgültige Tonspur zusammenstellen. Der Originaldialog ist wichtig, aber Sie haben vielleicht auch eine Menge Aufnahmen, bei denen es überhaupt keinen Dialog gibt (in einem Urlaubsfilm zum Beispiel); hier haben Sie die Freiheit, alle möglichen Tonquellen hinzuzufügen.

Die meisten Leute denken zunächst an Musik. Eine gutgewählte Hintergrundmusik kann viel zur Verbesserung eines ansonsten normalen, oder sagen wir ruhig langweiligen Videofilms beitragen. Musik kann Ihrem Film darüber hinaus den letzten Schliff geben, aber achten Sie auf die Urheberrechte. Wenn Sie Ihren Videofilm nur zu Ihrem privaten Vergnügen drehen, wird es keine Probleme geben, aber wenn Sie ihn irgendwie kommerziell verwenden, bekommen Sie Schwierigkeiten. Noch besser ist es, wenn Sie Freunde haben, die ein originelles Musikstück zusammenbringen und es für Sie aufzeichnen.

Getrennte Aufzeichnungen

Es gibt jedoch noch viele andere Tonquellen. Naheliegend sind neue Dialoge oder Kommentare, die getrennt zu den eigentlichen Einstellungen aufgenommen und dem fertigen Band hinzugemischt werden — eventuell zusammen mit Hintergrundmusik oder anderen Toneffekten. Ihr Urlaubsvideo wird beispielsweise viel besser wirken, wenn es zwischen den einzelnen Einstellungen einen erzählenden Übergang gibt. Vergessen Sie nicht, daß Sie den Ton, den Sie bereits auf Band haben, mit dem neuen Ton und Kommentaren mischen können (siehe Seite 132).

Wichtig sind auch die Geräusche, die von Menschen im Hintergrund und aus der Umgebung stammen, in der Ihre Szenen aufgenommen wurden. Sie können zusammen mit den Bildern auf das Videoband oder separat mit einem Audiorecorder aufgenommen sein. Je mehr Sie von diesen Umgebungsgeräuschen haben, desto besser, da Sie dann mehr Material haben, mit dem Sie spielen können. Aber nehmen Sie sie in durchgehenden Partien von wenigstens 10 Minuten auf, um damit auch die längste der überspielten Sequenzen vertonen zu können.

Zum Schluß gibt es noch spezielle Toneffekte. Das können alle möglichen Geräusche sein — eine zuschlagende Autotür oder eine Explosion. Sie können diese an jeder Stelle der Tonspur anbringen. Toneffekte können entweder von Ihnen live aufgenommen oder von existierenden Aufnahmen übernommen werden. Die Liveaufnahme kann für denjenigen, der aufnimmt, viel Spaß und eine Herausforderung an sein Können bedeuten. Auf Seite 72 haben wir einige Vorschläge zur Erzeugung spezieller Effekte gemacht, aber weitere Lektüre ist empfehlenswert. Die Verwendung von professionell aufgezeichneten Effekten kann viele Probleme lösen, wenn Sie sie nicht selbst erzeugen können. Glücklicherweise sind die meisten für Amateuranwendungen frei von Urheberrechten.

Der eigentliche Vorgang, wie all diese Tonelemente zusammengenommen und zu einer kompletten Tonspur kombiniert werden, wird auf den nächsten Seiten näher erläutert.

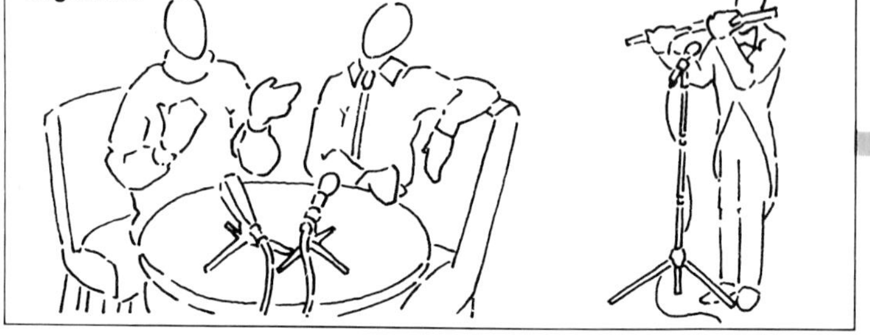
Originalton

Umgebungsgeräusche

Originaltoneffekte

Die kreative Verwendung des Tons

Der Ton ist ein bedeutender Faktor in in einem kompletten Film oder Fernsehprogramm. Obwohl jede Einstellung von einem natürlichen Ton begleitet wird, kann der Ton genauso kreativ wie die Bilder eingesetzt werden, um eine Geschichte wiederzugeben — gleichgültig, ob es sich bei dieser Geschichte um die Hochzeit Ihres Cousins oder um ein äußerst dramatisches Stück handelt. Drei Elemente des Tons behandeln wir: den Dialog, Geräusche und Musik.

Die wichtigste Regel beim Dialog besagt, daß Sie ihre Personen nicht endlos drauflosreden lassen sollten — gesprochene Beiträge zu Ihren Videos sollten kurz und zutreffend sein. Denken Sie daran, ein Bild ist mehr wert als tausend Worte! Video ist ein visuelles Medium, gebrauchen Sie es daher auch so.

Die Verwendung von Geräuschen und Toneffekten kann sehr interessant und kreativ sein. Jede Handlung wird von einem Geräusch begleitet. Wenn Sie auf einen vorbeifahrenden Zug oder einen Schuß hinweisen wollen,

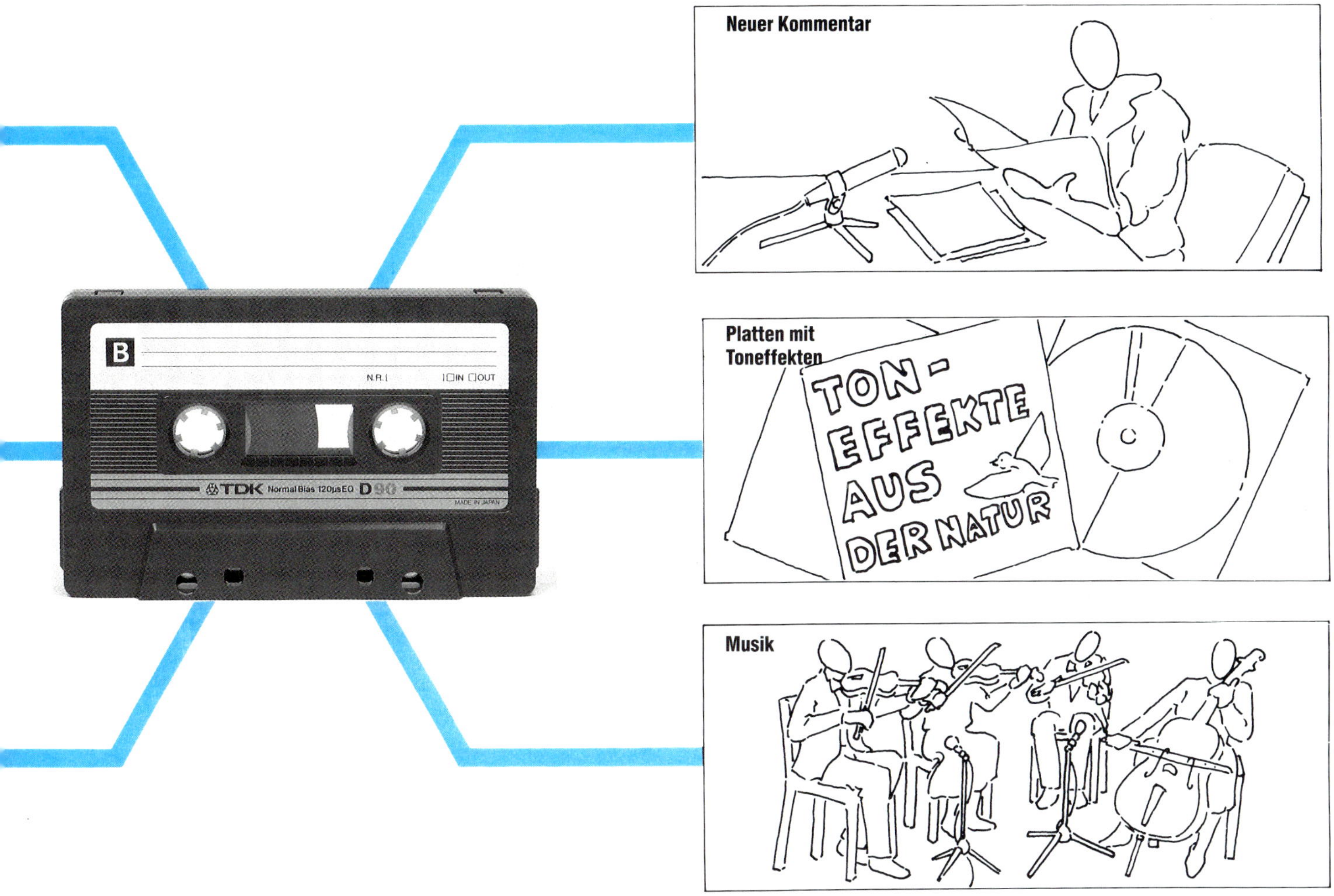

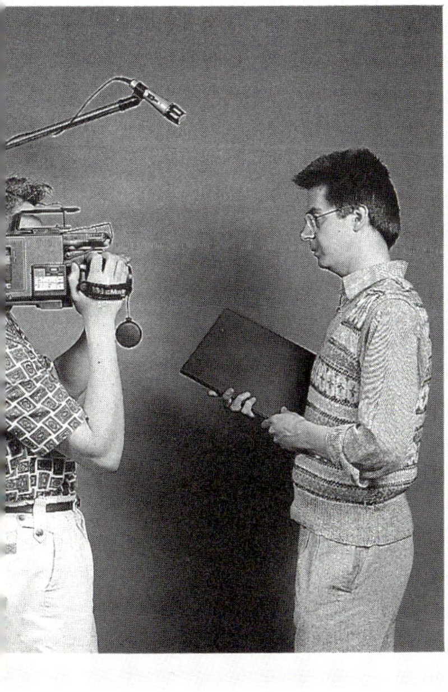

müssen Sie nicht unbedingt Bilder davon zeigen — mit Hilfe des Tons läßt sich das genauso gut darstellen.

Betrachten Sie zum Beispiel die folgende Situation: Die Braut und der Bräutigam sitzen in einem Raum. Sie hören Stimmengewirr, dann Applaus, dann eine Ansprache, dann vielleicht Hochrufe. Sie schließen daraus, daß sie sich im Warteraum des Standesamtes befinden und darauf warten, daß das Paar, das vor ihnen getraut wird, weggeht. Aus der Länge und Stärke der Geräusche können Sie ebenfalls schließen, daß die vorangehende Gesellschaft sich verspätet und dadurch das Paar nervöser macht. Diese zusätzliche Information ist vermittelt worden, während Sie sich auf ihren eigentlichen Dialog konzentrieren und hat daher keine zusätzliche Zeit gekostet.

Mit dem Ton kann auch mitgeteilt werden, an welchem Schauplatz die Handlung spielt. Meeresrauschen und Möwenschreie bedeuten, daß sich der Schauplatz offensichtlich am Meer befindet.

Eine wichtige Aufgabe des Tons ist auch die der Verbindung. Obgleich die visuellen Elemente in einem Film oder Fernsehprogramm als eine Serie von Einstellungen zusammengeschnitten werden, bleibt der Ton durchgehend erhalten. Wir können unseren Kopf und unsere Augen drehen, um auf verschiedene Dinge zu schauen; wir werden jedoch immer denselben konstanten Ton vernehmen. Mit einer durchgehenden Tonspur wird das gesamte Programm miteinander verbunden. Schneiden Sie bei einem Dialog nicht jeweils am Ende einer Ansprache von einer Person zu der anderen, sondern kurz vorher. Dadurch bleibt der Zusammenhang gewahrt und Sie können außerdem mehr von der Reaktion der antwortenden Person sehen.

Hintergrund- und Filmmusik können ebenfalls zur Atmosphäre des Videos beitragen. Die Musik sollte so gut zu dem Film passen, daß der Zuschauer sie zunächst gar nicht bemerkt. Eine Lücke in der Tonspur würde jedoch sofort auffallen, wenn keine Musik zu hören wäre.

Begriffe zum Ton

Originalton: Der Ton, der gleichzeitig mit den Bildern aufgenommen wird, im wesentlichen Dialoge mit Hintergrundgeräuschen.

Umgebungsgeräusche: Die Hintergrundgeräusche und die Geräusche in der Nähe des Drehorts sowie alle besonderen Geräusche, die nicht gleichzeitig mit dem Bild aufgenommen werden konnten.

Originaltoneffekte: Toneffekte, die Sie extra für Ihren Videofilm aufnehmen.

Neuer Kommentar: Ein Dialog, der getrennt zu den Bildern aufgenommen und während der Nachbearbeitung hinzugemischt wird.

Platten mit Toneffekten: Toneffekte von kommerziell produzierten Schallplatten, die zur Nachvertonung von Videofilmen eingesetzt werden können.

Musik: Musik von Schallplatten oder Cassetten oder speziell für Ihren Film geschriebene und aufgenommene Musik. Dabei kann es sich um eine Filmmelodie oder um Hintergrundmusik handeln.

NACHVERTONUNG

Bei der Nachvertonung wird Ton nachträglich zum Videobild hinzugegeben. Dabei kann es sich um den vollständigen Ersatz oder um eine Ergänzung des vorhandenen Tons handeln. Der neue Ton kann verschiedene Elemente enthalten, die zusammengemischt wurden. Sie können zum Beispiel einen Kommentar haben, der von Musik unterlegt ist (ideal für das Urlaubsvideo), oder Umgebungsgeräusche, die getrennt aufgezeichnet wurden und über die eine Begleitstimme gelegt wurde.

Leider haben nicht alle Videorecorder die Nachvertonungs-Möglichkeit. Diese erlaubt es Ihnen, die vorhandene Tonspur zu ersetzen, während die Bilder erhalten bleiben. Ganz selten findet man auch Stereo-Videorecorder, bei denen man nur einen Kanal nachvertont, während der andere erhalten bleibt. Das ist zum Beispiel nützlich, wenn Sie bemerken, daß Sie einen Fehler gemacht haben und den Originalton zurückhaben wollen. Oder Sie können einen Kanal für den Originaldialog und den anderen für Toneffekte, Musik usw. verwenden.

Welchen Ton Sie auch auf Ihr vorhandenes Videoband geben wollen, Sie sollten ihn vorher auf einem Audioband vorbereiten; dafür sind Standard-Audiocassetten völlig ausreichend, obgleich einige Fanatiker unbedingt Spulentonbandgeräte bevorzugen. Sie können natürlich Schallplatten, Compact Discs oder jede andere Tonquelle verwenden — einschließlich der Tonspuren von anderen Videocassetten — um Ihre endgültige Toncassette fertigzustellen. Es ist ebenfalls möglich, den synchronen

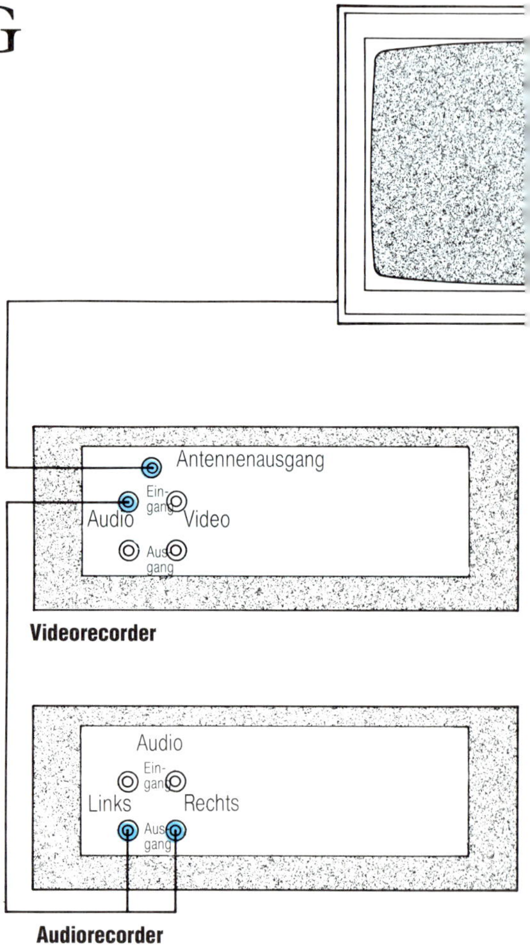

Die direkte Nachvertonung Schritt für Schritt

Wir nehmen für den Moment an, daß Ihre neue Toninformation bereits mit einer Audiocassette aufgenommen wurde und daß sie genau zu den Bildern paßt. Wenn Sie den Ton an irgendeiner Stelle ein- oder ausblenden wollen, so haben Sie drei Möglichkeiten. Die erste: Sie haben das Ein- und Ausblenden bereits bei der Zusammenstellung Ihres Bandes berücksichtigt. Die zweite: Sie schalten ein **Mischpult** zwischen den Ausgang des Cassettenrecorders und den Toneingang des Videorecorders. Die dritte: Sie verwenden einen HiFi-Recorder, der eine manuelle Aussteuerung für die HiFi-Tonspuren hat. Das funktioniert jedoch nicht im Nachvertonungsbetrieb, sondern nur bei der gleichzeitigen Überspielung des Bildes. Beobachten Sie die Videoaufnahmen genau auf dem Fernsehmonitor, um den richtigen Startpunkt für die Nachvertonung zu finden. Sie können den Ton, der auf das Videoband überspielt wird, im Lautsprecher des Fernsehgerätes oder mit Kopfhörern kontrollieren.
Gehen Sie wie folgt vor:

1 Spulen Sie das Videoband zu der Stelle zurück, an der die Nachvertonung beginnen soll.

2 Wenn Sie einen Videorecorder mit manueller Aussteuerung verwenden, vergewissern Sie sich, daß diese richtig eingestellt ist.

3 Suchen Sie die richtige Stelle auf dem Audioband, an der das nachzuvertonende Material beginnt, nehmen Sie die Cassette aus dem Recorder, und drehen Sie das Band mit der Hand etwa einen Zentimeter zurück. Sctzen Sie die Cassette wieder ein, und bringen Sie den Recorder in den „Wiedergabe/Pause"-Betrieb (es werden die Wiedergabe- und die Pausentaste gedrückt).

4 Spulen Sie das Videoband etwa eine Sekunde vor den gewünschten Nachvertonungspunkt zurück, und bringen Sie den Recorder in den „Nachvertonungs-/Pausen"-Betrieb (Nachvertonung und Pause drücken). Wie bereits erwähnt, ist die Nachvertonung der HiFi-Tonspuren (mit Ausnahme eines speziellen 8-mm-Heimvideorecorders von Sony) nicht möglich. Einzelheiten finden Sie in der Bedienungsanleitung Ihres Gerätes.

5 Lösen Sie die Pausentaste des Videorecorders um den Bruchteil einer Sekunde, bevor die Nachvertonung beginnen soll, die Pausentaste des Audiorecorders. Dazu benötigen Sie eventuell einige Versuche, um den Startpunkt genau zu treffen, mit einiger Übung wird es aber bedeutend schneller gehen.

6 Wenn das Videoband an der Stelle angekommen ist, an der die Nachvertonung beendet sein soll,

Ton, der sich bereits auf einer Videocassette befindet, mit zusätzlichen Toneffekten zu mischen, obgleich in diesem Fall der Bildinhalt des Bandes zur gleichen Zeit kopiert werden muß — mit den unausbleiblichen Verlusten in der Bildqualität. Eine Anleitung für die Durchführung der Tonmischung finden Sie auf Seite 132.

Bevor Sie mit der eigentlichen Nachvertonung beginnen, sollten Sie vorher genau ausarbeiten, was Sie machen wollen, und es aufschreiben — am besten in Form eines Nachvertonungsplans. Dieser ermöglicht es Ihnen, sich systematisch durch das Programm zu arbeiten, und Sie werden weniger leicht etwas vergessen oder einen Fehler machen. Es ist wie beim Schneiden; wenn Sie einen Fehler nicht rechtzeitig bemerken, kann es bedeuten, daß Sie das gesamte Band von der Fehlerstelle an erneut vertonen müssen.

Vorbereitung

Wie in allen anderen Bereichen der Videoproduktion, ist die Vorbereitung auch bei der Nachvertonung dringend notwendig. Sie verlieren sonst möglicherweise viel Zeit, um das Material erneut nachzuvertonen, weil Sie vielleicht vergessen haben, einen bestimmten Effekt einzufügen oder weil Sie plötzlich eine glänzende Idee für den Anfang hatten, als Sie schon fast fertig waren. Wenn Sie einen Fehler machen oder Ihre Ansicht über etwas geändert haben, so müssen Sie zurückgehen und das gesamte Band erneut nachvertonen.

Während Sie sich die Originaltakes anschauen, um die Schnittfolge der Bilder festzulegen, sollten Sie sich gleichzeitig über den Ton Gedanken machen. Es könnte zum Beispiel Gelegenheiten geben, bei denen die Bilder zum Ton passen sollten und nicht (wie gewöhnlich) umgekehrt.

Es ist ungewöhnlich, zunächst den Bildschnitt fertigzustellen und sich dann erst den Ton in allen Einzelheiten vorzunehmen. Zunächst sollten Sie entscheiden, ob Sie die gesamte Tonspur durch etwas Neues ersetzen oder neue Elemente mit ihr kombinieren wollen. Wenn Sie sich dazu entschließen, alles zu ersetzen, gibt es zwei Möglichkeiten: Entweder schneiden Sie vorher alles auf einem Cassettenrecorder zusammen und überspielen diesen Zusammenschnitt dann auf einmal auf die Tonspur, oder Sie nehmen zunächst nur ein Element auf (beispielsweise die Hintergrundmusik Ihres Urlaubsfilmes) und vertonen dann ein anderes „live" nach (z. B. einen Kommentar). „Live" bedeutet in diesem Fall die direkte Aufnahme des Tons, während die Bilder betrachtet werden.

Wenn Sie eine vorhandene Tonspur mit einer neuen kombinieren wollen, dann muß die neue vorher vorbereitet werden. Vergessen Sie nicht, daß Sie beim Schneiden der Videoaufnahmen bereits entschieden haben müssen, welche Teile des Live-Tons überspielt werden sollten und welche nicht.

Gleichgültig welche Nachvertonungsmethode Sie auch wählen, zweifellos werden Sie die Bedeutung eines Nachvertonungsplanes erkennen. Sehen Sie dazu ein Beispiel unten. Er enthält alle Einstellungen mit den genauen Zeitangaben und läßt Platz, damit Sie angeben können, an welchen Stellen die verschiedenen Tonquellen hinzugefügt werden sollen. Ein solcher Plan sollte vom Beginn der ersten Tonvorbereitungen angelegt werden, so daß Sie jedes Element zeitlich planen und es genau an die Bilder anpassen können.

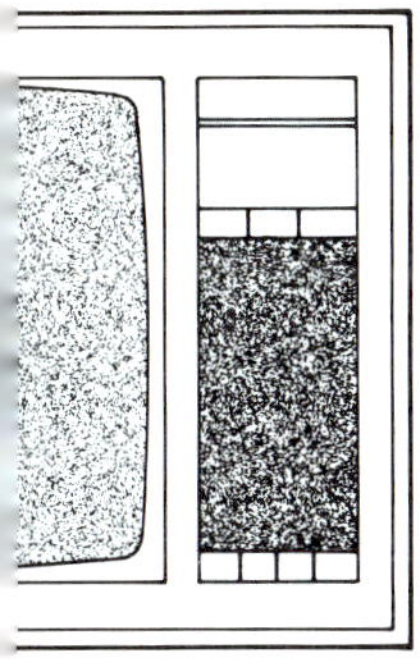

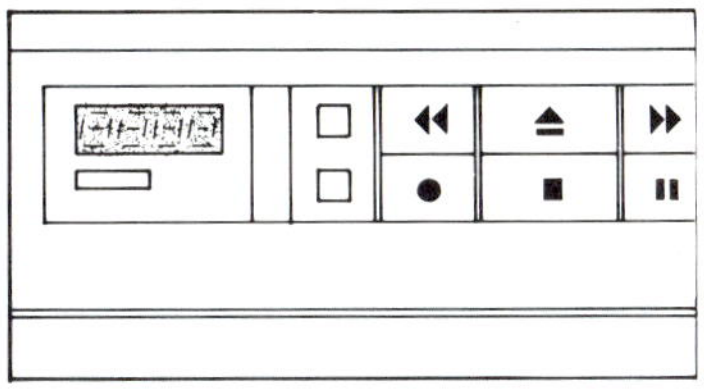

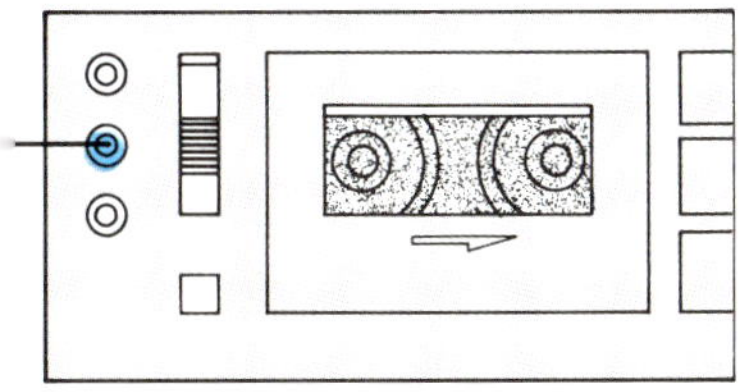

betätigen Sie die Pausentaste am Audiorecorder, danach am Videorecorder, und gehen Sie dann bei beiden Geräten in die Stopposition.

7 Spulen Sie den Videorecorder zurück, und hören Sie sich die Vertonung an, die Sie gerade durchgeführt haben, um sicher zu sein, daß die Überspielung geklappt hat.

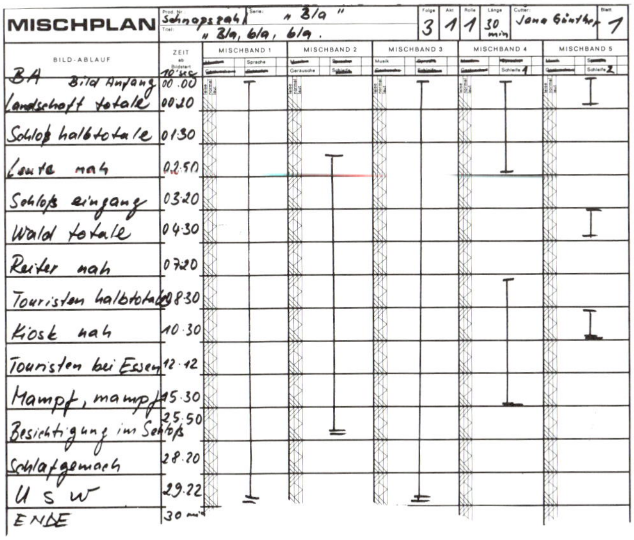

MISCHPLAN — Prod. Nr.: Schnopszahl — Serie: „3/a" — Titel: „3/a, 6/a, 6/a. — Folge: 3 — Akt: 1 — Rolle: 1 — Länge: 30 min — Cutter: Jana Günther — Blatt: 1

BILD-ABLAUF	ZEIT ab Bildstart	MISCHBAND 1	MISCHBAND 2	MISCHBAND 3	MISCHBAND 4	MISCHBAND 5
BA Bild Anfang	10'sec 00.00					
Landschaft totale	00:20					
Schloß halbtotale	01:30					
Leute nah	02:50					
Schloß eingang	03:20					
Wald totale	04:30					
Reiter nah	07:20					
Touristen halbtotale	08:30					
Kiosk nah	10:30					
Touristen bei Essen	12:12					
Mampf, mampf	15:30					
Besichtigung im Schloß	25:50					
Schlafgemach	28:20					
u s w	29:22					
ENDE	30 min					

DIE TONMISCHUNG

Es wird Gelegenheiten geben, bei denen Sie den auf der Tonspur des Videobandes vorhandenen Ton mit neuem Ton kombinieren wollen — zum Beispiel mit Hintergrundmusik, Toneffekten, einem neuen Dialog oder einer Kombination all dieser Möglichkeiten. Hierfür müssen Sie eine gemischte Vertonung durchführen. Dabei wird das zusammengeschnittene Videoband mit dem Originalton auf ein anderes Band kopiert. Während das Videosignal direkt überspielt wird, wird das Tonsignal über einen Mischer geführt, wo es mit dem neuen Material kombiniert wird. Der Ausgang des Mischers wird dann mit dem Eingang des zweiten Videorecorders verbunden, um zusammen mit dem Videosignal aufgezeichnet zu werden. Dieses ist die einzige Möglichkeit, auf der Sie eine vorhandene Tonspur mit neuem Material kombinieren können, ohne eine professionelle Anlage zu verwenden, die Audio- und Videobänder getrennt synchronisieren kann.

Um Verluste in der Bildqualität zu vermeiden, kann der neue gemischte Ton, wenn Sie mit ihm zufrieden sind, auf das bearbeitete Band zurückgespielt werden. Das wird mit Hilfe der Nachvertonungsfunktion durchgeführt. Beide Recorder müssen dabei mit genau dem gleichen Bild gestartet werden. Da die beiden Bänder die gleichen Synchronimpulse haben, bleibt auch der Ton immer synchron zum Bild.

Wenn es auf dem Videoband jedoch keinen Synchronton gibt, so kann der zweite Videorecorder durch einen Audiorecorder ersetzt werden; das Fernsehgerät wird dann mit dem Zuspielvideorecorder verbunden. Das Videoband kann nun mit diesem fertigen Audioband nachvertont werden, wie auf Seite 130 beschrieben. Auf diese Weise bewahren Sie die Bildqualität und haben trotzdem eine genau passende Tonspur. Das ist sehr nützlich, wenn Sie einen Videofilm mit einem Kommentarton produzieren, der mit natürlichen Geräuschen oder etwas Musik gemischt werden soll, aber keinerlei Dialog oder anderen Synchronton enthält.

Während des Mischens können Sie einen „Live"-Kommentar hinzugeben, falls Ihr Mischpult ein Mikrofoneingang aufweist. Mischer haben üblicherweise zwei Eingänge: Den „Line"- und den Mikrofoneingang. Der Lineeingang paßt zu den Ausgängen von Audio- und Videorecordern, Tunern, CD-Spielern und anderen Audiogeräten mit einem Standard-Lineausgang. Der Mikrofoneingang ist viel empfindlicher, normalerweise sind die Mikrofoneingänge von Videorecordern und Mischern ähnlich spezifiziert, so daß Sie für beide Geräte dasselbe Mikrofon verwenden können.

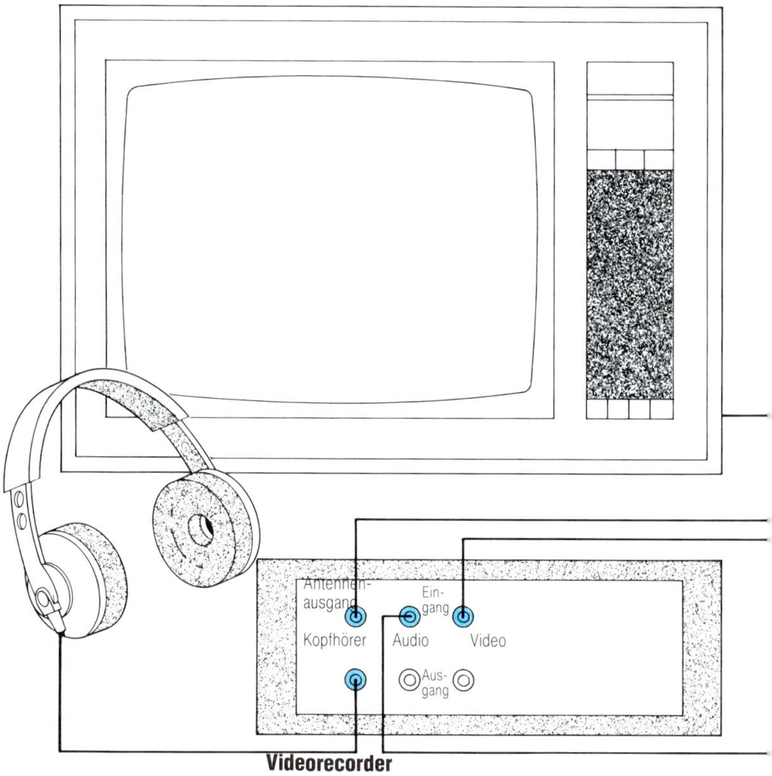

Die Tonmischung — Schritt für Schritt

1 Spulen Sie das Band in dem Zuspielrecorder bis kurz vor den Beginn der Stelle, zu der Sie das neue Material hinzugeben wollen.

2 Spulen Sie die Cassette des Audioreorders bis kurz vor die Stelle, an der das neue Material beginnt.

3 Sofern Sie ein Mikrofon benutzen, müssen Sie den Sprecher genau über das Stück informieren und den Text mit ihm durchgehen. Falls notwendig, sollten Sie mehrere Proben machen, während Sie die Bildfolge abspielen.

4 Spielen Sie den Abschnitt durch, ohne den Aufnahmerecorder zu betätigen, stellen Sie die verschiedenen Regler des Mischers für die einzelnen Tonquellen ein.

5 Spulen Sie die Audio- und Videocassetten bis kurz vor den Beginn der zu überspielenden Folge zurück. Das Videoband sollte 10 Sekunden vor Beginn der Folge, das Audioband so dicht wie möglich am Startpunkt der Folge stehen.

6 Gehen Sie vor wie beim Bildschnitt (Seite 127). Sie können, im Gegensatz zu der direkten Bildüberspielung, die Tonsignale auch ein- und ausblenden, da sie über den Mischer geführt werden.

7 Wenn Sie einen Kommentar verwenden, sollte der Sprecher den Fernsehmonitor sehen können und vor seinem Einsatz ein Zeichen erhalten (siehe Seite 134).

8 Lassen Sie am Ende des Abschnitts den Aufnahmerecorder noch einige Sekunden weiterlaufen, und stoppen Sie ihn dann.

9 Die Audio- und Video-Zuspielrecorder können gestoppt werden, und alles wird zurückgespult, falls eine Wiederholung erfolgen soll.

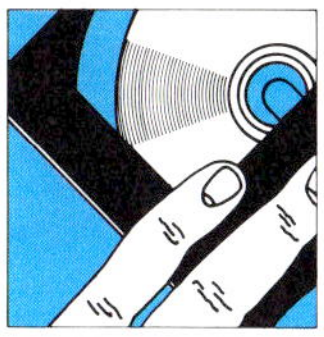

Wenn Sie Ton von Schallplatten hinzufügen wollen, sollten Sie berücksichtigen, daß der Ausgang der meisten Tonabnehmersysteme nicht für den direkten Eingang am Mischer geeignet ist. Verbinden Sie daher den Ausgang zunächst mit dem Phonoeingang eines HiFi-Verstärkers und dessen Recorderausgang mit dem Mischpult.

Denken Sie zum Schluß daran, daß die Tonspur Ihrer Originalaufnahmen mono aufgezeichnet wurde, sofern Kamera und Recorder nicht Stereoausführungen sind (die es aber leider nur selten gibt). Audiodecks hingegen sind praktisch immer Stereogeräte. Die Eingänge des Mischers sind je nach Modell in Mono- oder Stereoausführung, während die Videorecorder möglicherweise Stereogeräte sind. Sie müssen wahrscheinlich viele Ersatzkabel zur Hand haben und gut aufpassen, wenn Sie die gesamte Ausrüstung anschließen. Die grundlegenden Verbindungen sind in der Zeichnung unten wiedergegeben.

Eine Schallplattenaufnahme wird hinzugefügt

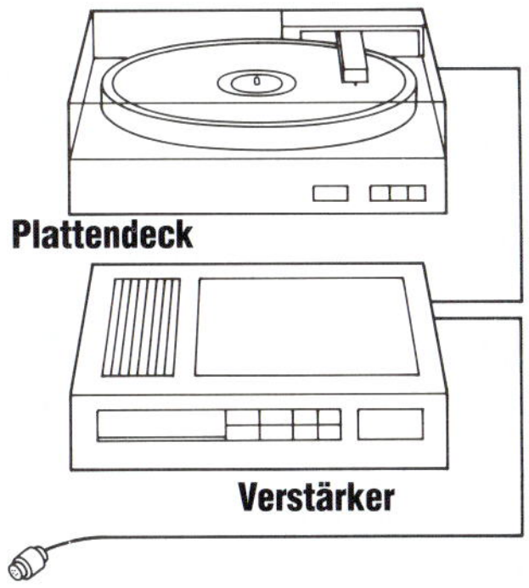

Schallplattenaufzeichnungen sollten zunächst mit anderem Material auf einem Cassettenrecorder zusammengeschnitten werden, bevor das Videoband damit vertont wird. Statt dessen kann das Plattendeck auch mit dem Phonoeingang eines HiFi-Verstärkers und dessen Recorderausgang mit einem Eingang des Mischers verbunden werden. Unter Umständen benötigen Sie dafür ein Stereo-Mono-Kabel.

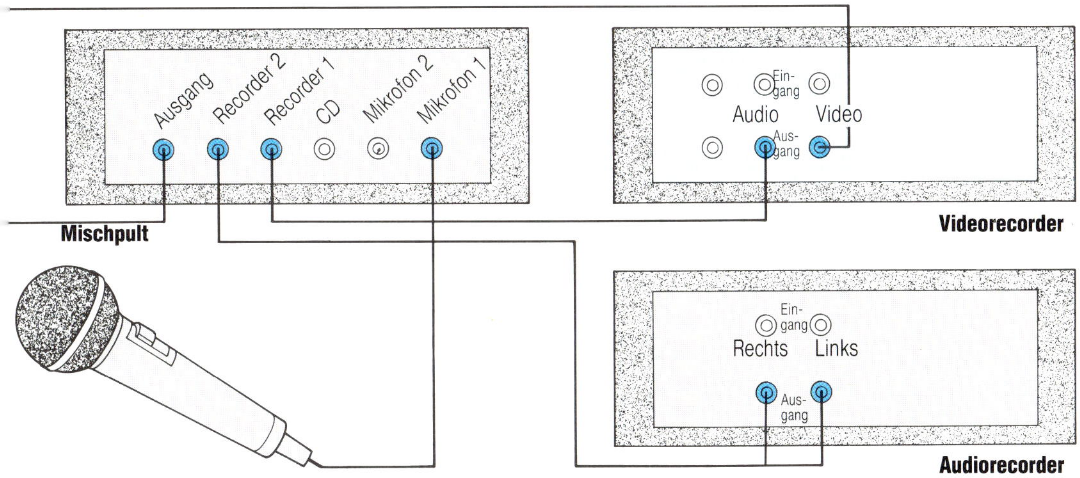

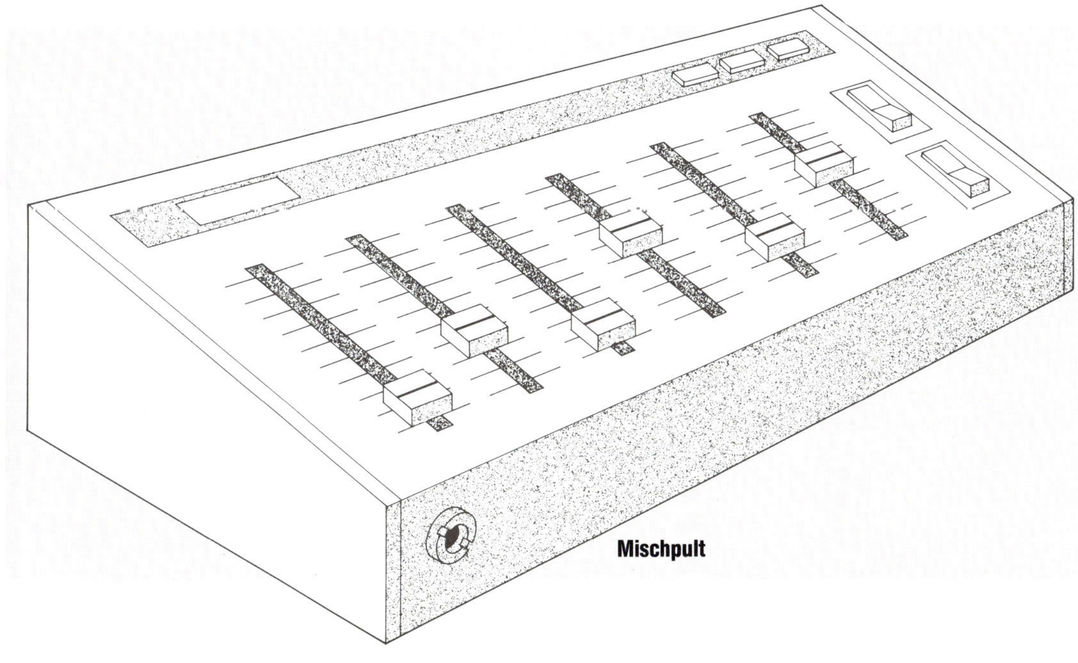

Eine zusammengesetzte Tonspur

Es gibt Fälle, in denen Sie mehrere Elemente auf einer Audiocassette kombinieren wollen, bevor Sie diese mit dem Originalton zusammenmischen und die Videoaufzeichnung vertonen. Sofern Sie keinen Mehrspurrecorder einsetzen, müssen Sie in Stufen vorgehen. Sie beginnen mit den beiden ersten Tonquellen und überspielen Sie mit Hilfe eines Mischers auf einen anderen Cassettenrecorder. Dieses neue Band kann dann erneut aufgenommen werden, dieses Mal zusammen mit anderen Tonquellen usw.

Das Problem hierbei ist, daß jedesmal, wenn Sie einen neuen Ton hinzufügen, das Band kopiert wird; das Material, das also zuerst aufgenommen wurde, wurde damit auch am häufigsten kopiert. Am besten sollten Sie dieses Verfahren nicht mehr als einmal anwenden, und Sie sollten die Elemente, bei denen eine schlechtere Qualität am wenigsten auffällt, zuerst aufnehmen: Sprache, gefolgt von Geräuschen und zum Schluß Musik.

Nach Möglichkeit sollten Sie diese Aufzeichnungstechnik aber ganz vermeiden. Es ist besser, das Originalmaterial, Geräusche, Musik und Kommentare „live“ zu kombinieren.

EIN KOMMENTAR WIRD HINZUGEFÜGT

Ein Kommentar ist ein zusätzlicher Ton, der bei seiner Erstellung etwas Arbeit macht. Dabei handelt es sich normalerweise um einen Dialog, der zunächst aufgeschrieben, dann aufgezeichnet und danach auf das Videoband überspielt wird, nachdem dieses zusammengeschnitten wurde. Es werden also die Worte an die Bilder angepaßt — nicht umgekehrt.

Ein gesprochener Kommentar paßt am besten zu einem Dokumentarvideofilm z. B. von einem Urlaub oder einem Familienfest. Er kann die Ereignisse von einem persönlichen Standpunkt aus bringen und die Zuschauer auf die interessantesten Dinge aufmerksam machen.

Wie immer kommt zuerst die Vorbereitung. Die Bilder werden zusammengeschnitten und haben vielleicht schon eigene Hintergrundgeräusche. Erst wenn der fertige Zusammenschnitt vorliegt, wird der Kommentar erstellt und zeitlich genau an die Bildspur angepaßt. Er wird dann zusammen mit anderen Tonelementen auf das fertige Videoband überspielt.

Der Stil des Kommentars

An zwei grundlegende Dinge müssen Sie denken, wenn Sie einen Kommentar schreiben:

- Sorgen Sie dafür, daß der Kommentar zum Bild paßt.
- Beschreiben Sie nicht, was Sie im Bild sehen.

Betrachten wir den zweiten Punkt. Es ist eigentlich klar, aber Video ist ein visuelles Medium — nichts ist schlimmer, als wenn den Zuschauern gesagt wird, was sie ohnehin schon im Bild sehen. Verwenden Sie den Kommentar statt dessen, um zusätzliche Informationen zu geben. Sagen Sie nicht: „Die Touristen verlassen die Maschine auf dem Rollfeld", sondern „Die mitgenommen aussehenden Touristen kommen von England, wegen schlechten Wetters sind sie verspätet". Dadurch erfahren wir etwas über den Flug, die Herkunft des Flugzeugs usw.

Die Anpassung des Kommentars an die Bilder ist mehr ein organisatorisches Problem. Sie müssen erreichen, daß Sie alles sagen können, was Sie sagen wollen, während das zugehörige Bild auf dem Bildschirm ist. Daher müssen Sie sich die Bilder genau anschauen und eine Liste mit den genauen Zeiten jeder Einstellung anfertigen.

Dann beginnen Sie, Ihren Kommentar zu schreiben. Sie werden herausfinden, daß man im Durchschnitt in der Sekunde zwei Wörter spricht. Ein einfaches Verfahren, Wörter zu zählen, besteht darin, auf Karopapier zu schreiben und alles in breiten Spalten aufzuführen — zum Beispiel sechs Wörter quer über die Seite. Die Verwendung einer Stoppuhr zur Ermittlung der Sprechzeit ist nicht so günstig, weil Sie nicht gleichzeitig auf das Papier und das Zifferblatt schauen können.

Der erste Kommentar sollte erst etwa drei Sekunden nach Beginn des Videos anfangen, da bei der Anfertigung einer Kopie leicht einige Sekunden am Anfang verlorengehen können.

Nachdem alles geplant und ausgezählt ist, können Sie den endgültigen Kommentar vorbereiten. Eine typische Fassung sehen Sie rechts oben. Der Kommentar wird mit doppeltem Zeilenabstand einseitig geschrieben, und der ganze Papierstoß wird mit einer Büroklammer zusammengehalten. So wird Papierrascheln vermieden, das sonst während der Aufzeichnung von dem Mikrofon registriert werden könnte. Das Umblättern der Seiten würde störende Nebengeräusche verursachen.

Schreiben Sie alles, was zu einem Bild oder einer Bildfolge gehört, in einen Absatz mit deutlichem Abstand zum nächsten. Wenn ein Text so lang ist, daß er auf der nächsten Seite weiterlaufen würde, tippen Sie ihn ganz auf einem neuen Blatt. Die genaue Startzeit für jeden Abschnitt wird am Rand notiert. Wenn es in der Mitte oder am Ende eine Stelle gibt, die ebenfalls zu einem bestimmten Zeitpunkt kommen muß, so wird dies vermerkt. Nummern und Daten sollten immer voll ausgeschrieben werden.

Verfassen Sie möglichst kurze Abschnitte. Wenn ein solcher Abschnitt aus mehr als drei oder vier kurzen, leicht verständlichen Sätzen besteht, wird er zu kompliziert und der Zuschauer verliert das Interesse.

Versuchen Sie nicht, die gesamte zur Verfügung stehende Zeit mit Sätzen auszufüllen. Zuviel Kommentar kann das Bild „erschlagen" — gönnen Sie dem Zuschauer immer wieder eine Atempause und geben Sie ihm Zeit zum Nachdenken.

Kommentar zu "Eine Woche in London"

26" Seit neunzehnhundertundfünfundzwanzig gilt der Stadtteil Ealing als eine vornehme Wohngegend im Westen Londons. Aber schon früher lebten hier Familien wie die Walpoles, die den berühmten Staatsmann des achtzehnten Jahrhunderts stellten.

1'13 Von den Walpoles zeugen noch heute ein gepflegter Park und das prächtige Backsteinhaus, die ihren Namen tragen (1'28"). Bis vor kurzem war in dem Gebäude die öffentliche Bibliothek untergebracht, die heute in das nahe moderne Einkaufszentrum umgezogen ist.

1'48 Immer mehr Besucher kommen aus ganz London hierher, um das historische Gebäude zu besichtigen. Doch was finden sie in seinem Innern vor? (2'02") (Glockengeläute).

Es gibt einige Fallen; achten Sie darauf!

- **Lassen Sie Bedeutungsloses weg.** Redensarten wie „Wenn Sie mich fragen" oder „Wenn ich etwas sagen darf" werden von Leuten gebraucht, wenn sie noch darüber nachdenken, was sie sagen sollen. Sie sind in einem Kommentar überflüssig.

- **Sagen Sie nichts, was selbstverständlich ist.** Sätze wie „Es gibt viele Kinder in der Schule" oder „Die Insel liegt im Meer" sagen im Grunde überhaupt nichts aus.

- **Vermeiden Sie Fachausdrücke.** RAMs oder VLSIs sind Begriffe der Computersprache für Eingeweihte; verwenden Sie Worte, die jeder kennt.

- **Klischees.** Meiden Sie abgedroschene Redewendungen. „Blau wie ein Veilchen" — sicherlich kann man das besser sagen.

- **Fassen Sie sich kurz.** Kurze Sätze sind besser als lange. Verwenden Sie keine langen Wörter, wenn kurze es auch tun. Verwenden Sie „Wetter" anstelle von „Meteorologische Bedingungen" usw.

Aufnahme eines Kommentars — Schritt für Schritt

Setzen Sie den Sprecher vor das Fernsehgerät und eine Stoppuhr. Verbinden Sie ein Mikrofon mit dem Audiorecorder, und stellen Sie es im richtigen Abstand vor ihm auf — eventuell mit einem kleinen Tischstativ. Verbinden Sie das Fernsehgerät mit einem Videorecorder, in dem sich die Cassette befindet, die kommentiert werden soll. Die Stoppuhr ist auf Null gesetzt. Denken Sie auch daran, daß der Raum akustisch möglichst „tot" sein soll (siehe Seite 34).

Nehmen Sie am Anfang des Videobandes das Bild eines Zifferblattes mit einem Sekundenzeiger auf, der von der 45-Sekunden-Markierung bis Null weiterzählt, gefolgt von 5 Sekunden Schwarzbild, bevor das eigentliche Bild beginnt. So erhält man einen genauen Punkt, von dem aus man die Zeiten der einzelnen Bilder bestimmen und die Manuskripte schreiben kann. Dieser Nullpunkt sollte während des gesamten Schneidevorganges auf dem Band bleiben, kann aber nach Fertigstellung gelöscht werden. Nachdem das Manuskript geschrieben ist und der Sprecher es ein paar mal durchgelesen hat, geht der Aufnahmevorgang wie folgt vonstatten:

1 Spulen Sie das Videoband vor den Nullpunkt zurück, und stellen Sie die Stoppuhr auf Null.

2 Bringen Sie den Audiorecorder in die Aufnahme-/Pause-Position.

3 Bitten Sie den Sprecher, einige Zeilen in der Lautstärke zu sprechen, mit der er auch später den Kommentar sprechen wird, und stellen Sie die Aussteuerung ein. Der Zeiger sollte gerade in den Übersteuerungsbereich ausschlagen.

4 Bringen Sie den Videorecorder in die Wiedergabe-/Pause-Position.

5 Sobald der Sprecher fertig ist und sich hingesetzt hat, bitten Sie um Ruhe, rufen Sie: „Band läuft", und geben Sie die Pausentaste des Audiorecorders frei, wodurch die Aufnahme gestartet wird.

6 Heben Sie ebenfalls die Pausenfunktion des Videorecorders auf.

7 Wenn der Zeiger der aufgezeichneten Uhr die Null erreicht, klopfen Sie auf den Tisch, und starten Sie im gleichen Moment die Stoppuhr. Das Geräusch gibt Ihnen einen genauen Zeitpunkt auf dem Audioband, der zu dem Nullpunkt auf dem Videoband korrespondiert. Damit können Sie später den Kommentarton genau auf das Videoband überspielen.

8 Wenn die Bilder und der Kommentar zu Ende sind, ist es sehr wichtig, daß jeder im Raum absolut ruhig bleibt, bis der Audiorecorder gestoppt wurde. Sie können jetzt „Aus" oder etwas ähnliches rufen, um das Ende der Aufnahme anzugeben.

Sie können Kommentare auch „live" auf das Band mischen. Der Aufbau ist der gleiche, wie er bereits beschrieben wurde, mit der Ausnahme, daß das Mikrofon jetzt mit einem Eingang des Mischers verbunden wird und daß Sie sich noch mit anderen Tonquellen abmühen müssen. Die Aufgabe wird leichter, wenn mehrere Personen die verschiedenen Geräte bedienen.

DIE TRICKKAMERA

Mit der Trickkamera werden alle möglichen Arten von Illustrationen aufgenommen, um sie in das endgültige Programm einbauen zu können. Allerdings nicht nur Illustrationen, sondern auch Titel, Fotos, Bilder, Bücher, Drucksachen, Karten, Zeitschriften, Zeitungen usw. In der Tat kann man aus unbewegten Bildern einen ganzen Film machen, wenn man geeignetes Material aussucht und mit einem guten Kommentar versieht. Ein Vorschlag ist eine Familiengeschichte (siehe Seite 106), zusammengestellt aus einer Sammlung alter Familienfotos, Zeitungsausschnitten, zeitgenössischen Illustrationen, Magazinen und Büchern und anderen Erinnerungsstücken wie Hochzeitseinladungen und Geburtstagskarten.

Zwei Probleme gibt es, wenn Sie eine Trickkamera aufbauen: Das erste besteht darin, die Kamera genügend dicht an das Objekt heranzubekommen, ohne daß das Bild unscharf wird. Das zweite ist die gleichmäßige Ausleuchtung des Objekts. Um dichter an das Objekt heranzukommen, können Sie eine Nahlinse verwenden. Sie können auch die Makrofunktion der Kamera nutzen, allerdings verlieren Sie dann die Möglichkeit des Ein- und Auszoomens.

Für gleichmäßiges Licht benötigen Sie auf jeder Seite des Objekts eine helle Leuchte. Sie müssen die richtige Position der Leuchten genau ausprobieren, besonders wenn Ihr Objekt stark reflektiert. Da der Bereich der Tiefenschärfe bei Nahaufnahmen bereits bei normaler Beleuchtung recht gering ist, ist eine kräftige Beleuchtung wichtig, damit die Blendenautomatik die Blende möglichst weit schließt und dadurch der Schärfenbereich größer wird. Wichtig ist in diesem Zusammenhang auch, daß das Objekt genau senkrecht zu der optischen Achse (der Verbindungslinie zwischen Kamera und Objekt) angebracht ist.

Einige praktische Dinge

Nehmen wir an, daß Sie lediglich über die Kamera und einen Recorder, aber über keine Schneidemöglichkeiten verfügen. Als erstes stellen Sie eine Aufnahmeliste her. Darin werden für jedes Bild genaue Zeitabläufe sowie die Kommentare und Hintergrundgeräusche vermerkt. Vergessen Sie nicht, daß Sie Sonderfunktionen der Kamera wie Ein- und Ausblenden, Bildumkehr und so weiter für besondere Effekte verwenden können.

Nach Fertigstellung der Liste können Sie beginnen. Bauen Sie alles auf, wie nebenstehend gezeigt, und verwenden Sie ein Fernsehgerät, um jede Einstellung genau zu kontrollieren. Damit Sie Ton und Bild synchronisieren können, nehmen Sie eine Uhr auf, die vom 45-Sekunden-Punkt bis Null läuft (siehe Seite 135) und dann einige Sekunden ein Schwarzbild, bevor Sie mit der Aufnahme des ersten Bildes beginnen.

Starten Sie den Recorder, und lassen Sie ihn die für die Einstellung vorgesehene Zeit laufen. Seien Sie vorsichtig, wenn Sie die Start/Stop-Taste der Kamera benutzen, damit Sie kein verwackeltes Bild erhalten.

So werden die verschiedenen Einstellungen nacheinander aufgenommen. Wenn Sie über Schneidemöglichkeiten verfügen, können Sie sich bei der Aufnahme Zeit lassen und brauchen sich keine Gedanken über die Reihenfolge der Einstellungen zu machen. Mit einem „Live"-Schnitt, wie beschrieben, haben Sie jedoch den Vorteil, daß Sie nicht an Bildqualität einbüßen.

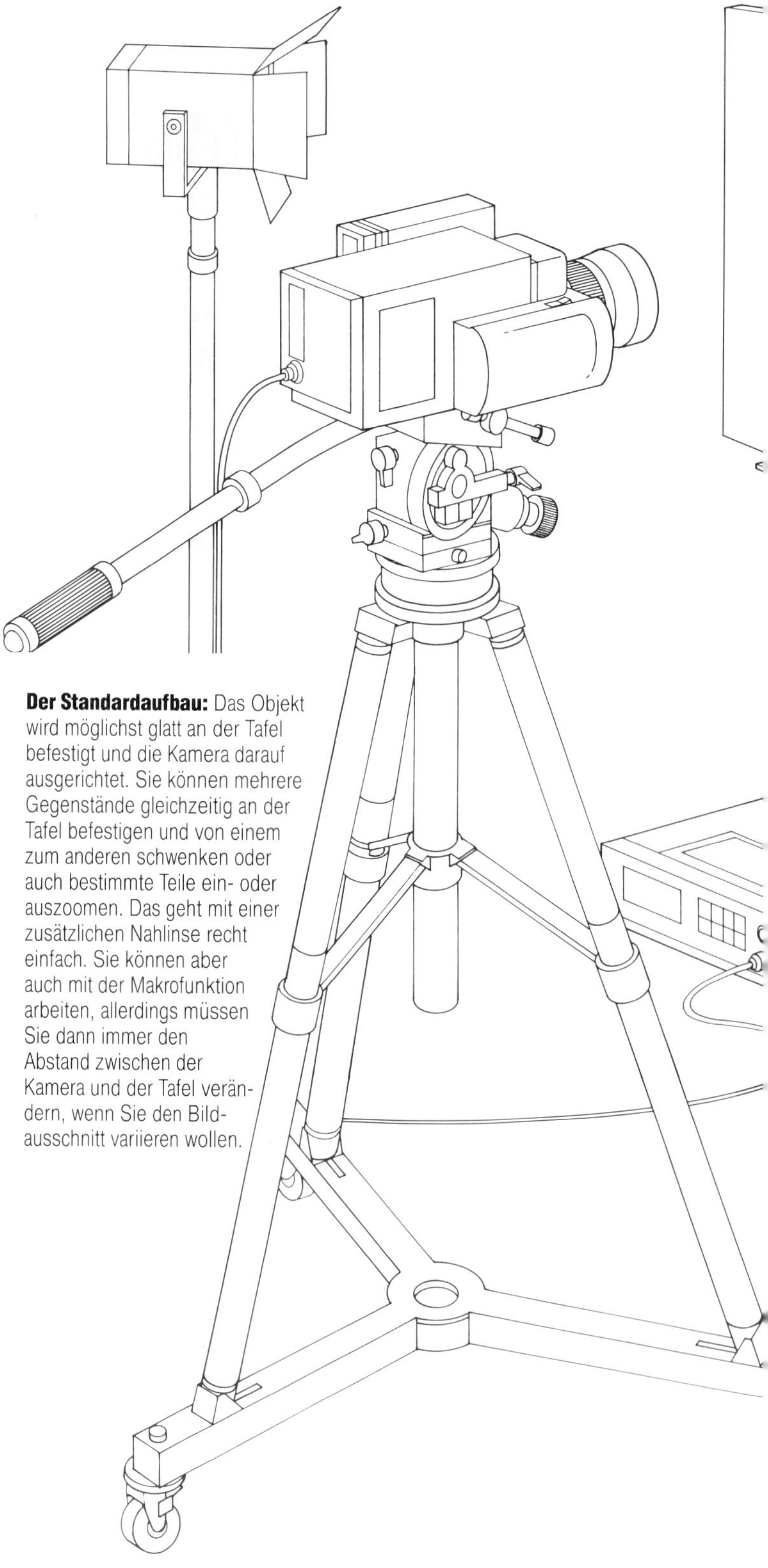

Der Standardaufbau: Das Objekt wird möglichst glatt an der Tafel befestigt und die Kamera darauf ausgerichtet. Sie können mehrere Gegenstände gleichzeitig an der Tafel befestigen und von einem zum anderen schwenken oder auch bestimmte Teile ein- oder auszoomen. Das geht mit einer zusätzlichen Nahlinse recht einfach. Sie können aber auch mit der Makrofunktion arbeiten, allerdings müssen Sie dann immer den Abstand zwischen der Kamera und der Tafel verändern, wenn Sie den Bildausschnitt variieren wollen.

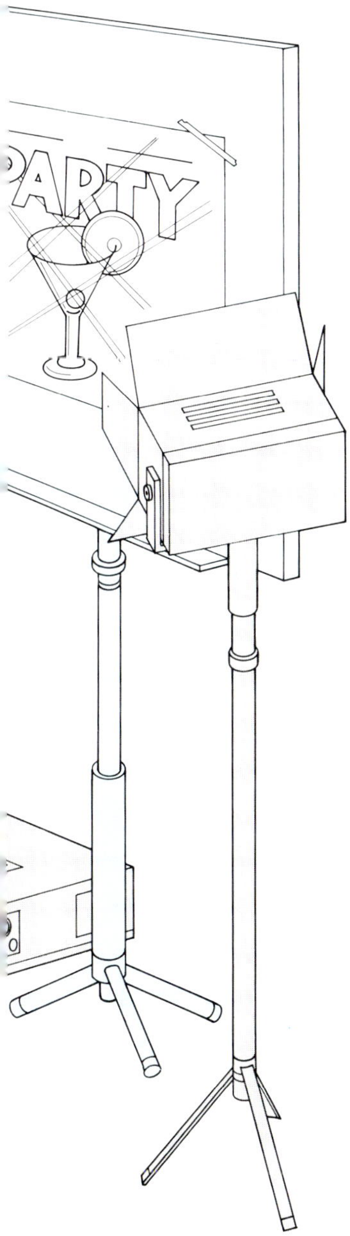

Beleuchtung: Die Leuchten werden so ausgerichtet, daß die gesamte aufzunehmende Fläche möglichst hell und gleichmäßig ausgeleuchtet wird. Sie können auch Sonnenlicht verwenden, wenn Ihr Arbeitsplatz in der Nähe eines großen, sonnigen Fensters liegt.

Karten und Grafiken

Jede visuelle Information sollte so einfach wie möglich dargestellt werden. Bei Karten werden nur die unbedingt erforderlichen Informationen nachgezeichnet. Komplizierte Einzelheiten gehen auf einem Bildschirm verloren und erschweren den Überblick.

Grafiken sollten ebenfalls sehr einfach gehalten und klar beschriftet werden, da feine Einzelheiten auf dem Bildschirm nicht mehr zu erkennen sind. Grafiken werden verwendet, um Trends aufzuzeigen und nicht, um Einzelheiten mitzuteilen.

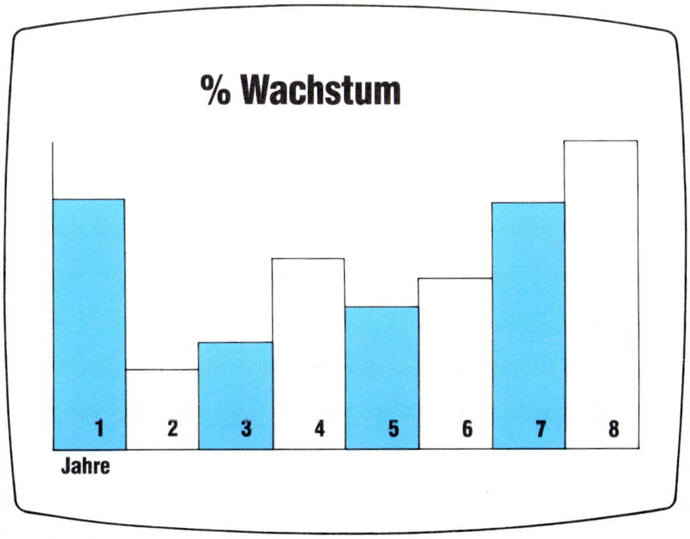

Zeitungsausschnitte

Etwas knifflig aufzunehmen, da sie kaum die richtige Form für den Bildschirm haben und zu viele Wörter enthalten, um gut lesbar zu sein. Die Unterstreichung einzelner Textpassagen oder das Einstellen auf Schlagzeilen liefert Aufnahmen, die leicht zu lesen sind, während manchmal das Neuschreiben eines besonderen Zitats ein Leseproblem lösen kann.

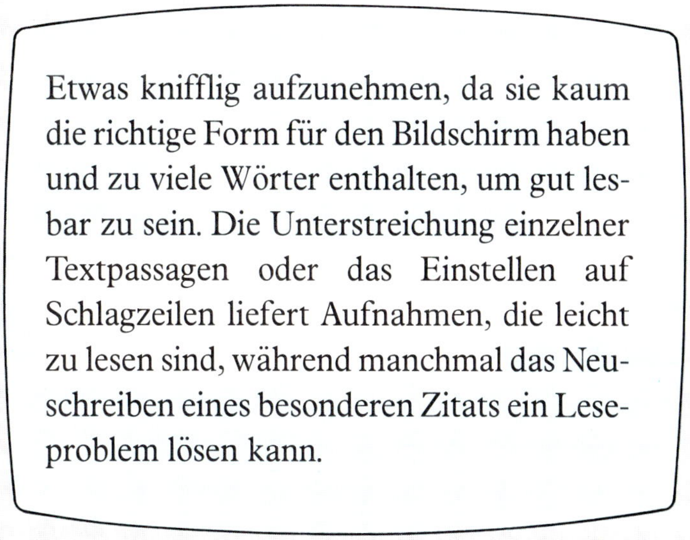

Dias und Farbnegativfilme

Sie können Dias in einen Videofilm einbauen, indem Sie einen der Adapter verwenden, wie sie von verschiedenen Zubehörlieferanten angeboten werden. Diese werden vorn in das Kameraobjektiv geschraubt, und die Dias in der Makroposition aufgenommen.

Wenn Sie eine Kamera mit Negativschalter besitzen, so können Sie auch ein Farbnegativ in den Diahalter stecken und als Positiv aufzeichnen. Das ist besser, als Papierabzüge aufzunehmen, da Sie hellere und bessere Farben erhalten.

Sie können die Dias auch auf eine helle Leinwand projizieren und die Kamera darauf richten. Die Kamera kann dann über das Bild geführt und Teile des Bildes können ein- und ausgezoomt werden. Für gute Ergebnisse sollte das projizierte Bild möglichst klein und hell sein.

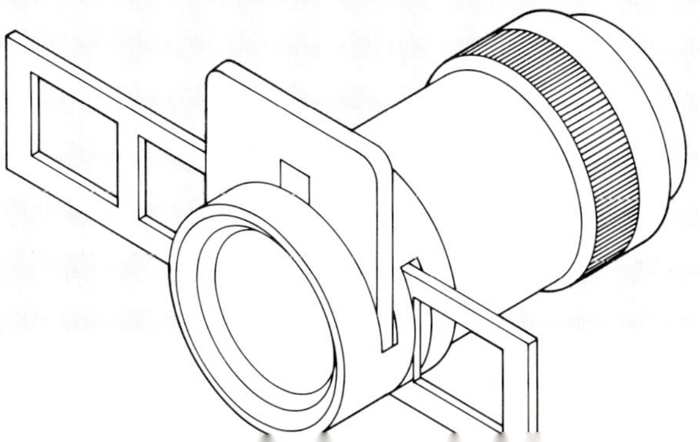

EINE TITELSEQUENZ

Kein Videofilm ist ohne einen Titel oder eine Titelsequenz vollständig. Die Zuschauer wollen wissen, wie er heißt und eventuell auch die Namen einiger Darsteller kennen. Vielleicht möchten Sie am Ende des Films einen Nachspann hinzufügen, der mehr Informationen über die Produktion liefert. Titel können in verschiedenen Techniken und Stilrichtungen erstellt werden — von einer einfachen Folge handgeschriebener Karten bis zu einer komplizierten Sequenz mit besonderen Effekten. Feststehende Titel werden einzeln auf Karten angefertigt, die mit der Trickkamera aufgenommen werden. Für Rolltitel müssen Sie alle erforderlichen Texte auf eine fortlaufende Papierrolle schreiben, die vor der Kamera abgewickelt wird.

Die Kombination von grafischen Titeln mit bereits aufgenommenem Material ist weitaus schwieriger. Ohne Einsatz einer professionellen Schneideausrüstung läßt sich das praktisch nur mit einem Bildmischer, wie zum Beispiel dem rechts beschriebenen Gerät von Panasonic machen.

Andere Titelgeneratoren basieren auf Computern. Einige Kameras verfügen über einen eingebauten Titelgenerator, mit dem Sie Titelsequenzen in verschiedener Größe und zum Teil sogar farbig erstellen können. Weitere Einzelheiten lesen Sie im Kasten unten rechts. Eine andere, attraktive Möglichkeit der Titelgestaltung besteht in der Verwendung eines Homecomputers mit geeigneter Grafiksoftware. Damit können Sie sehr komplexe Titel- und Bildsequenzen herstellen, die über den Ausgang des Computers direkt aufgenommen werden können.

Bei der Titelerzeugung können Sie Ihrer Phantasie freien Lauf lassen. Anstatt Karten zu verwenden, auf die säuberlich Wörter geschrieben werden, können Sie Ihre Titel auch anders herstellen. Hier sind einige Beispiele.

Kreativ: Hier können Sie Ihrer Vorstellungskraft und Genialität freien Lauf lassen. Schauen Sie sich die Titelsequenzen von möglichst vielen Spielfilmen an, um Anregungen zu bekommen. Sie können z. B. „Erpresserbrief"-Titel herstellen, indem Sie Buchstaben aus den Schlagzeilen von Zeitschriften ausschneiden. Ebenso können Sie den Titel mit Leim auf eine Karte schreiben und diese dann in feinen Sand tauchen. Experimentieren Sie mit Kombinationen von Schrift und Bild.

Reibebuchstaben: Dieses ist mit Abstand der einfachste Weg, um gutaussehende Titelkarten herzustellen. Reibebuchstaben gibt es in den verschiedensten Größen und Formen. Sie sollten eine Buchstabengröße wählen, mit der man gut arbeiten kann. Ihre Titelkarte kann im Prinzip so groß sein, wie Sie es wünschen. Aber wählen Sie sie nicht zu groß, da die Reibebuchstaben teuer sind. Das DIN-A4-Format ist die richtige Größe.

Auswischen: Hierbei wird eine Bildsequenz in periodischen Abständen durch ein helles Weiß überstrahlt. Die Titel werden mit dem Bildmischer eingeblendet. Jedesmal, wenn es einen hellen weißen Blitz gibt, wird die Titelkarte gewechselt. Wenn die Schrift schwarz auf weißem Untergrund erscheint, wird der Wechsel nicht bemerkt, und es sieht so aus, als würde der alte Titel durch den Lichtblitz „ausgewischt".

Graffiti: Schaffen Sie eine Wand aus Backsteintapete, und schreiben Sie Ihren Vorspann mit Sprühfarbe über die gesamte Wand. Schreiben Sie ihn so groß wie möglich. Sie können dann die Titel als eine durchgehende Sequenz aufnehmen, indem Sie von einem Text zum anderen schwenken.

Schablonen: Sie können Schablonen in allen Größen und Designs bekommen. Ihre Wahl wird von der Art Ihrer Produktion abhängen. Aber je größer die Schablonen, desto besser.

Handgeschrieben: Möglicherweise der schwierigste Titel, weil Sie jemanden finden müssen, der eine besonders schöne Handschrift hat. Andernfalls sollten Sie lieber einen anderen Weg der Titelgestaltung gehen.

Die Tafel: Schreiben Sie Ihre Titel mit Kreide auf eine Tafel oder ein Stück schwarzes Papier. Zur Abwechslung kann auch farbige Kreide verwendet werden. Die Aufnahme einer Hand, die einen Titel schreibt und vorher den alten wegwischt, kann interessant aussehen.

Strandtitel: Die Titel werden in den feuchten Sand am Strand geschrieben. Nehmen Sie jeden Titel einige Sekunden auf, und wischen Sie ihn bei laufender Kamera weg, indem Sie Wasser aus einem Eimer darüberschütten und so eine Welle simulieren.

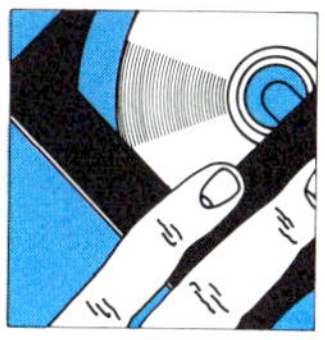

Der Bildmischer

Der rechts abgebildete Bildmischer erlaubt es Ihnen, während der Aufnahme oder während des Schneidens Titel und andere Vorlagen zu den Videobildern hinzuzumischen. Neben dieser Anlage gibt es weitere in unterschiedlichen Preislagen. Grundsätzlich gilt, daß für das richtige Mischen zweier Farbsignale – zum Beispiel von zwei Videokameras – eines der beiden Signale von dem anderen synchronisiert werden muß. Dafür wird allerdings eine Kamera benötigt, die sich extern synchronisieren läßt (siehe auch Seite 145).

Titelüberlagerung: Damit können Sie einen einfachen Titel mit Material kombinieren, das Sie bereits auf Band haben oder das direkt von der Kamera kommt. Auf diese Weise lassen sich auch zwei Elemente des Titels trennen; ein Teil – z. B. der Name – wird variiert, während das andere – der Hintergrund – konstant bleibt. Die Titelkarten sollten in Schwarzweiß-Ausführung sein. Die Beschriftung kann durch den Mischer künstlich eingefärbt werden.

Einfärben von Titeln und Grafiken: Ein Schwarzweißtitel oder eine grafische Darstellung kann auf einem weißen Hintergrund elektronisch eingefärbt werden. Sieben verschiedene Farben stehen normalerweise zur Verfügung: Weiß, Rot, Gelb, Grün, Cyan, Blau und Magenta. Wenn Sie einen weißen Titel auf schwarzem Hintergrund vorbereiten, können Sie ihn in einen farbigen auf schwarzem Hintergrund oder einen schwarzen auf farbigem Hintergrund umwandeln.

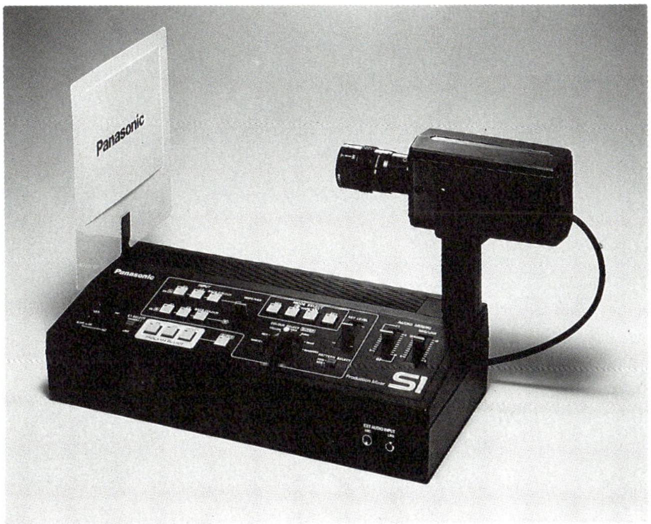

Key-Effekte: Wenn Sie anstelle eines Titels eine gezeichnete Fläche als Schablone vor der Schwarzweißkamera der oben abgebildeten Anlage befestigen, können Sie eine Anzahl von Ausschnitteffekten erzeugen. Diese Fläche kann farbig wiedergegeben, dem Bild, das vom Band oder der „Live"-Kamera kommt, überlagert werden, oder als Ausschnitt mit dem Bild darin erscheinen. Professionelle Anlagen haben mindestens zwei Eingänge für Kameras bzw. Recorder und ermöglichen zusammen mit der Kamera („Keykamera"), die die Schablone aufnimmt, das Einstanzen eines der beiden Bilder in das andere, wobei die Schablone die Begrenzungslinie bzw. den „Schlüssel" (Key) liefert.

Ein-/Ausblenden: Das Bild, das von der Keykamera aufgenommen wird, kann allmählich eingeblendet werden, so daß Ihre Titel sanft kommen und gehen. Sie können auch die externen Kamera- und Recordersignale ein- und ausblenden bzw. überblenden (wenn Sie eine professionelle Ausrüstung haben).

Eingebaute Titelgeneratoren

Wenn Sie sich eine moderne Kamera gekauft haben, verfügt sie vielleicht auch über einen eingebauten Titelgenerator, oder Sie können sich einen als Zubehör kaufen (siehe Seite 18). Die Möglichkeiten sind von Modell zu Modell unterschiedlich, jedoch sind grundsätzlich folgende Darstellungen möglich. Alle großen Buchstaben des Alphabets, alle Ziffern und einige einfache Zeichen. Vielleicht gibt es zwei verschiedene Schriftgrößen und die Möglichkeit, die Lage auf dem Bildschirm zu bestimmen. Normalerweise ist die Schrift weiß, manche Geräte ermöglichen jedoch zusätzlich auch andere Farben. Aufwendigere Modelle bieten auch kleine Buchstaben, eine größere Auswahl von Farben, Schriftgrößen, Bewegungen und Positionen und können bis zu acht verschiedene Titelseiten speichern.

Sie können diese Titel während der Aufnahme oder auch später beim Überspielen einblenden.

Viele Titelgeneratoren liefern außerdem eine Stoppuhr, die laufend in den Bildschirm eingeblendet werden kann sowie die Uhrzeit und das Datum. Die Einblendung des Datums ist besonders für die spätere Identifikation der einzelnen Bänder nützlich.

Der Nachteil des Titelgenerators liegt in der Computer-ähnlichen Schrift. Das sieht vielleicht bei einigen Videofilmen gut aus und genügt auch, um das Bildmaterial zu beschriften, aber für viele Titelsequenzen wirkt es doch sehr langweilig.

BESONDERE EFFEKTE BEI DER NACHBEARBEITUNG

Bereits während der Aufnahme können Sie Bilder manipulieren, aber bei der Nachbearbeitung können Sie noch weitere visuelle Effekte hinzufügen. Die Wiedergabe vom Zuspielrecorder kann im Zeitlupen- oder Zeitrafferbetrieb erfolgen, und Sie können auch Ihre Aufzeichnungen mit der Videokamera vom Fernsehschirm erneut aufnehmen. Obgleich Sie in der Bildauflösung durch diese Methode einige Verluste bekommen, ist sie in bestimmten Fällen durchaus geeignet. Sie können jetzt Funktionen der Kamera, wie Ein- und Ausblenden und Bildumkehr verwenden oder sich auf bestimmte Teile des Bildes beschränken. Bei sehr starker Vergrößerung werden Sie die einzelnen Farbpunkte auf dem Bildschirm erkennen können, was unter Umständen recht interessant aussieht.

Ein praktischer Aufbau wird unten gezeigt. Das Fernsehgerät wird mit dem Videorecorder verbunden, der die zu kopierende Cassette enthält. (Sie können jetzt auch die Kamera in den Schnittplatz von Seite 124 einbauen und den Effekt „live" in Ihren Zusammenschnitt mischen.) Sie sollten unbedingt auch einen Fernseher an den Aufnahmerecorder anschließen, um zu sehen, ob der Effekt, den Sie aufnehmen, auch so aussieht, wie er aussehen soll.

Achten Sie darauf, daß kein direktes Licht auf Ihr Fernsehgerät fällt; am besten arbeiten Sie in einem abgedunkelten Raum. Stellen Sie die Kamera so ein, daß der gesamte Bildschirm erfaßt wird, vom Gehäuse des Fernsehgerätes aber nichts mehr zu erkennen ist. Zeigen Sie auf dem Bildschirm eine weiße Fläche — am besten die Wiedergabe einer vorher aufgenommenen weißen Karte — und führen Sie den Weißabgleich durch. Wählen Sie jetzt die Stelle auf dem Band, die Sie kopieren wollen, und wenn Sie sicher sind, daß alles richtig eingestellt ist, starten Sie den Zuspiel- und den Aufnahmerecorder.

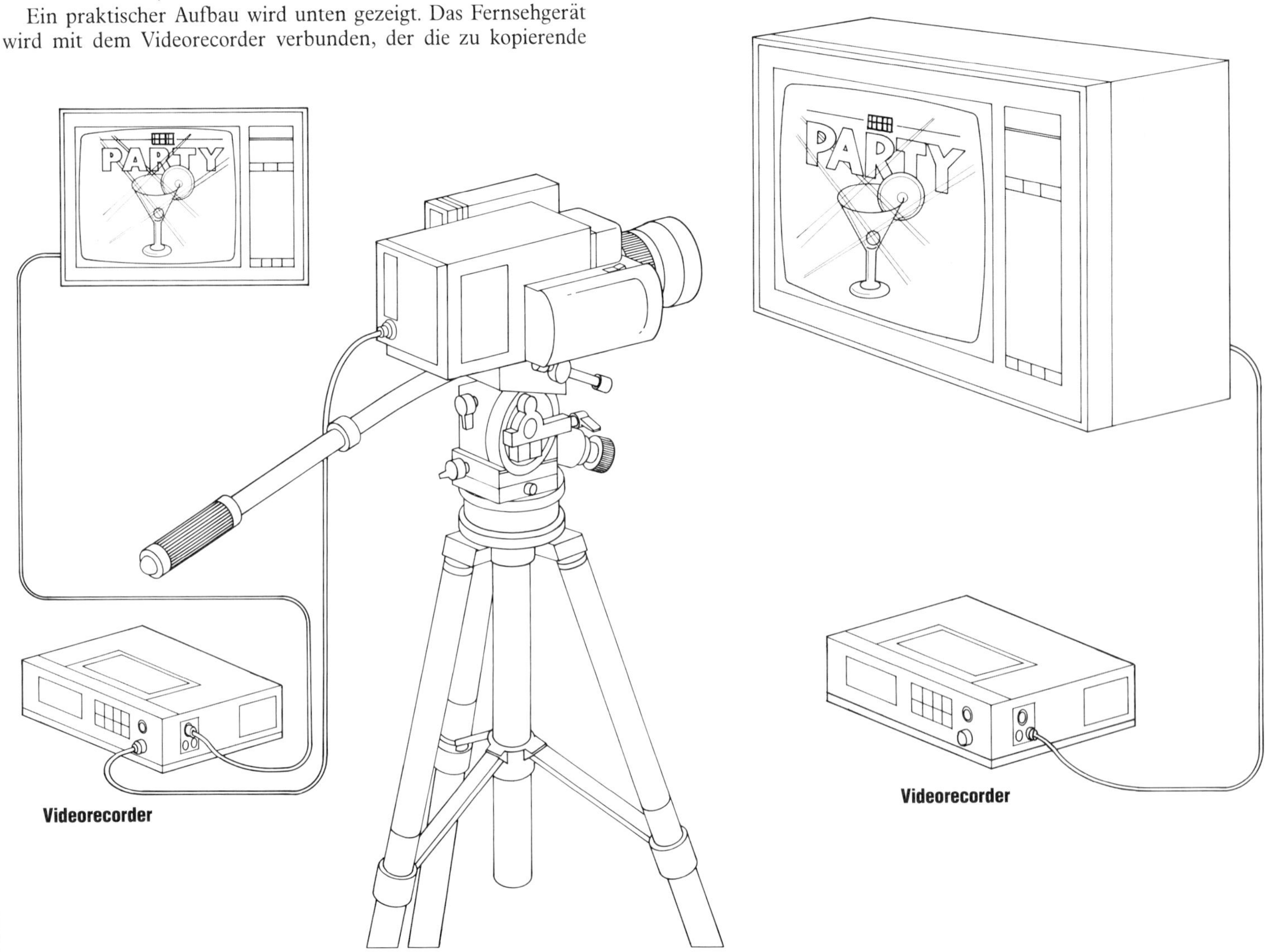

Solarisation

Dieser Effekt wird durch eine starke Überbelichtung der Kamera erzielt. Machen Sie Aufnahmen von hellen, aber kontrastreichen Bildern. Drehen Sie die Helligkeit und den Kontrast an Ihrem Fernsehgerät viel stärker auf als gewöhnlich, und bleiben Sie mit der Kamera dicht am Bildschirm. Das Ausmaß der Solarisation kann mit Hilfe der manuellen Blendensteuerung Ihrer Kamera gesteuert werden (sofern Ihre Kamera über diese Einstellmöglichkeit verfügt). Eine Einfärbung ist mit Hilfe einer Verstellung des Weißabgleichs oder über die möglicherweise vorhandenen Farbeinsteller der Kamera möglich. Weitere Effekte können Sie versuchen, indem Sie zum Beispiel Farbfilter vor dem Kameraobjektiv einsetzen (siehe Seite 66).

Zeitlupe/ Zeitraffer

Dabei wird ganz einfach der Zuspielrecorder bei Zeitlupen-, Zeitraffer- oder sogar bei Standbildwiedergabe betrieben. Viele Videorecorder bieten verschiedene Zeitlupengeschwindigkeiten an; probieren Sie die für Sie günstigste aus. Neben der Anwendung dieser verschiedenen Betriebsarten beim normalen Schneidevorgang ist es auch möglich, diese bei der Aufnahme vom Bildschirm einzusetzen. Die Qualität hängt entscheidend von dem Wiedergabe-recorder ab; viele zeigen mehr oder weniger breite Störstreifen bei diesen Sonderfunktionen. Andere wiederum, die mit zusätzlichen Videoköpfen ausgestattet wurden, liefern eine perfekte Standbild- und Zeitlupenwiedergabe — ohne Störstreifen und Zitterbewegungen.

Ausblenden und Bildumkehr

Wenn es in Ihrem Video einen Teil gibt, den man zum Ende besser ausblenden als abschneiden sollte, und wenn die Bildqualität gut und die Szene relativ kurz ist, dann sollte man ihn eventuell über den Bildschirm aufnehmen und zum Schluß mit der Kamera ausblenden; falls Ihre Kamera diese Möglichkeit nicht aufweist, können Sie auch manuell die Blende schließen — vorausgesetzt, daß Ihre Kamera diese Funktion bietet. Die erneute Aufnahme einer Szene mit Bildumkehr kann ebenfalls interessante Effekte bieten. Eine Verschlechterung der Bildqualität wird nicht bemerkt, da das Bild verfremdet ist.

Schwarzweißbilder

Es gibt Gelegenheiten, bei denen eine Schwarzweißszene recht gut in eine Videogeschichte paßt; um Ihren Farbfilm in einen Schwarzweißfilm zu verwandeln, gibt es folgende Möglichkeit: Wenn Sie mit dem auf der linken Seite beschriebenen Aufbau Ihren Film vom Fernsehgerät aufnehmen, so können Sie dort einfach die Farbsättigung zurückdrehen, um ein Schwarzweißbild zu erhalten. Wenn Sie dieses noch mit dem Solarisationseffekt und einer Zeitlupenwiedergabe verbinden, so können Sie mit dem betreffenden Teil Ihres Bandes ein besonderes unheimliches Gefühl erzeugen. Allerdings sollten Sie sich das Resultat zur Kontrolle immer auf einem zweiten Videorecorder ansehen, den Sie an den aufnehmenden Recorder anschließen.

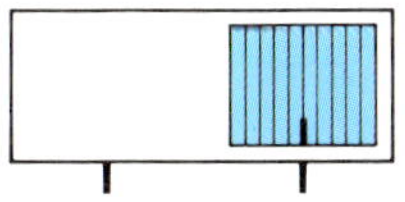

ZUSAMMENFASSUNG DER SPEZIALEFFEKTE

Die Spezialeffekte für den Videomacher können an verschiedenen Stellen während der Produktion des Films eingesetzt werden und lassen sich in vier Gruppen einteilen: Beleuchtungseffekte, Kameraeffekte, optische Effekte und Effekte bei der Nachbearbeitung.

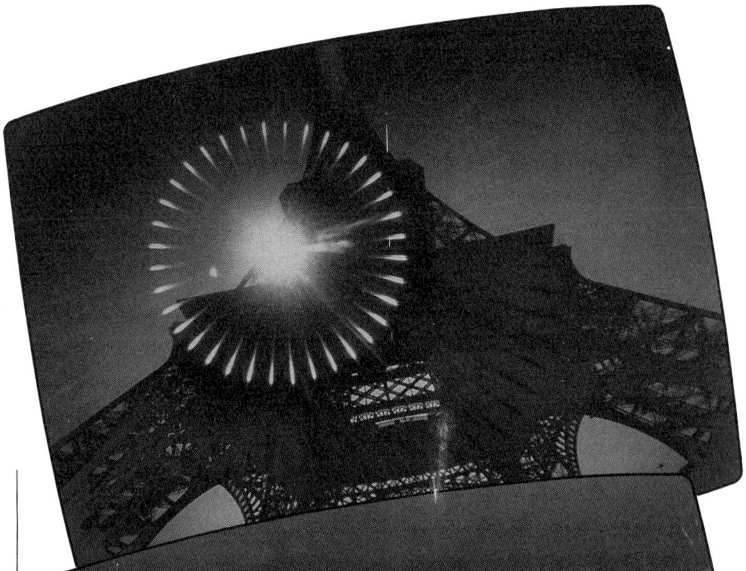

Beleuchtung

Geringe Beleuchtung – läßt einen Darsteller böse und beherrschend erscheinen.

Starke Beleuchtung – läßt einen Darsteller schwach und unterdrückt erscheinen, die Szene wirkt eintönig, betont Gesichtsfalten usw.

Licht von der Seite – verstärkt zum Beispiel die Konturen auf einer Seite eines Gesichts und kann – falls die Seiten abwechselnd beleuchtet werden – einige überraschende Wechseleffekte hervorrufen.

Beeinflussung des Lichts – drei Möglichkeiten nennen wir hier: die Einengung des Lichtbündels, das in das Kameraobjektiv fällt, durch eine Metall- oder Holzplatte. Wird auch verwendet, um nur einen Teil einer Szene oder eines Darstellers auszuleuchten – zum Beispiel die Augen; der Rest des Gesichtes bleibt dabei relativ dunkel.
Durchsichtiges Gazematerial, das vor dem Scheinwerfer angebracht wird, hat eine ähnliche Funktion, jedoch reduziert es nur das Licht, das eine bestimmte Fläche ausleuchtet, anstatt es gänzlich zu stoppen. Die Ränder des Lichtstrahls sind weicher, wodurch z.B. die Konturen eines Gesichtes weicher wirken.
Eine Lochplatte, die vor einer Leuchte angebracht wird, kann ein interessantes Lichtmuster in der Szene erzeugen.

Kameraeffekte

Ein-/Ausblenden – mit Hilfe der eingebauten Elektronik wird von bzw. zu einem schwarzen oder weißen Bild ein- oder ausgeblendet.

Bildumkehr – damit wird von dem aufgenommenen Bild ein Negativbild erzeugt. Bei der Nachbearbeitung kann diese Möglichkeit nur bei der Aufnahme des Originals vom Fernsehgerät oder durch Zusatzgeräte erreicht werden.

Solarisation – eine starke Überbelichtung, die intensives Weiß und tiefe Schatten erzeugt. Die Ränder können durch gezielte Veränderung des Weißabgleichs rötlich oder bläulich eingefärbt werden.

Optische Effekte

Alle hier geschilderten Effekte haben mit Filtern zu tun, die vorn in das Kameraobjektiv geschraubt werden.

Farbfilter – färben das gesamte Bild ein.

Verlauffilter – färben das Bild zum Beispiel im oberen Bereich intensiv ein. Die Einfärbung wird weiter unten schwächer und ist im unteren Bereich überhaupt nicht vorhanden. Nützlich zur Verstärkung der Farben des Vordergrundes oder des Himmels.

Diffuser und Nebelfilter – erzeugen eine leichte Unschärfe bzw. einen verschwommenen Eindruck.

Spotfilter – lassen die Mitte des Bildes unverändert, während im Randbereich einer der bei den oben genannten Filtern erwähnten Effekte erreicht wird.

Gitterfilter – jeder Lichtpunkt sendet dabei sternartig Lichtstrahlen aus.

Spektralfilter – sorgen dafür, daß Lichtpunkte von farbigen Rändern umgeben sind.

Prismenlinse – spaltet das Bild in ein Hauptbild und weitere Bilder auf, die das Hauptbild umgeben.

Vignetten – eine Schablone, durch die das Bild einen bestimmten Rahmen erhält. Der Effekt kann auch mit einem geeigneten Bildmischer elektronisch erreicht werden.

Effekte bei der Nachbearbeitung

Kopieren vom Fernsehbildschirm – dabei wird die Aufnahme über den Fernsehbildschirm wiedergegeben und von dort mit der Kamera aufgenommen. Damit können Sie nachträglich die verschiedenen Kameraeffekte durchführen und weitere Bildmanipulationen vornehmen, indem Sie zum Beispiel auf einen Bereich des Bildes einzoomen und den Bildinhalt dann verändern.

Umwandlung in ein Schwarzweißbild – Eine farbige Szene kann während der Nachbearbeitung in einen Schwarzweißfilm umgewandelt werden – möglich während der Nachbearbeitung mit entsprechenden Geräten und auch bei der Aufnahme vom Bildschirm.

Zeitlupe und Zeitraffer – dabei läuft der Zuspielrecorder mit einer anderen Geschwindigkeit. Die Qualität des fertigen Videos hängt von den Eigenschaften des Zuspielrecorders ab. Der Ton wird dabei nicht übertragen.

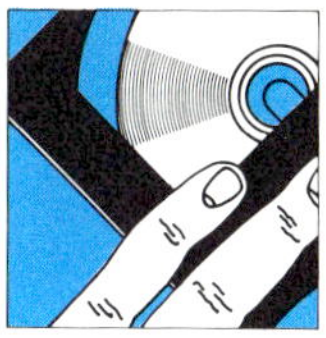

PROFESSIONELLE SPEZIALEFFEKTE

Praktisch alle Bildbearbeitungssysteme und Videospezialeffekte werden durch Computer gesteuert, und das rasante Wachstum der Computertechnologie brachte dem Videoregisseur ständig neue ungeahnte Möglichkeiten.

Ein Vorreiter auf diesem Gebiet ist Quantel. Geräte dieser Firma wurden ursprünglich für die Manipulation von echten Bildern entwickelt — Bilder vom Band oder live von der Kamera. Jedes Bild kann im Computer gespeichert werden; die Geräte sind dann in der Lage, seine Größe zu verändern, es in die Länge zu ziehen, zusammenzudrücken, aufzurollen, irgendwo auf dem Bildschirm zu plazieren, dafür zu sorgen, daß es sich dreht oder auf die verschiedenste Art und Weise bewegt.

Das ist möglich, weil die gewünschten Formen des Bildes sowie seine Bewegungen sich mathematisch beschreiben lassen und weil das Bild selbst in digitalisierter Form vorliegt. Für den Computer besteht alles nur aus Zahlen und Koordinaten, die nach den Anweisungen bearbeitet werden müssen. Das Fehlen der erforderlichen großen Speicher, die man für jedes einzelne Bild benötigt und der hohen Arbeitsgeschwindigkeiten verzögerten zunächst die Einführung des Quantel-Systems. Es erforderte die neueste Entwicklung preiswerter Speicher mit hoher Packungsdichte und sehr schnelle Computer, um diese Systeme so vielseitig zu machen wie sie heute sind.

Die Paintbox war die logische Weiterentwicklung solcher Bildmanipulationen. Sie erlaubt die Kombination von echten Bildern mit Informationen, die vom Computer erzeugt sind. Das Paintbox-System bietet verschiedene Möglichkeiten: Eine bestimmte Fläche einer Aufnahme kann eingefärbt werden, indem man lediglich diese Fläche in ein einziges Bild einzeichnet. Der Computer sorgt dann dafür, daß diese Fläche während der gesamten Einstellung entsprechend eingefärbt bleibt. Es ist auch möglich, Bilder über bereits existierende zu malen, wodurch Handlungen mit Computergrafiken kombiniert werden. Das neueste Paintbox-System bietet komplette Grafikmöglichkeiten — detaillierte Zeichnungen können mit dem Computer erzeugt und dann für sich allein oder in Verbindung mit Originalbildern animiert werden.

Eine weitere professionelle Bildmanipulationstechnik ist zum Beispiel die Mosaikdarstellung eines Bildes, bei der das Bild in ein Muster von Punkten umgewandelt wird, wobei sich die Größe dieser farbigen Punkte variieren läßt.

Das Gebiet der Computergrafik ist sehr umfassend, und es lassen sich inzwischen animierte Videobilder sehr hoher Qualität erzeugen. Mit Sicherheit werden einige Möglichkeiten auf den Heimbereich abfärben — der Einsatz von Heimcomputern bei der Amateurproduktion geht in diese Richtung.

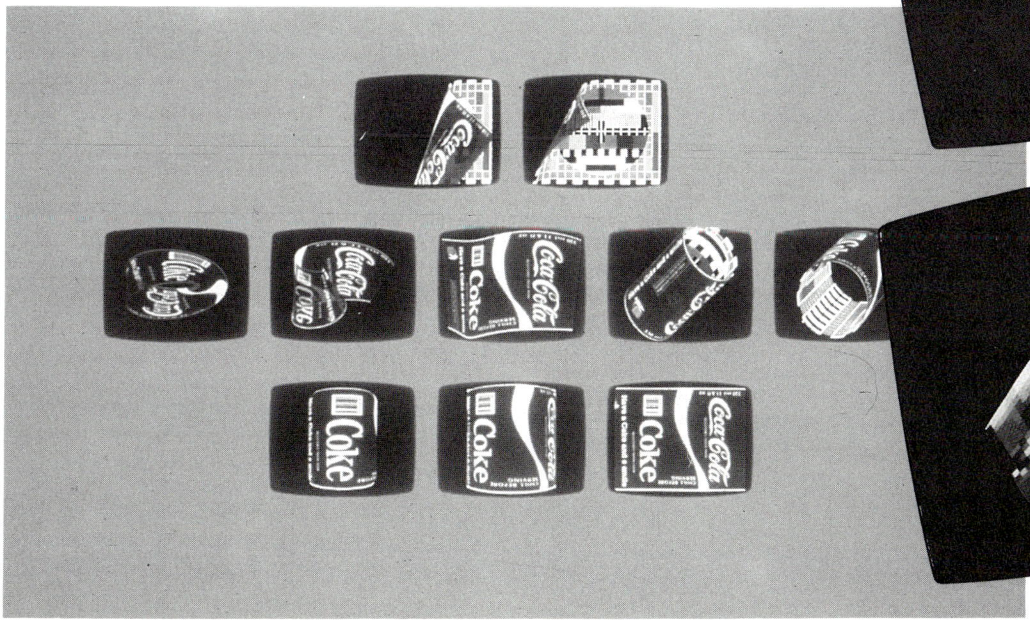

DER HEIMCOMPUTER

Wir haben bereits die Anwendungen von Computern für Video erwähnt — sowohl beim Schneiden als auch für besondere Effekte, aber bisher waren diese Anwendungen mehr im Bereich der Profis als der Amateure zu finden. Heimcomputer können jedoch auch verwendet werden, um weiteres Bildmaterial zu liefern, das Sie zur Verbesserung Ihrer Produktion verwenden und ihr so zusätzlichen Glanz und Originalität vermitteln können.

Jeder, der mit Heimcomputern vertraut ist, weiß, daß man außer Text auch andere Zeichnungen und Grafiken generieren kann. Diese Bilder können nacheinander erzeugt und als eine Serie von Einzelbildern aufgenommen werden oder als eine Folge erzeugt und animiert werden.

Ohne Programm produziert der Heimcomputer natürlich nichts auf den Bildschirm; zunächst müssen Sie ein Programm finden, das die von Ihnen gewünschten Bilder erzeugt. Sie haben dafür drei Möglichkeiten:

Sie können Ihr eigenes Programm schreiben; Sie können ein Programm aus einem Buch übernehmen und Zeile für Zeile in den Computer eingeben, oder Sie können ein fertiges Softwarepaket kaufen, das Sie einfach in ihren Computer laden. Die beste Lösung ist das käufliche Softwarepaket, weil es von Spezialisten in einer Maschinensprache geschrieben wurde, die auf diesen Verwendungszweck zugeschnitten ist und damit die Möglichkeiten des Computers voll ausschöpft und sehr schnell arbeitet, was für animierte Grafiken sehr wichtig ist.

Wenn Sie umfangreiche Bildfolgen einsetzen wollen, aber über kein Computerprogramm verfügen, so können Sie sich auch etwas von einem anderen Programm „ausleihen" — wie zum Beispiel einem Computerspiel. Computerprogramme sind allerdings auch urheberrechtlich geschützt, seien Sie daher vorsichtig. Nur für den persönlichen Gebrauch dürfen Sie solches Material ohne Urheberabgaben verwenden.

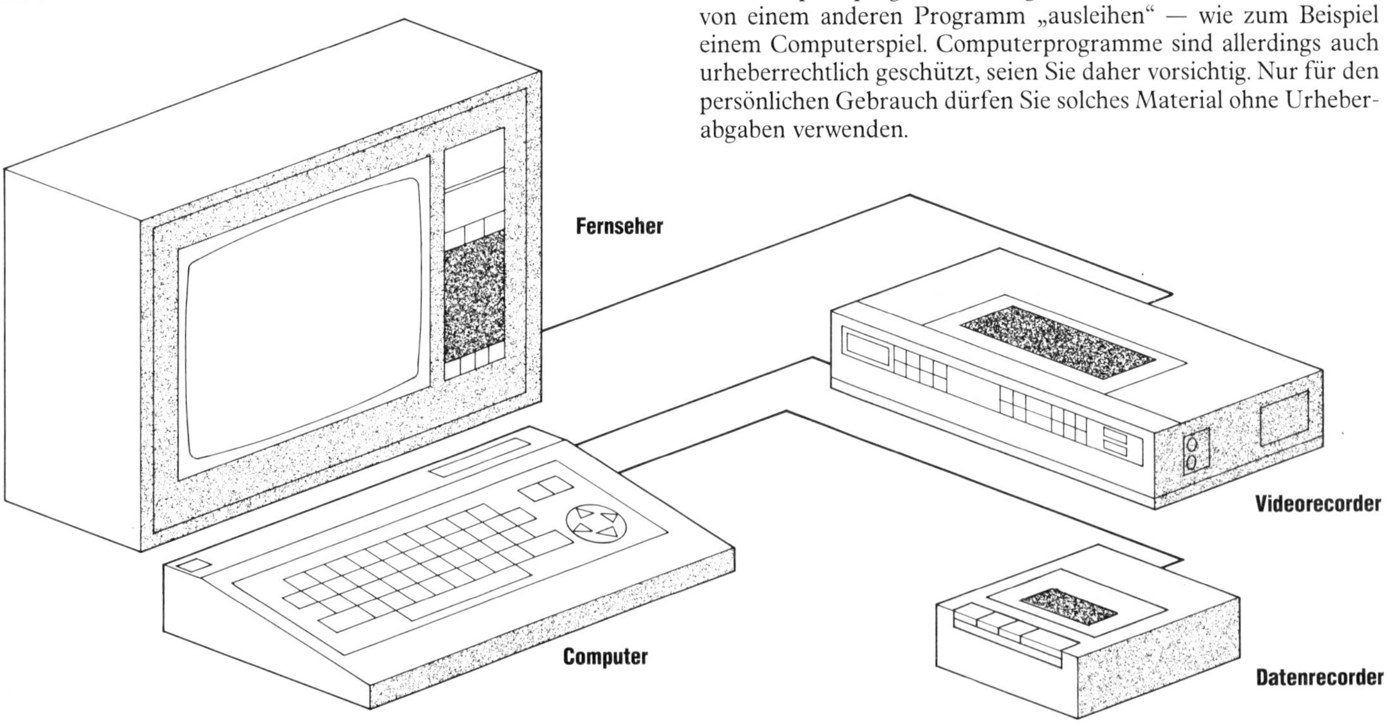

Aufnahme von Grafiken — Schritt für Schritt

1 Verbinden Sie den Antennenausgang (oder besser den Audio-/Video-Ausgang — falls vorhanden) des Computers mit dem entsprechenden Eingang des Videorecorders.

2 Verbinden Sie den Videorecorder wie üblich mit einem Fernsehgerät.

3 Stellen Sie das Fernsehgerät auf den Videorecorder ein.

4 Wählen Sie eine freie Stationstaste am Videorecorder (bzw. wählen Sie den Audio-/Videoeingang), und lassen Sie das Grafikprogramm laufen, bis das Bild auf dem Fernsehgerät erscheint.

5 Drücken Sie auf die Reset-Taste des Computers, versehen Sie den Videorecorder mit einer neuen Cassette, und gehen Sie in den Aufnahme-/Pause-Betrieb.

6 Lassen Sie den Recorder 10 Sekunden ohne Signal aufnehmen. Dadurch haben Sie auf dem Band etwas Platz gewonnen, bevor die eigentliche Computeraufnahme beginnt, was das spätere Zusammenschneiden erleichtert. Betätigen Sie erneut die Pausentaste.

7 Bereiten Sie den Computer zum Start vor, lösen Sie die Pausentaste, und lassen Sie das Computerprogramm laufen.

8 Wenn die Folge beendet ist, lassen Sie den Recorder weitere 15 Sekunden laufen, dann drücken Sie auf „Pause".

9 Wenn Sie weitere grafische Folgen haben, die aufgenommen werden sollen, stellen Sie sie ein, und gehen Sie zurück zu Schritt 6. Sonst spulen Sie Ihren Recorder zurück, und schauen Sie sich die Aufnahme zur Kontrolle an.

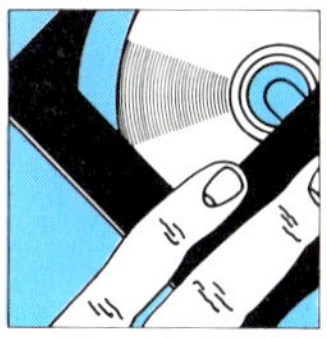

Effekte mit dem Computer

Titel: Das Angebot an unterschiedlichen Größen und Schrifttypen, die vom Computer erzeugt werden können, ist theoretisch unbegrenzt, schließlich bestimmt aber die Software, wie ausgefallen und raffiniert Sie sein können. Weitere Grenzen sind Ihnen ferner durch Ihr Video-Aufzeichnungssystem gesetzt. Wie Sie wissen, ist die Auflösung des Amateurvideorecorders geringer als die des Fernsehgerätes. Aber selbst diese reichen noch nicht aus, um feinere Computerschriften wiederzugeben; für Heimcomputer werden daher im allgemeinen hochauflösende Monitore angeboten. Die Auflösung Ihrer Computergrafiken ist daher durch das Videosystem eingeschränkt.

Wählen Sie deshalb große Titel und große Farbflächen. Vermeiden Sie Schrifttypen mit vielen Bögen.

Wenn Sie eine ganze Titelserie haben, dann gibt es mehrere Methoden, um sie darzustellen. Das einfachste Verfahren besteht in einem Bildwechsel – entsprechend einem Schnitt zwischen zwei Einstellungen. Ein solcher Wechsel ist ziemlich abrupt und daher nicht sehr zu empfehlen. Besser ist es, eine Form des Überblendens zu wählen.

Wenn Sie daran denken, ein Softwarepaket zu kaufen, so überlegen Sie erst genau, was Sie wirklich davon erwarten und ob es auf dem Computer läuft, den Sie besitzen oder den Sie sich kaufen wollen. Lassen Sie sich die Software genau vorführen, um herauszufinden, ob sie das kann, was Sie suchen.

Bilder: Auch hier haben Sie theoretisch wieder unbegrenzte Möglichkeiten, die in der Praxis durch das Aufzeichnungssystem und die Software eingeschränkt sind. Computergrafiken können in zweierlei Hinsicht verwendet werden: Entweder als Bilder, um den Rest des Bandes zu zu füllen oder als nützliche Illustrationen für bestimmte Einzelheiten.

Solche Bilder können Sie zum Beispiel als Teil einer Titelsequenz verwenden oder sie parallel in eine Handlung einfließen lassen. Zum Beispiel produzieren Sie vielleicht gerade ein Stück über einen Banküberfall. Sie können dann eine Computergrafikfolge verwenden, um zu zeigen, wie die Räuber immer näher an den Safe herankommen.

Oder Sie bearbeiten gerade einen Dokumentarfilm über eine Kirche. Sie können Computergrafiken verwenden, um eine Kurve zu zeigen, die erläutert, um wieviel die verschiedenen Kostenarten zur Unterhaltung der Kirche in den letzten Jahren gestiegen sind. Diese Darstellung kann variiert werden, um verschiedene Bedingungen aufzuzeigen („was ist, wenn?"). Viele kaufmännischen Programme enthalten ein Grafikpaket. Das Hauptprogramm errechnet den voraussichtlichen Geschäftsverlauf, und der Grafikteil zeichnet automatisch grafische Darstellungen der Ergebnisse. Wenn Daten in dem Rechenprogramm geändert werden, werden die Grafiken automatisch erneut erstellt.

Trickeinblendung

Das Übereinanderlegen zweier beliebiger Bilder ist für Amateure schwierig. Die Synchronsignale der beiden Bilder, die Sie verbinden wollen, müssen nämlich genau zur gleichen Zeit erscheinen. Ein einfacher Bildmischer erlaubt die Verbindung von Bildern vom Band und von der Titelkamera, das Mischen der Signale einer externen Kamera und der Titelkamera und das Mischen der Bilder zweier Kameras unter der Voraussetzung, daß eine mit einem sogenannten Gen-Lock-Anschluß versehen ist. Sie können auch ein Kamerabild mit einem Recorderbild mischen, sofern die Kamera mit Gen-Lock versehen ist. Bilder zweier Videorecorder können Sie nicht mischen.

Genausowenig können Sie die Bilder des Computers mit denen des Recorders direkt mischen. Sie haben aber folgende Möglichkeiten: Zunächst können Sie den auf Seite 140 beschriebenen Aufbau zusammen mit dem Bildmischer verwenden. Die Computerbilder werden über den Fernsehschirm wiedergegeben, die Kamera nimmt sie auf, und das Kamerasignal kann dann mit dem Signal eines Videorecorders gemischt werden. Sie verlieren zwar etwas Bildqualität, da die Computerbilder aber hell und scharf sind, kann dieser Verlust toleriert werden.

Eine interessante Alternative sind Heimcomputer mit einem zusätzlichen Videointerface. So bietet zum Beispiel Philips unter der Typenbezeichnung NMS 8280 ein Gerät an, das Standard-Videosignale vom Videorecorder, von der Kamera oder einer anderen Videosignalquelle digitalisiert und im Speicher für die Bearbeitung zur Verfügung stellt. Das Bild läßt sich jetzt farblich verfremden, in mehrere Felder aufsplitten oder auch in Mosaikform durch Abbildung von Bildpunkten, deren Größe wählbar ist, wiedergeben. Eine Trick-Animation ist ebenfalls möglich. In ein digitalisiertes Bild lassen sich auch Kamerabilder einkopieren. Der Videoausgang wird direkt mit dem Aufnahmerecorder beim Schneiden verbunden.

FILM UND VIDEO

Film und Video sind zwei ganz verschiedene Möglichkeiten, um bewegte Bilder dauerhaft zu speichern — jedes Medium hat seine Vor- und Nachteile, seine eigene Bildqualität und „Atmosphäre". Wenn Sie nicht überzeugt sind, so schauen Sie sich ein Programm an, das auf Videoband aufgenommen wurde und dann eines, das mit Filmmaterial produziert wurde.

Obgleich Sie die Unterschiede selbst erkennen werden, lohnt es sich, die wichtigsten hier zu nennen. Die Intensität und Reinheit der Farben sowie der Kontrastumfang (der Bereich von der hellsten bis zur dunkelsten Stelle) sind beim Film größer, und man hat einen subjektiven Eindruck von „Qualität" bei einem Stück, das auf Filmmaterial produziert wurde. Es sieht teuer aus — alles Gründe, warum auch heute noch die meisten Prestigefilme des Fernsehens auf Film- und nicht auf Videoband produziert werden.

Die Bearbeitung und Manipulation von Filmmaterial ist sehr teuer und auch in den Möglichkeiten begrenzt. Es lassen sich keine der Effekte verwenden, die mit Videosystemen wie dem beschriebenen System von Quantel normal sind, ohne beträchtliche Laborarbeit aufzuwenden. Es werden daher alle Pop- und Werbefilme, bei denen Trickeffekte eingesetzt werden, auf Videoband produziert oder nach der Produktion auf Filmmaterial für die Nachbearbeitung auf Videoband kopiert.

Aber was kann der Amateur mit Filmmaterial machen? Zunächst können Sie ihre alten Schmalfilme auf Video überspielen, um Sie dann bequem im Fernsehgerät betrachten zu können, ohne eine Leinwand und einen Projektor aufbauen zu müssen. Einige Foto- und Videogeschäfte bieten diesen Überspieldienst an — unter Umständen fügen sie sogar Titel oder Filmmusik hinzu.

Der Einbau von Filmmaterial in Ihren Videofilm verursacht nur wenige Probleme. Nachdem Sie das Material auf Video überspielt haben, kann es, wie jede andere Videoaufzeichnung auch, beim Schneiden des Videos eingespielt werden. Das Filmmaterial können alte Familienbänder sein, die Sie vielleicht in einer Familiengeschichte verwenden wollen, oder Sie wollen neue Aufnahmen filmen und diese später in Ihr Videoprogramm einbauen.

Es gibt mehrere Effekte, die leicht mit der Filmausrüstung, aber nur schlecht mit Video zu realisieren sind — zum Beispiel Zeitlupenaufnahme und Animation. Wir nehmen an, daß Sie mit der Filmkamera umgehen können, wenn Sie Filmmaterial verwenden wollen, so daß wir uns ihre Beschreibung ersparen können.

Der Filmtransfer

Die einfachste Möglichkeit, Filmmaterial auf Video zu überspielen, besteht darin, den Film als kleines helles Bild auf eine glatte, weiße Fläche zu projizieren und dieses mit der Videokamera aufzunehmen.

Im Zubehörhandel werden auch spezielle Überspielgeräte angeboten. Dabei wird das Filmbild auf eine Mattscheibe abgebildet. Dahinter befindet sich ein Spiegel, der das Bild um 90 Grad umlenkt, so daß es von der Videokamera korrekt aufgenommen werden kann. Wegen der geringen Größe des Bildes muß die Kamera üblicherweise mit einer Nahlinse versehen werden, die aber im allgemeinen zum Lieferumfang des Filmtransfergerätes gehört. Der Ton (falls vorhanden) wird direkt an den Toneingang des Videorecorders geführt.

Aufwendigere Geräte sorgen auch für eine Anpassung der unterschiedlichen Bildwechselfrequenzen bei Video (25 Bilder pro Sekunde) bzw. Film (18 oder 24 Bilder pro Sekunde). Dadurch wird der sonst häufig auftretende Flimmereffekt vermieden, der besonders in großen Bildflächen sehr störend wirken kann.

Die Filme werden mit der Geschwindigkeit wiedergegeben, mit der sie aufgenommen wurden (üblicherweise 18 oder 24 Bilder pro Sekunde). Es gibt aber keinen Grund, warum Sie für besondere Effekte nicht eine abweichende Geschwindigkeit verwenden sollten. Probieren Sie es aus – Videoband ist nicht teuer. Sie müssen die Bilder, die die Kamera aufnimmt, sorgfältig über den Monitor verfolgen, da Sie bei bestimmten Geschwindigkeiten die oben beschriebenen störenden Störungen bekommen können.

Vergessen Sie nicht, daß Sie beim Filmtransfer ein- und auszoomen oder auch nur bestimmte Teilbilder abtasten können (siehe Seite 136).

Sie können auch, um besonders originell zu sein, zwei projizierte Bilder (von zwei Projektoren) übereinanderlegen und das Ergebnis mit der Videokamera aufnehmen. Diese Überblendmethode gibt viele neue Möglichkeiten und läßt sich mit einer Standard-Videoausrüstung sonst nicht durchführen.

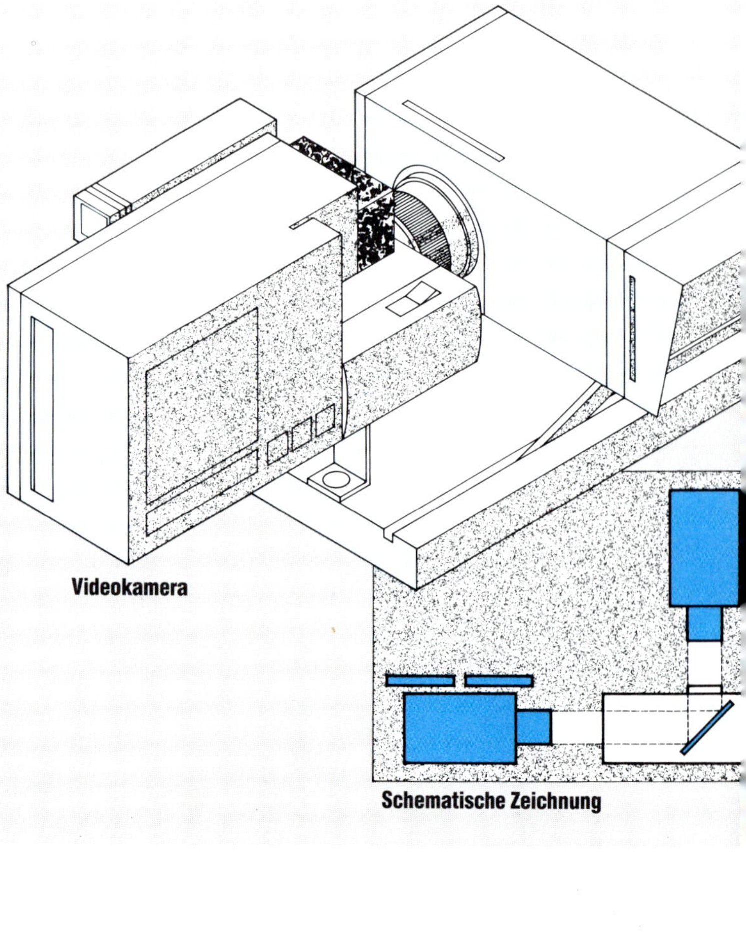

Effekte mit der Filmkamera

Es gibt zwei Gebiete, bei denen man mit dem Film Effekte erzielen kann, die mit Video ohne weiteres nicht möglich sind. Eines ist die Zeitlupenaufnahme, das andere die Animation.

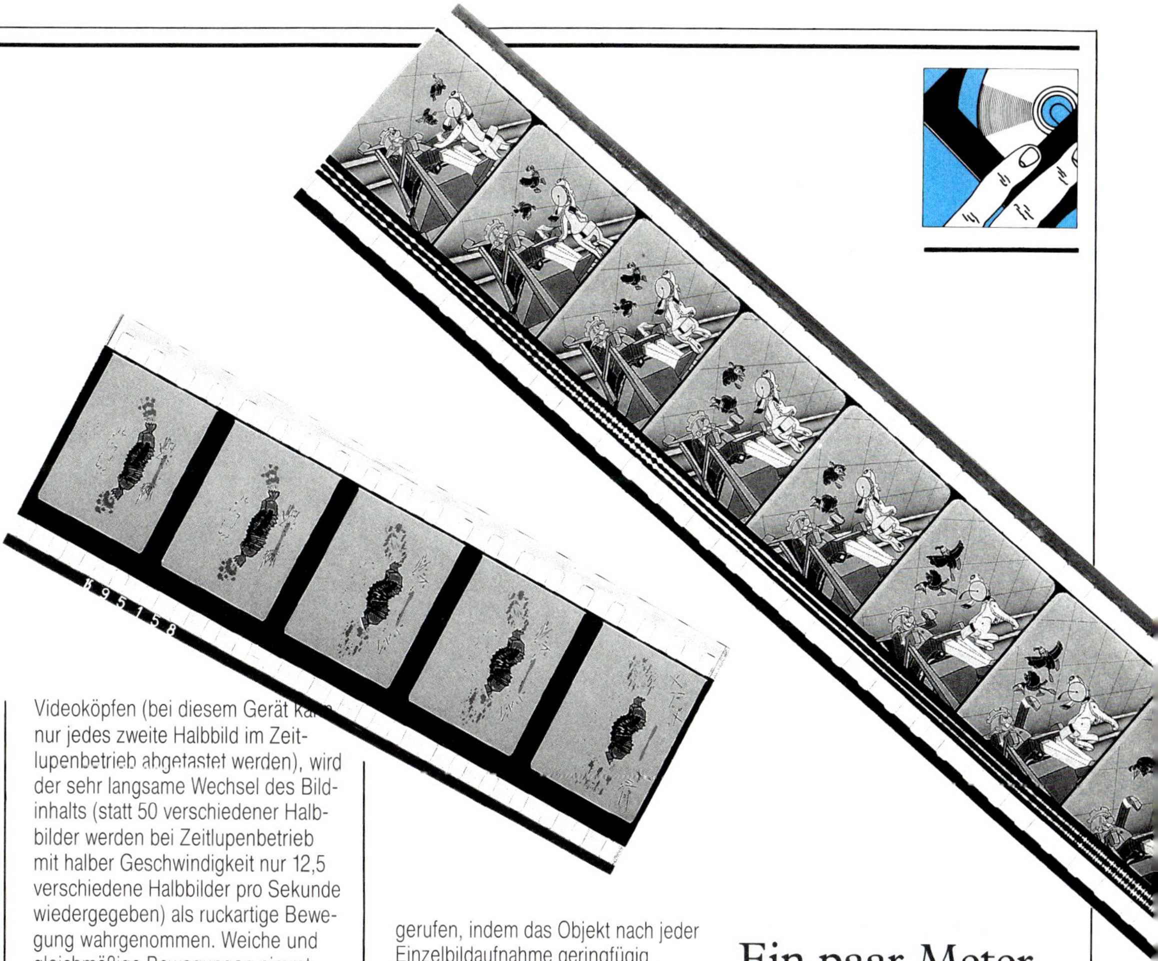

Zeitlupe

Obgleich beim Schneiden mit Video recht gute Zeitlupeneffekte erreicht werden, zum Beispiel mit Zuspielrecordern, die bei Zeitlupenwiedergabe störzonenfreie Bilder liefern, wirken Bewegungsabläufe im Zeitlupenbetrieb nicht mehr gleichmäßig. Bei der Aufzeichnung von Videosignalen werden 25 Vollbilder (bzw. 50 Halbbilder) registriert. Bei der Zeitlupenwiedergabe mit einem Videorecorder mit drei Videoköpfen (bei diesem Gerät kann nur jedes zweite Halbbild im Zeitlupenbetrieb abgetastet werden), wird der sehr langsame Wechsel des Bildinhalts (statt 50 verschiedener Halbbilder werden bei Zeitlupenbetrieb mit halber Geschwindigkeit nur 12,5 verschiedene Halbbilder pro Sekunde wiedergegeben) als ruckartige Bewegung wahrgenommen. Weiche und gleichmäßige Bewegungen nimmt das Auge erst ab mindestens 15 Bildern pro Sekunde wahr. Je langsamer die Geschwindigkeit wird, desto abgehackter wirkt die Wiedergabe, und bei einer sehr langsamen Geschwindigkeit hat man eher den Eindruck, schnell wechselnde Einzelbilder zu betrachten als eine kontinuierliche Bewegung.

Die Zeitlupentechnik des Films arbeitet anders. Angenommen, Sie wollen etwas mit halber Geschwindigkeit zeigen. Wenn Ihre Filmkamera normalerweise mit 24 Bildern pro Sekunde aufnimmt, so nehmen Sie jetzt mit 48 Bildern pro Sekunde auf. Wenn Sie dieses jetzt mit 24 Bildern pro Sekunde wiedergeben, so bewegt sich alles mit halber Geschwindigkeit, da aber die Anzahl der Bilder normal ist, erscheint alles sehr gleichmäßig. Je niedriger die Wiedergabegeschwindigkeit sein soll, desto höher muß die Bildrate bei der Aufnahme sein. Der Grund, weshalb Sie die Videobildrate nicht ändern können, liegt einfach daran, daß sie Bestandteil der Spezifikation des Fernsehsystems ist.

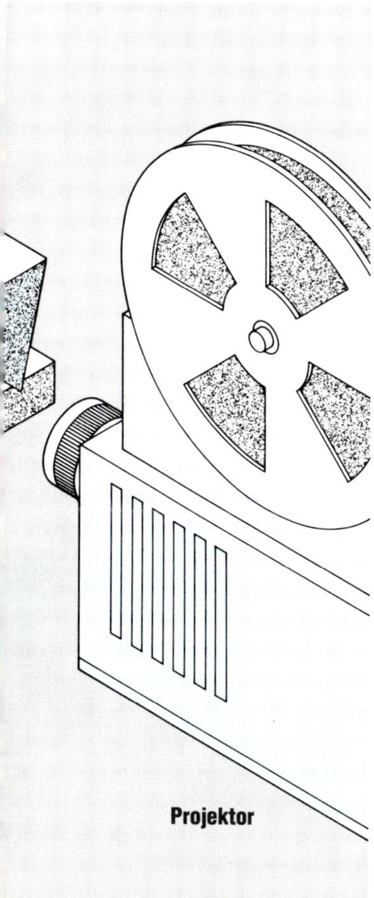

Projektor

Animation

Animation interessiert uns hier in zwei Versionen — als Zeichentrick- oder Modell-Animation. Bei beiden werden Einzelbilder nacheinander aufgenommen — der Eindruck von Leben und Bewegung wird hervorgerufen, indem das Objekt nach jeder Einzelbildaufnahme geringfügig bewegt wird. Die meisten Kameras können Einzelbilder aufnehmen. Die Möglichkeit, animierte Folgen zu produzieren und in das Videoprogramm einfließen zu lassen, kann eine interessante Ergänzung Ihrer Produktion sein.

Zeichentrickanimationen sind zweidimensional — Zeichnungen werden lebendig. Der Hintergrund wird normalerweise als Grafik dargestellt. Darauf kommen die Figuren, die animiert werden sollen. Jede Figur wird auf eine durchsichtige Folie gemalt, und jedes Merkmal, das bewegt wird — Augen, Hände, Beine usw. — wird auf ein getrenntes Folienblatt gezeichnet. Jedes dieser Blätter wird als Zelle bezeichnet. Die Teile des Bildes, die sich zwischen den Bildern nicht bewegen, werden nicht erneut gezeichnet. Bild für Bild werden die Zellen, die bewegte Teile enthalten, durch neue ersetzt, in die die neuen Bewegungen eingebaut wurden.

Modell-Animationen sind dreidimensional. Hierfür wird ein Modell oder eine Puppe geschaffen, die zwischen zwei Bildern bewegt bzw. verändert wird. Die Modelle können sehr komplizierte Figuren oder einfache Klumpen aus Modellierton sein.

Ein paar Meter aus alten Filmen

Eine Familiengeschichte: Fügen Sie diesen Film ein, um Fotos der Familie und andere Fotos aus der Zeit zu ergänzen.

Hochzeiten: Fügen Sie eine kurze Lebensgeschichte von Braut und Bräutigam ein und zeigen Sie dazu ein paar Filmmeter mit Aufnahmen aus deren Kindheit.

Lokalgeschichte: Stellen Sie die gleichen Schauplätze in Aufnahmen von heute und damals gegenüber — Sie können sogar versuchen, die Personen aus dem alten Film auch in der neuen Szenerie zu zeigen.

Videoband über Kinder: Fügen Sie Filme aus einer Zeit hinzu, in der Sie, Ihre Mutter oder sogar Ihre Großmutter Kinder waren.

VIDEO UND DAS GESETZ

Es gibt im wesentlichen drei Rechtsgebiete, mit denen der Videomacher in Konflikt geraten kann. Zumindest sollte er ihre Bedeutung kennen, denn wie jeder weiß, „Unwissenheit schützt vor Strafe nicht". Bei weitem das wichtigste Rechtsgebiet ist das Urheberrecht, wenn auch die gesetzlichen Bestimmungen über Schadensersatzansprüche sowie Zollbestimmungen fast ebenso wichtig sind. Wir können hier nur allgemeine Hinweise geben. Der Videobenutzer ist jedoch verpflichtet, sich über die gesetzlichen Bestimmungen für das, was er tut oder nicht tut, vollständig zu informieren.

Urheberrecht

Stellen Sie sich vor, Sie hätten gerade ein Buch geschrieben — und dafür Monate, wenn nicht Jahre gebraucht — und dann kommt irgendjemand vorbei, liest das Manuskript durch, kopiert es, gibt es als sein eigenes aus und verdient damit einen Haufen Geld. Sie würden sich beraubt fühlen — etwas, das Ihnen gehört, Ihr geistiges Eigentum —, ist Ihnen gestohlen worden!

Um diese Rechte zu schützen, ist das Urheberrecht geschaffen worden, und obwohl es sich in Einzelheiten von Land zu Land unterscheidet, sind seine wesentlichen Grundzüge international die gleichen.

Einfach ausgedrückt: Wenn jemand ein Buch, ein Musikstück oder ein Bild schafft und veröffentlicht, regelt das Urheberrecht seine Rechte, die Rechte des Urhebers. Das Urheberrecht gilt auch für Bereiche wie Tonaufnahmen, Kinofilme, Fernseh- und Rundfunksendungen und Kabelprogramme. Daneben aber gibt es auch Bereiche, deren „geistiges Eigentum" nicht urheberrechtlich geschützt ist — wenn es auch auf andere Art gesetzlich geschützt sein kann, wie z. B. ein eingetragenes Warenzeichen — und ebenso sind rein abstrakte Ideen nicht urheberrechtlich geschützt, sondern nur solche schöpferischen Gedanken, die bereits feste Gestalt angenommen haben. Solange ein geistiges Werk nicht veröffentlicht, also vervielfältigt, vertont, aufgeführt oder verfilmt worden ist, fällt es nicht unter das Urheberrecht.

Und genau hier begibt sich der Videobenutzer in eine Gefahrenzone. Besondere Vorsicht ist geboten beim Mitschnitt von Fernseh- und Rundfunksendungen. Grundsätzlich ist dies nur für den eigenen Gebrauch oder zur Aufnahme für das eigene Archiv erlaubt. Wenn jedoch ein Teil dieser Sendung urheberrechtlich geschützt ist, so kommt seine Aufnahme einer Verletzung des Urheberrechts gleich, da die Ausnahmeregelung „für den eigenen Gebrauch" sich lediglich auf die Sendung selbst bezieht. So ist es zum Beispiel erlaubt, eine Sportsendung oder Nachrichten aufzunehmen, da Sportereignisse und Liveberichte im Fernsehen selbst keine „Werke" sind, die unter das Urheberrecht fallen. Wenn Sie jedoch einen Film oder ein Konzert aufnehmen, verletzen Sie das Urheberrecht, da Filme und Musikstücke Werke sind, die urheberrechtlich geschützt sind.

Um es deutlich zu machen: die unberechtigte Aufnahme von urheberrechtlich geschützten Werken ist ein Rechtsbruch. Ebenso, wie es ein Rechtsbruch ist, wenn man Schallplatten auf Cassetten überspielt. Es wird jedoch stillschweigend hingenommen, daß eine wirksame Kontrolle der privaten Kopiertätigkeit nicht möglich und damit eine Bestrafung solcher Gesetzesübertretungen schwer durchführbar ist.

Das betrifft auch literarische Werke. Zum Beispiel ist eine Adaptierung oder Aufnahme eines Buches ein Rechtsbruch, ob es sich nun um eine Theateraufführung einer Laienspielgruppe oder eine absolut professionell geführte Produktion handelt. Wer seine Kamera auf eine Schulaufführung richtet, müßte also mit einer strafrechtlichen Verfolgung rechnen, obwohl dieses höchst unwahrscheinlich wäre.

Öffentliche Vorführung

Das Urheberrecht betrifft auch die öffentliche Vorführung. Jedesmal, wenn ein Film, eine Schallplatte oder ein Theaterstück öffentlich gezeigt, gespielt oder aufgeführt wird, ist eine Erlaubnis erforderlich. Video- und Audiocassetten, Schallplatten und andere Aufnahmen werden mit der Einschränkung verkauft, daß sie nur für den eigenen Gebrauch verwendet werden dürfen. Wenn sie öffentlich verbreitet oder wiedergegeben werden — und der Begriff „öffentlich" ist nicht klar definiert — muß eine zusätzliche Genehmigung vorliegen. Allgemein kann man davon ausgehen, daß „öffentlich" außerhalb des Hauses bedeutet. Es kommt nicht darauf an, ob Eintritt genommen wird oder nicht. Wenn es sich um eine öffentliche Veranstaltung, wie zum Beispiel eine Opernaufführung, ein Konzert oder eine Theateraufführung handelt, ist es notwendig, sich die vorherige Zustimmung des Veranstalters oder Künstlers einzuholen.

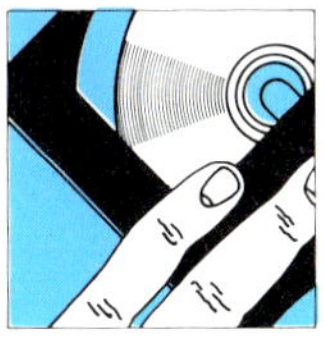

All dies mag auf den Amateurvideofilmer abschreckend wirken, doch diese Gesetze sind geschaffen worden, um die ideellen und materiellen Interessen der schöpferisch arbeitenden Menschen zu sichern, die das Risiko für ihre geistigen Werke allein tragen. Obwohl die gesetzlichen Bestimmungen des Urheberrechts weitgehend eindeutig sind, wäre es jedoch recht ungewöhnlich, wenn jemand, der für sein eigenes Vergnügen einen Videofilm mit der Absicht herstellt, diesen Film lediglich in einem kleinen Kreis persönlicher Freunde zu zeigen, strafrechtlich verfolgt würde, selbst wenn er dabei das Urheberrecht gelegentlich verletzt. Der Amateur muß allerdings wissen, daß das Gesetz wahrscheinlich mit aller Strenge angewandt wird, sobald er dieses eng umgrenzte Gebiet verläßt.

Wenn man all diesen möglichen Konflikten aus dem Weg gehen will, muß man es vermeiden, überhaupt urheberrechtlich geschütztes Material zu verwenden. Nur wenn Sie Ihr eigenes Drehbuch schreiben — oder Naturaufnahmen oder Ereignisse direkt aufzeichnen — fallen diese nicht unter das Urheberrecht. Nur wenn Sie mit Originalmusik vertonen, gibt es keine urheberrechtlichen Probleme. Nur wenn Sie Ihre eigenen Toneffekte schaffen und für den privaten Gebrauch von Urheberrechten befreite Schallplatten benutzen, werden keine Urheberrechte verletzt.

Erlaubt und nicht erlaubt

Im wesentlichen wollen wir hier an das erinnern, was wir schon auf Seite 77 erörtert haben. Bitte bedenken Sie, daß viele Länder Film-, bzw. Videoaufnahmen von Straßen, Brücken, Gebäuden, Flughäfen, Häfen und anderen Einrichtungen als spionageverdächtig betrachten. Besonders in Ländern des Ostblocks müssen Sie hier unbedingt sehr vorsichtig sein. Generell sollten Sie niemals militärische Einrichtungen aufnehmen, weil hierbei selbst in westlichen Demokratien empfindlich reagiert werden kann.

Wir haben schon gesehen, daß der Videofilmer in mannigfaltiger Weise mit gesetzlichen Bestimmungen in Konflikt geraten kann — oft auch, ohne daß es ihm bewußt ist. So ist zu beachten, daß selbst bei jedem eigenschöpferischen Werk, wie beispielsweise einem Urlaubsvideo, nicht zur Zeitgeschichte gehörende Personen nur mit deren Einwilligung aufgenommen werden dürfen, wenn die Aufnahme verbreitet und öffentlich zur Schau gestellt wird. Sie können sich also nicht ohne weiteres auf die Straße stellen und vorübergehende Fußgänger filmen. In der Praxis bedeutet es, daß Sie eigentlich für alles, was Sie aufnehmen wollen, eine Genehmigung brauchen, es sei denn, Sie befinden sich auf Ihren eigenen Grund und Boden.

Zollbestimmungen

Denken Sie bei Auslandsreisen daran, daß in vielen Ländern die Ein- und Ausfuhr von Videoaufnahme- und Wiedergabegeräten und selbst von bespielten und unbespielten Bändern besonderen zollrechtlichen Bestimmungen unterliegen. Am besten ist es immer, sich vor Antritt der Reise über die jeweils in den besuchten Ländern geltenden Bestimmungen im Reisebüro oder dem zuständigen Konsulat zu informieren. Im Zweifel empfiehlt es sich, bei der Einreise in ein fremdes Land die Kamera und das Wiedergabegerät als Reisegepäck registrieren zu lassen, damit die spätere Wiederausfuhr keine Schwierigkeiten macht.

Antworten auf Ihre Fragen

Welche Rechte hat der Urheber?
Er kann andere daran hindern, bestimmte juristisch definierte Handlungen vorzunehmen, die im Urheberrecht des jeweiligen Landes festgelegt sind. In der Praxis bedeutet dies, daß andere ohne die Zustimmung des Urhebers das urheberrechtlich geschützte Material weder ganz noch teilweise vervielfältigen, veröffentlichen, öffentlich auf- oder vorführen, über Rundfunk, Fernsehen oder Video verbreiten, oder für ein anderes Medium, einschließlich Rundfunk und Fernsehen, umarbeiten dürfen.

Wer ist der Urheber?
Der geistige Schöpfer des Werkes. Zu bedenken ist dabei auch, daß nicht nur der Urheber eines im Fernsehen oder Rundfunk gesendeten Werkes Schutz genießt, sondern die Sendeanstalt auch. Denselben Schutz genießen grundsätzlich auch Videobänder und Tonträger jeder Art.

Wo ist das Urheberrecht anwendbar?
Grundsätzlich in seinem Ursprungsland. Es gibt jedoch zwei internationale Abkommen, nach denen ein Urheber, der einem der Mitgliedsstaaten angehört, automatisch in allen Mitgliedsländern den gleichen Urheberrechtsschutz genießt wie die eigenen Staatsangehörigen. Die beiden Verträge sind die Berner Übereinkunft und das Welturheberrechtsabkommen (UUC-Universal Copyright Convention).

Wie lange gilt der Urheberschutz?
Gerechnet vom Todesjahr des Urhebers, gilt der Schutz 70 Jahre, bei Lichtbildwerken und einigen anderen ist er auf 25 Jahre verkürzt. Diese Fristen sind von Land zu Land unterschiedlich.

GLOSSAR

A

Abbildungsmaßstab: Das Verhältnis zwischen der Bildgröße (auf der Röhren- bzw. Sensoroberfläche) und der Größe des abzubildenden Gegenstandes.

Abtastgeschwindigkeit: Relativgeschwindigkeit zwischen der Geschwindigkeit der Videoköpfe auf der rotierenden Kopfscheibe (z. B. 4,87 m/s beim VHS-S-System) und der Bandtransportgeschwindigkeit (2,34 cm/s).

Achssprung: Ein Fehler beim Schnitt, der entsteht, wenn der Kameramann seinen Standort über eine gedachte Achse verlegt und das Aufnahmeobjekt von der anderen Seite aufgenommen wird. Die Personen ändern dadurch scheinbar z. B. ihre Richtung.

Akustische Rückkopplung: Ein lauter, schriller Ton, der entsteht, wenn ein Mikrofon Ton von einem Lautsprecher aufnimmt, der mit dem Verstärker des Mikrofons verbunden ist.

Ampere: Einheit des elektrischen Stroms.

Angel: Eine Stange, an deren Ende ein Mikrofon befestigt wird, um es näher an die sprechenden Personen heranzubringen.

Animation: Damit wird die Bewegung eines feststehenden Bildes durch Trickaufnahmen bezeichnet.

Anschnitt: Ein Objekt im Vordergrund, das nur teilweise zu sehen ist. Dadurch erlangt das Bild mehr Tiefe.

Assembleschnitt: Das nahtlose Aneinanderfügen von einzelnen Einstellungen bei der Kameraaufnahme oder beim Zusammenschneiden.

Audiofrequenzgang: Der Tonfrequenzbereich, den z. B. ein Cassettenrecorder aufnehmen kann, gemessen in Hertz (Hz). Ein HiFi-Videorecorder kann den Bereich von 20 Hz bis 20 kHz wiedergeben, Videorecorder ohne Hifi-Tonaufzeichnung erreichen jedoch nur 50 Hz bis 10 kHz.

Autofokus: Automatische Scharfeinstellung von Kameras, zum Teil aktiv mit Infrarotlicht, überwiegend aber passiv, indem aus dem Kontrast des in die Kamera projizierten Bildes ein Signal zur Steuerung der Schärfeneinstellung gewonnen wird.

Automatische Verstärkungsregelung (AGC = Automatic gain control): Eine elektronische Schaltung, die die Eingangsempfindlichkeit des Recorders an die Eigenschaften des Bandes anpaßt.

AV-Anschluß: Ein kombinierter Anschluß an Fernsehgeräten und Videorecordern für Bild- und Tonsignale, i. a. als 21poliger Euro-AV-Anschluß.

Azimutwinkel: Der Winkel zwischen dem Kopfspalt und der Bandtransporteinrichtung.

B

Back Space: Bei Videorecordern die Möglichkeit, das Band zu Beginn einer neuen Aufnahme ein Stück zurückzuspulen, um einen störungsfreien Übergang zwischen alter und neuer Aufzeichnung zu erhalten. Allerdings können die letzten Sekunden der alten Aufzeichnung verlorengehen.

Bandbreite: Der Frequenzbereich, in dem ein Audio- oder Videosignal übertragen wird.

Bandmaterial: Für Videoanwendungen kommen Oxidbänder (Eisen- oder Chromdioxid) oder auch Reineisenbänder (8-mm-System) zum Einsatz.

Beleuchtungsstärke: Ein Maß für die Lichtmenge, die auf das Objekt fällt. Die Maßeinheit ist das Lux.

Betamax: Video-Aufzeichnungssystem, entwickelt von der Firma Sony.

Bildumkehr: Die Möglichkeit, aus einem Negativbild ein Positiv zu machen oder umgekehrt. Einige Kameras haben eine solche Vorrichtung eingebaut.

Bildwinkel: Der Winkel, unter dem der abzubildende Gegenstand gesehen wird. Er ist abhängig von der Brennweite des Objektivs und dem Aufnahmeformat des Bildwandlers (zum Beispiel ½ Zoll oder ⅔ Zoll bei Videokameras).

Blende: Eine Öffnung im Strahlengang eines optischen Systems, die den Lichteinfall begrenzt. Die Größe der Öffnung wird in Abhängigkeit von der einfallenden Lichtmenge automatisch geregelt.

BNC: Ein Stecker, der speziell für Videosignale Verwendung findet.

Brennweite: Abstand zwischen der (optischen) Mitte eines Objektivs und dem Punkt, in dem sich parallel zur Achse ausbreitende Strahlen schneiden. Die Brennweite ist eine wichtige Kenngröße eines Objektivs und bestimmt bei gegebener Sensorfläche den Bildwinkel. Eine kurze Brennweite liefert eine Weitwinkel-, eine lange Brennweite eine Teleaufnahme.

C

Chrominanz: Der Farbanteil des Videosignals.

C-Mount-Anschluß: Ein Standardgewinde bei Objektiven für Film- und Videokameras.

Cyan: Blaugrün. Diese Farbe wird durch additive Farbmischung von Blau und Grün gewonnen.

D

dB (Dezi-Bel): Eine logarithmische Verhältniszahl für z. B. Spannungen, Lautstärken usw.

Diffuser: Ein Filter, das den Randbereich eines Bildes weicher und verschwommener macht.

Dolby: Ein Rauschverminderungssystem, das 5 bis 10 dB Verbesserung im Signal-/Rauschverhältnis ergeben kann (Dolby B), Dolby C ergibt eine noch größere Verbesserung.

Dolly: Ein Rollwagen, auf den das Kamerastativ montiert wird.

Drehbuch: Arbeitsgrundlage für Dreharbeiten. Es enthält Angaben über Kameraeinstellungen, den Ton usw.

Drop-out: Bildstörungen, meistens in Form von kleinen Blitzen, bei der Wiedergabe von beschädigten oder verschmutzten Videobändern.

Dynamik: Verhältnis zwischen der größten und kleinsten Lautstärke, angegeben in dB. Typische Werte sind 90 dB für einen CD-Spieler, 60 bis 70 dB für einen Audiocassettenrecorder und 40 dB für einen einfachen Videorecorder.

Dynamisches Mikrofon: An einer Membran, die durch Schallwellen in Schwingungen versetzt wird, befindet sich eine Spule, die in einen Permanentmagneten eintaucht. In der Spule wird dadurch eine Wechselspannung erzeugt.

E

Ein-/Ausblenden: Allmähliches Verstärken oder Absenken der Helligkeit eines Videobildes oder der Lautstärke eines Tons.

Einstellung: Eine Einstellung ist eine ununterbrochene Sequenz, die von der Kamera aufgenommen wird. Die Einstellung kann völlig fest sein, aber auch Kamerabewegungen und Zoomänderungen enthalten.

Elektretmikrofon: Ein Kondensatormikrofon, bei dem in der Membran elektrische Dipole permanent ausgerichtet sind.

Elektronischer Sucher: Ein kleiner Schwarzweißmonitor der Videokamera zur Kontrolle während der Aufnahme und auch zur sofortigen Wiedergabe.

Empfindlichkeit: Ein Maß dafür, welche Eingangsgröße für ein bestimmtes Ausgangssignal erforderlich ist, besonders bei Wandlern, z. B. einer Kamera. Hier beschreibt die Empfindlichkeit das Verhältnis aus gewonnenem Signal und Beleuchtungsstärke.

ENG: Abkürzung für „Electronic News Gathering", die Nachrichten-Berichterstattung mit Video.

Equalizer: Ein Tonkontrollgerät, mit dem Sie den Ton bei verschiedenen Frequenzen individuell einstellen können.

Euro-AV: siehe AV-Anschluß.

F

Fahraufnahme: Bei der Fahraufnahme wird die Kamera relativ zu dem aufzunehmenden Objekt bewegt. Sie wirkt natürlicher als eine Zoomaufnahme, da die Veränderung der Perspektive wahrgenommen wird.

Farbmischung: Beim Fernsehen macht man von der sogenannten additiven Farbmischung Gebrauch; jede beliebige Farbe läßt sich durch das gleichzeitige Projizieren der drei Grundfarben Rot, Grün und Blau erzielen.

Farbtemperatur: Gibt die spektrale Zusammensetzung des Lichts an. Niedrige Farbtemperatur heißt hoher Rotanteil, hohe Farbtemperatur hoher Blauanteil. Beim Weißabgleich wird die Videokamera an die Farbtemperatur des Lichts angepaßt.

Ferrit: Eine magnetische Eisenoxidverbindung, die im allgemeinen für Audio- und Videoköpfe verwendet wird.

Filmabtaster (Telecine): Ein Gerät, um Filme auf Video zu überspielen.

Filter: Ein optisches Material, das vor das Kameraobjektiv geschraubt wird, um bestimmte Lichtkomponenten nicht durchzulassen (z. B. UV-Licht oder bestimmte Farben).

Fokussierung: Siehe Scharfeinstellung.

Frequenz: Die Anzahl der Änderungen einer Größe in der Zeiteinheit, i.a. in Hertz (Hz) angegeben.

Fresnel-Linse: Wird bei Scheinwerfern zur gleichmäßigen Verteilung des Lichts eingesetzt.

Froschperspektive: Eine Kameraposition, die sich weit unterhalb der normalen Augenhöhe befindet. Die Kamera ist dabei nach oben gerichtet.

Führungslicht: Ein Licht, das direkt auf das aufzunehmende Objekt gerichtet ist.

Füllicht: Eine Lichtquelle auf einer Seite des aufzunehmenden Objekts, um die Schatten, die von dem Führungslicht verursacht werden, aufzuhellen.

G

Ganzgroß-Aufnahme: Eine Einstellung, die nur einen Teil des Objekts zeigt — z. B. den Abschnitt von der Stirn bis zum Kinn.

Gegeneinstellung: Eine Einstellung, die die Reaktion eines Darstellers auf eine Handlung zeigt.

Gegenlicht: Licht, das in Richtung zur Kamera auf das Objekt fällt, um dem Bild Tiefe zu geben.

Gen-Lock: Wenn zwei oder mehrere Videosignale miteinander gemischt werden sollen, so müssen sie miteinander synchronisiert sein. Am einfachsten verwendet man dazu eine Signalquelle, z. B. eine Kamera, als Taktgeber und synchronisiert damit die anderen, die über einen speziellen Gen-Lock-Eingang verfügen müssen.

Gleichlaufschwankungen: Unregelmäßigkeiten im Bandtransport eines Audio- oder Videorecorders, in krassen Fällen an einem jaulenden Ton zu bemerken. HiFi-Videorecorder liefern Werte um 0,005 %, einfache Videorecorder Werte zwischen 0,1 und 0,3 %.

Gitter-Filter (Star-Filter): Eine Glasscheibe mit kreuzartig eingravierten Rillen, die vor die Kamera geschraubt wird. Dadurch werden Lichtpunkte in Strahlen aufgespalten.

Gleichstrom (DC = direkt current): Strom, der — im Gegensatz zum Wechselstrom — seine Polarität nicht ändert, z. B. der von Batterien gelieferte Strom.

Graufilter: Graufilter reduzieren die Lichtmenge, die in die Kamera fällt, z. B. wenn die Blendenöffnung, um bewußt eine geringe Tiefenschärfe zu erhalten, nicht verkleinert werden soll.

Großaufnahme (Nahaufnahme): Eine Einstellung, die das Objekt „groß" zeigt. Bei einem Menschen beispielsweise das Gesicht oder eine Einzelheit der Hände.

H

Halbbild: Beim Fernsehen werden 25 Bilder pro Sekunde übertragen, von denen jedes aus zwei Halbbildern besteht. Dadurch wird ein weitgehend flimmerfreies Bild erreicht.

Halbgroß-Aufnahme: Eine Einstellung, die Kopf und Schultern des Darstellers zeigt.

Halbnah-Aufnahme: Eine Einstellung, die den Darsteller von den Knien an aufwärts zeigt.

Halogenleuchte: Halogenleuchten werden wegen ihrer hohen Leuchtkraft und kompakten Bauweise gern im Videobereich eingesetzt.

Helligkeitsempfinden: Die Eigenschaft des Auges, Lichtquellen unterschiedlicher Farbe, aber gleicher Strahlungsleistung verschieden hell zu empfinden.

Hertz (Hz): Einheit, in der Frequenzen gemessen werden.

HiFi-Video: HiFi-Tonaufzeichnung mit einem Videorecorder, bei dem sich zwei zusätzliche Tonköpfe auf der Kopfscheibe befinden, die schräge, relativ tief in die Magnetschicht eindringende Spuren aufzeichnen. Die Videospuren liegen in einer Schicht darüber.

Höhen (Treble): Der Bereich der oberen Tonfrequenzen.

Horizontale Auflösung: Ein Maß dafür, wie viele parallele, senkrechte Linien gerade noch getrennt wiedergegeben werden können. Eine gute Heimkamera kann 300, eine Studiokamera etwa 500 Linien auflösen.

I

Impedanz: Der elektrische Widerstand von beispielsweise Mikrofonen, Lautsprechern usw.

Insertschnitt: Beim Insertschnitt wird eine neue Aufnahme in einen vorhandenen Film eingesetzt. Dabei bleibt die alte Synchronspur erhalten.

K

Kameramann: Derjenige, der sich um die Kamera kümmert, sie aufstellt und sie während jedes Takes bedient.

Klappe: Wird verwendet, um eine Einstellung zu identifizieren und um einen Referenzpunkt zur Anpassung des Tons an das Bild zu erhalten. Projektname, Einstellung und Take werden mit Kreide auf die Regieklappe geschrieben. Der obere Teil wird schnell auf den unteren Teil geschlagen, um einen sichtbaren und hörbaren Synchronisationspunkt zu geben.

Klinkenstecker: Ein Stecker, der im allgemeinen für Mikrofone oder Kopfhörer verwendet wird; zwei verschiedene Größen kommen zum Einsatz: 6,3 mm und 3,5 mm.

Klirrfaktor: Maß für die nichtlinearen Verzerrungen eines Audiogerätes.

Kondensatormikrofon: Eine Membran, die durch Schallwellen in Schwingungen versetzt wird, und eine feste Elektrode bilden zusammen einen Kondensator, dessen Kapazität durch die Schallwellen periodisch verändert wird.

Kontrast: Das Verhältnis zweier Leuchtdichtewerte. Ein hoher Kontrast eines Bildes bedeutet einen großen Unterschied in der Leuchtdichte zwischen hellster und dunkelster Stelle. Niedriger Kontrast führt zu flauen Bildern.

Konversionsfilter: Wird vor die Kamera oder die Lichtquelle gesetzt, um die Farbtemperatur des in die Kamera fallenden Lichtes bzw. des Lichtes am Drehort zu verändern.

Kopfscheibe: Eine sich schnell drehende Scheibe im Videorecorder (Durchmesser etwa 6 cm bei stationären VHS-Geräten), auf der sich die beiden Videoköpfe befinden.

L

Leuchtdichte- (Luminanz-) Signal: Ein Teil des Videosignals, das die Helligkeitsinformation beim Abtasten des Fernsehbildes angibt.

Licht: Der sichtbare Teil des elektromagnetischen Wellenspektrums.

lippensynchroner Ton: Ton, der synchron zu den Bildern einer sprechenden Person kommt.

Live-Aufnahme: Bezeichnung einer Sendung oder Aufnahme, die direkt übertragen und nicht erst aufgezeichnet wird.

Löschkopf: Ein Magnetkopf eines Video- oder Audiorecorders, der aufgezeichnete Signale vor einer Neuaufzeichnung löscht.

Lux: Einheit der Beleuchtungsstärke. Wird auch zur Beschreibung der Lichtempfindlichkeit von Videokameras verwendet. Gute Kameras erreichen eine Empfindlichkeit von 10 Lux, bei der noch Bilder — wenn auch mit schlechter Qualität — aufgezeichnet werden können.

M

Makro: Die Möglichkeit von Kameraobjektiven, extreme Großaufnahmen durchführen zu können.

Magenta (Purpur): Eine Farbe, die durch additive Mischung von Rot und Blau entsteht.

Mehrfachlinsen: Zusatzlinsen, die vorn in das Kameraobjektiv geschraubt werden und die Szene dadurch mehrfach abbilden.

Mikrofon: Ein Gerät, das Schallwellen in elektrische Signale umwandelt.

Mischpult: Ein Tonmischpult dient zur Kombination mehrerer Tonquellen zu einem Ausgangssignal, ein Videomischpult hat die gleiche Funktion für mehrere Videosignale.

Monitor: Im Prinzip ein Fernsehgerät ohne Empfangsteil zur Kontrolle des Bildes während der Aufnahme oder der Überspielung.

N

Nachhall: Die Gesamtheit von Reflexionen in einem Raum, die nicht einzeln wahrgenommen werden und ihm einen „lebenden" Eindruck geben. Ein Ton kann nachträglich elektronisch mit Nachhall versehen werden. Deshalb werden die meisten Aufzeichnungen mit möglichst wenig Nachhall durchgeführt.

Nachvertonung (Audio Dubbing): Dabei wird die Tonspur nachträglich mit einem Ton versehen.

Nahaufnahme: Eine Einstellung, die den Darsteller von der Hüfte an aufwärts zeigt.

Nahlinse: Eine Linse, die vor das Kameraobjektiv geschraubt wird und so Aufnahmen im Nahbereich ermöglicht.

Nierenmikrofon (auch Kardioidmikrofon): Bei diesem Mikrofon liegen die Punkte gleicher Empfindlichkeit auf einer nierenförmigen Kurve.

NTSC (National Television Standards Committee): In den USA entwickeltes Farbfernsehsystem, wird u. a. auch in Japan und einigen anderen asiatischen Ländern eingesetzt.

O

Objektiv: Eine komplexe Kombination aus verschiedenen Linsen für die Abbildung des aufzunehmenden Objektes auf die Oberfläche der Kameraröhre bzw. des Sensors.

Optischer Sucher: Bei Kamerarecordern ohne Wiedergabemöglichkeit wird zur Kontrolle der Aufnahme kein elektronischer Sucher, sondern ein optischer Sucher verwendet.

P

PAL (Phase Alternating Line): In Deutschland entwickeltes Farbfernsehsystem, das weltweit die größte Verbreitung hat.

Polarisiertes Licht: Bei der wellenförmigen Ausbreitung des Lichts schwingt der Lichtvektor in alle Richtungen. Beim polarisierten Licht hingegen schwingt der Lichtvektor in einer Ebene.

Polfilter: Dadurch gelangt nur Licht mit einer bestimmten Polarisationsrichtung in die Kamera. Reflexionen von nichtmetallischen Oberflächen können so ausgeschaltet werden.

Portable: Tragbarer Videorecorder, der netzunabhängig mit Batterien oder Akkus eingesetzt wird.

Produktionsassistent: Assistent, der alle Arbeiten während der Fernsehproduktion durchführt, die sonst nicht speziellen Personen zuzuordnen sind.

Produzent: Der Mann, der ein gesamtes Video- oder Filmprojekt überwacht, der Drehorte aussucht, alles arrangiert und sicherstellt, daß die Produktion glatt abläuft.

R

Rauschen: Ein Störsignal, bei einem Magnetbandgerät z. B. verursacht durch inhomogenes Bandmaterial, zu erkennen an dem „Schnee" im Bild oder an einem sausenden Ton.

Regisseur: Mitglied des Produktionsteams, verantwortlich für die Gestaltung des Films.

Reißschwenk: Ein Schwenk, bei der die Kamera sehr schnell bewegt wird, besonders zum Abschluß einer Einstellung.

RGB: Rot, Grün, Blau — die Grundfarben des Fernsehens, aus denen das Videosignal zusammengesetzt wird.

Richtcharakteristik: Bei den Mikrofonen unterscheidet man zwischen Geräten mit richtungsunabhängiger Empfindlichkeit (sog. Kugelcharakteristik) und Geräten mit richtungsabhängiger Empfindlichkeit (z. B. Nierencharakteristik).

Rolltitel: Der Vor- oder Nachspann eines Films, der von oben nach unten oder umgekehrt durch das Bild läuft.

Rotierender Löschkopf: Rotierende Löschköpfe werden auf der Kopfscheibe eines Videorecorders montiert, um bei einem Schnitt sofort auf gelöschtem Bandmaterial aufnehmen zu können, damit möglichst keine Störung entsteht.

S

Schärfentiefe: Der Bereich vor und hinter einem abzubildenden Objekt, der ebenfalls noch scharf erscheint. Abhängig von Blende und Brennweite des Objektivs sowie der Entfernung des Gegenstandes.

Scharfeinstellung: Bei der Scharfeinstellung eines Objektivs wird die vorderste Linse verschoben, damit Punkte des aufzunehmenden Objektes als Punkte auf der Sensor-(Röhren)-Oberfläche abgebildet werden.

Schneiden: Bei Video das Überspielen einzelner Szenen, von Titeln, Computer-generierten Bildern usw. auf das endgültige Band.

Schnitt (Cut): Im Gegensatz zum Überblenden ein harter Übergang zwischen zwei Einstellungen.

Schrägspuraufzeichnung (Helical Scan): übliches Video-Aufzeichnungsprinzip, bei dem das Magnetband um eine mit hoher Geschwindigkeit rotierende Scheibe, auf der sich zwei Magnetköpfe befinden, gelegt wird. Dadurch wird die erforderliche hohe Abtastgeschwindigkeit erreicht.

Schwenk: Eine horizontale oder vertikale Kamerabewegung.

SECAM (Sequentiel Couleur à Mémoire): In Frankreich entwickeltes Farbfernsehsystem, das in Frankreich, in osteuropäischen Ländern und im Nahen Osten verwendet wird.

Seitenverhältnis: Das Verhältnis von Breite zur Höhe eines Bildschirmes: 4:3 beim Fernsehen, 3:2 beim Film und 3:1 beim Cinemascopefilm.

Signal-/Rauschverhältnis: Ein Maß dafür, um wieviel größer das gewünschte Signal als das Rauschen ist.

Solarisation: Starke Überbelichtung des Bildes, wodurch künstlich helle weiße Zonen und kräftige Schatten mit Farbsäumen geschaffen werden.

Standbild: Die Möglichkeit von Videorecordern, ein einzelnes Bild (oder Halbbild) wiederzugeben, bei vielen Recordern ohne Bildzittern oder Störstreifen.

Storyboard: Ein simples Drehbuch, in dem die einzelnen Einstellungen durch kurze Skizzen mit Kommentaren beschrieben werden.

Super 8: Der heute übliche Schmalfilmstandard mit einem 8 mm breiten Film.

Synchronimpulse: Impulse des Videosignals, die den Elektronenstrahl der Bildröhre steuern und damit für die richtige Lage jeder Zeile und jedes Halbbildes sorgen.

Synchronisation: Die Herstellung einer Tonaufnahme, die zum Bild synchron ist und auch die Aufnahme eines fremdsprachigen Dialogs.

Synchronspur: Längsspur auf dem Videoband mit aufgezeichneten Synchronimpulsen, die für die richtige Abtastung des Bandes durch die Videoköpfe sorgen.

T

Take: Jeder Versuch einer Einstellung, kann aber auch mit einer ganzen Szene identisch sein.

Timebase-corrector: Ein Gerät, mit dem die bei der Videoaufzeichnung durch Gleichlaufschwankungen auftretenden Zeitfehler ausgeglichen werden.

Tonfrequenz: Eine hörbare Schallfrequenz. Der Bereich der Tonfrequenzen geht von etwa 10 Hz bis 15 kHz.

Tracking-Regelung: Sie sorgt dafür, daß die Videoköpfe des Videorecorders bei der Wiedergabe genau die abzutastenden Spuren treffen.

Trickkamera: Ein Kameraaufbau, der verwendet wird, um Standbilder, Titel, Karten, Diagramme usw. aufnehmen zu können.

U

Überblendung: Ein Übergang zwischen zwei Einstellungen, bei denen eine allmählich ausgeblendet wird, während die andere erscheint.

U-Matic: Ein von Sony entwickeltes semiprofessionelles Videosystem.

Umgebungsgeräusche: Geräusche in einer Umgebung ohne zusätzliche Schallereignisse wie z. B. Sprache.

V

VCR: Abkürzung für Video-Cassetten-Recorder, wird speziell aber auch für das von Philips entwickelte VCR-Standard-System verwendet.

Verlauffilter: Ein Farbfilter mit unterschiedlich starker Färbung, z. B. starke Einfärbung im oberen Bereich (Himmel) und abnehmender Einfärbung im unteren Bereich (Boden).

Vertonung: Das Mischen verschiedener Tonquellen für die endgültige Tonspur.

VHS (Video Home System): Ein von der Firma JVC entwickeltes Heim-Aufzeichnungssystem, das weltweit die größte Verbreitung gefunden hat.

VHS-C: Eine Variante des VHS-Systems, die mit einer kompakten Cassette arbeitet und speziell für den Einsatz in Kamerarecordern entwickelt wurde. Mit Hilfe eines Adapters können diese Cassetten auch in stationären VHS-Geräten abgespielt werden.

Video 8: Ein neues Videosystem mit einer kleinen kompakten Cassette, das bisher aber lediglich im Kamerarecorder-Bereich einige Markterfolge verzeichnen konnte.

Video 2000: Ein von Philips und Grundig entwickeltes Videosystem, bei dem die Videoköpfe automatisch auf der Videospur nachgeführt werden können. Es konnte sich jedoch trotz vieler Vorteile nicht gegen das VHS-System durchsetzen.

Videosystem: Ein magnetisches Bildaufzeichnungsverfahren mit genau festgelegten Parametern wie Cassette, Abtastgeschwindigkeit, Bandtransportgeschwindigkeit usw. Die bekanntesten Heimsysteme sind das VHS-, das Betamax-, das Video 2000- und das 8-mm-System.

Vignettierung: 1. Helligkeitsabfall am Bildrand, zum Beispiel durch Verwendung von Filtern mit zu geringem Durchmesser. 2. Beabsichtigte Einengung des Bildes durch eine Maske („Schlüsselloch“).

W

Wechselstrom (AC = Alternating current): Ein elektrischer Strom, der seine Richtung ständig ändert, z. B. 50mal in der Sekunde bei unserem Stromnetz.

Weichzeichner: Eine Klarscheibe mit ringförmigen Rillen, die vor das Objektiv geschraubt wird. Dadurch wird die scharfe Bildmitte von einem leicht unscharfen Bild überlagert.

Weißabgleich: Die Anpassung der Videokamera an die Farbtemperatur des Umgebungslichtes.

Z

Zweiereinstellung: Eine Einstellung mit zwei Personen.

Zwischenschnitt (Cut-away): Eine Einstellung, um Einzelheiten zu zeigen, die im Rahmen der Handlung nicht sichtbar sind.

BÜCHER UND FILME

Bücher

A. Bänninger, Die Videomacher — Praxis der Videogestaltung, Köln 1984

Das Buch liegt einer Sendereihe im Fernsehen zugrunde, die auch auf Cassette erhältlich ist.

H. Bahr, Alles üer Video — Technik und Anwendung von Videorecordern, Hamburg 1981

G. Dix, Das Videobuch von Philips, Hamburg 1984

D. Fahry und K. Palme, Video für das Heimstudio — Tips und Tricks tur den Hausgebrauch, München/Wien 1980

R. Hank, Filter Faszination, Monheim 1985

F. Manz, Video-Recorder-Technik, Würzburg 1982

D. Nührmann, Das Fernsehprogramm aus Deiner Hand, München 1981

R. Rausch, Videopraxis — Materialien für ein Curriculum, Köln 1978

R. van Wezel, Video-Handbuch, München 1980

U. Vielmuth, Fachwort-Lexikon Film, Fernsehen, Video, Köln 1982

Filme

Dies ist eine subjektive Auswahl von Filmen, von denen der Videoamateur lernen kann. Es ist keine vollständige Liste, und es muß außerdem gesagt werden, daß man immer etwas dazulernt, wenn man sich einen Fernseh-, Video- oder Kinofilm kritisch ansieht. Wir haben uns für Filme entschieden und nicht nur Fernsehprogramme, weil man Filme überall auf der Welt sehen und die meisten von ihnen auch auf Videocassetten kaufen kann.

Begegnung (Brief Encounter)
Regie: David Lean, 1945
Dieser Film ist viel mehr als nur eine brillante Umsetzung eines Theaterstücks. Diese Darstellung einer leidenschaftlichen, aber unerfüllten Liebesgeschichte hat in England wie im Ausland großen Eindruck hinterlassen. Die schauspielerische Leistung von Celia Johnson und Trevor Howard in den Hauptrollen zeigt, wie mit knappen, sparsamen Mitteln die tiefe, emotionale Verbundenheit zweier Menschen überzeugend dargestellt werden kann. David Leans hervorragende Kameraführung nutzte jede Szene und beschrieb jede alltägliche Einzelheit und schuf Filmmaterial, das noch heute seine Wirkung auf den Zuschauer nicht verfehlt.

Blick zurück im Zorn
(Look back in Anger)
Regie: Tony Richardson, 1959
Dieser Film ist ebenfalls ein gutes Beispiel dafür, wie ein Bühnenstück in ein sehr erfolgreiches Drehbuch für den Film umgesetzt werden kann. Drehbuchautor von John Osbornes Bühnenstück war Nigel Kneale. Richard Burton spielte den „angry young man" (zornigen, jungen Mann). Während das Stück die Meinungen und Posen der Charaktere betont, konzentriert sich der Film allein auf die Beziehungen zwischen den Personen. Die Verlagerung der Schwerpunkte ist für den Videofilmemacher ein gutes Lehrstück.

Wetherby
Regie: David Hare, 1985
Ein ohne hohen Kostenaufwand gedrehter Film, der die in Konventionen erstarrten englische Mittelschicht darstellt. Außer einigen Rückblenden in das Leben der Hauptdarsteller spielt die Handlung in unserer Zeit. Es gibt keine ausgefallenen Bauten oder Szenerien, die Schauplätze sind alltäglich und überall zu finden — der Hinterhof, die Küche, das Eßzimmer. Mit Beleuchtung wird gespart, um eine düstere Atmosphäre zu schaffen. Die wenigen Lampen sind auf die Darsteller eingestellt. Der Film ist ein Lehrstück für detailgetreue Regiearbeit und überzeugende Darstellungskunst.

Amadeus
Regie: Milos Forman, 1984
Das Bühnenstück wurde von dem Autor Peter Shaffer für den Film völlig umgeschrieben. Der Film wurde ein Erfolg und ist ein Beweis dafür, daß ein Thema neu überdacht werden muß, wenn es in ein neues Medium umgesetzt werden soll — so wie es Coward für Begegnung und Osborne für Blick zurück im Zorn taten.

Nachtpost (Night Mail)
Regie und Drehbuch: Basil Wright und Harry Watt,Produzent: John Grierson, 1936
Dieser Dokumentarfilm zeigt, wie ein sehr alltägliches Thema — die Fahrt des Postzoges von London nach Glasgow — mit großer Detailfreudigkeit geschildert werden kann. Die vielen Regieeinfälle können jedem Videoamateur als Anregung dienen. Als Darsteller spielen auch echte Postarbeiter mit. Wenn Sie aufmerksam beobachten, wie Grierson seine Themen angeht, werden Sie sehr viel darüber lernen, wie Sie Video-Dokumentarfilme interessant und unterhaltsam machen können.

Die Zeit der Wölfe
(The Company of Wolves)
Regie: Neil Jordan, 1986
Dieser Film ist eine Märchensammlung — für Erwachsene. Er zeigt ausschließlich Innenaufnahmen und schafft eine Atmosphäre, die von Kinderliedern, Mythen und Zaubereien geprägt ist und die in die bedrohliche Welt des Phantastischen führt. Der Film erzählt mehrere Geschichten, die nach Kurzgeschichten von Angela Carter geschrieben wurden. Obwohl die Szenen äußerst üppig ausgestattet sind und mit Spezialeffekten nicht gespart wurde, kann der Amateurregisseur doch eine Menge aus diesem Film lernen, insbesondere über das Thema Beleuchtung und über die Wahl der Kameraeinstellungen, die hier einen ganz normalen Raum so verwandeln, daß es in ihm förmlich nach Gefahr riecht.

Nachrichten und Sportberichte im Fernsehen
Dieses Thema ist vielleicht allzu umfassend, aber Sie können daraus viel über die Handhabung von unvorhergesehenen Situationen lernen, wenn Sie beobachten, wie die Nachrichtenkameraleute einen Bericht aufnehmen. Versuchen Sie zu analysieren, welche Einstellungen sie vorzugsweise wählen, wenn sie ein dramatisches Geschehen wie einen Aufstand oder eine Naturkatastrophe filmen, wie sie ein politisches Interview gestalten, indem sie zum Beispiel begrenzt Beleuchtungseffekte einsetzen. Sehen Sie sich die Schnittfolge gut an und achten Sie darauf, wie Zwischenschnitte dazu benutzt werden, Unterbrechungen in der Tonspur zu überdecken.

Sportreportagen sind insofern ähnlich, als daß sie sich ebenfalls mit schneller Bewegung und Handlung beschäftigen, unterscheiden sich von einer Nachrichtensendung jedoch darin, daß die Regeln der Sportart und der Schauplatz schon vorher bekannt sind. Achten Sie darauf, daß feststehende Kameras für Aufnahmen benutzt werden, die einen Überblick über das Spielfeld geben, und fahrbare oder handgetragene Kameras für Nahaufnahmen.

REGISTER

U

V

W

Z

BILDNACHWEIS

Umschlagfoto: Robert Gibb. **Seite 6:** Mary Evans Picture Library. **Seiten 6—7:** BBC Hulton Picture Library. **Seite 7:** Sony (U.K.) Ltd, Mary Evans Picture Library, Topham Pictures. **Seite 8:** Philips, Sony (U.K.) Ltd. **Seiten 13—14:** Stuart Dollin. **Seite 15:** Woodmansterne. **Seite 16:** Stuart Dollin. **Seite 19:** Tony Stone Photolibrary, Michael Little. **Seite 22:** Philips GmbH. **Seite 25:** Sony (U.K.) Ltd., Sony Deutschland GmbH, Philips GmbH. **Seite 26:** Michael Little, TDK U.K. Ltd. Philips. **Seite 39:** Michael Little. **Seite 45:** Michael Little, Stuart Dolin. **Seiten 46—49:** Stuart Dollin. **Seite 49:** SYGMA. **Seite 50:** Michael Little, Pictor International. **Seite 52:** Tony Stone Photolibrary. **Seiten 54—55:** Tony Stone Photolibrary, The Kobal Collection. **Seite 58:** The Kobal Collection. **Seiten 60—61:** Stuart Dollin, Pictor International. **Seite 63:** The Kobal Collection. **Seite 64:** Leichner. **Seite 65:** Stuart Dollin. **Seite 66:** Hoya Filters/Introphoto, Jean Coquin/Cokin Filter System (sepia effect). **Seite 67:** Hoya Filters/Introphoto. **Seite 68:** Hoya Filters/Introphoto (starburst), Jean Coquin/Cokin Filter System. **Seite 71:** Michael Little. **Seiten 72—73:** Thames Television Ltd. **Seite 74:** Tony Stone Photolibrary. **Seite 75:** Stuart Dollin. **Seiten 75—76:** Michael Little. **Seiten 78—79:** Stuart Dollin. **Seite 82:** Stuart Dollin. **Seite 84:** The Kobal Collection, Rex Features Ltd. **Seiten 84—85:** The Kobal Collection. **Seite 85:** M.G.M., The Kobal Collection. **Seite 94:** Tony Stone Photolibrary. **Seiten 94—95:** Michael Little. **Seite 96:** Tony Stone Photolibrary, Michael Little, Anna Fox. **Seite 97:** Michael Little, Tony Stone Photolibrary. **Seite 98:** Michael Little, Jon Lambert, Tony Stone Photolibrary, Pictor International. **Seite 99:** Michael Little, Sony U.K. Ltd. **Seiten 100—101:** Redgrave Theatre Farnham, Stuart Dollin. **Seiten 102—103:** Redgrave Theatre Farnham. **Seite 104:** Stuart Dollin, The Kobal Collection. **Seiten 104—105:** The Kobal Collection, The Raymond Mander and Joe Mitcheson Theatre Collection. **Seiten 106—107:** Michael Little. **Seite 108:** Sally Anne Thompson Animal Photography, Tony Stone Photolibrary. **Seite 109:** Chessington Zoo, Tony Stone Photolibrary, A.J. Wood. **Seite 112:** Dunlop Slazenger, S & G Press Agency. **Seite 113:** Dunlop Slazenger, All Sport. **Seite 114:** Michael Little Tony Stone Photolibrary. **Seite 115:** Redgrave Theatre Farnham, De Conway, Michael Little. **Seiten 116—117:** Tony Stone Photolibrary. **Seite 118:** Redgrave Theatre Farnham, Rex Features Ltd. **Seite 119:** Zoe Dominic Danjaq S.A. **Seiten 120—122:** Michael Little. **Seite 126:** Thames Television Ltd. **Seiten 128—129, 131, 135:** Michael Little. **Seite 138:** Anna Wood. **Seite 139:** Panasonic U.K. Ltd. **Seite 142:** Hoya Filters/Introphoto, Jean Coquin/Cokin Filter System. **Seite 143:** Quantel Ltd. **Seite 147:** Shootsee Animation Ltd/ Foote Cone & Belding/Young and Rubicam.

Der Autor

Stuart Dollin ist alles in einer Person: Schriftsteller, Filmemacher und gelegentlich auch Schauspieler. Bevor er mit seiner eigenen Filmproduktion und seinem Verlag begann, war er Herausgeber des „Movie Maker"-Magazins.

Er ist gleichermaßen hinter der Kamera und der Schreibmaschine zu Hause. Seine umfassenden Erfahrungen auf den Gebieten Elektronik, Film und Video spiegeln sich in diesem Buch mit vielen Tips aus der Praxis für den Videoamateur wider.

Der Übersetzer

Die Übersetzung der englischsprachigen Originalausgabe erfolgte durch Dr. Günter Dix, langjähriger Produktmanager für Video bei Philips in Hamburg. Wo immer nötig, wurden die neuesten Entwicklungen der Gerätetechnik in dieser deutschen Ausgabe von ihm eingebracht.